戦国武将列伝❖2

関東編【上】

黒田基樹　編

戎光祥出版

はしがき

本書は、『戦国武将列伝2　関東編 上』と題した、戦国時代前期の関東武将についての列伝である。「関東編」は取り上げる武将が多かったため、おおよそ前期と後期に分けて収録することになった。前期を対象にした本書では、関東戦国史が開幕した享徳の乱勃発（一四五五年）から、およそ天文年間（一五三二〜五五年）に主要な活躍がみられた武将を収録した。収録した項目は三八項目、取り上げた武将は五一人にのぼっている。関東前期の武将について、これだけの人数を取り上げた列伝は、本書が初めてのものになる。これまで関東戦国史の展開において重要な存在であるにもかかわらず、単行本が出されていないため、詳しいことを知ることができなかった武将について、本書によってかなりの情報を得ることができることになろう。

とはいえ項目の選定は一筋縄ではいかなかった。取り上げたい武将はもっと多く存在したからである。しかし分量の都合から、すべてについて取り上げることはできない。そのため古河公方足利家当主、戦国大名家当主、有力国衆という政治史上における重要度、各地域における重要度を勘案して選択した。その過程で、北条家についてはすでに歴代当主について単行本が刊行されていることから、初代伊勢宗瑞のみを収録し、二代北条氏綱については割愛した。また戎光祥出版の「中世武士選書」で単行本が刊行されている武将については、他の項目よりも分量を少なくする工夫をした。それ以外の武将をできるだけ多く収録したいと考えたからであった。単行本が刊行されている武将について、さらに詳しく知りたい場合は、それらの単行本を参照していただきたい。

関東戦国史の研究は、近年ますます進展をみるようになっている。そのためかつての通説は次々に塗り替えられるようになっている。またこれまで不分明であったことが、次々に解明されるようになっている。本書にはそうした最新の研究成果を反映させることに努め、そのため関連研究を実際に推進している研究者に執筆をお願いした。執筆者数は一六人にのぼっている。それら執筆者には、多忙にもかかわらず、執筆いただくことができた。あらためて御礼を申し上げます。

その甲斐あって本書には、各武将について最新の研究成果が集約されることになったといえる。そのため関東戦国史を愛好される方々だけでなく、関係する研究者、さらには他地域の研究者にも極めて有用な内容になっていると確信する。これから本書は多くの場面で活用されていくことであろう。本書が広くかつ長く愛読されていくことを期待したい。

二〇二二年十一月

黒田基樹

目　次

凡例

一、本書では、戦国時代に主に関東（相模・武蔵・上野・下野・常陸・下総・上総・安房）で活躍した武将五一人を取り上げ、各武将の事蹟や個性、そして彼らは何のために戦っていたのかをまとめた。

一、各項目に掲載した系図のうち、特に注記がない場合、本書掲載の武将はゴチック体で表記している。

一、人名や歴史用語には適宜ルビを振った。読み方については、各種辞典類を参照したが、歴史上の用語、とりわけ人名の読み方は定まっていない場合も多く、ルビで示した読み方が確定的なものというわけではない。また、執筆者ごとに読み方が違う場合もあり、各項目のルビについては、各執筆者の見解を尊重したことをお断りしておきたい。

一、用語についても、それ自体が論点となりうるため、執筆者間で統一をしていない。

一、掲載写真のうち、クレジットを示していないものについては、戎光祥出版編集部撮影のものである。

下野
武茂城
山尾城
那須氏
烏山城
稲積城
鹿沼城
宇都宮氏
部垂城
佐竹氏
千本城
宇都宮城
太田城
真岡城
壬生城
常陸
石神城
小山氏
江戸氏
祇園城
小栗城
水戸城
久下田城
榎本城
真壁城
結城城
海老ケ島城
小幡城
結城氏
大掾氏
府中城
古河城
小川城
古河公方
小田城
玉造城
栗橋城
関宿城
小田氏
土浦城
小高城
森屋城
鹿島城
岩付城
江戸崎城
前ヶ崎城
蕨城
手賀城
武蔵千葉氏
下総
米野井城
石浜城
市川城
臼井城
多古城
葛西城
飯沼城
佐倉城
小堤城
江戸城
下総千葉氏
太田氏
千葉城
小弓城
小弓公方
真名城
椎津城
上総武田氏
長南城
真里谷城
小田喜城
佐貫城
上総
百首城
金谷城
宮本城
安房
岡本城
滝田城
里見氏
稲村城
白浜城

戦国時代の関東関係図(全体)

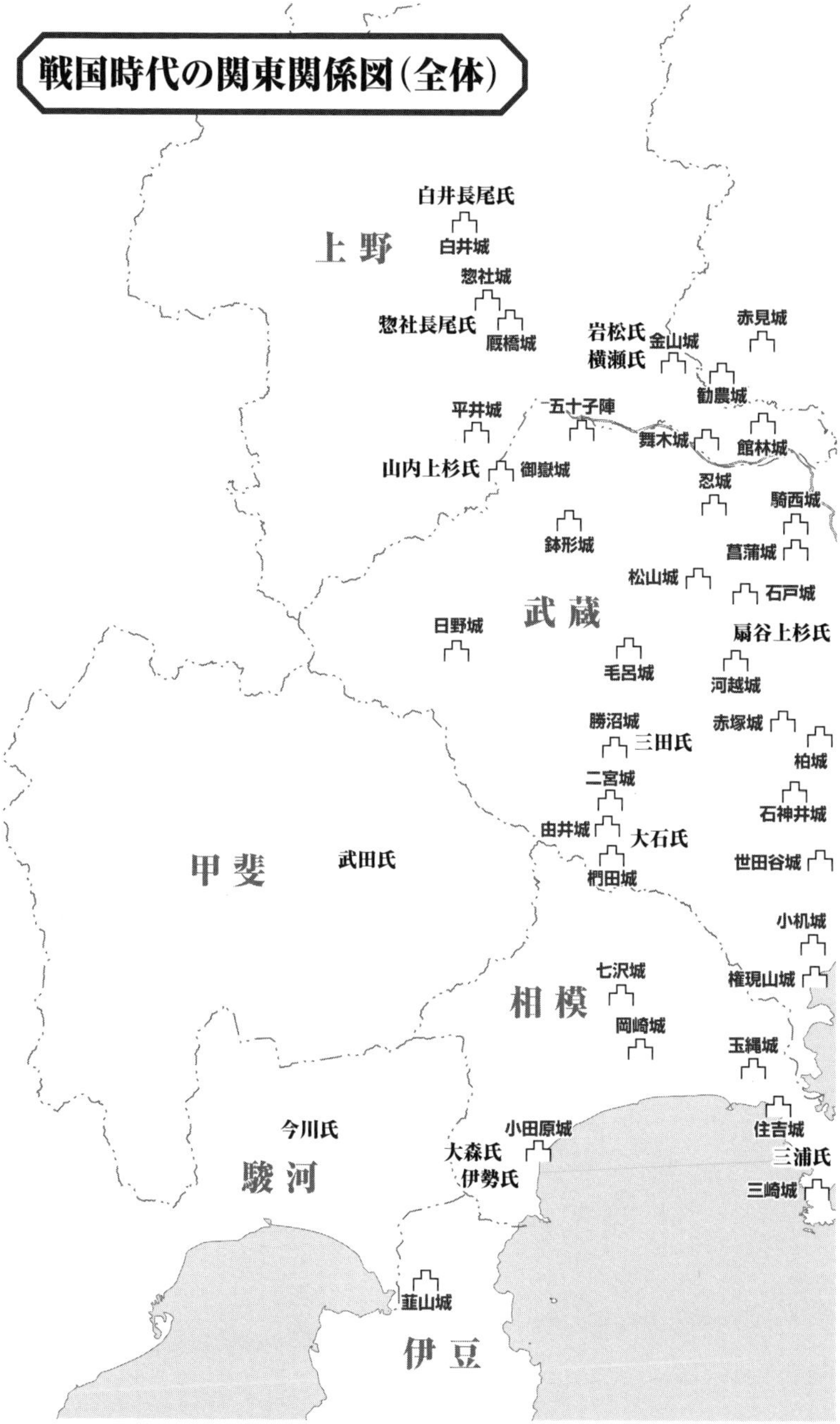

上野
白井長尾氏
白井城
惣社城
惣社長尾氏
厩橋城
岩松氏
横瀬氏
金山城
赤見城
勧農城
平井城
五十子陣
舞木城
館林城
山内上杉氏
御嶽城
忍城
騎西城
鉢形城
菖蒲城
松山城
石戸城
武蔵
日野城
扇谷上杉氏
毛呂城
河越城
勝沼城
三田氏
赤塚城
柏城
二宮城
石神井城
由井城
大石氏
世田谷城
椚田城
甲斐
武田氏
小机城
七沢城
権現山城
相模
岡崎城
玉縄城
住吉城
今川氏
小田原城
大森氏
伊勢氏
三浦氏
三崎城
駿河
韮山城
伊豆

足利成氏

——関東を戦国の渦に巻き込んだ初代古河公方

足利万寿王丸の鎌倉帰還

室町期から戦国期へ、政治社会が大きく変わる時期は地域により異なっている。東国においては享《きょう》徳《とく》の乱により、室町幕府の地域支配を担う鎌倉府《かまくらふ》が解体したことをもって、戦国時代の始まりと考えられている。この大規模かつ長期におよぶ戦乱を体験した人物は少なくないが、乱の勃発に直接かかわった武将は限られている。その筆頭にあげられるのが足利成氏《あしかがしげうじ》だろう。成氏は、五代目鎌倉公方に就任し、やがて享徳の乱と呼ばれる二十八年以上にわたる戦乱を引き起こした。彼の生涯自体が、戦国動乱の開始そのものといってもよい。

成氏は永享六年（一四三四）に鎌倉で生まれた。父は四代目公方の足利持氏《もちうじ》、母は鎌倉府奉公衆《ほうこうしゅう》簗《やな》田《だ》助良《すけよし》の姪《めい》（養寿《ようす》）である。幼名は万寿王丸《まんじゅおうまる》。兄弟姉妹は八人以上いたらしく、万寿王丸は確認される限りでは五男とみられる。五歳になった永享十年に永享の乱が起こり、十一月に持氏出陣中の鎌倉へ上杉方諸将が押し寄せる。万寿王丸は御所を脱出して高坪《たかつぼ》（神奈川県厚木市）へ避難した。翌十一年二月、敗北した持氏と長男義久《よしひさ》が自害すると、上杉方の追っ手を避けて甲斐から信濃へ逃れ、大《おお》井《い》持光《もちみつ》の所領内にある安養寺《あんようじ》（長野県佐久市）へ匿われた。

兄弟姉妹の多くは、鎌倉在府したままだったのか他所へ移動したかわからない。常陸へ逃れていた兄の春王丸《しゅんおうまる》と安王丸《やすおうまる》は、永亨十二年三月に挙兵して結城城《ゆうき》（茨城県結城市）へ入り上杉方に対抗したが、一年近い籠城戦のすえ、同十三年（嘉吉元、一四四一）四月に落城すると捕らえられた。そして五月に美濃垂井《たるい》（岐阜県垂井町）で誅殺された。将軍足利義教《よしのり》は、新たな鎌倉公方には自身の子息を任じる意向であった。しかし義教は、翌六月に赤松満祐《あかまつみつすけ》により殺害されたため、幕府は赤松氏討伐と将軍擁立を優先することになり、鎌倉府対策は後まわしにされている。それを察知したのか、万寿王丸は南奥の石川持光《いしかわもちみつ》へ出陣をうながすなど、独自に活動を開始している。とはいえ鎌倉府やその周囲でも、機敏に反応することはできない情勢で、万寿王丸が信濃から軍勢を進めた様子はない。

安養寺　長野県佐久市

ようやく鎌倉府で万寿王丸擁立が動いたのは三年後のことである。文安元年（一四四四）十二月、鎌倉府奉行人の明石義行《あかしよしゆき》が足利の鑁阿寺《ばんなじ》（栃木県足利市）へ、御代始《おだいはじ》めが行われたことを伝えている。府の内部では、万寿王丸を鎌倉公方とすることを内定したのである。関東管領《かんとうかんれい》だった山内上杉長棟《やまのうちうえすぎちょうとう》（憲実《のりざね》）は、持氏の子息を公方とするよう幕府と交渉を繰り返しており、同三年三月にやっと認めさせることに成功した。長棟は大井《おおい》氏へ連絡して万寿王丸の帰還を進める。翌四年七月には、憲実の子息憲忠《のりただ》の関東管領補任が決まったこともあり、八月に万寿王丸は九年ぶりに鎌倉へ帰還した。

享徳の乱が勃発

万寿王丸の元服は、鎌倉還御の二年後になる。文安六年（宝徳元、一四四九）四月、まず将軍義成《よししげ》（のち義政《よしまさ》）が元服する。万寿王丸は、義成の偏諱《へんき》を与えられ成氏と名づけられ、八月には従五位下《じゅごいのげ》・左馬頭《さまのかみ》に任じられた。持氏自害から十年が経過し、やっと鎌倉府に鎌倉公方と関東管領が揃ったが、かつての公方派・管領派の対立は簡単には解消しない。成氏には親衛隊たる奉公衆や、鎌倉府と対立関係が続いていた外様《とざま》衆らが接近する。逆に憲忠には、山内・扇谷《おうぎがやつ》両上杉氏の被官が集結するようになり、成氏・憲忠両派の関係は悪化していった。

翌宝徳二年（一四五〇）四月、上杉被官の中心的存在だった長尾昌賢《ながおしょうけん》（景仲《かげなか》）・太田道真《おおたどうしん》らが成氏襲撃を計画する事件が発生する。挙兵を事前に察知した成氏は、江の島（神奈川県藤沢市）へ移動して攻め寄せた上杉勢を撃退した。その結果、鎌倉には成氏をはじめ両上杉氏の当主が不在になってしまった。成氏から報告を受けた幕府管領の畠山持国《はたけやまもちくに》は、この事態を重く受け止めて仲裁に入る。上杉憲忠や扇谷上杉道朝《どうちょう》（持朝《もちとも》）らへ鎌倉帰還を勧め、成氏へも鎌倉還御をうながしたが、府の主要な関係者が鎌倉へ戻ったのは八月になってからだった。鎌倉では事件の影響が大きかったようで、成氏は九月に徳政を実施している。

幕府は、江の島合戦前後における成氏の態度を評価しており、三年二月に従四位下《じゅしいのげ》・左兵衛督《さひょうえのかみ》へ官位が進められた。しかし、成氏派による上杉被官らの所領への強入部や押領が止まらなくなり、幕府もこれを問題視するようになる。享徳元年（一四五二）十一月、細川勝元《ほそかわかつもと》が幕府管領になり上杉方所領の保護を進めるが、かえって成氏派を刺激することになる。しかも運悪く、同三年十一月に地震が起きて両派の不安感を掻き立ててしまう。十二月二十七日、成氏は歳暮の礼に西御門御所《にしみかどごしょ》を訪れた憲忠を殺害し、翌日山内上杉邸を襲撃した。享徳の乱の始まりである。

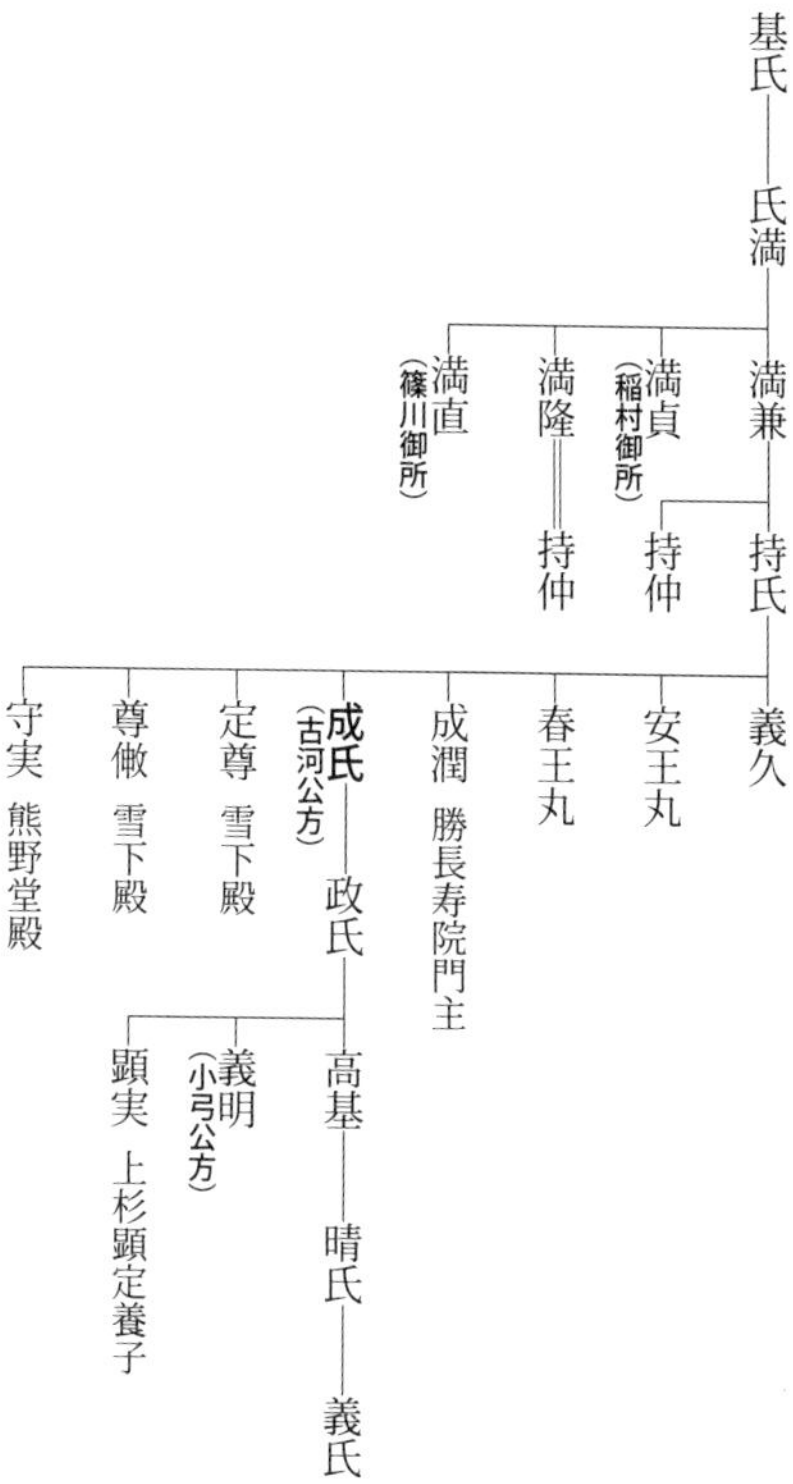

足利氏略系図

有利に運んだ戦局

翌四年（康正元、一四五五）正月六日、成氏勢は嶋河原《しまがわら》（神

奈川県平塚市）で扇谷上杉勢を破り、二十一・二十二日には武蔵・上野の軍勢と分倍河原《ぶばいがわら》（東京都府中市）などで戦った。敗れた長尾昌賢らは上杉方の本拠がある上野ではなく常陸小栗《おぐり》（茨城県筑西市）へ退却した。昌賢勢を追った成氏は、三月初めに古河《こが》（茨城県古河市）へ着陣し、そこから小栗へ進んで五月に小栗を攻略した。小栗を退去した昌賢らが、下野方面へ退却すると、成氏もこれを追撃して足利へ本陣を構え、上野方面へは三人の大将を派遣した。

成氏派・上杉派双方から報告を受けた幕府では、成氏に非があると判断し、四月三日に軍勢を派遣した。今川範忠《いまがわのりただ》ら幕府の軍勢は、月末には三島《みしま》（静岡県三島市）の成氏方を撃破し、六月十六日には鎌倉へ入ることに成功した。鎌倉陥落は、成氏にとって予想外だったかもしれないが、それにより動揺した様子はない。十月以降も下野方面で合戦し、十二月には上杉方を武蔵へ追い払った。同時に古河城の普請にとりかかっている。翌康正二年（一四五六）正月になると、千葉実胤《ちばさねたね》らの籠もる市川城《いちかわ》（千葉県市川市）を落として、下総から武蔵東部を制圧し、房総半島の諸勢力を味方に付けた。七月下旬になると上杉方と上野で衝突し、九月十七日に岡部《おかべ》（埼玉県深谷市）での合戦で上野・武蔵の軍勢に大打撃を与えた。正月以降、南関東の戦況が小康状態に入ったらしく、四月に幕府へ弁明の書状を送っている。成氏は、基本的に幕府へ反抗したとは考えていないのだろう。弁明と同時に自らの出陣は控えていたようで、市川合戦・岡部合戦とも自身は主戦場へ赴かなかった。しかし、幕府は成氏の申請に応じていない。幕府との正式な交渉が行われていないためか、京都で享徳四年（一四五五）七月に康正へと改元していたにもかかわらず、成氏は享徳年号を使い続けた。

幕府は、翌三年（長禄元、一四五七）になると具体的な成氏対策を実行するようになる。まず将軍義政の兄政知《まさとも》の下向を計画し、各地の守護へ成氏退治を命じた。同じく扇谷上杉氏は河越《かわごえ》（埼玉県川越市）・江戸《えど》（東京都千代田区）に城を築き、山内上杉氏は五十子《いかっこ》（埼玉県本庄市）に陣城《じんじろ》を構えている。古河へ軍事拠点を構築した前後から、成氏は主に関東地方の北東部を支配領域とするようになり、南西部を押さえる上杉方と対峙するようになる。合戦は、長禄三年（一四五九）十月に羽継原《はねつぎはら》（群馬県館林市）で大規模な合戦があったが、それ以外の合戦は小規模で、東上野から北武蔵で行われることが多くなった。上杉方が内紛を起こしたことと、有力武将の死去があいついだからである。文正元年（一四六六）には京都での政変により、義政も身動きが取れなくなっていく。

応仁元年（一四六七）五月には、京都で応仁文明の乱が勃発した。成氏はこれを契機に和睦を図ろうと、西幕府との交渉を開始する。同二年十月、成氏は年号を享徳十七年としていたが、京都から回答を得たことにより、閏十月から享徳年号の使用を停止することにしたようだ。とはいえ、西幕府の不安定さから交渉は進捗せず、和睦どころか上杉方と毛呂島《もろじま》（群馬県伊勢崎市）で衝突するはめになった。結局、和睦は御破算になっている。

上杉方の内紛と都鄙和睦交渉

その後しばらくの間、両軍の行動は明確ではないが、三年後の文明三年（一四七一）に事態は急展開する。京都では二月ごろから東幕府が優勢となり、義政も対外的に行動しやすくなっている。成氏は東幕府の影響力を払拭しようとしたのか、大規模な軍勢による五十子陣攻撃を初めて強行した（伊豆三島への遠征は誤り）。しかし、結果は大失敗に終わり、成氏に従った諸将は徐々に離脱していく。四月、山内上杉家の家宰長尾景信《かげのぶ》は、下野方面へ進攻を開始して赤見城《あかみ》（栃木県佐野市）、館林城《たてばやし》（群馬県館林市）を攻略した。義政は、南奥・常陸・下野・下総・上野の諸将や、成氏の奉公衆にまで忠節を求める御内書《ごないしょ》を送っているので、かなりの軍勢が成氏の下を離れたのだろう。上杉方の攻勢に耐えきれず、成氏は古河城を退去して六月に千葉（千葉市中央区）へ移った。そして古河に野田持忠《のだもちただ》、関宿《せきやど》（千葉県野田市）に簗田持助《もちすけ》、崎西《きさい》（埼玉県加須市）に佐々木近江入道《ささきおうみにゅうどう》を入れて、結城氏広《うじひろ》とともに守備させた。

長尾景信は、成氏を追い詰めるのに成功したが、病気が悪化したせいか攻撃がにぶり、古河城を落とすことはできなかった。成氏は、翌四年春に古河へ帰還しており、その後は上杉方攻撃への準備を進めていく。五年六月、成氏は景信が死去した前後に五十子陣へ襲いかかった。二度目の攻撃は苛烈だったようで、上杉方は扇谷上杉政真《まさざね》が討ち死にするほどの損害を出した。しかも、その直後から内紛が起き始める。長尾景信没後における山内上杉家の家宰職をめぐり、長尾忠景《ただかげ》と景春《かげはる》が対立してしまうのである。文明八年に景春は鉢形《はちがた》（埼玉県寄居町）へ退去し、翌九年正月に五十子陣を襲撃したことにより、上杉方は大幅に後退することになった。

当初、成氏は静観していたようだが、七月に上野へ進むと景春支援のため滝（群馬県高崎市）へ在陣した。さらに広馬場《ひろばば》（同榛東村）まで北上し、白井《しろい》（同渋川市）の上杉方と対峙する。戦乱中最大の危機に面した上杉方は急遽方針を転換して、密かに成氏方との和睦交渉を行ったとみられる。文明十年正月一日、山内上杉家の宿老が使者となり和睦を申し入れると、成氏もこれを受諾した。翌日から諸将は退却にかかっている。成氏はすぐに帰還せず、成田《なりた》（埼玉県熊谷市）まで退いたうえで、交渉の進捗を見守ったようである。突然の和睦に驚いた景春は、武蔵中央部から成氏陣所へ出向いて和睦中止を訴えた。手元の軍勢が少なくなっていた成氏は、扇谷上杉家の家宰である太田道灌《どうかん》へ使節を送り、景春を撃退させている。

古河へ帰還した成氏は、交渉の結果を待ちながら、景春とともに和睦に反対する千葉孝胤《のりたね》攻撃を計画している。十二月に道灌らの上杉方軍勢が境根原《さかいねはら》（千葉県柏市）で千葉勢を打ち破るが、成氏も道灌を支援するだけでなく、孝胤の後背を衝くため簗田持助を香取方面へ送っている。しかし、山内上杉顕定《あきさだ》自身が和睦に積極的ではなく、幕府への報告を実施しようとしない。しびれを切らした成氏は、文明十一年七月に顕定の父房定《ふささだ》（越後守護）へ直接交信し、さらに十二年初頭に足利政知宿老の上杉政憲《まさのり》を通じて幕府へ働きかけた。翌十二年十月、房定の書状が管領細川政元《まさもと》へ届いて、やっと和睦交渉が一歩前進する。とはいえ上杉方と幕府の対応は緩慢で、成氏書状が政元へ届いたのが十三年七月ごろ、和睦への回答が出されたのは十四年十一月のことである。広馬場での和睦から六年弱の歳月が過ぎていた。

幕府による和睦の条件は、政知が伊豆国を支配すること、成氏から政知へ御料所を譲渡することであった。上杉方では条件に沿って交渉していたが、成氏方諸将の間では不満の声が上がっていた。戦乱は全体的に成氏方有利で進んでおり、上杉方の内紛に際しても支援の手を差し伸べたにもかかわらず、上杉方に奪取された所領・所職について言及されていない。政知を鎌倉へ入れず伊豆へ定着させたものの、成氏の鎌倉還御についても一切ふれていなかった。このような和睦条件に反発が起こっており、和睦推進派と反対派の間で対立が続いていたとみられる。そのため反対派を沈静化させるには半年以上かかっており、成氏が房定へ対幕府交渉を謝したのは、文明十五年六月になってからのことだった。断続的ながらも二十八年以上継続した享徳の乱により、二十一歳だった成氏も五十歳になっていた。

長享の乱と晩年の成氏

しかし享徳の乱が終了したとはいっても、幕府・上杉方との対立が解消されただけのことであり、関東で戦乱が無くなったわけではない。下総・上総地域ではいまだに上杉方との和睦に反対する勢力が健在だった。成氏は、太田道灌の出兵と下総での築城を許可して、千葉・武田氏らを抑圧している。そして、道灌については子息資康《すけやす》を奉公衆並に扱うなど厚遇している。とはいえ、道灌と私的な交流を維持しようとしたわけではない。十八年七月に扇谷上杉定正《さだまさ》が道灌を殺害し、翌長享元年（一四八七）末から顕定と対立すると、成氏は定正を支援している。道灌はあくまでも定正の奏者《そうじゃ》であり、成氏は扇谷上杉家が陸路・海路からの攻撃により両総地域を安定させたことを評価していたのだろう。

しかし、七年後の明応三年（一四九四）七月前後に扇谷上杉家支援を取りやめ、山内上杉家に味方している。この契機は明確ではないが、前年に駿河今川氏親《うじちか》の攻撃により足利茶々丸《ちゃちゃまる》（政知の子息）が伊豆北条を退去していること、氏親は扇谷上杉方として山内上杉方と合戦に及んだことが関連しているかもしれない。同五年七月、顕定は相模へ進攻して扇谷上杉方に大打撃を与えた。その間に成氏は扇谷上杉氏の本拠河越攻略へ向かっている。ところが、成氏の攻撃に河越城は落ちず、滞陣は数か月近くになってしまう。長期にわたる在陣は、成氏の体を徐々に蝕《むしば》んでいたようである。年が明けた六年正月、成氏は周囲の意見によりいったん古河へ帰還したが、もはや体調が回復することはなかった。九月晦日、六十四歳で死去している。法名は乾亨院殿久山道昌《けんこういんでんきゅうざんどうしょう》とされ、古河の乾亨院（のち永仙院《ようぜんいん》に改称）に葬られた。

成氏以降、関東足利氏の系統は原則として古河を本拠に活動していたので、現在は古河公方と呼んで鎌倉公方と区別している。鎌倉公方のように東国全体への支配権は持たず、東関東を支配領域として大名・国衆を従え、下総北部と上総西部に集中的に御料所を持つ、新たな「鎌倉殿《かまくらどの》」に位置づけられた。

（長塚孝）

【主要参考文献】

黒田基樹『足利成氏とその時代』（戎光祥出版、二〇一八年）
黒田基樹『図説 享徳の乱』（戎光祥出版、二〇二一年）
佐藤博信『古河公方足利氏の研究』（校倉書房、一九八九年）
佐藤博信『戦国遺文』古河公方編（東京堂出版、二〇〇六年）
長塚孝「足利成氏論」（同編著『足利成氏』戎光祥出版、二〇二二年）
峰岸純夫『享徳の乱』（講談社、二〇一七年）
山田邦明『享徳の乱と太田道灌』（吉川弘文館、二〇一五年）

足利政氏
——息子と対立、隠遁に追い込まれた二代目古河公方

誕生から公方相続まで

足利政氏《あしかがまさうじ》は、古河公方《こがくぼう》二代となる人物である。文正元年（一四六六）三月二十日に、初代古河公方・足利成氏《しげうじ》の長男として生まれた（建長寺年中諷経并前住記、鎌倉志料第一巻）。母は、「古案之写《こあんのうつし》」（静嘉堂文庫所蔵）所収「喜連川殿系図《きつれがわどのけいず》」に、「印東《いんとう》□基ノ老母」とある。母についてはこれが唯一の所伝になる。これによれば、直臣衆印東氏の関係者であったことが知られる。母が、印東某の母でもあったということからすると、印東の妻であったものが、成氏の女房衆となって政氏を産んだか、政氏の生んだのちに印東の妻になって印東某を産んだか、いずれかと考えられる。

史料上における初見は、七歳のときの文明四年（一四七二）と推定される四月、父成氏が出陣するにあたって、家老簗田持助《やなだもちすけ》に預けられていることで、「若御料」と記されている（真壁文書）。元服時期は判明していないが、通例の十五歳でのこととすれば、文明十二年のことであっただろう。そして政治活動がみられ始めるのは、山内上杉《やまのうちうえすぎ》家と扇谷《おうぎがやつ》上杉家の抗争である長享《ちょうきょう》の乱（一四八七〜一五〇五）からになる。この戦乱で古河公方足利家は、当初、扇谷上杉家に味方し、山内上杉家と抗争する立場をとっ

た。

古河公方家の参戦は、長享二年（一四八八）六月の武蔵須賀谷原《すがやはら》（埼玉県嵐山町）合戦、続く十一月の高見原《たかみはら》（同小川町）合戦でみられた。実際に進軍したのは「御方御所様」と称されていた政氏であった。「御方御所様」というのは、公方の後継者についての呼称であるから、政氏はこの時点ですでに、成氏の後継者の立場にあったことがわかる。二十三歳のことになる。政氏が参戦しているのは、父成氏に何らか出陣できない事情があったためであろう。

同三年四月に、政氏は直臣の渋垂下野小四郎《しぶたれしもつけこしろう》から申請のあった所領注文に外題安堵《げだいあんど》していて、これまではこれをもとに、政氏はこのときまでに成氏から家督を譲られて、古河公方家当主になったとみられてきた。しかし、翌同四年（延徳二年）四月に成氏の最後の発給文書が確認されたことで（「永徳寺文書」）、そのように理解することはできなくなっている。また、同年十二月の武蔵忍城《おし》（埼玉県行田市）攻撃を成氏が行っているから、それまでは成氏が古河公方家当主の地位にあったと理解するのが適切である。

政氏の家督相続が行われたのは、翌福徳《ふくとく》二年（延徳三年）六月以前のことのようだ。そのときに政氏は、下野外様衆の茂木治泰《もてぎはるやす》を引付衆《ひきつけしゅう》に任じていて、引付衆の任命は、古河公方家当主としての行動とみなされるからである。すでに成氏の発給文書はみられなくなっていて、その政治動向も前年末の忍城攻撃を最後にみられなくなっている。そのことから、忍城攻撃後から、この年になって古河公方家当主の交替があったらしい。しかも忍城攻撃にともなって、長享の乱に関しては第一次和睦が成立しているので、長享の乱の和睦成立をうけて、家督の交替がなされた可能性が高い。政氏は二十六歳であった。

山内上杉家に味方する

政氏は家督を継いだとみなされる延徳三年（一四九一）については、福徳二年の私年号を使用していた。この私年号は、下総・下野・常陸・武蔵・甲斐での使用が確認されている。古河公方家では、前年までは長享年号を使用しているから、政氏がこの私年号を使用したのは、家督相続にともなうものと考えられる。しかし、同年号を使用したのはこの年だけで、その後の明応二年（一四九三）には、「延徳五年」と延徳年号を使用している。

古河公方家では、長享年号が延徳年号に改元されて以降は、長享年号・福徳年号・延徳年号を使用していて、京都年号と異なるものを使用していた。長享の乱の第一段階において、古河公方家は、室町幕府と繋がっていた山内上杉家と対立関係にあったから、それにともなうものと考えられる。延徳二年十二月に和睦が成立しているが、その後も京都年号とは異なる年号を使用していることから、その和睦は、単なる停戦和睦であったと理解される。山内上杉家との政治対立は依然として継続されていた可能性が高い。実際にも延徳五年閏四月に、直臣で上野館林《たてばやし》領の赤井《あかい》氏の家老富岡《とみおか》氏に、同月十五日の上野武井《たけい》城（群馬県桐生市）攻撃での戦功を賞していて、政氏方による軍事行動が展開されていたことが知られる。

縹糸威最上胴丸具足　足利政氏の所用と伝わる
埼玉県立歴史と民俗の博物館蔵

明応三年七月に、長享の乱の第二次抗争が開始される。そのときには政氏は山内上杉家に味方した。そのため以降において、古河公方家は京都年号を使用するようになっている。政氏は同年十月に、山内上杉家支援のため武蔵高倉山《たかくらやま》（埼玉県鶴ヶ島市）に進軍している。政氏が山内上杉家に味方した軍事行動としては、これが最初のことになる。そこでは古河公方足利方として存在した武蔵岩付《いわつき》城（さいたま市岩槻区）に、扇谷上杉家に味方する伊豆伊勢《いせ》宗瑞《そうずい》から攻撃を受ける情勢になったため、政氏は家老簗田成助《しげすけ》を同城に援軍として派遣している。

またこのときに、政氏は山内上杉顕定《あきさだ》から初めて出仕を受けた。それにともなって、関東管領《かんとうかんれい》の家格を、足利氏御一家筆頭（吉良《きら》家・渋川《しぶかわ》家）に次ぎ、他の御一家よりも上位に位置づけている。政氏は山内上杉家と連携するにともなって、その関係を強化しようとしたことがわかる。そもそも享徳《きょうとく》の乱の開始以来、古河公方家と山内上杉家は基本的には敵対関係を続けていた。ここで政氏が上杉顕定から出仕を受けたことは、両家の関係が回復されるとともに、室町時代とは異なる新たな関係を構築することにあたった。それが関東管領である山内上杉家の家格を、足利氏御一家筆頭に次ぐ地位に据えることで、表現されたと考えられる。

　長享の乱の第二次抗争は、明応八年十月十六日に和睦が成立している。このとき、政氏は山内上杉家が扇谷上杉家の本拠である武蔵河越《かわごえ》城（同川越市）攻略の拠点としていた武蔵上戸《うわど》陣（同川越市）に在陣していて、在陣は数ヶ月に及んでいた。ところが、長男の「若御料」（高氏《たかうじ》）の元服を翌月に行うことを予定していて、数日前にそれに際して室町幕府将軍足利義高《よしたか》（義澄《よしずみ》）から一字を与えられることが認められた。そのため和睦の成立は、高氏元服式にともなうものとみなされている〔家永二〇〇七〕。政氏は、高氏元服式を優先させて、和睦に持ち込んだということになる。

　しかし、それがゆえにというべきか、和睦期間中にあっても、抗争がすべて終息したわけではなかったらしい。翌明応九年十月には長尾《ながお》蔵人佑《くろうどのすけ》（足利長尾家一族か）による下野足利鑁阿寺《ばんなじ》領への違乱があり、同年十一月に、政氏は違乱を停止する禁制を出している。次いで翌文亀元年（一五〇〇）六月一日には、足利長尾家と下野佐野《さの》家の抗争がみられるようになって、下総結城《ゆうき》家・下野宇都宮《うつのみや》家が佐野家支援のために足利に向けて進軍する情勢に対して、政氏直臣本間《ほんま》政能《まさよし》は、「公私御統一之上《こうしごとういつのうえ》」を掲げて結城家・宇都宮家に進軍停止を命じている〔鑁阿寺文書〕。続けて閏《うるう》六月六日には、政氏がどこかに在陣しており、軍事行動していたことが知られる〔鑁阿寺文書〕。しかし、具体的状況については明確には把握できない。

　長享の乱の第三次抗争は、その文亀元年十一月に、山内上杉家が扇谷上杉家の本拠河越城を再び攻撃したことで開始された。当初、政氏はこの抗争に関わっておらず、翌同二年六月二十日から永正元年（一五〇四）四月十三日まで、嫡男高氏をともなって、あしかけ三年にわたって、下総千葉《ちば》孝胤《のりたね》・勝胤《かつたね》討伐のため、下総に進軍して篠塚《ささづか》（千葉県白井市）に在陣した。また同年十一月に、宿老野田《のだ》三郎《さぶろう》の本拠で合戦があったことが知られるが、千葉家討伐にともなって、内部抗争が展開されたことをうかがわせる。

篠塚陣からの帰陣後、永正元年九月に、政氏は山内上杉家支援のために武蔵立河原《たちかわのはら》（東京都立川市）に向けて進軍し、同月二十七日に扇谷上杉方と立河原合戦を戦った。もっとも長享の乱第三次抗争において、政氏が明確に山内上杉家支援のための軍事行動したことが確認できるのは、現在のところ、この立河原合戦だけとなっている。合戦は山内上杉方の大敗であったが、その後、山内上杉家は越後上杉家の軍勢を援軍として獲得して、反撃を展開した。そして翌同二年三月に、扇谷上杉朝良《ともよし》を事実上、降伏させて、戦乱を終結させている。その際に、上杉朝良は政氏に降伏するという体裁がとられている。政氏が山内上杉家に味方したため、両家の戦争は名目的には、政氏と上杉朝良との戦争と表現されたためであった。

永正の乱の勃発

しかし、それから一年後の永正三年（一五〇六）四月から、政氏・高基《たかもと》（もと高氏）父子の抗争を中核とした永正の乱が開始された。この戦乱は、政氏が政界から実質的に引退する永正十五年までの、足かけ十三年におよぶ長期に展開されるものとなった。そしてこの戦乱では、政氏・高基父子の動向だけでなく、政氏次男の雪下殿空然《ゆきのしたどのこうねん》（のち小弓公方《おゆみくぼう》足利義明《よしあき》）と四男基頼《もとより》の動向、山内・扇谷両上杉家の抗争、両上杉家に対する伊勢宗瑞・長尾伊玄《いげん》の叛乱、下野宇都宮家の内乱、下野宇都宮家・那須《なす》家と常陸佐竹《さたけ》家・陸奥岩城《いわき》家・同白川《しらかわ》家の抗争など、じつに多方面の動向と連動して展開されるものになっている。

第一次抗争は、永正三年四月に、嫡男高氏が古河城（茨城県古河市）を退去し、妻の実家である下野宇都宮城（宇都宮市）に入部したことで開始された。高氏により政氏方の小山《おやま》家の祇園《ぎおん》城（栃木県小山市）攻撃の情勢がみられている。このときの抗争で、政氏方として確認できるのは、武蔵扇谷上杉建芳《けんぽう》（朝良）・相模三浦道寸《みうらどうすん》・下野小山成長《しげなが》・同那須資永《すけなが》・同佐野秀綱《ひでつな》・常陸小田政治《おだまさはる》・同真壁治幹《まかべはるもと》・陸奥白川政朝《まさとも》・同小峰朝脩《こみねとものぶ》らとなる。そして第一次抗争は、山内上杉顕定の仲介により、同四年八月に和睦が成立し、高氏は古河城に帰還した。

第二次抗争の開始は、それから一年も経たないうちに開始された。永正五年八月には抗争がみられていて、ここでも高氏が古河城から退去して、今度は家老簗田高助《たかすけ》の本拠である下総関宿《せきやど》城（千葉県野田市）に入った。そして八月一日に、古河城を攻撃しようとする情勢がみられている。このときの抗争で政氏方として確認できるものに、安房里見義通《さとみよしみち》・常陸佐竹義舜《よしきよ》・陸奥白川政朝らがある。この抗争についても、山内上杉可諄《かじゅん》（顕定）の仲介により、同六年六月二十三日に和睦が成立し、高氏は古河城に帰還した。

これを機に、高氏は高基に改名したとみなされている。また、政氏の三男顕実《あきざね》が上杉可諄の養嗣子に入ったのも、この頃のことと推定されている。政氏は、山内上杉可諄との関係を強化しようとしたことがわかる。

最後の抗争となる第三次抗争は、またもそれから一年も経たないうちに開始された。永正七年五月九日以前に、高基が古河城から退去して、再び関宿城に入城したことで開始された。この抗争は足かけ九年にわたり、永正の乱のなかでもっとも長期の抗争となっている。そしてこの抗争の結果として、政氏は政界から事実上、引退することになる。

第三次抗争において、政氏方として確認できるものに、下野小山成長、那須資房・政資、上野岩松尚純《いわまつひさずみ》、赤井重秀《あかいしげひで》らがある。しかし、第三次抗争開始直後の永正七年六月二十日に、山内上杉可諄が越後で戦死してしまった。これまでの抗争では、この可諄が仲裁を務めていたが、これにより仲裁者は不在となる事態になった。そして山内上杉家の家督は養嗣子顕実が継承したものの、有力一門の憲房《のりふさ》がこれに対抗して、翌同八年九月には山内上杉家で内乱が展開された。

両勢力はそれぞれ政氏・高基の抗争に結びついて、当主顕実は政氏と、対抗する憲房は高基と結んだ。それにともなって岩松家は、高基・憲房方に味方するようになった。そのため、永正九年六月に顕実が岩松家らを攻撃しようとしたが、その隙に、憲房方に本拠武蔵鉢形《はちがた》城（埼玉県寄居町）を攻略され没落してしまい、それに連動して政氏も古河城から退去を余儀なくされた。これにともなって高基が古河城に入部し、古河公方家当主の地位は事実上、高基が獲得するものとなる。また、山内上杉家は憲房に継承され、それを受けて武蔵では、山内上杉家と政氏方の扇谷上杉家との抗争が展開されるようになった。こうして政氏は古河城から逐われ、それにともなって古河公方家当主の地位も失うことになった。ただ前当主とはいっても、当主との間に明確な権限に差があったわけではなかった。そのため政氏は、以後も「公方様」として存在し、高基との抗争を継続した。

古河城退去後の政氏

祇園城に在城した政氏は、直後から陸奥岩城家の参陣をはたらきかけている。永正十年（一五一三）から同十一年にかけて、常陸佐竹義舜、陸奥岩城常隆《つねたか》・由隆《よしたか》・重隆《しげたか》にしきりに参陣をうながしている。そのなかで政氏は、永正十年十月二十八日に、古河城奪還のため同城への攻撃を図っていた。その後、同十一年一月には、高基・空然との和睦交渉の展開がみられ、その結果、同年三月に政氏は空然と政治的連合をとげている。こうして政氏は、空然と連携して、高基に対抗する構図となった。空然は祇園城に入部し、それをうけて政氏は古河城奪回を図るようになっている。

一方で、同年六月には、佐竹義舜・岩城常隆からは、高基との和睦を申上されている。佐竹家・岩城家は、白川家と連携して、高基方の下野那須家・宇都宮家との抗争を展開していた。政氏・高基の和睦を斡旋しようとしているのはその間のことからすると、その抗争は必ずしも政氏・高基の抗争と一体化したものではなかったことがうかがわれる。それでも政氏は、同十一年七月二十九日についに佐竹家に出陣を実現させ、続けて岩城家・白川家にも出陣を実現させて、ともに下野に進軍させて、八月十六日に宇都宮家との間で宇都宮竹林《たけばやし》（宇都宮市）合戦が生じている。

しかし同十三年六月二十六日に、政氏方の佐竹家・岩城家と高基方の宇都宮家との間の下野那須縄釣《なわづり》（栃木県）合戦で、政氏方が敗北したことにより、情勢が急変する。この敗戦によって、政氏を庇護する小山成長は高基方に味方することになり、それにともない嫡男政長に家督が交替された。これによって政氏は、小山家からの支援を失うことになった。そのため政氏は、ついに祇園城から退去することになった〔佐藤一九八九、市村一九九四〕。

政氏は十二月二十五日に祇園城を退去し、常陸円福寺《えんぷくじ》（茨城県下妻市）を経て、同月二十七日に武蔵岩付城に入った〔円福寺記録〕。入城に際しては、扇谷上杉建芳（朝良）の先導をうけているので、政氏は同家を最大の支援者にたのむようになったことがわかる。さらに政氏は、岩付城への在城にともなって、出家して、法名道長《どうちょう》を称したらしい。この時期に政氏を支えたのは扇谷上杉家や上総真里谷武田《まりやつたけだ》家など、南関東の政治勢力となった。それとともに、武蔵太田庄高柳《おおたのしょうたかやなぎ》（埼玉県久喜市）に在所した空然であった。空然は、宗済《しゅうさい》に改名したうえで、永正十四年閏十月には、還俗して義明を名乗っている。義明の還俗は、政氏の出家をうけてか、もしくは同時のことと考えられる。これはすなわち、政氏の政治的後継者として義明が確立したことを示すと考えられる。

久喜への隠遁から死去

しかし永正十五年（一五一八）四月二十一日に、最大の庇護者であった扇谷上杉建芳（朝良）が死去した。政氏はその五日後に、扇谷上杉家重臣の恒岡《つねおか》氏に宛てて、義明への協力を要請している。その義明はそれから三ヶ月後に、上総真里谷武田家の支援をえて、下総小弓《おゆみ》城（千葉市中央区）に入部し、小弓公方家を創設して〔佐藤一九八九・二〇〇六〕、引き続いて高基との抗争を展開していく。政氏はこれを機に、岩付城を退去し、武蔵太田庄久喜《くき》（埼玉県久喜市）に隠遁した。政氏はようやく政治抗争から身を引いたのであった。

足利政氏の墓　埼玉県久喜市・甘棠院境内

こうして政氏・高基の第三次抗争は終息をみた。ただし政氏方と高基方の抗争は、その後は高基と義明の間で展開されるものとなる。そのなかで同十七年閏六月に、政氏は高基と和解し、古河城を訪問したことが知られる。これにより政氏は、長きにわたった高基との政治的対立関係を解消したと認識される。それにともなって政氏は、高基と対立する義明とは、対立関係になった。

その後、享禄二年（一五二九）から同四年まで、今度は高基とその嫡男晴氏《はるうじ》との間で、抗争が展開された（関東享禄の内乱）。ここで政氏は、四男基頼《もとより》と連携する関係にあったが、高基と晴氏のどちらに味方する立場にあったのかは確定するのは難しい。ただし、基頼についてはそれまで高基方の立場にあったようなので（中根二〇一九）、政氏・基頼ともに高基方であったみなされる。そのなかで六月一日、政氏は基頼に書状を出して、晴氏方の宇都宮家の軍事行動を問題視している。すでにこのときには、晴氏を古河城に帰還させる取り決めが行われていたらしく、その件が晴氏を庇護する宇都宮家に高基から連絡されているのかどうかを問題にしている。

政氏は久喜隠遁後も、一定の政治行動を行っていたようだが、同月六日に病気が再発し、これに新たに古河公方になった晴氏が、直臣で医者の田代三喜斎《たしろさんきさい》に治療させようとしている。しかし政氏は、快復することなく、同年七月十八日に死去した。六十六歳であった。久喜の館に菩提寺が建立され、法名を甘棠院殿古山長公《かんとういんでんこざんちょうこう》（道長）大禅定門《だいぜんていもん》とおくられ、菩提寺は甘棠院と称された。初代住持には、末男と思われる貞岩《じょうがん》が就任した。

（黒田基樹）

【主要参考文献】

家永遵嗣「足利義材の北陸滞在の影響」（『加賀・能登歴史の扉』石川史書刊行会、二〇〇七年、所収。初出二〇〇〇年）
市村高男『戦国期東国の都市と権力』（思文閣出版、一九九四年）

黒田基樹『扇谷上杉氏と太田道灌〈岩田選書・地域の中世1〉』（岩田書院、二〇〇四年）
黒田基樹『戦国期山内上杉氏の研究〈中世史研究叢書24〉』（岩田書院、二〇一三年）
黒田基樹編著『足利成氏・政氏〈シリーズ古河公方の新研究1〉』（戎光祥出版、二〇二二年）
佐藤博信『古河公方足利氏の研究』（校倉書房、一九八九年）
佐藤博信『中世東国政治史論』（塙書房、二〇〇六年）
中根正人『常陸大掾氏と中世後期の東国〈戦国史研究叢書19〉』（岩田書院、二〇一九年）

足利高基
——肉親との泥沼の戦争を繰り返した三代目古河公方

永正の乱の勃発

足利高基《あしかがたかもと》は古河公方《こがくぼう》三代になる人物で、二代公方政氏《まさうじ》の嫡男である。高基の生年は、いまだ判明していない。古河公方歴代のなかで生年が判明していないのは、高基だけである。幼名を満千代王丸《まんちよおうまる》といい、明応八年（一四九九）に元服し、室町幕府《むろまちばくふ》将軍足利義高《よしたか》（義澄《よしずみ》）から偏諱《へんき》を与えられ、実名「高氏《たかうじ》」を名乗った〔久保一九九七、家永二〇〇七〕。これにより「御方御所様」と称されて、政氏の後継者の地位に位置づけられた。このときの年齢を、一般的な元服年齢である十五歳とすると、生年は文明十六年（一四八四）頃といえる。

その場合、兄弟の足利義明《よしあき》は、文明十四年生まれと伝えられているので〔足利家通系図〕、それが事実であれば、義明は庶兄にあたり、高基は政氏の次男であったことになる。母については、「与五将軍系図」に、家老簗田持助《やなだもちすけ》の娘に「関東将軍高基之母、号安養院殿《あんよういんでん》」とあるように、簗田持助の娘であった。もし義明が庶兄であったとすれば、母の出自が高基のほうが高かったため、高基が嫡男に決められたのかもしれない。

元服から四年後の文亀二年（一五〇二）に、父政氏に従って下総千葉《ち ば》家追討のため下総篠塚《ささづか》（千葉県白井市）に出陣している。これが高基の政治動向として知られる最初である。翌三年三月に直臣渋垂大炊助《しぶたれおおいのすけ》に所領安堵の証文を与えていて、これが高基の発給文書の初見になる。永正二年（一五〇五）には、花押《かおう》型を妻（瑞雲院殿《ずいうんいんでん》）の父、すなわち岳父の下野宇都宮成綱《うつのみやしげつな》に倣ったものに改判している。この頃に宇都宮成綱娘と結婚したらしい。二二歳くらいのことになる。

ところが、その翌年の同三年四月二十三日に、高基は古河城（茨城県古河市）から退去して、妻の実家の宇都宮家の本拠宇都宮城（宇都宮市）に移り〔喜連川判鑑〕、父政氏との抗争を開始した。この政氏・高基の抗争は永正の乱と称され、これから同十五年まで足かけ十三年に及んで、三次にわたって展開されるものとなる。高基がどうして父政氏に敵対したのか、理由は明確ではない。戦乱勃発の前年に、長享の乱が終息をみていたが、すでに地域における有力武家同士の抗争は、地域の論理で展開されるようになっていた。戦乱では政治的名目の確保が有効であったから、公方政氏に親しい勢力と対抗関係にある者たちが、政氏に対抗できる存在として、嫡男の高基を担ぎ出したのであろうと考えられる。その筆頭に位置したのが、宇都宮家であったといえよう。

古河公方家当主になる

第一次抗争は、勃発から一年後の永正四年（一五〇七）八月に終息している。同月三日、高基は関東《かんとう》管領《かんれい》山内《やまのうち》上杉《うえすぎ》顕定《あきさだ》に、政氏への和睦の周旋を依頼し、起請文《きしょうもん》を出している〔喜連川家文書案〕。これは上杉顕定の仲介をうけて、事実上は政氏に屈服したものになる。これを受けて、おそらく同月中には和睦が成立したようだ。この第一次抗争で高基に味方したものには、下野宇都宮家・下総千葉家・上野舞木《まいぎ》家・陸奥長沼《ながぬま》家・岩城《いわき》家らがある。

しかし和睦は長続きせず、同五年八月一日までに、今度は家老簗田高助《たかすけ》の本拠下総関宿城《せきやど》（千葉県野田市）に退去して、再び政氏との抗争を開始し、第二次抗争が展開された。その八月一日に、高基は古河城を攻撃している〔島田文書〕。この第二次抗争で、高基に味方した者には、下野宇都宮家らがいる。しかしこの抗争も、関東管領山内上杉可諄《かじゅん》（顕定）の仲裁をうけて、このときも上杉可諄に起請文を出したうえで、同六年六月二十三日に和睦が成立し、高基は古河城に帰還した〔喜連川判鑑〕。その後、同年十二月に、実名「高基」を名乗っているので、和睦を機に高氏から高基に改名したのだろう。

ところが、この和睦も一年ももたず、同七年五月九日以前に、高基は再び関宿城に退去し、政氏との抗争を再開し、第三次抗争が展開された〔那須文書〕。この高基の蜂起について上杉可諄は、「関東之主君」にもかかわらず、何度も起請文を反故《ほご》にして戦乱を求める姿勢に強い不満をみせている〔歴代古案〕。しかし高基にしてみれば、支持勢力の抱える所領問題などが十分に解決されないで、相手方との抗争が終息をみないなどのことで、それら支持勢力に擁立されて蜂起にいたったのであろう。しかもこのときには、庶兄にあたる雪下殿《ゆきのしたどの》（鎌倉鶴岡八幡宮別当）の空然《こうねん》（のち足利義明《よしあき》）も、本拠としていた武蔵太《おお》田庄高柳《たのしょうたかやなぎ》（埼玉県久喜市）で蜂起した。これは政氏・高基のいずれにも味方したものでなく、空然による自立行動であった。これにより古河公方家は、政氏・高基・空然に三分されるものとなった。

この第三次抗争の当初において、高基に味方した者に、下野宇都宮家・武蔵安保《あぼ》家・常陸佐竹《さたけ》家・陸奥石川《いしかわ》家などがいる。このとき、これまで抗争を仲裁してきた上杉可諄は、越後に出陣していたため、仲裁者は不在であった。しかも同年七月に、その上杉可諄が越後で戦死し、山内上杉軍は上野に後退したうえで、越後上杉方との抗争を強いられた。そのうえさらに同八年九月には、山内上杉家で家督をめぐる内乱が展開された。可諄の家督は、養嗣子になっていた顕実《あきざね》（政氏の三男、高基の弟）が継いでいたが、これに有力一門の憲房《のりふさ》が対抗し、山内上杉方を二分した抗争が行われた。そしてその抗争は、政氏・高基父子の抗争とも結び付いて、顕実は実父政氏に、憲房は高基に結びついた。それによって、憲房方であった下野長尾《ながお》家や上野横瀬《よこせ》家などが高基方になった。

そして同九年六月、上杉顕実が高基・憲房方の上野横瀬家を攻撃しようとしていた隙に、憲房方が顕実の本拠の武蔵鉢形《はちがた》城（埼玉県寄居町）を攻略したことで、上杉顕実は没落し、これをうけるようにして、六月十八日に高基は政氏に攻勢をかけたのであろう、政氏を古河城から下野小山祇園《おやまぎおん》城（栃木県小山市）に退去させることに成功した。そして高基は、関宿城から古河城に入部して、古河公方の地位を自ら獲得した〔年代記配合抄〕。こうして高基は、政氏に対して優位を確立し、古河公方家当主となった。

永正の乱の終結

高基が古河公方家当主の地位を確立したことをうけてか、永正十年（一五一三）五月には、空然が古河城に移ってきた〔集古文書〕。これは高基と空然が政治的に一体化したことを意味している。九月には、常陸真壁治幹《まかべはるもと》に、同小田政治《おだまさはる》を味方にするよう尽力を命じていて、政氏方の切り崩しをすすめている。しかし政氏も、十月以降、常陸佐竹義舜《よしきよ》・陸奥岩城常隆《つねたか》らへの働きかけを強め、同月二十八日に古河城攻撃を計画し、対抗していた〔佐竹文書〕。実際に攻撃があったのかは不明だが、政氏からの巻き返しをうけてか、同十一年正月には、高基・空然と政氏の和睦が話題になっている〔秋田藩家蔵文書〕。

そして同年三月、空然が政氏方に転じて、祇園城に移った〔秋田藩家蔵文書〕。前年に高基と空然は政治的に連合したにもかかわらず、一年も経たないうちに決裂し、敵対関係になったことになる。理由は判明しないが、空然の支持勢力の権益が十分に保証されないなどのことがあったのだろう。

これにより古河公方家の抗争は、高基と政氏・空然の対立構図となり、この構図が以後の抗争の基本的枠組みをなすものとなる。そしてこれをうけて政氏は、古河城への進軍を図っている。この時期の高基には、下野宇都宮家・下総結城家・同千葉家・常陸小田家・陸奥伊達《だて》家らが味方になっている。そして七月二十八日に、政氏から古河城への攻撃をうけた。さらに八月十六日、政氏方の佐竹・岩城家が宇都宮に進軍して、高基方の宇都宮家との間で宇都宮竹林《たけばやし》（宇都宮市）合戦が起き、高基方は敗北した。

しかし高基もこれに対抗して、すぐさま小山攻めを図っている。ただし、それは九月になっても実行されていない。その後しばらくの戦況は明らかになっていないが、二年後の同十三年六月二十六日の下野那須縄釣《なすなわづり》（栃木県）合戦で、宇都宮家は佐竹・岩城家に勝利した。これにより情勢は高基の優位に展開し、政氏を保護していた小山家は、高基に従うことになり、成長から政長《まさなが》に家督が交替された。これにより政氏は、祇園城から退去することになった。そして同年十二月に、祇園城から退去して、武蔵岩付城《いわつき》（さいたま市岩槻区）に移った。

こうして高基は、政氏に対する優勢を強めた。その後、具体的な情勢についてはほとんど明らかになっていない。それはそれだけ、具体的な軍事行動があまり行われなかったことを意味しよう。そして同十五年四月に、政氏（当時は法名道長）の最大の支援者であった扇谷《おうぎがやつ》上杉建芳《けんぽう》が死去したことで、政氏は政治的に引退し、武蔵久喜《くき》（埼玉県久喜市）に閑居した。これにより政氏との抗争は終息し、ようやくに永正の乱は終結をみることになった。しかしこれで戦乱が終息したわけではなかった。政氏の政治勢力は、空然から還俗していた足利義明に継承され、その後は義明との抗争が展開されるのであった。

足利義明との抗争

足利義明は、父政氏と政治的連合を形成したのち、宗済《しゅうさい》への改名を経て、還俗して義明を名乗っていた。これは政氏の政治勢力の継承者になったことを意味した。実際にも、政氏が久喜に閑居したのちは、その政治勢力を継承した。しかし太田庄で高基に対抗することは難しかったのか、三ヶ月後の永正

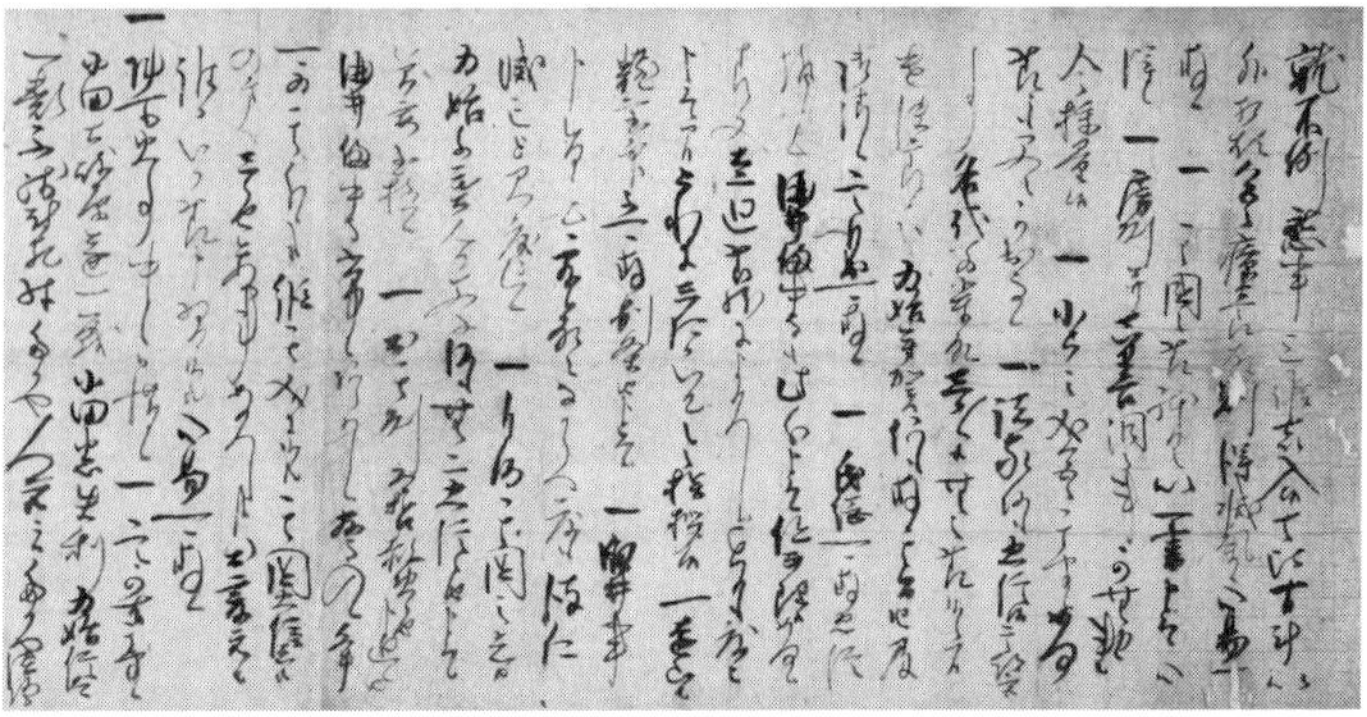

足利高基自筆書状　東京大学史料編纂所蔵

十五年（一五一八）七月に、上総真里谷武田家《まりやつたけだ》の支援をうけて、下総小弓《おゆみ》城（千葉市中央区）に入った。これにより義明は、小弓公方と称された。

同十六年二月、高基はすぐさま小弓への進軍の姿勢をみせた。これに足利義明（当時は法名道哲）は、服従の意向を示してきた。しかし実際に態度が示されなかったのであろう、七月から上総に進軍する準備を進めた。そして八月十九日には、上総に進軍し、義明方の椎津《しいづ》城（千葉県市原市）を攻撃した〔常総文書〕。この進軍には、常陸小田家・下総結城《ゆうき》家・同千葉家から軍勢の参陣がみられている。上総での在陣は九月まで続いたようだが、帰陣の際には、千葉家の護衛をうけ、千葉家一族の臼井《うすい》家の叛乱が起きているので、義明方の反攻も展開されていたことがうかがえる。

同十七年閏六月に、久喜の政氏が古河城に来訪してきた。これにより高基は政氏と和解した〔秋田藩家蔵文書〕。永正三年以来、敵対関係を続けてきたが、足かけ十五年にして、ようやく政氏との和解を成立させた。ただし義明との抗争は、その後も続いた。同年

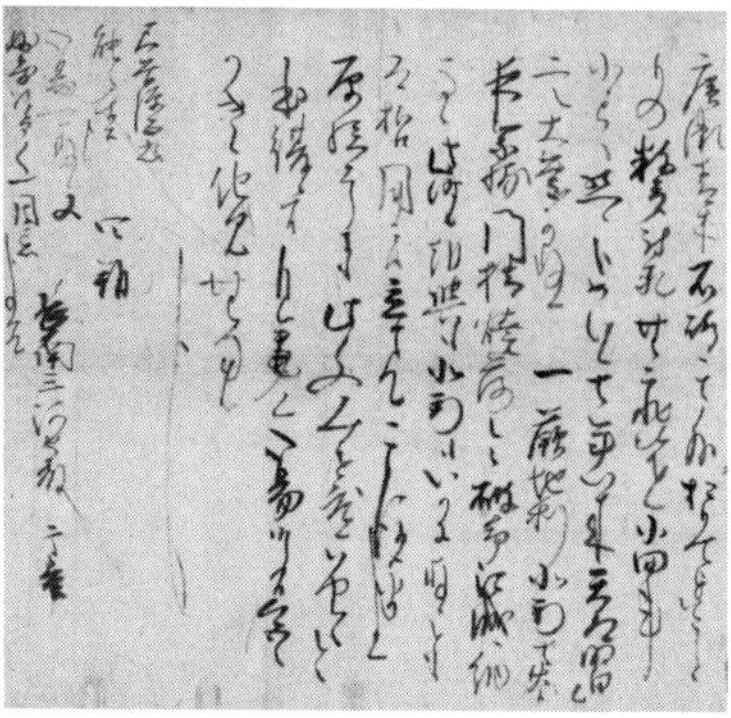

九月に高基は軍勢を招集しており、義明方への攻撃を準備している。対して義明も、古河城・関宿城攻撃を図っていて、翌大永元年（一五二一）六月に、安房里見《さとみ》義通《よしみち》に関宿に向けての進軍に参陣を命じている。両者の抗争について具体的な状況はいまだ明確にならないことが多いが、抗争を続けていたことは確かであった。

　この時期のこととして注目されることに、次男を山内上杉家の養嗣子に入れていることがあげられる。当時の山内上杉家当主の憲房には、大永三年に男子（憲政《のりまさ》）が生まれたばかりで、幼少であったため、同年もしくは翌同四年頃に、高基の次男が養嗣子に入った。同五年には、憲房の後継者として存在していて、山内上杉家歴代の仮名《けみょう》・四郎を称し、実名も同家の通字を冠した憲寛《のりひろ》を名乗っている。これは元服が、同家への入嗣後に行われたことを意味している。憲寛の生年は不明だが、兄晴氏よりも二歳ほど年少とすれば、永正十三年頃になり、大永三年でも八歳にすぎない。幼少での元服であったのだろう。

　この縁組みは、かつて政氏が三男顕実を山内上杉家の養嗣子に入れたことを踏襲するものになる。高基と憲房は、ともに連携しながら、実力によってそれぞれの家を継承した存在になる。そうではあったが両者ともに、関東の政治秩序は、古河公方家と関東管領山内上杉家が一体になって維持されるべきものと認識していたと思われる。そのため憲房の実子があまりに幼少であったため、具体的に古河公方家と山内上杉家の政治的一体化をすすめるために、縁組みが結ばれたと考えられる。

義明との抗争に大きな変化がみられたのは、同七年である。義明は関宿城への進軍を図ったとみえ、千葉家を服属させたらしい。これに対して高基は、十一月に家老簗田家の軍勢を千葉家勢力下の小金《こがね》領に進軍させ、名都借《なづかり》要害（千葉県流山市）を攻撃している。先に高基は上総まで進軍していたが、ここでは抗争は千葉家領国で展開されるものになっている。それはそれだけ、房総の政治勢力が義明に従うようになって、高基を圧迫してきたことを示している。ただし義明方との抗争の実態はほとんど明らかにならない。しかし、享禄元年（一五二八）十月まで継続していることが確認されている。

嫡男晴氏との抗争

高基は、享禄元年（一五二八）十月に、嫡男晴氏《はるうじ》の元服をすすめ、山内上杉憲寛（高基の次男）の家《か》宰《さい》・足利長尾憲長《のりなが》から、越後上杉家を通じて、室町幕府将軍足利義晴《よしはる》にはたらきかけて、偏諱を獲得している。そして同年十二月二十七日に、晴氏の元服式を行った（足利晴氏元服次第記）。晴氏は十五歳であった。これにより晴氏は「御方御所様」と称され、高基の後継者とされた。

翌同二年八月八日に、晴氏は古河城から出て、母方実家の宇都宮家を頼って、宇都宮城に移っている（鑁阿寺文書）。これは高基と晴氏との間で政治対立が生じたことを示すとみられる。もっとも、すぐに両者の抗争が開始されたわけではなかったらしく、同月二十五日に、高基と晴氏はともに、小山家での政長から小四郎への家督交替について承認している〔小山文書〕。しかし、両者が協調関係にあったのはここまでで、同年中のうちに両者は抗争を開始した。この抗争は、享禄二年から同四年にかけて展開された〔関東享禄の内乱〕〔黒田二〇一三〕。

とはいえ、この抗争の具体的な状況はほとんど明らかにならない。それでも、政氏とその四男基頼《もとより》（高基の弟）が高基に味方したのに対して、晴氏には小弓公方足利義明が味方し、古河公方家は再び大きく二つに分裂する状態になっている。さらに山内上杉家でも同時期に内乱が展開された。当主憲寛に対して、前代憲房の実子竜若丸（憲政）を擁立する家臣団の叛乱が展開された。古河公方家の内乱と山内上杉家の内乱が連動して展開されたかどうかは確定されないが、山内上杉方の武蔵忍《おし》領の成田《なりた》家が関わっていることからすると、ある程度の関係性はあった可能性は高いだろう。

この抗争は、享禄四年六月に、いったん終息したらしい。その年の五月晦日までに、晴氏が古河城を攻撃したようだ〔小山氏文書〕。これが晴氏方の優勢を決定づけたのか、その翌日の六月一日には、高基は晴氏を古河城に帰還させることにし、その旨を晴氏の庇護者である宇都宮興綱《おきつな》に連絡したことがうかがえる〔豊前氏古文書抄〕。これは高基が晴氏に屈服したことを意味したととらえられる。そうして晴氏は古河城に帰還し、高基は晴氏に古河公方家当主の地位を譲ったようだ。直後の六月六日、晴氏は祖父にあたる政氏の病気に、直臣の田代《たしろ》三喜斎《さんきさい》を治療にあたらせようとしていて、公方家直臣衆の主人として存在したことが確認できるので〔秋田藩家蔵文書〕、そう考えてよいだろう。

高基の晩年

高基の具体的な行動がわかるのは、その年六月十九日に、小山小四郎《おやまこしろう》に和睦して閑居することを命じているものになる〔小山文書〕。小山家でも内乱があり、高基に味方した小四郎は隠遁することになったことが知られる。なお晴氏との抗争については、この後に再び展開された可能性もある。高基の発給文書に、享禄の内乱の時期か、これより以降とみなされるもので、下野での戦乱に関わるものがある〔落合文書〕。いずれの時期のものか確定できないが、高基の死去直前まで、小山領では公方家の内乱にともなって、戦乱が続いていたことを示す史料がある〔佐八文書〕。

もし戦乱がその後も続いていたとすれば、高基は、いったんは晴氏に屈服し、晴氏に古河公方家当主の地位を譲ったものの、その後に再び敵対し、古河城を退去して、下野方面で晴氏方と抗争を展開した可能性がある。その場合には、再度の抗争は天文元年（一五三二）以降から展開されたとみなされる。しかし、このことについてはいまだ確定できているわけではなく、あくまでも想定可能というにすぎない。

高基はその後、同四年十月八日に死去した。没年齢は五十歳くらいだろう。死去した場所は古河城と伝えられている〔鎌倉殿并古河・喜連川御所様御代々牌名帳〕。これが事実であれば、最終的に高基は、晴氏に屈服した後は古河城で閑居したのだろう。高基の生涯は、永正三年（一五〇六）以降、戦陣にあり続けたものだった。しかもそれは最初は父と、ついで兄弟と、最後は嫡男と抗争するという、肉親との戦争の連続であった。ほぼ最期まで激動の生涯だった、といってよいだろう。

（黒田基樹）

【主要参考文献】

家永遵嗣「足利義材の北陸滞在の影響」（『加賀・能登歴史の扉』石川史書刊行会、二〇〇七年）
久保賢司「古河公方の幼名と元服―満千代王丸の場合を中心に―」（『鎌倉』八四号、一九九七年）
黒田基樹『扇谷上杉氏と太田道灌〈岩田選書・地域の中世1〉』（岩田書院、二〇〇四年）
黒田基樹『戦国期山内上杉氏の研究〈中世史研究叢書24〉』（岩田書院、二〇一三年）
黒田基樹編著『足利成氏・政氏〈シリーズ古河公方の新研究1〉』（戎光祥出版、二〇二二年）
佐藤博信『古河公方足利氏の研究』（校倉書房、一九八九年）
佐藤博信『中世東国政治史論』（塙書房、二〇〇六年）

足利晴氏——衰退する家運を支えた四代目古河公方

足利晴氏のイメージ

足利晴氏《あしかがはるうじ》は、四代目の古河公方《こがくぼう》である。細川晴元《ほそかわはるもと》・尼子晴久《あまごはるひさ》とは同年生まれで、一歳下には北条氏《ほうじょううじ》康《やす》がいる。河越《かわごえ》合戦で氏康に敗北したことから、山内上杉憲政《やまのうちうえすぎのりまさ》・扇谷《おうぎがやつ》上杉朝定《ともさだ》と並び称されることが多い。小田原《おだわら》北条氏に圧迫され傀儡《かいらい》化されていく公方家の当主ととらえられ、どちらかといえば没落していく人物というようなイメージが強いだろう。だがそれは軍記物語の世界であって、他の史料を見る限りでは主体的な動きが目立つ人物である。晴氏はどのような行動をしていたのか。本稿で紹介しよう。

晴氏の誕生と元服

晴氏は、永正十一年（一五一四）に生まれた。系図類では、幼名を亀若と伝えているが、確証はない。父は高基《たかもと》、母は宇都宮成綱《うつのみやしげつな》の娘（瑞雲院殿貞安妙泰《ずいうんいんでんじょうあんみょうたい》）で、御乳人《おちのひと》には宇都宮家関係者と思われる月窓《げっそう》妙愛《みょうあい》（名字不詳）が付けられている。当時、東国は第三次永正の乱の最中で、祖父政氏《まさうじ》の劣勢が明らかになった年である。すでに二年前の同九年、政氏は古河（茨城県古河市）から小山《おやま》（栃木県小山市）へ移座している。政氏退去を機に高基は古河へ帰還したので、晴氏は古河で誕生したとみてよい。

晴氏には、兄弟として山内上杉憲房《のりふさ》の養子とされた憲寛《のりひろ》と、甘棠院《かんとういん》二世住持の雲岳周揚《うんがくしゅうよう》がいる。憲寛は大永六年（一五二六）以前に元服しているので、晴氏の兄である。公方家を継承していないことから、瑞雲院殿の実子ではないのだろう。のちに宮原《みやはら》（千葉県市原市）へ隠遁しているので、母の実家は上総在国の奉公衆かもしれない。姉妹には鎌倉東慶寺《とうけいじ》の十八世住持となった瑞山《ずいさん》□祥《しょう》がいる。

晴氏は、享禄元年（大永八、一五二八）十二月に十五歳で元服した。元服にあたっては、高基が山内上杉家、越後上杉家を通して、将軍義晴《よしはる》の偏諱《へんき》（実名の一字）を授与されるよう申請していた。義晴は申請を許可し、八月には義晴自筆の一字状と、細川道永《ほそかわどうえい》（高国《たかくに》）の書状が越後へ届く。守護代長尾為景《ながおためかげ》はこれを受け取り山内上杉家へ送る。山内上杉家では代官の長尾憲長《のりなが》が古河へ持参した。

元服祝言は将軍家と同じく年末に行われた。十二月二十七日、長尾憲長が御所へ参上して具足《ぐそく》を渡し、将軍義晴から授けられた一字状を遠侍《とおさぶらい》へ置く。具足役は、奉公衆の梶原右京亮《かじわらうきょうのすけ》兄弟。憲長は、管領から贈られた剣・馬や折紙を進上する。理髪《りはつ》役は奉公衆の本間近江守《ほんまおうみのかみ》で、晴氏は義晴が授与した烏帽子をかぶり、祝言の式を行った。さらに軽い食事をすませ、宿老十四名と対面して三献の儀が行われた。

翌二十八日、晴氏は憲長を出仕させて受領《ずりょう》名但馬守《たじまのかみ》を与える。管領上杉憲寛への返礼品は、宿老簗《やな》田《だ》高助《たかすけ》の役割とされており、憲長の陣所へ届けた。この日は晴氏の御判始《ごはんはじめ》も行われた。右筆清七郎《せいしちろう》が三か条を書き上げ、江戸伊勢守《えどいせのかみ》が持参する。晴氏が花押をすえると宿老が参上して、三献の儀が再び行われた。その後、憲長が参上して晴氏と対面し、本間を賞して大鷹を授与した。また、長尾為景は、剣・馬・大鷹などを進上した。晴氏の元服は、古河公方家で唯一式次第がわかる例である。官位は不明ながら、元服段階で叙爵《じょしゃく》もしている。

高基との対立

晴氏は、元服直後に父高基と対立したようである。享禄二年(一五二九)三月、高基は小弓《おゆみ》(千葉市中央区)にいた弟の義明《よしあき》と合戦に及んだが、その後に晴氏は母の実家である宇都宮家へ御座を移し、古河城攻撃に取りかかっている。古河に隣接する小山家は、高基の後援にまわり宇都宮家に対抗したので、永正の乱が再開されたようなかたちとなった。さらに引退した政氏も晴氏方として行動したことから、高基方は包囲されたことになる。戦いは断続的に続いたようで、同四年には晴氏方が完全に優勢となった。六月、政氏の仲介により晴氏は古河へ帰還し、高基は閑居することを公表した。とはいえ、高基はすべての権限を奪われたわけではなく、大上様として行動していたとみられる。

また、ほぼ同時期に山内上杉家でも内部紛争があり、憲寛は、先代憲房の子息(憲政《のりまさ》)を擁立した被官に敗れ、同四年九月に上野を退去するはめになった。憲寛は高基方だったので晴氏の支持を取り付けられず、まもなく上総へ移動した。

高基父子内紛のきっかけについては、対立の構図が永正の乱に似ているので、ある程度の想像はできる。かつて山内上杉顕定《あきさだ》は、永正期における高基の挙兵を、「退屈」ゆえと述べていた。退屈というのは暇なのではなく、公権を振るえない状態をさす。晴氏も政治的に行動できなかったことにより、高基に反抗したのだろう。とはいえ、晴氏は十六歳であり、自身の意志のみで行動したとはいえない。おそらくは、晴氏派か反高基派の奉公衆が晴氏を擁立したのだろう。この乱で義明は反高基派として行動したが、基本的な立場としては古河勢と対立をしているので、晴氏と同調はしていない。むしろ晴氏・義明の対立は少しずつ顕在化していったようだ。

国府台合戦への道

晴氏と義明の対立に深くかかわったのが北条氏綱《うじつな》だった。氏綱は江戸城を奪取する以前から高基との交渉を望んでいたが、高基は氏綱を警戒して無視している。晴氏は、高基の外交方針を一変して、氏綱を味方化する交渉を検討するようになった。そのきっかけは、義明の攻撃である。天文六年（一五三七）六月、氏綱の駿河出陣を見計らってか、義明は軍勢を北上させて関宿城《せきやど》（千葉県野田市）を攻撃した。晴氏は山内上杉家へ援軍要請をしており、憲政も被官へ出陣を命じている。しかし、山内上杉勢が古河へ向かったかどうかはわからない。義明が関宿へ急行できたのは、通過点にあたる葛西《かさい》・岩付《いわつき》からの妨害がないからである。両地域の支配者は扇谷上杉家。つまり、同家は晴氏へ敵対行動を取ったことになる。

相模台合戦碑と経世塚　国府台合戦で戦死した者を葬った跡と伝える　千葉県松戸市

晴氏としては、この状況に対して急遽北条勢を支援したようである。翌七月、北条勢は扇谷上杉朝定《ともさだ》を撃退して河越城《かわごえ》（埼玉県川越市）を奪取する。この合戦に晴氏は感状を出している。

同七年二月、氏綱は葛西城（東京都葛飾区）を攻略し、さらに岩付城《いわつき》下を放火した。北上するための陸路・水路を閉ざされた義明は、六月に葛西の対岸である市川《いちかわ》（千葉県市川市）まで出陣している。当時、義明方の上総武田《たけだ》家は出兵できず、安房里見《さとみ》家は参陣に遅れてしまう。十月七日、氏綱は市川から相模台《さがみだい》（同松戸市）に布陣する小弓勢を急襲し、義明を討ち取るという大戦果をあげた。敵対してきた一門の消滅に、晴氏の喜びようは尋常ではなかった。晴氏は氏綱を関東管領《かんとうかんれい》へ補任したのである。

ほんらい関東管領職の任命権は幕府にあり、晴氏が決定できるものではない。しかし足利義晴は隠居状態で、新当主は元服も行っていなかった。晴氏は、義晴らがすぐに対応できないことを勘案し、補任を実行したのだろう。その場合、晴氏は関東管領職を山内上杉家が代々使用する官途受領名に準じるものと認識していたことになる。晴氏は山内上杉家へ期待しないことを表明したに等しい。

北条氏との婚姻と河越合戦

戦後、氏綱は自分の四女と晴氏を婚姻させることを計画した。天文八年（一五三九）八月、公方家宿老の簗田高助に対し、祝言の儀を任せたいと申し入れている。晴氏もこれに応じて、九年十一月には婚姻が成立した。氏綱娘の実名は不詳で、のちに法名を芳春院殿雲岫宗怡《ほうしゅんいんでんうんしゅうそうい》と付けられた。氏綱は古河公方家にもっとも近い血縁者になったわけである。しかも、氏綱は近衛尚通《このえひさみち》の娘（勝光院殿《しょうこういんでん》）と婚姻している。将軍義晴の妻も尚通娘（慶寿院殿《けいじゅいんでん》）なので、血縁関係はないが晴氏は義晴の義理の甥にあたる。さきに述べた氏綱の関東管領補任が婚姻後のことならば、晴氏は義晴の近親者として補任権を代行したことになる。同十年七月、氏綱が死去して北条家は氏康が当主に替わった。

天文十二年三月、晴氏と芳春院殿の間に梅千代王丸《うめちよおうまる》が生まれた。晴氏には、天文三年以前に生まれたと思われる幸千代王丸《こうちよおうまる》をはじめ、複数の男子がいた。芳春院殿は妻（正室）として公方家へ入ったと思われるが、家督予定者については何も決定されていなかった。幸千代王丸側と梅千代王丸側の対立を憂慮してか、氏康は十一月に高助へ起請文を送り協力を依頼している。晴氏はとくに述べていないが、義明滅亡後における上総の所領をめぐって、氏康と交渉していたようだ。晴氏にとって上総は、奪回した公方領だったたが、合戦後に実効支配したのは北条氏だったからである。上総の奉公衆は晴氏に従ったかもしれないが、所領が晴氏へ引き渡された形跡はない。

葛西城跡　東京都葛飾区

この段階までは、両者の関係は悪化していなかった。天文十三年の初頭には、晴氏と氏康は共同で上野へ出兵している。ところが、在陣中に氏康への信頼が揺らぐ事件があったらしい。上総問題は、それに拍車をかけただろう。同十四年に両上杉勢が河越城を攻囲したとき、晴氏はとくに加担していないが、十月以前に古河を離れて市川まで進み、しばらく在陣する。何のために市川へ向かったのか。以前、筆者は上総の所領奪回のためだと考えたが、上総へ直接進撃するのには距離がありすぎる。むしろ公方領周辺を固めるならば、古河と上総の中間に注目すべきだろう。公方領に隣接し、なおかつ東京湾への出入り口となる地域を候補地とするならば、葛西が攻撃目標ではないだろうか。

やがて両上杉勢からの要請があり、晴氏は河越へ転進したものと思われる。しかし、天文十五年四月の河越合戦で、北条勢に敗北を喫してしまった。公方勢の参陣に氏康は怒りを隠さず、高助へ披露状を送り晴氏の不誠実をなじった。奉公衆中で反北条方の中心だったのか、それとも晴氏をかばったのかはわからないが、高助はこの直後に出家している。しかし晴氏については、何か譲歩したようにはみられない。

敗北から引退へ

天文十七年（一五四八）三月には幸千代王丸が元服する。実名には、将軍義藤《よしふじ》（義輝《よしてる》）の偏諱が与えられ藤氏《ふじうじ》と名のっているから、晴氏の家督継承を予定されたことになる。そして翌十八年三月、朝廷は晴氏を従四位下《じゅしいのげ》・左兵衛督《さひょうえのかみ》に任じることを決定した。四月、近衛稙家《たねいえ》が晴氏へ御昇進として伝えている。河越合戦後の公方家立て直しが、ようやく本格化したのである。これに対し、氏康は梅千代王丸を移動させるよう密かに交渉していたとみられる。十九年閏五月に結城政勝《ゆうきまさかつ》が知らされた情報によると、六月に岩付か葛西へ御座を移す計画があるが、芳春院殿が難色を示しているというものだった。実行されたのは翌二十年で、芳春院殿母子は葛西城へ移座している。

単純に考えると、晴氏は梅千代王丸を移すことには反対しただろう。公方家分裂の契機になるからである。それでも許可したのは、晴氏にとって有利な条件があったからである。葛西は房総方面への出入り口として重要だった。葛西を間接的にでも把握しておけば、東京湾を通じて上総の公方領支配が進展する。だが芳春院殿らの移座直後から、北条勢は山内上杉勢を攻撃しており、二十一年末には憲政が上野に在留することもなくなった。関東では、北条氏を抑える勢力は消滅したのである。晴氏へは政治的な圧迫がかかったことだろう。この年十二月十二日、晴氏は梅千代王丸へ公方家相続を認めることにした。大上様にはなったが、古河と葛西で均衡をとりながら、領域支配を続けることはできるはずである。

天文二十二年二月に梅千代王丸は古河へ移座し、翌月から奉公衆へ所領安堵と新たな所領授与を行うなど、当初から公権を把握する。十一歳とはいえ、梅千代王丸には北条氏の強力な側近団が付けられている。奉公衆も晴氏に従う者は多くはなかった。二十三年五月には梅千代王丸優勢のまま、公方一家は葛西へ戻ることになる（藤氏の動静は不明）。危機感を募らせていた晴氏は、ついに実力行使を行った。

七月二十三日、晴氏は突如葛西を退去して古河へ戻り、下野小山《おやま》家・下総相馬《そうま》家などへ普請を命じた。氏康は慎重に対応しようとしている。九月には、失脚していた公方家宿老の野田左衛門大夫《のださえもんのだいぶ》へ、古河城を占拠し謀叛人藤氏父子の拘束を依頼した。もはや北条家にとって晴氏らは謀叛人で、実際の標的も晴氏ではなく藤氏とされている。他の宿老一色《いっしき》・簗田家らも北条氏へ人質を提出して動かない。さらに氏康は、岩付（さいたま市岩槻区）の太田資正《おおたすけまさ》にも軍勢派遣を命じている。そして十月四日に氏康は自ら出陣し、翌十一月初頭までに古河城は落とされた。野田左衛門大夫が内応し、氏康の重臣大藤政信《だいとうまさのぶ》が晴氏らを拘束したものとみられる。晴氏は政信の本拠である相模波多野《はたの》へ送られ、曽谷《そや》（神奈川県秦野市）へ押し込められた。藤氏も同行したのかもしれない。なお、相模へ移されたとはいっても、晴氏は完全に束縛されたわけではない。十一月十八日には相模の地福寺《じふくじ》（神奈川県大磯町）へ寺領を寄進しているので、大磯に堪忍料を与えられていたことがわかる。

関宿での死去

曽谷での生活は、おそらく三年半に及んだのだろう。その間に、芳春院殿と義氏《よしうじ》（梅千代王丸）は葛西城に住しており、永禄元年（一五五八）四月に鎌倉・小田原へ向かい、八月十四日以前に関宿城を御座所とした。晴氏も芳春院殿らに合流して関宿へ向かったが、住居は城内ではなく島と呼ばれる区域だった。城周辺の湿地に点在する微高地上に屋敷を造られたのだろう。移転から二年後、永禄三年五月二十七日、晴氏は四十七歳で死去した。六月十二日に甘棠院《かんとういん》で葬儀が行われている。法名は永仙院殿系山道統《ようぜんいんでんけいざんどうとう》とされた。墓所は古河の永仙院（乾亨院を改称）で、関宿には芳春院殿の願いによって供養塔が建てられた。現在、関宿の宗英寺《そうえいじ》に残る石塔は、晴氏供養の宝篋印塔《ほうきょういんとう》に五輪塔の残欠が合わせて安置されている。五輪塔は芳春院殿の供養塔と考えられている。

（長塚孝）

【主要参考文献】

『古河市史』資料中世編（古河市、一九八一年）
浅倉直美「北条家の繁栄をもたらした氏康の家族」（黒田基樹編著『北条氏康とその時代』戎光祥出版、二〇二一年）
黒田基樹『戦国期山内上杉氏の研究』（岩田書院、二〇一三年）
黒田基樹『戦国北条家一族事典』（戎光祥出版、二〇一八年）
黒田基樹「『今代天下無双の覇主』五十七年の生涯」（同編著『北条氏康とその時代』戎光祥出版、二〇二一年）
黒田基樹「北条氏康の試練」（小田原城天守閣『没後四五〇年北条氏康伝』小田原市、二〇二一年）
佐藤博信『古河公方足利氏の研究』（校倉書房、一九八九年）
佐藤博信編『戦国遺文』古河公方編（東京堂出版、二〇〇六年）

長塚孝「葛西公方府の政治構想」（葛飾区郷土と天文の博物館編『葛西城と古河公方足利義氏』雄山閣、二〇一〇年）
長塚孝「関東足利氏と小田原北条氏」（天野忠幸編『松永久秀』宮帯出版社、二〇一七年）
長塚孝「氏康と古河公方の政治関係」（黒田基樹編著『北条氏康とその時代』戎光祥出版、二〇二一年）
野田市史編さん委員会『野田市史』資料編古代・中世1（野田市、二〇一〇年）

上杉顕定──生涯を戦乱に明け暮れた関東管領

顕定のおいたち

東国の戦国時代の開始を告げる享徳《きょうとく》の乱が勃発した享徳三年（一四五四）、越後守護上杉房定《うえすぎふささだ》の子息として顕定《あきさだ》は誕生した〔正智院文書〕。のちに関東管領《かんとうかんれい》職を世襲していた山内《やまのうち》上杉家の養嗣子となるが、当初は越後府中（新潟県上越市）で生まれ育ったと考えられる。

龍若と署名した文書が現存しているように〔豊島宮城文書〕、顕定の幼名は龍若である。顕定の四代後に関東管領となった憲政には、後継者として顕定の幼名と同じ龍若がいた。この龍若の読みを「りゅうわか」と記す史料もあるので〔甲陽軍鑑〕、顕定も同じように読まれた可能性がある。

顕定には一歳年長の兄である五郎定方《さだまさ》（のちの定昌《さだまさ》、以下は定昌）がおり、定昌と顕定は年子《としご》の関係にあった。享徳の乱が勃発して以降、定昌は乱の途中から父房定に代わって関東に出陣しており、顕定に協力して軍事活動をした。定昌は上杉一族として上野国白井《しろい》（群馬県渋川市）を拠点にしているが、同地は越後上杉氏と山内上杉氏とをつなぐうえで重要な位置にあった。

さて、同時代の顕定の肖像画などは残されていないため、花押から顕定の生涯を整理してみよう。顕定の花押は三種類あり、使用時期が関東の三つの争乱ともおおむね一致し、それによって生涯を区分することができる。そのため、以下では第一期の享徳の乱、第二期の長享《ちょうきょう》の乱、第三期の永正《えいしょう》の乱に時期区分をして、順にみていきたい。

享徳の乱と顕定の登場

第一期は養父の立場にあたる山内上杉房顕《ふさあき》のものと類似する花押を用いていた時期で、政治史では関東の広範囲を二分して争われた享徳の乱（一四五四〜八二）の頃に該当する。享徳の乱は、鎌倉公方《かまくらくぼう》（のちの古河公方《こがくぼう》）の足利成氏《あしかがしげうじ》方と幕府の支援を受けた関東管領の上杉方とに二分して、約三〇年にわたって続けられた争乱である。

享徳三年（一四五四）十二月、足利成氏は関東管領の上杉憲忠《のりただ》を鎌倉で殺害した。これにより、享徳の乱が勃発した。乱勃発直後の段階では古河公足利方が優勢であり、上杉方は新たな関東管領として上杉房顕《ふさあき》を京都から擁立し、越後上杉氏などの援軍を受けて応戦した。その後、長禄年間（一四五七〜五九）になると将軍足利義政《よしまさ》の古河公方征討政策が活発となり、足利成氏に対抗するために自身の弟である政知《まさとも》が伊豆《いず》に派遣され（堀越公方《ほりごえくぼう》）、上杉方の中で独自の位置を占めた。

文正元年（一四六六）二月、関東管領の山内上杉房顕が陣没した。そのため、将軍の足利義政は越後上杉房定に息子のなかから一人、山内家の家督を継がせるように命じた。房定はなかなか承服しなかったが、のちに龍若（のちの顕定）が山内上杉家の家督となった。翌応仁元年（一四六七）初春、連《れん》歌師《がし》の宗祇《そうぎ》は顕定の兄の上杉定昌が催した上野国白井における連歌会に参会した〔初編本 老葉、廣木二〇一二〕。したがって、この頃には享徳の乱に対応するために長男の定昌が関東に在陣し、父・房定は越後府中に帰国していたようだ。数カ月前まで次男の顕定を山内家の養嗣子とすることに難色を示していた上杉房定だが、それに加えて長男の定昌を白井に派遣することで、関東と太いつながりを築いていた。

文明三年（一四七一）には、古河公方足利方の小山氏ら有力領主が上杉方になったために上杉方の大攻勢が展開され、いったんは成氏を古河から退去させることに成功する。しかしながら、翌文明四年二月には早くも成氏は古河を回復している。幕府の助力を得ていたものの、顕定を総大将とする上杉方が古河公方足利方の支持基盤である東関東に勢力を伸ばすことは難しかった。

同八年、上杉氏の家務（家宰《かさい》）職をめぐって白井長尾景春《ながおかげはる》が反乱を起こすと、上杉方は五十子陣《いかっこ》（埼玉県本庄市）から上野国への撤退を余儀なくされた。いったんは上杉方が優勢になったものの、足利成氏が景春と結び付いて上野国へ大きく侵攻してきたため、同十年正月、広馬場陣《ひろばばじん》（群馬県榛東村）での対陣において上杉方は成氏方と和睦した。さらに、文明十二年に幕府と古河公方との和睦（都鄙合体《とひがったい》）も成立して、享徳の乱は正式に終結した。

このように享徳の乱に際して、当初、龍若という幼名であったが、元服して四郎顕定と称し、重臣の長尾氏や実父の房定、兄の定昌の助力を得ながら享徳の乱を乗り越えた。

長享の乱と政治的な力量の高まり

第二期は三代前の関東管領であった憲実《のりざね》に類似する花押を用いた時期で、政治史では山内・扇谷《おうぎがやつ》両上杉氏の争いである長享の乱（一四八七〜一五〇五）の頃に該当する。政治的な理念としては憲実を意識しつつ、同族の扇谷上杉氏と争いながら、顕定が政治的な力量を高めていった時期である。

長享の乱は享徳の乱ほどの長さではないものの、約二〇年にわたって、おもに西関東を舞台に断続的に展開された。すなわち、おおむね上野国と武蔵国北部を勢力圏とした山内方と武蔵国南部から相模国を勢力圏とした扇谷方との争いであった。

長享の乱が起こった原因は次のように想定されている。すなわち、享徳の乱を通じて、本来的には山内上杉氏の守護分国であった武蔵国内の河越《かわごえ》（埼玉県川越市）や江戸（東京都千代田区）が扇谷上杉氏の拠点となり、逆に扇谷上杉氏の守護分国であった相模国内に長尾景春などを通じて、山内上杉氏の勢力が浸透するなど矛盾が進行していた。それが享徳の乱終結によって表面化したようだ〔家永二〇〇〇〕。

長享元年（一四八七）閏十一月、下野国足利荘《あしかがのしょう》の勧農城《かんのう》（栃木県足利市）をめぐる攻防を皮切りに長享の乱が勃発した。享徳の乱から引き続いて顕定の兄の定昌は上野国白井を拠点としており、下野方面における軍事行動は定昌が担ったようだ。その後、定昌は赤城山《あかぎさん》南麓における攻防を有利に展開させて

（長享２年）３月16日付上杉顕定書状　赤堀文書　群馬県立歴史博物館蔵

いたが、翌二年三月に自殺してしまった。

上野国の赤城山南麓で攻防が行われた最中の二月、山内方が扇谷方の相模にまで深く侵攻して起きたのが、実蒔原《さねまきはら》合戦（神奈川県厚木市から伊勢原市）であった。この相模方面の軍事活動を行ったのは越後上杉房定であったようで、伊豆の狩野《かのう》氏や伊東《いとう》氏が戦功を越後上杉氏に注進している〔伊東文書〕。

六月十八日には、武蔵須賀谷《すがや》（埼玉県嵐山町）で山内・扇谷両上杉氏が合戦を行った。これは顕定が扇谷上杉氏の拠点である河越を攻撃する過程で起きた大規模な合戦であったらしく、両軍の死者は七百余人、馬も百疋《ひき》犠牲になったという〔梅花無尽蔵〕。

十一月十五日には、武蔵高見原合戦（埼玉県小川町）が起きている。この合戦はこれまでの実蒔原合戦や須賀谷原合戦とは異なり、扇谷上杉定正が顕定の鉢形《はちがた》城（同寄居町）を攻撃しようとする過程で起こったと考えられている〔佐藤二〇〇六〕。

以上の長享二年の実蒔原合戦・須賀谷原合戦、高見原合戦は、関東三戦と記されている〔梅花無尽蔵〕。したがって、長享の乱の初期の段階で、山内・扇谷両上杉氏は大規模な合戦を立て続けに行っていた。その後、延徳二年（一四九〇）十二月には「両家和談」し、いったんは和睦が成立した〔鎌倉大日記〕。

長享の再乱が勃発する

翌延徳三年（一四九一）四月、伊豆の堀越公方の足利政知が病没したため、足利茶々丸《ちゃちゃまる》が跡を継いだ。これを機に、京都の幕府将軍などと提携しながら茶々丸への攻撃を始めたのが伊勢宗瑞《いせそうずい》（北条早雲《ほうじょうそううん》）であった。その後、扇谷上杉氏が宗瑞と手を結んで山内上杉氏と再び抗争をすることになった。

明応三年（一四九四）七月に両者は本格的に激突していった。その後、明応五年七月に山内方は、相模西部に大規模な軍勢を進めた。さらに、翌明応六年以降には、顕定は相模から武蔵に軍勢を進め、上戸《うわど》（埼玉県川越市）に陣を敷き、扇谷方を圧迫した。

永正元年（一五〇四）になると、東海地方の諸勢力も加わりながら、山内・扇谷両上杉氏の抗争がふたたび本格化した。すなわち、正月から四月にかけて、山内方と扇谷方・今川《いまがわ》氏・宗瑞との間で、駿河御厨《みくりや》から武蔵西部にかけて大規模な抗争が展開された〔黒田基樹二〇一三〕。

同年八月、伊勢宗瑞が遠江に侵攻した隙を狙い、顕定は大軍を率いて扇谷方への攻勢を始めた。上戸を出陣した顕定は仙波《せんば》（埼玉県川越市）へ陣を移し、さらに河越城へ向かって攻撃を加えた。その後、顕定は立河《たちかわ》（東京都立川市）に陣を移し、九月二十七日に扇谷方・今川氏・宗瑞方と同地で激突したのが立河原《たちかわのはら》合戦である。しかしながら、この合戦で顕定方は大敗した〔石川忠総留書など〕。

態勢を整える必要があった顕定は、実家の越後上杉房能《ふさよし》へ援軍を要請した。そのため、十一月上旬には、守護代の長尾能景《よしかげ》の率いる越後勢が顕定への援軍として関東へ越山してきた。そのうえで十二月一日には、山内・越後両上杉氏は扇谷方に転じていた長井氏の籠もる椚田《くぬぎた》城（東京都八王子市）を攻め落とした〔石川忠総留書など〕。

越後勢が椚田城を攻め落とした十二月一日、反撃に転じた扇谷上杉朝良《ともよし》は、山内方の軍事拠点である上戸へ攻め寄せて一戦を遂げ、この上戸合戦に顕定方は敗北した。

そのため、顕定方を支援していた越後守護上杉房能は、守護代の長尾能景に統率されて関東へ越山していた越後の諸氏に文書を発給した〔越後文書宝翰集　発智氏文書など〕。その甲斐もあって、十二月二十六日には、越後勢と山内勢は扇谷方の相模国真田《さなだ》要害（神奈川県平塚市）を攻略した。こうして武相国境に位置した椚田要害とこの真田要害が陥落したことで、扇谷方は相模における軍事的基盤に大きな打撃を受けた。

翌永正二年、山内・越後両上杉氏の軍勢は扇谷方の本拠地・河越への総攻撃を開始したらしく、三月七日に両軍で多くの戦死者が出た後、扇谷方は和睦を申し入れてきた。これにより、長享元年（一四八七）から十九年間にわたって続けられた長享の乱は終結した。

永正の乱と顕定の政治的立場

第三期は実父房定に酷似する花押を用いた時期で、政治史では古河公方家や関東管領家（越後上杉氏も含む）の争いが同時に進行した永正の乱（一五〇六～一二）の頃に該当する。花押からうかがえるように、関東管領であるとともに、上杉一族の惣領であるということを意識して顕定は行動したと考えられる。

永正二年（一五〇五）三月に長享の乱が終結した翌同三年、今度は古河公方の足利政氏《まさうじ》とその嫡子高《たか》氏《うじ》（後の高基《たかもと》、以下は高基）との政治対立を軸として、関東を二分する永正の乱となった。さらに、翌同四年には越後で守護代の長尾為景《ためかげ》が守護の上杉房能を殺害する事件も起きており、越後も含めて東国が広く争乱状況になっていった。

古河公方家では政氏と高基とが数次にわたって抗争を行った結果、永正九年に高基が古河公方となった。この間、北関東の宇都宮氏や小山氏、関東管領の山内上杉氏なども一族で争った。山内上杉氏では顕定の名跡をめぐって顕実《あきざね》と憲房《のりふさ》とが対立しており、高基側であった憲房が永正九年に勝利した。このように、永正の乱が終結するのは永正七年の顕定の死後であり、顕定がこの争乱の収束に関与することはなかった。

二つの側面からみる政治的立場

これまでみてきたように、顕定を政治的に理解しようとする場合、二つの側面からとらえるとわかりやすい。一つは、関東管領としての側面である。享徳の乱では古河公方の足利成氏と全面的に対立していたものの、長享の乱では明応三年（一四九四）十一月以降、古河公方足利政氏は扇谷方から山内方に転じており、以降、顕定は政氏とは政治的に密接な関係にあった。さらに永正の乱では、古河公方家の政氏とその息・高基との抗争に際して、顕定は出家して可諄《かじゅん》と称するほど、関東管領として両者の調停に尽力した。

もう一つは、上杉一族の惣領という側面である。長享の乱では一族の扇谷上杉氏と争うことになるが、同乱は関東上杉氏一族の中での主導権争いととらえることもできる。その後、明応三年十月の実父房定の死後は越後守護の後継者の房能が顕定よりも二〇歳も年下ということもあり〔正智院文書〕、一族の実質的な惣領として振る舞ったようだ。

この上杉一族の惣領という立場として行動し、結果的に戦死することになるのが、永正の乱の一環である永正六年（一五〇九）の顕定の越後介入である。同四年八月、越後守護の上杉房能は守護代の長尾為景に殺害された。その背景には、十五世紀末から京都の八条房孝《はちじょうふさたか》ら八条上杉氏一族が越後に下向して政治的な立場を大きくしていたことがあった。そのため、八条上杉氏を政治的に排除するために長尾為景によって断行されたのが、永正四年の政変であった。さらに翌五年にも為景により八条上杉氏の殺害が続いたことを受け、翌六年に顕定は越後に軍事介入したのであった。

当初、顕定方は優勢であったが、翌同七年四月に敵対した上杉定実・長尾為景方が佐渡ヶ島《さどがしま》から蒲原《かんばら》

伝上杉顕定碁盤　群馬県藤岡市第66区中倉班蔵　写真提供：群馬県立歴史博物館

津《のっ》（新潟市）に上陸するに及び、事態は暗転する。府中に対抗しうる重要拠点の蒲原津が奪取された後の六月、顕定は長森原《ながもりはら》（新潟県南魚沼市）において敗れて自害した。五十七歳であった。

信仰と教養

顕定は山内家の養嗣子として関東に赴いた後も、少なくとも三度、実父（房定）や実母（青蔭庵月山妙皓）の仏事を守護所のあった上野国板鼻《いたはな》（群馬県安中市）で行っている〔談柄など〕。いずれの場所も海龍寺《かいりゅうじ》であったと考えられる。同寺は山内家の祖とされる上杉憲顕《のりあき》の息女・芳山了薫《ほうせんりょうくん》の開基と伝えられ〔上杉系図大概〕、もともと女性との関わりが深かった。また、顕定の法名の可諄皓峯《こうほう》の「皓峯」は生前から使われており〔越後文書宝翰集発智氏文書〕、その「皓」字は実父・房定の慶泉常泰《けいせんじょうたい》ではなく、実母・月山妙皓《がっさんみょうこう》の一字と共通している。したがって、これらから実父よりも実母との親和性を読み取ってもよいのではないだろうか。

顕定は連歌会も繰り返し板鼻で行っており〔園塵など〕、おそらく京都下りの実父房定のもとで幼少から連歌の手習いを受けたのだろう。また、禅僧の万里集九《ばんりしゅうく》とも交流があって漢詩を求めており、そのなかに自身が描いた「柳図」の賛として求めたものもある〔梅花無尽蔵 第五〕。残念ながら、この絵画は現存しないものの、顕定は漢詩や絵画にもそれなりに通じていたとみてよいだろう。

室町期から戦国前期においては、山内上杉氏は越後上杉氏と政治的に良好な関係を保ちながら家督を迎え入れて関東管領を務めつつ、関東の鎌倉公方（古河公方）勢力と一定の政治的距離を保つことが重要であった。顕定の死後、山内家では顕実と憲房の争い、憲寛《のりひろ》と憲政《のりまさ》の争いと家督争いが続いたが、顕実・憲寛といずれも古河公方家からの養嗣子が争いに敗れたことが象徴的である。このように、越後上杉氏・鎌倉公方（古河公方）の双方とバランスの良い政治的関係を築いた最後の関東管領が、山内上杉顕定であった。

（森田真一）

【主要参考文献】

家永遵嗣「北条早雲研究の最前線」（『奔る雲のごとく』北条早雲フォーラム実行委員会、二〇〇〇年）
黒田基樹「総論　伊勢宗瑞論」（同編著『伊勢宗瑞』戎光祥出版、二〇一三年）
佐藤博信『中世東国足利・北条氏の研究』（岩田書院、二〇〇六年）
廣木一人『連歌師という旅人』（三弥井書店、二〇一二年）
森田真一『上杉顕定』（戎光祥出版、二〇一四年）

長尾忠景

――山内上杉氏の家宰を争った長尾景春の仇敵

長尾氏の系譜

十五世紀後半に活躍した長尾忠景《ながおただかげ》の事績を一言でまとめるならば、山内上杉《やまのうちうえすぎ》氏の家宰《かさい》（家務）となり、長尾景春《かげはる》と争った人物ということができる。このようなライバル関係にあった忠景と景春は、これまで惣社《そうじゃ》長尾忠景と白井《しろい》長尾景春と説明されてきた。それぞれ上野国の惣社（前橋市）と白井（群馬県渋川市）を拠点に領域支配を展開したと捉えられてきたためである。

しかしながら、彼らが活躍した十五世紀後半の段階は、必ずしもそのような支配のあり方ではなかったことが徐々に明らかになってきた。前代以来の荘園《しょうえん》制的な遠隔地の所領がこの段階においても意外に機能していたのである。また、惣社長尾家の系統も忠景の嫡流の系統と高津《たかつ》長尾とも称される定明《さだあき》の系統の二つに分かれていた。忠景の系統は武蔵守護代となって主に武蔵国を拠点に活動し、定明の系統は上野守護代となって主に上野国を拠点に活動していった。

このように時代相を捉えたうえで、以下では忠景についてみていこう。

年次は未詳ながら、慈光院《じこういん》に鎌倉の山崎宝積寺《やまざきほうしゃくじ》（現在は廃寺）のことを認めた文書が、現状では長尾忠景が発給した文書の初見のようである〔黄梅院文書〕。宝積寺は長尾氏の苗字の地である長尾郷〔神奈川県横浜市〕とは二〜三キロメートルの至近に位置していたと想定され、寛正三年（一四六二）五月には、長尾忠景父子が長尾郷に居住していたことも知られる〔香蔵院珍祐記録〕。この忠景の発給文書は山内上杉氏の判物《はんもつ》と様式が似ており、内容としても宝積寺のことを認めた忠景の判物と考えられる。したがって、この頃に忠景は宝積寺のことを保証する立場にあったことがわかる。

享徳の乱の勃発と所領支配

享徳三年（一四五四）十二月、鎌倉公方《かまくらくぼう》（のちの古河《こが》公方）の足利成氏《あしかがしげうじ》が関東管領《かんとうかんれい》の山内上杉憲忠《のりただ》を鎌倉で殺害した。これにより、関東を成氏方と上杉方とに二分して争う享徳の乱が勃発した。

康正二年（一四五六）二月、尾張守《おわりのかみ》が武蔵国入西郡越生郷《にっさいぐんおごせごう》（埼玉県越生町）の報恩寺《ほうおんじ》に軍勢の乱暴狼藉を禁じる禁制を発給している〔法恩寺年譜〕。この文書が写された年譜では、直後に写された文書に引きずられ、この尾張守を畠山政長《はたけやままさなが》に比定しているが、忠景のほうが適切のようである。禁制とは、寺院の側が寺院と寺領を軍勢から守ってくれる武将のもとに自ら赴き、入手したものである。したがって、この頃に忠景の軍勢が越生郷の辺りで活動していたと考えられる。

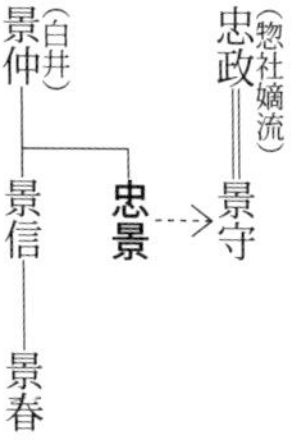

白井・惣社長尾家略系図

長禄二年（一四五八）六月、堀越公方《ほりごえくぼう》となる足利政知《まさとも》の下向を受けた上杉方は、翌三年十月十四日、山内・越後両上杉氏を主体とする軍勢を擁して武蔵国太田荘《おおたのしょう》で大規模な合戦を行った。翌十五日、上杉方は利根川《とねがわ》を上野国側へ渡河して古河をめざす途中、朝には海老瀬口《えびせ》（群馬県板倉町）、夕方には羽継原《はねつぐはら》（同館林市）で成氏方と戦った。

この十四～十五日の諸合戦で戦功をあげた上杉方の武将については、将軍足利義政《よしまさ》の御内書《ごないしょ》から知ることができる。これをみると、十五日の上野国の海老瀬口・羽継原合戦で戦功をあげているのは、越後や上野の武将が主体である。それに対して、十四日の太田荘合戦で戦功をあげているのは、高塙《たかはな》氏や豊《と》嶋《しま》氏など武蔵の武将が主体である。このなかで長尾尾張守忠景は、太田荘での合戦で戦功をあげていた。したがって、忠景は上野国というよりも武蔵国の武将として活動していたようだ。

ところで、享徳の乱という争乱状況のなかで寺社は所領を押領《おうりょう》され、その回復のために権力者のもとに赴いて文書を獲得していた。寛正二年（一四六一）四月、鶴岡八幡宮《つるがおかはちまんぐう》は武蔵国内の所領について、押領人を排除して下地を雑掌《ざっしょう》に沙汰《さた》し付けるように長尾忠景に命じる山内上杉家の奉書《ほうしょ》を手に入れた〔鶴岡八幡宮文書〕。このような文書を鶴岡八幡宮が求めたのは、忠景が武蔵守護代であったからである。

この山内上杉家の奉書は、関東管領の山内上杉房顕《ふさあき》の意を受け、家宰の長尾景信《かげのぶ》と力石《ちからいし》氏とが連署して発給したものである。この文書が興味深いのは、すでに指摘されているように、長尾景信に家督を譲っていたらしい先代の長尾昌賢《しょうけん》（景仲《かげなか》）が文書の発給を仲介していた点である〔香蔵院珎祐記録、山田一九九五〕。すなわち、鶴岡八幡宮は所領を保証してもらう奉書を山内上杉家から得るために、前家宰の長尾昌賢（景仲）を頼っていたのである。奉書の連署者の一人である家宰の長尾景信からすると、前任者で父である昌賢が仲介となって鶴岡八幡宮から文書を求められれば、当然、そのことを配慮して文書を発給するであろう。

この例をみると、家宰職を後継者の景信に譲った後も長尾昌賢（景仲）は、在地の寺社から文書を発給する仲介役として頼られたことがわかる。後述のように、長尾忠景も家宰職を子息の顕忠《あきただ》に譲った後に文書を発給していたようなのだが、この昌賢（景仲）の例をみると、そのようなことがありえたことがわかる。

文明三年の足利荘をめぐる攻防

文明三年（一四七一）、足利荘を中心に攻勢を維持していた成氏方を打破しようと、上杉方は大攻勢を仕掛けた（峰岸二〇〇九）。同年四月、長尾景信が中心となって五十子陣《いかっこ》（埼玉県本庄市）から出陣し、上杉方は足利荘からその東方へ軍勢を進めた。そして、赤見《あかみ》氏以下が籠城していた八椚城《やつくぬぎ》（栃木県足利市）を三方から攻め寄せて、これを落城させた。四月十五日には、上杉方は八椚城にほど近い赤見城（同佐野市）を攻略し、樺崎城《かばさき》（同足利市）も攻め落としたので、四月の段階で上杉方は足利荘東方の諸城を落城させていた。

翌五月になると上杉方は東上野に軍勢を向け、佐貫荘《さぬきのしょう》の館林城《たてばやし》（群馬県館林市）や舞木城《まいぎ》（同千代田町）に陣を取った。館林城の城主は赤井氏であり、そのほかに高《こう》氏も籠城していた。

館林城は三方を湖水に囲まれていて、攻撃することができるのは北側の一方のみという要害であった。そのため、上杉方は白井長尾景信・景春父子、惣社長尾忠景、太田道灌《おおたどうかん》以下の武蔵・上野・相模の軍勢、約六千騎で城の東と北を囲み、攻撃を行った。その甲斐もあって、五月三日には降参したい旨が城方から懇願され、惣代官の赤井信濃入道《しなのにゅうどう》が開城した（松陰私語）。この館林城をめぐる攻防については、東上野の岩松氏に関わりの深い禅僧の松陰《しょういん》が記した「松陰私語」と将軍足利義政が合戦での諸将の戦功を賞した御内書から知ることができる。このなかで惣社系の高津長尾能登守憲景《のとのかみのりかげ》も館林城の攻城戦に参加して戦功をあげていたことが御内書によって知られるが、「松陰私語」には記されていない。したがって、この時期の長尾一族を代表するのは、白井長尾景信・景春父子、惣社長尾忠景であるという認識が少なくとも松陰にはあったことがうかがえる。

さて、館林城を攻略した上杉方は再び東山道《とうさんどう》（あづま道）沿いの足利荘東方に転じ、下野国佐野荘《さののしょう》に向かった長尾忠景らは赤塚《あかつか》（栃木県佐野市）に進んだ。そこから、佐野氏が籠城している甲《かぶと》城に攻め寄せたが、非常に堅固な城であったために落とすことができなかった。そのため、赤塚陣に引き返して陣容を整え、忠景被官の矢野《やの》・駒形《こまがた》両氏が同陣に立て籠もった

こうして準備を整えた上杉方は、児玉塚《こだまづか》（栃木県栃木市）に向かって進軍した。先発部隊は長尾景信・景春父子、武蔵守護代の長尾忠景、武蔵・上野の一揆らが主体となり、七千余騎が進軍した（松陰私語）。

その後、児玉塚陣からさらに攻勢を強めた上杉方は北方から古河に迫り、六月二十四日にはついに成氏を古河から下総に追いやった〔鎌倉大草紙〕。享徳の乱がはじまって以来、これまでにない上杉方の快挙であったが、成氏方の反撃はすばやく、翌文明四年（一四七二）春には古河を回復してしまった。結局、成氏を支持する勢力が広がる東関東に上杉方が勢力を伸ばすことは難しかった。

長尾景春の乱

文明五年（一四七三）六月二十三日、山内上杉氏の家宰（家務）であった白井長尾景信が死去した。景信の死後、山内家の家宰職を継いだのは子息の景春ではなく、惣社長尾忠景であった。この決定に関与したのは、寺尾《てらお》入道《にゅうどう》（礼春《らいしゅん》）と海野佐渡守《うんのさどのかみ》であったという〔松陰私語〕。

家宰に選出された長尾忠景は景信の実の兄弟で、惣社長尾家の養嗣子となった経緯があった。したがって、忠景は景春の叔父に当たり、この時には五十歳代であったらしく、すでに三十年近く惣社長尾家の当主として実績を積んでいた。文明五年の景信死後に越後の上杉房定《ふささだ》が関東への出陣に備えるように指示を与えている緊迫した情勢も考慮すると〔江口文書など〕、実力者の忠景が家宰になるのはそれなりに妥当であった。

しかしながら、このときに三十歳頃であった景春は文明三年の足利荘をめぐる攻防に父景信とともに参戦し〔御内書符案〕、『松陰私語』には「長尾左衛門尉父子（景信・景春）」とも表記されていたように、白井長尾家の嫡子としての自負があったようである。そのため、家宰職を継げなかった景春は山内上杉氏に対して反抗の姿勢を強め、ついには全面的な抗争となる。これを長尾景春の乱と呼んでいる。

文明五年六月の景信の死去から、景春が蜂起するに至る同九年正月までは三年半もあり、景春はただちに反乱を起こしたわけではなかった。そもそも景信の死後、一年以上経った同六年までずれこんで、ようやく忠景が家宰職を継承したらしい。忠景が正式に家宰となった後、それに反発した景春が五十子周辺の通路を塞ぐなどの抵抗を行った〔松陰私語〕。そのため扇谷《おうぎがやつ》上杉氏の家宰・太田道灌は同六年十二月に寺尾礼春に書状を出し、景春に忠景が兼務していた武蔵守護代職を譲るように提案した〔古簡雑纂〕。しかしながら、この提案は山内上杉氏方には受け入れられなかったようである。そのため、翌八年三月に道灌が駿河に出兵すると、景春は五十子から退去して鉢形《はちがた》城（埼玉県寄居町）を取り立てて在城し、反抗の姿勢を強めていった〔黒田二〇一〇〕。

こうして景春の反発によって戦況の悪化した上杉方は、翌文明九年正月十八日の午前四時頃、五十子陣から利根川を渡って上野国に退去した。この後、古河公方の足利成氏も景春方として参戦し、上杉方は追い込まれるが、こうした情勢を盛り返すために活躍したのが太田道灌であった。この道灌の活躍については自身が記した「太田道灌状」に詳しく、そのなかで忠景はどちらかというと道灌とは意見の合わない立場で登場しており、道灌主体の叙述になってしまうのも否定できない。それよりも、既述のように忠景・景春ともに武蔵国との関わりが深く、対立の妥協案として武蔵守護代職を忠景から景春へ譲渡することが示されるなど、武蔵国の権益が一つの焦点になっていた点に注目したい。「勝山記《かつやまき》」文明九年条には、「武蔵ノ長尾四郎左衛門尉（景春）、ヲチ（叔父）ノヲワリノ守（尾張、忠景）ト合戦」とも記されている。この時期、上野国の白井を拠点としていたのは越後上杉定昌《さだまさ》であり〔森田二〇一四〕、「秩父《ちちぶ》長尾」の記載のある系図もあり、後年の永正八年（一五一一）には景春は甲斐国都留郡《つるぐん》から武蔵国に軍事活動をしていたようである〔勝山記〕。そのため、長尾景春の乱において景春が最終的に武蔵国秩父郡に拠ったことは、自然だったのだろう。

家宰としての立場

長尾忠景は家宰の立場として、関東管領の山内上杉顕定《あきさだ》が発給した所領を保証する判物に遵行状《じゅんぎょうじょう》を発給していた〔松陰私語、黒田二〇一三〕。他方で、同時期の山内上杉氏が発給した判物には、長尾氏によって副状が発給されたことが指摘されている〔片桐二〇一二〕。これらの成果をあわせ、長尾忠景の副状と遵行状《じゅんぎょうじょう》を整合的に理解していく必要があろう。

いずれにしても、山内上杉氏の判物や家宰の長尾忠景の副状は、当事者主義的に機能していたことを理解することが重要である。すなわち、地域の領主や寺院は自らの支配地を安堵してくれる上位者を見極め、その上位者のところに赴きこれらの文書を入手した。

具体例としては、年次は未詳ながら、上杉顕定が上野国緑野郡《みどののぐん》の落合孫三郎《おちあいまごさぶろう》に跡継ぎのことを認めた

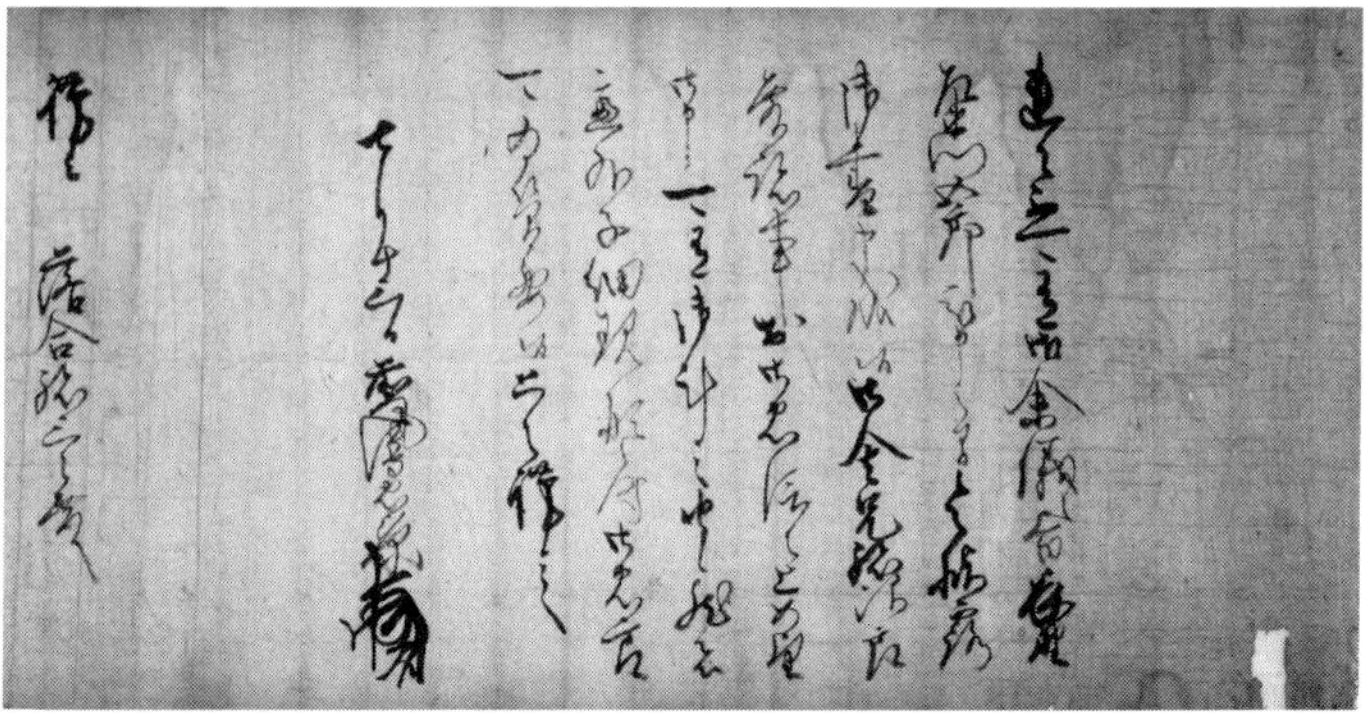

長尾忠景副状　落合文書　長野市立博物館蔵

判物とその忠景の副状が存在する〔落合文書、森田二〇一二〕。この例では、落合孫三郎は跡継ぎを安堵してくれる権力を山内上杉氏であると認識し、上杉顕定と長尾忠景のもとに赴いて、顕定の判物と忠景の副状を手に入れた。忠景の側からみると、このような文書を発給することで、自らの立場を高めていったのである。

他方で忠景の所領である武蔵国橘樹郡《たちばなぐん》小机保《こづくえのほ》（横浜市港北区）や同国の橘樹郡柴郷《しばごう》（横浜市西区）・久良岐郡《くらきぐん》神奈川郷《かながわごう》（横浜市神奈川区）の支配は、必ずしも順調に行われていなかったこともうかがえる〔雲頂庵文書、山田一九九五〕。小机には代官の成田三河守《なりたみかわのかみ》や年貢催促人《ねんぐさいそくにん》であった鎌倉・雲頂庵《うんちょうあん》の久甫淳長《きゅうほじゅんちょう》、柴郷にも名前は不詳ながら代官と同じく淳長、神奈川郷にも代官の役割として奥山《おくやま》式部丞《しきぶのじょう》と年貢催促人として淳長が介在していた。

長尾忠景の所領であるといっても忠景は常駐していたわけではなく、代官や久甫淳長のような年貢催促人がむしろ現地では活躍していた。この後、十五世紀末には代官ではなく、所領の領主が自ら現地に赴いて支配を行う直務がみられるようになってくる。このような所領の再編を経て、一円的な領域支配が進み、十六世紀後半の領支配につながっていくのではないだろうか。

また、柴郷に関しては、家宰であった長尾忠景と家宰を望んでいながら就任できなかった長尾景春の両者が権利を主張しており、柴郷が山内上杉氏の家宰領として伝領された可能性が指摘されている。家宰領のような権益があったから、家宰になれなかった景春は反乱を起こしたのであり、その代官になることを期待していた者も景春の側に立って長尾景春の乱に参戦したのだろう。

連歌会の開催と隠居・出家

関東の長尾一族と連歌会についてみていこう。この頃の東国には、連歌師がしばしば下向していた。連歌師は地域の有力者たちに旅の安全をはかってもらい、生計の基盤を提供されながら、行く先々で歓待を受けた。このような連歌師と地域の有力者の関係に注目すれば、連歌会の主催者を地域の有力者と認めることができる。連歌の句集には、句そのものの他に、その句が詠まれた日時や場所などを述べた詞書《ことばがき》が記される場合がある。この詞書から、連歌師を招いて連歌会を行った人物を知ることができる。

文明六年（一四七四）以前、連歌師の宗祇は連歌句集の『萱草《わすれぐさ》』をまとめた。そのなかに次の詞書と句がある。

ものへまかりし時、長尾〃張守餞し侍し会に

あとに人見るやと花やちりぬらん

長尾左衛門尉はしめて参会の時、九月尽に

秋をせけ花は老せぬ菊の水

「ものへまかりし時〜」が詞書、「あとに人〜」がそのときに詠まれた句であり、その次も詞書とその句である。これらの句の詞書には、それぞれ長尾尾張守＝忠景、長尾左衛門尉《さえもんのじょう》＝景信が記されていることから、忠景と景信が文明六年以前に宗祇を招き、連歌会を行っていた。

『園塵《そののちり》第一』は連歌師の兼載《けんさい》の句集であり、関東での句は文明十四〜十六年の句である〔金子一九六二〕。このなかには「四月一日、平顕忠長尾家にて」という詞書のある句があることから、忠景の後継者である長尾顕忠《あきただ》が兼載を招いて連歌会を行っていた。『北国紀行《ほっこくきこう》』は歌人であった僧侶の堯恵《ぎょうえ》の紀行文である。堯恵は文明十八年に三国峠から上野国に至り、十月二十日には白井から伊香保《いかほ》を経て上野府中に入った。ここで堯恵を招いて歌会を行ったのは、長尾顕忠であった。『園塵第三』は連歌師の兼載の句集であり、関東での句は明応七〜八年の句である〔金子一九六二〕。この中には「長尾修理《しゅりの》亮《すけ》家にて千句夕花」「年久在て東へ下侍し比、長尾修理亮家にてはしめて会侍しに」「長尾能登守家にて」という詞書のある句がある。したがって、長尾修理亮＝顕忠、長尾能登守＝高津長尾定明が兼載を招いて連歌会を行っていた。

以上のように長尾一族と連歌会についてまとめることができる。このなかで長尾忠景との関わりでは、その没年は文亀元年（一五〇一）であるが、遅くとも文明十四年（一四八二）以降には連歌会の主催者として後継者の顕忠が現れている点が注目される。文明九年の長尾景春の乱以降に忠景は隠居した可能性が指摘されており〔黒田二〇一三〕、連歌会の主催者の変化とも符合する。

この点とも関係しているのが、忠景の署名のあり方の変化である。忠景は当初、修理亮忠景と署名した後、尾張守忠景を経て、最終的には出家して敬叟皎忠《けいそうこうちゅう》の法諱である皎忠と署名している〔雲頂庵文書〕。この変遷の中で「前尾張守」と署名している文書もあり〔落合文書、鑁阿寺文書〕、自然に考えて尾張守の後に称したのであろう。とすると、忠景は隠居した後、出家するまでの間に前尾張守と署名したと考えられよう。

忠景の人柄

文亀元年（一五〇一）七月十八日、長尾敬叟皎忠（忠景）の尽七日（四十九日）の法要が子息（おそらく顕忠）によって武蔵国で行われ、曇英慧応《どんえいえおう》がその法語を作成した〔春日山林泉開山曇英禅師語録〕。こうした法要で作成された法語は故人を偲ぶものであったから、その点は差し引いて考える必要がある。それでも、忠景の人柄や法要の様子をうかがうことができる史料はほかにないので、その一端を示すものとして、この法語を含む「春日《かずが》山林泉《やまりんせん》開山《かいざん》曇英《どんえい》禅師《ぜんじ》語録《ごろく》」（以下、「曇英録」）をみておきたい〔伊藤二〇〇七〕。

「曇英録」の他の法語でもしばしば冒頭に記されているように、当時の禅宗の仏事では香を焚くことが重視されたようである。皎忠庵主（忠景）の尽七日の法要の際には五分法身《ごぶほっしん》の香が焚かれたと記されており、この香が立ち込めるなかで行われたようである。初七日法要以降、尽七日の法要が行われるまでの間に『法華経』の書写、一座の人々による懺法《せんぼう》、塔婆の造立、諸経・諸陀羅尼《だらに》の諷誦《ふじゅ》が昼夜間断なく行われ、丁重な供養が営まれた。また、遠近を問わず、ゆかりの人々が弔問に訪れるなど、庵主の生前の人柄もうかがえる。さらに、珍しい花や高価な品々が庵主には贈られ、それらが霊前に並べられて厳かな雰囲気であったようだ。

生前の庵主は慈悲深く、常に児孫《じそん》たちの幸福を願っていた、と称えられている。つづいて二人の子には他家の嫡子として継がせたとあるので、明応六年（一四九七）以前に成田《なりた》氏の養嗣子となっていた下総《しもうさ》守《のかみ》顕泰《あきやす》などに触れている。というのも、皎忠庵主（忠景）自身が白井長尾景仲の実子で惣社長尾家の養嗣子となった経緯があったためのようである。その後の「昆弟伯叔《こんていはくしゅく》、各おの嫡嗣の指呼《しこ》に従い、もって駆馳《くち》す」の解釈は曖昧なようであるが、惣社・白井両長尾家における忠景・景春の血縁関係とその争いについても含意しているのではなかろうか。庵主のいくさにおける勇猛さは一族を恐れさせるほどで、文章は人々から師と称されるなど、武道と文学に通じていた。あらゆる煩わしい世事のなかでも、わかりやすい一言で庵主はその場を切り抜けた。残念なのは、病気の災禍に遭ってしまったことだとあるので、皎忠庵主は病没したようである。

禅僧の独特な言い回しではあるが、皎忠庵主の人柄がうかがえるのではないか。命日は文亀《ぶんき》元年閏六月二十五日であったと考えられている。（森田真一）

【主要参考文献】
伊藤良久「春日山林泉開山曇英禅師語録」（『訓註 曹洞宗禅語録全書〈中世篇〉』第十巻（四季社、二〇〇七年）
片桐昭彦「中世後期東国における守護の判物の成立と展開」（川岡勉編『中世後期の守護と文書システム』思文閣出版、二〇二二年）
金子金治郎『連歌師兼載伝考』（桜楓社、一九六二年）
黒田基樹「長尾景春論」（同編著『長尾景春』戎光祥出版、二〇一〇年）
黒田基樹『戦国期山内上杉氏の研究』（岩田書院、二〇一三年）
峰岸純夫『中世の合戦と城郭』（高志書院、二〇〇九年）
森田真一『上杉顕定』（戎光祥出版、二〇一四年）
森田真一「史料紹介「落合文書」」（『長野市立博物館紀要（人文系）』二十二号、二〇二一年）
山田邦明『鎌倉府と関東』（校倉書房、一九九五年）

長尾景春
――生涯をかけて主家に抗った不屈の闘将

景春の略歴

長尾《ながお》景春《かげはる》は山内上杉《やまのうちうえすぎ》家の家宰《かさい》・長尾景信《かげのぶ》の嫡男である。母は越後上杉家の家宰・長尾頼景《よりかげ》の娘と伝えられる。生年は判明しておらず、江戸時代成立の「双林寺伝記《そうりんじでんき》」では嘉吉三年（一四四三）生まれとされているが、父景信と母の結婚時期、その後の景春の生涯に照らし合わせると、誤伝とみなされる。その後の景春の動向などから、およそ宝徳三年（一四五一）頃の生まれと推測できる。

妻は上野国衆《くにしゅう》で上野国沼田《ぬまた》庄（群馬県沼田市周辺）の領主・沼田上野守の娘と伝えられ、その間に嫡男景英《かげひで》が生まれたと伝えられている。景英の生年は文明十一年（一四七九）と伝えられているので、景春と沼田上野守娘の結婚は文明九年か同十年頃のことだろう。「双林寺伝記」など江戸時代成立の史料には、景春にはそのほかにも子どもがいたように記されているが、それらは実際には景英の娘、嫡孫の景誠《かげのぶ》の娘とみなされる。そのため景春の子どもとして確実なのは景英のみといえる。

通称は元服後に仮名《けみょう》孫四郎《まごしろう》を称した。これは祖父景仲《かげなか》・父景信《かげのぶ》も称したもので、この家系歴代のものになる。ちなみに景仲の家系は、一般的には白井《しろい》長尾家と称されている。しかし、同家が白井城（群馬県渋川市）を本拠にするのは景春の子景英からのことになるので、その呼称を景春までにあてるのは適当ではない。そのためこの家系については、歴代の通称をとって「長尾孫四郎家」と称するのが適当である。

景春は歴代の仮名を称したことから、元服時に景信の嫡男に位置付けられたことがわかる。その後、官途名四郎右衛門尉《しろうえもんのじょう》を称した。これも父景信からの襲名になる。文明五年（一四七三）に父景信が死去したことにより家督を継承し、それにともなって官途名右衛門尉に改称した。ただし祖父景仲・父景信ともに、当主の段階では官途名左衛門尉《さえもんのじょう》を称したことと比べると、景春の地位は一段低く置かれたことになる。

享徳《きょうとく》の乱終息後は古河公方足利成氏《こがくぼうあしかがしげうじ》の家臣として存在するが、長享元年（一四八七）には出家が確

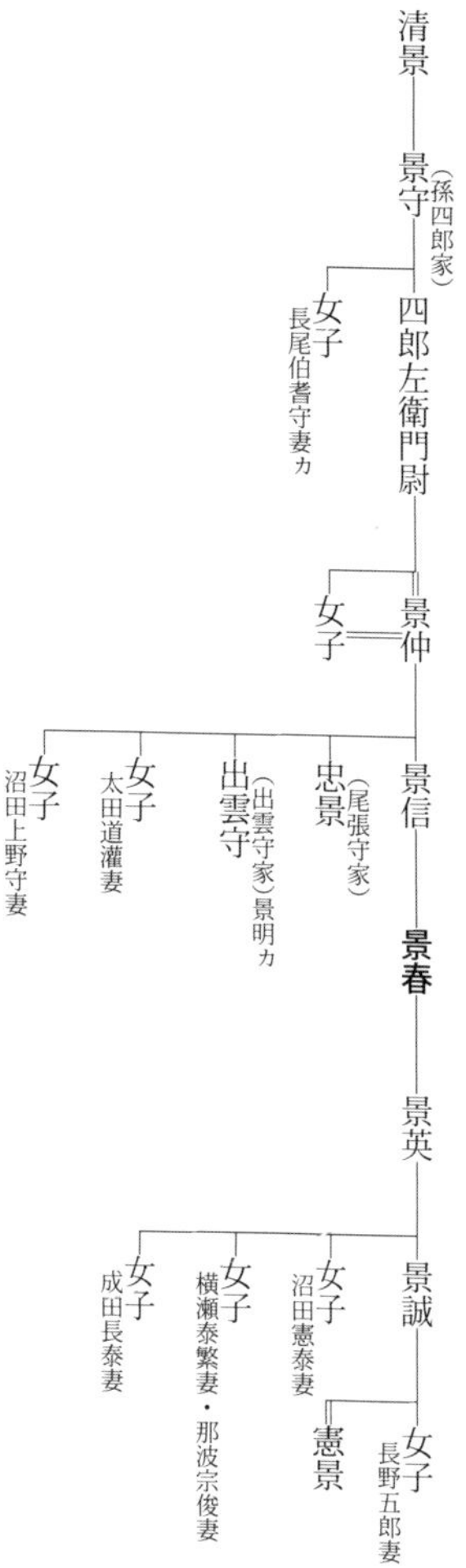

長尾孫四郎家略系図

認され、「其有斎伊玄《きゆうさいいげん》」を名乗っている。また、その後は通称は左衛門入道を称しているので、出家以前に官途名を左衛門尉に改称していたとみなされる。山内上杉家から離叛し、古河公方足利家に属したあとに、歴代の官途名の左衛門尉に改称したのだろう。

景春の動向が確認される最後は、永正九年（一五一二）正月のことで、そのときは駿河国に在所していた。そして「双林寺伝記」によれば、同十一年八月二十四日の死去と伝えられている。同史料は死去地を白井城としているが、景春が同城に居住していたとは考えにくいから、信じられない。最後に確認された在所は駿河なので、そのまま同地で死去した可能性が高い。没年齢は、宝徳三年頃生まれとすれば、六十四歳くらいとみなされる。

主君・顕定との対立

景春が史料に登場する最初は、応仁元年（一四六七）で、享徳の乱における上杉方の本陣・武蔵五十子《いかっこ》陣（埼玉県本庄市）に、父景信に従って在陣していた。その後、文明三年（一四七一）には父景信とは別に一軍を率いるようになっていて、古河公方の下野赤見《あかみ》城（栃木県足利市）攻めと上野立林《たてばやし》城（群馬県館林市）攻めで戦功をあげている。すでに景信の嫡男として活躍するようになっている。しかし、二年後の同五年に父景信が死去した。景春はその家督を継承するが、問題になったのは景信が務めていた山内上杉家の家宰職の継承であった。

山内上杉家の家宰職は、宿老の長尾氏一族の最有力者によって務められていて、それまで父子相承はほとんどなかった。しかし享徳の乱以降は、たまたま景仲・景信と孫四郎家によって継承されていた。そのため、同職は孫四郎家の家職の観念が生まれつつあった。景春はもちろん、その家臣や孫四郎家に親しい同僚の山内上杉家家臣は、そうした認識を持つようになっており、景春が家宰職を継承するのを当然と考えた。しかし景春はまだ二十三歳くらいにすぎず、家宰職を務めるには若輩であったためであろう、山内上杉顕定《あきさだ》は、景信の弟で、長尾尾張守《おわりのかみ》家の当主として、長尾氏一族の最有力者となった忠《ただ》景《かげ》を後任の家宰職に任命した。この決定に景春とその与党は激しく反発した。

景春を支持した家臣と同僚は二、三千人の軍勢にのぼり、顕定に対して実力行使し、五十子陣に繋がる通路を塞いで五十子陣への物資の流入を停めた。そのため、陣中ではたちまちに兵糧不足に陥った。また、家宰職にともなって得られていた各地の所領についても、実力による領有を維持した。家宰職にともなって得ていた所領などは、家宰職の交替にともなって、新たに与えられた者に引き渡さなければならなかったからである。そのため山内上杉家の所領の各地で、景春方と忠景方の紛争が生じた。

こうして山内上杉家に深刻な内部対立が生じた。これをみた扇谷《おうぎがやつ》上杉家の家宰・太田《おおた》道灌《どうかん》が、景信の娘を妻にしていたため孫四郎家には親戚にあたっていた関係から、和解の仲介に乗り出してきた。道灌は、忠景が家宰職を継承すると、それまで就任していた武蔵国守護代職に、景春を任命することを考え、顕定の実兄の越後上杉定昌《さだまさ》に働きかけ、忠景からも了解を取り付けた。そして定昌から顕定に提案してもらうところまで段取りをつけたが、顕定からは拒否された。そのため道灌は文明七年に五十子陣に参陣して、あらためて顕定に仲介を申し出ることにした。それにあたって景春は道灌の宿所を訪問し、道灌に参陣の取りやめを要請し、顕定・定昌殺害の意向を伝え、味方になるよう働きかけた。景春はこの時点で、主君顕定を殺害し、山内上杉家の主導権を掌握しようと考えていた。その実行のためには、上杉方の有力者でかつ親戚であった道灌の協力が必要と考えたようだ。

しかし道灌には拒否され、道灌は五十子陣に参陣し、顕定に景春謀叛の意向を伝えたが、顕定らは信用しなかった。そのため道灌は、あらためて仲介にあたることの了解を求め、顕定からは景春との親戚付き合いを停止することを条件に認められた。また景春与党の行動は目に余るとして、景春を五十子陣から退去させることを提案した。しかし仲介はすすまず、道灌自身も同八年三月に、駿河の内乱介入のため駿河に向けて出陣してしまい、仲介は頓挫した。これをうけて景春は同年六月に五十子陣から退去し、その近辺に新たに鉢形城《はちがた》（埼玉県寄居町）を構築した。顕定らはこれを景春の失脚と認識し、各地の家宰職にともなう所領の接収を強行した。そうして同年末には、家宰職にともなう権益のほとんどが忠景方に奪われてしまった。

「長尾景春の乱」を起こす

文明九年（一四七七）正月、景春とその与党は、状況打開のため五十子陣を襲撃し、顕定に対して叛乱した。景春としてはここで顕定・忠景を殺害しようとしたのであろうが、失敗し、上野への退去を許してしまった。景春は武蔵江戸城（東京都千代田区）に在城していた太田道灌に、あらためて味方するよう誘ったが、拒否された。そのため景春とその与党は各地で蜂起し、上杉方との抗争を展開した。景春には、長尾氏有力一族の足利長尾家、有力家臣大石《おおいし》氏一族の二宮《にのみや》・葛西《かさい》両大石家をはじめ、上州一揆大将の長野為業《ながのためなり》など多くの山内上杉家家臣と配下の武将が味方し、上杉方勢力を二分する状態になった。

三月に入ると、上杉方の有力者として唯一南関東に在所していた太田道灌による、景春与党鎮圧の軍事行動が開始された。四月までに相模・武蔵南部の勢力は道灌らに鎮圧され、五月になると顕定らを上野から武蔵に迎え入れるため、北武蔵に進軍してきた。五月九日に針谷原《はりがやはら》（埼玉県深谷市）で道灌軍と合戦したが、敗戦してしまった。そのため景春は古河公方足利成氏を頼った。またこの頃、上杉方であった上野新田庄《にったのしょう》（群馬県太田市周辺）の岩松家純《いわまついえずみ》は、五十子陣崩壊により本拠の金山城《かなやまじょう》に戻っていたが、足利成氏に従うことにし、成氏の出陣を要請した。これらをうけて七月、足利成氏は東上野に進軍し、景春もその陣中に参じて先陣を務めた。そのため道灌は、上野に後退して顕定らに合流した。

十二月二十七日、成氏方と顕定方の両軍は上野国府（前橋市）地域で決戦をはかったが、大雪により取りやめになった。これをうけて上杉方は成氏方に和睦を申し入れ、成氏は室町幕府との和睦成立に仲介することを条件に応じ、武蔵成田《なりた》（埼玉県熊谷市）まで後退した。しかし景春と上杉方との抗争は継続し、南武蔵に帰還した道灌によって、相模・南武蔵の景春方の鎮圧がすすめられた。景春は成田陣付近に在陣し、南武蔵で道灌方への反撃をおこなうが成功していない。そのため七月十七日、景春の劣勢をみた足利成氏は、北武蔵に進軍してきた道灌に景春排除を要請し、十八日に景春は道灌と合戦したが、これにも敗戦し、武蔵秩父郡《ちちぶぐん》に後退、鉢形城も落城した。

景春は秩父郡に逼塞《ひっそく》したが、一年後の文明十一年九月から再び活動を開始する。山内上杉家家臣で武蔵長井庄《ながい》（埼玉県熊谷市）の領主・長井憲康《のりやす》を、武蔵児玉郡《こだまぐん》御嶽城《みたけ》（同神川町）に蜂起させた。そして新田岩松家への味方工作をすすめた。また、成氏方になっていた成田下総守《しもうさのかみ》の忍城《おし》（同行田市）にも工作した。十一月に道灌が御嶽城攻略のため北武蔵に出陣してきて、まず忍城が上杉方に確保された。同十二年正月、景春は秩父郡から児玉郡に進軍して、御嶽城支援をおこなった。その後は武蔵中部の扇谷上杉方に攻撃をかけるがいずれも迎撃された。そのため秩父郡に後退し、日野城《ひの》（同秩父市）に引き籠もった。

そうしたなかの二月二十五日、景春は成氏からの幕府との和睦申請で取次を務めている。そこでは元関東管領《かんとうかんれい》上杉長棟《ちょうとう》（すでに死去）の「名代」（すなわち家宰）という位置づけで、幕府管領家の細川京兆《ほそかわけいちょう》家に成氏の御書を取り次ぐ副状を出している。ただし景春には細川京兆家に直接届ける手段はなかったため、堀越公方《ほりごえくぼう》足利家の家臣に取り次いでもらっている。しかし、それでも成氏の御書はすぐには届けられず、実際に届けられたのは翌年七月のことになる。景春の取次はまったく機能しなかった。

顕定は四月には、秩父郡に進軍してきたらしい。顕定は道灌にも参陣を命じ、道灌も六月十三日に参陣してきた。そして秩父郡における景春方は、上杉方の攻撃をうけ、景春が拠る日野城も六月二十四日に落城した。そのため景春は武蔵から没落した。こうして武蔵を拠点にした景春の叛乱は、太田道灌の活躍によって鎮圧されてしまった。

執拗な顕定への抵抗

武蔵から没落した景春は、味方であった足利長尾房清《ふさきよ》を頼って足利庄利保《かかぼ》（栃木県足利市）に居住するとともに、翌文明十三年（一四八一）四月には、山内上杉家一族の憲房《のりふさ》（顕定前代房顕《ふさあき》の甥）を山内家上杉家当主に擁立し、自らはその家宰の立場に位置した。景春による顕定への叛乱は、顕定を殺害して山内上杉家での主導権を確保しようとするものであったが、それまでは顕定に代わる山内上杉家当主を用意してはいなかった。おそらくは当主不在のまま同家の主導権掌握を考えていたのであろう。しかしここにきて、顕定に代わる当主の擁立を図ったのである。そして成氏方による東上野での軍事行動に参加し、東上野で上杉方と抗争したとみられる。

ところが成氏と室町幕府の和睦について、同十四年十一月に前将軍足利義政《よしまさ》が了承したことで、成氏方と上杉方の抗争は終息し、同十五年八月には和睦が成立した。それにより景春は、足利成氏の家臣になって所領などを与えられた。しかし、長享元年（一四八七）から山内上杉家と扇谷上杉家の抗争（長享の乱）が開始され、古河公方足利家は扇谷上杉家に味方した。そこで景春は、扇谷上杉家への援軍として派遣され、扇谷軍の先陣として活躍している。景春は歴戦の雄として、「戦巧者」と認識されるようになっていた。

明応三年（一四九四）に同乱が再開された際、古河公方足利家は山内上杉家に味方した。さらに景春が頼っていた足利長尾家は山内上杉家に帰参、しかもその婿になっていた景春嫡男の景英もそれに同調した。そのため景春は足利庄から退去し、扇谷上杉家を頼った。これにより景春は嫡男とも敵対関係になった。同五年の相模での合戦で、扇谷軍の先陣を務める景春は、山内軍の先陣であった景英と対戦するというように、父子の直接対戦が起こっている。

永正二年（一五〇五）に長享の乱は山内上杉家の勝利で終息し、景春はついに顕定に帰参する。ほぼ三十年ぶりの帰参であった。そこで景春は、鉢形城近辺に所領を与えられたらしい。ところが同七年六月七日、おりからの関東と越後での戦乱（永正の乱）の展開に乗じて、景春は再び顕定に叛乱し、相模津久井山《つくいやま》（神奈川県相模原市）を占拠するとともに、越後上杉家に服属を申請して、上野沼田庄に進軍し、山内上杉軍と対戦した。しかし同年のうちに山内軍に撃退されたのか、上野から後退し、伊豆伊勢宗瑞《いせそうずい》・駿河今川氏親《いまがわうじちか》を頼って駿河に居住したと思われる。同八年九月に山内上杉家で内乱が展開さ

長尾景春の墓　埼玉県秩父市・法雲寺

れるとそれに乗じてか、甲斐郡内《ぐんない》から武蔵に進軍している。しかしこれも成果はあがらず、同九年正月には駿河に在所している。そしてこれが景春の動向として確認される最後である。

景春は死去するまで、山内上杉家との抗争を続けた。そこでは嫡男景英とも袂を分かって、旧主上杉顕定への反抗の継続を優先した。長享の乱終結にともない、顕定に帰参したが、わずか五年後に再び顕定に反抗する。景春は生涯をかけて、主家への叛乱を続けた類い稀な存在であったことは確かといえよう。

（黒田基樹）

【主要参考文献】

黒田基樹『戦国期山内上杉氏の研究〈中世史研究叢書24〉』（岩田書院、二〇一三年）
黒田基樹『太田道灌と長尾景春〈中世武士選書43〉』（戎光祥出版、二〇二〇年）
黒田基樹『図説 享徳の乱』（戎光祥出版、二〇二一年）
黒田基樹編著『長尾景春〈シリーズ・中世関東武士の研究1〉』（戎光祥出版、二〇一〇年）

上杉定正・朝良
――太田道灌を殺害、伊勢宗瑞の抵抗勢力

定正相続までの扇谷上杉氏

上杉定正《うえすぎさだまさ》・朝良《ともよし》は、十五世紀終わりから十六世紀初めにかけての扇谷《おうぎがやつ》上杉氏の当主たちである。扇谷上杉氏は、足利尊氏《あしかがたかうじ》の母清子《きよこ》の兄である重顕《しげあき》を祖とし、重顕の孫の顕定《あきさだ》が貞治年間（一三六二～六八）頃に鎌倉に下って鎌倉公方《かまくらくぼう》に仕えたとされ、同地の扇谷（現在の寿福寺《じゅふくじ》・英勝寺《えいしょうじ》周辺）の地に居住したことから、この名をもって呼ばれる関東上杉氏の一族である。なおこの一帯は、もと「亀谷《かめがやつ》」（鶴岡《つるがおか》に対する対語）と呼ばれたが、『新編相模国風土記稿《しんぺんさがみのくにふどきこう》』によれば、「扇谷」はもともと亀谷の小名であったものの、本稿で扱う上杉定正がここに居住し、「扇谷殿」と呼ばれたことからこの名が広まり、「亀谷」の名は廃れたという。

顕定の養子氏定《うじさだ》は、応永二十三年（一四一六）の上杉禅秀《ぜんしゅう》の乱の際、公方持氏《もちうじ》方として藤沢《ふじさわ》（神奈川県藤沢市）で自害している。その後、氏定の嫡子持定《もちさだ》が跡を継いだものの早世し、その弟持朝《もちとも》が家督を継承した。しかし持朝がいまだ幼少であったことから、持朝の従兄弟の小山田《おやまだ》上杉家の上杉定頼《さだより》が「名代《みょうだい》」となり、扇谷上杉氏の事実上の当主となった。

定頼は鎌倉公方持氏に重用され、安房守護に補任され、相模守護も務めたと考えられる（ただし、定頼が相模守護ではなかったとする説も存在する〔渡一九八九〕）。こうした定頼・扇谷上杉氏に対する重用の要因には、氏定の討ち死に、また応永二十五年から翌年にかけての上総本一揆《ほんいっき》の鎮定に際しての持定の功績に対する論功行賞的な意味合い〔黒田二〇一二〕とともに、公方持氏による関東管領家《かんとうかんれいけ》への対抗措置〔渡一九八九〕があったものと考えられている。いずれにせよ、この時期に鎌倉府内部で扇谷上杉氏の政治的地位が著しく向上したことはまちがいなく、また相模に影響力を及ぼすようになったことは、その後の同家の政治的立場を考えれば重要である。

その後、永享五年（一四三三）頃までには持朝が扇谷上杉氏の実権を掌握し、永享の乱では大きな功績をあげている。乱後、関東管領上杉憲実《のりざね》は隠遁の意向を示し、山内《やまのうち》上杉氏の家督を実弟の清方《きよまさ》（越後守護上杉房方《ふさまさ》の子）に譲り、関東管領職をも譲ろうとしたが、幕府がこれを認めず、清方を憲実の代理者とした。憲実隠遁の直後、持朝が弾正少弼《だんじょうのしょうひつ》から新たに修理大夫《しゅりのだいぶ》に任官している事実〔薩戒記目録〕は重要である。これは幕府の推挙によるものだが、扇谷上杉氏の家格を引き上げるための措置であるとともに、永享の乱後の関東において、持朝を関東管領の有力な補佐役とするための方策であったと考えられるからである。事実、持朝はこの後、関東で大きな存在となっていき、扇谷上杉氏は関東管領山内上杉氏に匹敵するほどの有力な地位を獲得していった。

持朝は文安四年（一四四七）までには相模守護となり〔木下二〇〇九〕、以後この職は同家によって世襲される。また、上杉清方の没後に関東管領となった山内上杉憲忠《のりただ》（憲実の子）に娘を嫁がせたが、足利成氏《しげうじ》の鎌倉公方復帰にともない、家督を嫡男顕房《あきふさ》に譲り出家した（法号は道朝《どうちょう》）。しかし、享徳《きょうとく》の乱が発生すると、康正元年（一四五五）の分倍河原《ぶばいがわら》（東京都府中市）の戦いで顕房は討ち死にし、持朝が再び当主に復帰した。

この頃、伊豆に拠点を構えた堀越公方《ほりごえくぼう》は、建前としては鎌倉府の機能を継承したものの、直接的に権限を行使しえたのは伊豆・相模のみであったにもかかわらず、幕府からは関東の御料所《ごりょうしょ》や闕所地《けっしょち》の処分権を認められていた。享徳の乱発生による公方不在の状況のなかで、山内・扇谷の両上杉氏は分国内でこれらの地に対する処分権を獲得しており、堀越公方がこうした権限を行使しようとすれば、両上杉氏の権限に抵触したわけである。堀越公方の勢力が相模に進出していった結果、そこを分国としていた扇谷上杉氏との間に対立が生じるのは必然であった。堀越公方足利政知《まさとも》と持朝の対立は結局、持朝の有力な支持勢力であった三浦時高《みうらときたか》・千葉実胤《ちばさねたね》らが板挟みとなって隠遁に追い込まれるという事態をもたらした。

こうした状況のなか、応仁元年（一四六七）に持朝は没し、顕房の子政真《まさざね》が跡を継いだものの、これも文明五年（一四七三）に五十子陣《いかっこ》（埼玉県本庄市）で足利成氏勢に急襲され戦死してしまった。なお、享徳の乱の過程のなかで、持朝が家宰《かさい》の太田道真《おおたどうしん》・道灌《どうかん》父子に命じて河越城《かわごえ》（埼玉県川越市）・江戸城（東京都千代田区）を築城させ〔鎌倉大草紙〕、武蔵の分国化を進めていった点もきわめて重要であろう。

定正の家督相続と太田道灌

　若年であった政真には子がなかったため、扇谷家の老臣たちが協議した結果、持朝の子定正（顕房の弟、政真の叔父）が扇谷家代々の官途名修理大夫を称し、家督と相模守護職を相続した〔鎌倉大草紙〕。このときに定正、二十八歳であった（定正の年齢には異説も存在する）。その後、定正は関東管領山内上杉顕定とともに、享徳の乱に際して上杉方の足利成氏方に対する最前線の陣地（城郭）として築かれた五十子陣に在陣している。一方、扇谷家の家宰であった父太田道真から家督を譲られていた道灌は、定正が家督を相続した段階で四十二歳、すでに扇谷家の家宰職を十年以上つとめていた。享徳の乱に際しては事実上、扇谷家の軍勢を指揮し、同家の中心的な役割を担い、また定正の家督相続の頃には父道真から実権も譲られ、これ以後、主君定正を表面に立てながら、扇谷上杉氏を主導していくこととなる。

　これに対し山内上杉氏では、文明五年（一四七三）に家宰白井《しろい》長尾《ながお》景信《かげのぶ》が没した。白井家の家督は景信の子景春《かげはる》が相続したものの、家宰職の世襲化による白井家の強大化を敬遠したものか、山内上杉顕定は景信の弟物社《そうじゃ》長尾忠景《ただかげ》を新たな家宰職に任命した。景春はこれに不満を抱き、また白井家が家宰職であった時期に所領の安堵や給付を受けた山内上杉氏傘下の武士たちは、家宰職の移動による権利の喪失を恐れ、多くの者が景春に同調した。文明八年、太田道灌は駿河今川《いまがわ》氏の家督相続問題に介入するため駿河に赴いたが、景春はこの隙に乗じ、同年六月鉢形《はちがた》城（埼玉県寄居町）に拠って挙兵した。

そして翌文明九年正月、景春は五十子陣を急襲してこれを崩壊させ、山内上杉顕定・扇谷上杉定正らの上杉方の中心的人物たちは上野国に逃れた。関東各地でも景春に与同して蜂起する勢力が相次いだが、上杉方首脳のうち唯一南関東にあったのが道灌であったことから、これ以後、景春の乱の鎮圧は道灌を中心に進められていった。結局、道灌の東奔西走の働きにより景春方勢力の鎮圧が順次進められ、文明十二年六月に景春の最後の拠点であった日野《ひの》城（埼玉県秩父市）も攻略し、ここに長尾景春の乱が鎮定された。また、紆余曲折の結果ではあったが、文明十四年十一月には幕府と足利成氏との和睦が実現し（「都鄙《とひ》和睦《わぼく》」）、これにより三十年近くの長きにわたった享徳の乱がようやく終結した。

道灌謀殺

こうして享徳の乱・長尾景春の乱が終結したものの、その傷跡は大きかった。景春与党の多くは山内家家臣であったが、彼らの所領は収公され、相模・南武蔵の扇谷家分国内ではそれがほぼ同家の領有に帰した。その結果、扇谷家は分国内での所領の割合を飛躍的に増大させ、多くは景春の乱鎮定の最大の功労者太田道灌とその関係者の領有となった。さらに景春与党のうち、道灌を通じて上杉方に帰服した者も多く、彼らは以後、事実上道灌の政治的統制下に入った。さらに乱鎮圧の過程で道灌は、多くの関東の有力領主に対して指導的地位を確立している〔黒田二〇〇四〕。

文明十八年（一四八六）七月二十六日、道灌は糟屋《かすや》館（神奈川県伊勢原市）で定正の命により謀殺されたが、定正の養嗣子朝良の家宰曾我《そが》兵庫助《ひょうごのすけ》に斬殺される際、「当方（扇谷上杉氏）滅亡」と言ったとされること〔太田資武状〕は著名であろう。定正が道灌を殺害した具体的な原因は、同時代史料にはふれられておらず、必ずしも明確でない。後世の記録ではあるが、『上杉定正消息』（上杉定正が重臣曾我《そが》豊後守《ぶんごのかみ》に宛てた書状の形式をとった記録）は原因を次のように記している。すなわち、道灌が堅固な城郭を構えて山内上杉氏に対して「不儀」を企てたため、定正が何度も使者を派遣して折檻を加え、江戸・河越両城がいかに堅固であっても上杉顕定には対抗できないと説得したものの、道灌はまったく承知せず、あまつさえ「謀乱」を企てたため誅殺したとしている。また『永享記』は、道灌の家政独占による他の扇谷家臣の不満を原因にあげている。これをそのまま信じてよいかどうかは別として、山内上杉氏への対応と、扇谷家内部における道灌とそのほかの家臣たちの対立が、道灌殺害の背景に存在していたのだろう。

丸山城跡土塁　発掘調査の成果により、下粕屋にある丸山城が道灌が殺害された糟谷館の可能性が出てきた。従来は、上粕屋の産業能率大学敷地といわれてきた　神奈川県伊勢原市

一方の道灌としても、『太田道灌状』（道灌が山内上杉顕定の家臣高瀬《たかせ》民部少輔《みんぶのしょう》に宛てた書状形式をとった記録）で、景春の乱でともに戦った武士たちの功績を評価しようとしない顕定への

無念を述べている〔黒田二〇〇九〕ように、山内家に対する不信感、さらにはそれを放置し自らを正当に評価しない主君定正に対し強い不満を抱いていたことは想像される。いわば「相互不信」の状態にあり、その意味でこうした事件の発生は、必然的な帰結であったのかもしれない。ただ、当主定正と家宰道灌との間で分立していた扇谷家の支配権が、この事件により定正のもとに統合されたことも事実であろう〔黒田二〇〇四〕。

長享の乱の発生と定正の死

道灌の嫡子資康《すけやす》は、定正の追及を受けて甲斐に逃れたのち〔上杉定正消息〕、山内上杉氏を頼った。さらに、三浦氏をはじめ道灌と関係の深かった有力武将たちの扇谷方からの離反もあいついだ。結局道灌の殺害が新たな火種を生み、両上杉氏の対立は避けられない事態となった。長享元年（一四八七）には互いに臨戦態勢を取るようになり、同年末からは両勢力の争いが開始された（長享の乱）。なお、この争いの発生原因が道灌の殺害にあったと世間が批判し、定正自身もそれを認識していた〔上杉定正消息〕、という点は興味深い。

定正は古河公方足利政氏《まさうじ》や長尾景春らと連携し、長享二年には「関東三戦」と呼ばれる相模実蒔原《さねまきはら》（神奈川県伊勢原市）・武蔵須賀谷原《すがやはら》（埼玉県嵐山町）・武蔵高見原《たかみはら》（同小川町）のそれぞれの戦いで、いずれも寡兵をもって山内方に勝利している。しかし地力に勝る山内方も負けておらず、明確な決着は着かず、延徳二年（一四九〇）十二月には一応の和睦が結ばれた〔鎌倉大日記〕。

明応二年（一四九三）、伊勢宗瑞《いせそうずい》は伊豆堀越《ほりごえ》御所（静岡県伊豆の国市）の足利茶々丸《ちゃちゃまる》を襲撃して「伊豆討ち入り」を果たすが、近年この事件は、同年四月に京都で発生した「明応の政変」に呼応しつつ、将軍義遐《よしとお》（義澄《よしずみ》）や細川政元《ほそかわまさもと》、扇谷上杉定正と連携して実行されたものと考えられている。この宗瑞の行動に誘発され、翌明応三年には長享の乱が再燃し、扇谷方は八月には武蔵関戸要害《せきどようがい》（東京都多摩市）、九月には相模玉縄要害《たまなわようがい》（神奈川県鎌倉市）と、あいついで山内方の拠点を攻略している〔石川忠総留書等〕。

上杉定正の墓　神奈川県厚木市・徳雲寺境内

さらにこの時期、宗瑞は扇谷方として武蔵に出陣し、宗瑞をも加えた扇谷方は山内方の鉢形城攻略のために北上し、十月二日には高見原に陣を張り、山内方と対陣した。同五日、両軍は荒川を越えて進軍しようとしたが、そこで定正は落馬して頓死してしまうという突発的な事態が発生してしまった〔急病説もある〕。山内方との決戦に際しての無念の死といってよいが、享年は四十九であった〔文明明応年間関東禅林詩文等抄録〕。こうして定正が没したことにより、河越衆・江戸衆および宗瑞らの扇谷方の軍勢はそれぞれ退却したという〔松陰私語等〕。

上杉定正は「道灌謀殺」により、「暗愚な主君」と評される向きもあるが、いわば格上の山内上杉氏との対決において、寡兵をもって数々の合戦に勝利していることから、「戦上手」であったことはまちがいなかろう。また、道灌の力を借りながら打ち続く戦乱のなかで相模・武蔵の分国支配を確立させ、また道灌の殺害により分立していた扇谷家の支配権を統一した人物、さらには相模・武蔵の領国化を進めた点からいえば、扇谷上杉氏を守護大名から戦国大名へと発展させた人物と評価できるのではなかろうか。

朝良の家督相続

定正の頓死により、扇谷家の家督と相模守護職を相続したのは、定正の養嗣子朝良であった。朝良の実父は定正の弟朝昌《ともまさ》であったが、男子のなかった伯父定正の養子となっていた。家督継承後は治部少輔《じぶのしょう》の官途名を称したが、持朝以降、歴代の扇谷家当主が修理大夫を称し、また朝良以降の朝興《ともおき》・朝定《ともさだ》も同様であったことからすれば異例といってよかろう。

家督相続前の主な行動としては、長享三年（一四八九）三月に相模三浦郡和田郷《みうらぐんわだごう》（神奈川県三浦市）の龍徳院《りゅうとくいん》に禁制を発給していることが知られる〔津久井光明寺文書〕。長享の乱で、山内方となった三浦氏（三浦道含《どうがん》は朝良の父朝昌の兄であるから、朝良には伯父、道含の子道寸《どうすん》は従兄弟となる）を攻撃するため、朝良がこの地に出陣したことを示すものであろう。また養父定正からは、軍事・合戦に関する嗜《たしな》みが欠けており、役にも立たない学問を好むさまは、「夜行に錦を着したり」「櫛《くし》を持つ法師」のように無駄なものであるとして、「文弱の徒」と危惧されていたようである〔上杉定正消息〕。

ただ、定正の死は長享の乱の展開に大きな影響を与えた。古河公方足利政氏が扇谷方から山内方支持へと転換する一方、三浦氏・武蔵千葉《ちば》氏などは山内方から離れて扇谷方に再帰属している。三浦氏などが山内方に走った原因が道灌殺害にあった点からすれば、当事者の定正が没して状況が大きく転換したことが再帰属の契機となったのであろう。

立河原の戦いと長享の乱の終結

明応五年（一四九六）七月、山内方が相模西郡へ侵攻を行った際、扇谷方の西郡最大の拠点小田原城《おだわら》（神奈川県小田原市）には、朝良の実父朝昌をはじめ、扇谷家の家宰太田六郎右衛門尉《ろくろうえもんのじょう》、さらには三浦道寸や伊勢宗瑞の弟弥次郎《やじろう》といった大規模な援軍が派遣されている。この時期、相模西部で極度の緊張関係が生じていたのだろう。しかしこの争いは扇谷方が敗北し、小田原城が「自落」したことにより、扇谷方が掌握していた西郡が一転して山内方によって掌握される事態となった。その後、山内方は東に軍勢を展開し、実田《さなだ》要害（神奈川県平塚市）を攻撃し、扇谷方は朝良自身がこれを迎え撃っている（伊佐早謙採集文書〕。

伊勢宗瑞は、文亀元年（一五〇一）までには小田原城を安定的にその手中に収めていた。なお、宗瑞の小田原城奪取は、山内方に転じていた大森氏を没落させるため、朝良の了解を得ていたとされる〔黒田二〇〇四〕。宗瑞の勢力拡大に危機感を抱くとともに、この時期攻勢を強めていた山内上杉顕定は永正元年（一五〇四）八月、扇谷家の拠点武蔵河越城《かわごえ》（埼玉県川越市）に対する攻撃を開始し、さらに実弟の越後守護上杉房能《ふさよし》に援軍を要請した。これに対して朝良も、今川氏親や宗瑞に援軍派遣の要請を行っている。九月には氏親《うじちか》・宗瑞の軍勢が武蔵に入り、顕定も軍勢を南に転じる一方、河越城を守っていた朝良も氏親らと合流した結果、九月二十七日に両勢力は武蔵立河原《たちかわはら》（東京都立川市）で激突し、扇谷方がこれに勝利した。そのため氏親らは関東から兵を引いたが、合戦に敗れた顕定は本拠の鉢形城に後退した。

一方、顕定が実弟上杉房能に要請していた援軍は、越後守護代長尾能景《よしかげ》がこれを率いて関東に入り、同年十一月に突如、河越城を攻撃し、その後、武蔵椚田城《くぬぎた》（東京都八王子市）や相模実田城を次々と攻略した。これにより扇谷方は、今川氏・伊勢氏の領国と遮断されてしまったわけである。まさに見事な逆転劇であった。山内方は永正二年三月に再び河越城を包囲し、これに抗しえなかった朝良は、古河公方への帰参という形式を取り、事実上の降伏を表明した。朝良は甥の朝興《ともおき》（朝良の実兄朝寧《ともやす》の子）を養子に迎えて家督を譲り、江戸城で隠居することが決定し、ここに長享の乱は山内方勝利というかたちで終結をみた。

しかし、こうした措置に扇谷家重臣らが強く反発したため、顕定も方針を修正せざるを得ず、朝良は解放されて河越城に戻り、以後も扇谷家当主として存在することとなった。ちなみにこの段階での朝興の当主就任は、朝良死後にその子を差し置いて当主となった朝興による、家督相続を正当化するための創作とする説もある。永正四年、顕定の養子憲房と朝良の妹の婚姻が成立し、ここにようやく両上杉家の関係は修復された。

領国相模の崩壊と朝良の死

長享の乱が終結したのも束の間、古河公方家の内部抗争に端を発し、永正三年（一五〇六）から関東では「永正の乱」が発生し、さらに同七年に越後で山内上杉顕定が戦死したことにより、山内家では家督相続争いが勃発し、戦乱は泥沼化の様相を呈した。一方、顕定が越後に軍勢を発した直後の永正六年八月、それまで扇谷家と同盟関係にあった伊勢宗瑞が、越後長尾為景《ためかげ》の誘いに応じて、両上杉家から離反して、その領国への侵攻を開始した。朝良は山内上杉氏と協力して宗瑞との戦いを開始し、永正七年の宗瑞の侵攻の際は、三浦道寸の活躍もありこれを食い止め、朝良（この頃には法号「建芳《けんぽう》」を号している）自身が出馬し、宗瑞方の拠点小田原城の城際まで攻め込んでいる〔秋田藩家蔵文書〕。

しかし、永正九年八月の宗瑞侵攻にあたっては、道寸が守備していた岡崎《おかざき》城（神奈川県平塚市・伊勢原市）

が攻略され、そのまま宗瑞は鎌倉まで進み、三浦氏は本拠三崎城《みさき》（同三浦市）への籠城を余儀なくされた。これにより宗瑞は、相模中郡・東郡と津久井地域、さらに武蔵久良岐《くらき》郡南部の支配権を手にすることとなった。宗瑞は最終的に、永正十三年七月三崎城を攻略し、相模における扇谷方の最大勢力であった三浦氏を滅亡させるとともに、相模経略を完成させた。逆にいえば、これにより扇谷上杉氏は、領国であった相模の支配権を完全に喪失したということになる。

この後、朝良は足利政氏を武蔵岩付城《いわつき》（さいたま市岩槻区）に入城させ、その支援者となり態勢の立て直しを図ったが、永正十五年四月二十一日に没した〔上杉系図〕。死没地は未詳であるが、江戸であった可能性が高い。なお、朝良が没した当日、藤王丸《ふじおうまる》（母は惣社長尾顕忠の娘）という朝良の男子が誕生したが〔上杉系図〕、家督は養子朝興が相続した。藤王丸は天文元年（一五三二）十二月に殺害されたが、朝興によるもの〔快元僧都記〕。ただし、その記事は本文中のものではなく、追記部分にあることから、後世の加筆の可能性も指摘されている）とも、小田原北条氏によるものともされている。

このように見ていくと、上杉朝良は、酷な表現ながら、結果としてその後の扇谷上杉氏衰退の端緒を開いてしまった人物であることはまちがいなかろう。しかし、伊勢氏（北条氏）という関東における新興勢力が野火のように自らの領国を侵食していく状況のなか、伝統的権力の一翼として、必死にそれに抗い食い止めようとした存在と評価できようか。

（真鍋淳哉）

【主要参考文献】
木下聡「結城合戦前後の扇谷上杉氏―新出史料の紹介と検討を通じて」（『千葉史学』五五、二〇〇九年。のちに、黒田基樹編『シリーズ・中世関東武士の研究五　扇谷上杉氏』戎光祥出版、二〇一二年に収録）
黒田基樹『扇谷上杉氏と太田道灌』（岩田書院、二〇〇四年）
黒田基樹『図説太田道灌―江戸東京を切り開いた悲劇の名将』（戎光祥出版、二〇〇九年）
黒田基樹「扇谷上杉氏の政治的位置」（同編『シリーズ・中世関東武士の研究五　扇谷上杉氏』戎光祥出版、二〇一二年）
渡政和「上杉三郎定頼に関する考察―鎌倉府体制下での位置付けを中心に」（『文化史泉』一、一九八九年。のちに、黒田基樹編『シリーズ・中世関東武士の研究五　扇谷上杉氏』戎光祥出版、二〇一二年に収録）

太田道灌――新時代を切り開き、〝伝説〟を生み出した名将

再評価の進む太田道灌

関東戦国初期の名将として名高い太田道灌《おおたどうかん》だが、その実像は謎が多い。道灌は「大江戸《おおえど》」の拠点となった江戸城（東京都千代田区）を築いた実績で、江戸時代以降にさまざまな伝承が生み出され、神格化されていった。しかし、道灌は実名すら明確ではない（資長《すけなが》・持資《もちすけ》と諸説ある）。ようやく近年になって、史料集の充実とともに、一次史料に基づいた道灌の実像が、少しずつ明らかになってきている。

道灌が活躍したのは、関東に戦国時代の始まりを告げた「享徳《きょうとく》の乱」が起こった、十五世紀半ばである。なかでも文明九年（一四七七）に始まる「長尾景春《ながおかげはる》の乱」で破竹の活躍を見せる。しかし、それがため、主君である上杉定正《うえすぎさだまさ》に謀殺されることになる。道灌が活躍したのは、長く続いた戦国時代の始まりの、わずかな期間にすぎない。しかし、その働きは重要で、時代の変革をむかえるなかで、戦国時代の社会構造を切り開いた武将としても評価されている。

道灌の事績についてはさまざまな書籍で言及されているため、本稿では簡単に触れるにとどめ、近年明らかにされつつある道灌の実像を概観するとともに、伝承の中の道灌についてもみていきたい。そう

することで、より立体的な道灌像を見通せると考えるからである。

扇谷上杉氏家宰太田氏

永享四年（一四三二）、道灌は太田資清《すけきよ》（道真《どうしん》、以下「道真」）の嫡男として生まれた。道真は扇谷《おうぎがやつ》上杉氏家宰《かさい》職にあった。家宰職とは、その家の家政を取り仕切り、当主と被官の間に立ってさまざまな職権を行使した役職である。太田氏の主家扇谷上杉氏は、上杉一族のなかで、山内《やまのうち》上杉氏ら関東の上杉氏の祖といえる憲房《のりふさ》の兄弟重顕《しげあき》を祖とする。南北朝時代から関東で活動しはじめ、とくに永享十年に鎌《かま》倉公方足利持氏《くらくぼうあしかがもちうじ》と関東管領上杉憲実《のりざね》の対立に始まる「永享の乱」の過程で台頭した。当時の扇谷上杉氏当主の持朝《もちとも》は、永享の乱で上杉氏方の有力者として活躍し、乱後は相模国守護となっている。また、乱後に関東管領《かんとうかんれい》山内上杉憲実が隠遁したことで、山内上杉氏の家督が不安定になると、持朝は上杉氏方の中心として関東を率いていく存在になった。この結果、その後の関東では山内上杉氏・扇谷上杉氏は「両上杉」と称され、政局の中心となっていく。

太田氏は丹波国太田郷《おおたごう》（京都府亀岡市）を出自とした一族とされてきたが、明確ではない。太田氏の確実な初見としては、応永元年（一三九四）、鶴岡八幡宮《つるがおかはちまんぐう》の遷宮で地奉行を務めた扇谷上杉氏定《うじさだ》の被官としてみえる「太田」で〔鶴岡諸記録〕、その頃には太田氏は確実に扇谷上杉氏の家臣となっていたことがわかる。年代的には、道灌から三世代前の人物とみられる。

太田氏の活躍が顕著になるのは、道真の時代からである。永享十二年二月、道真以下扇谷上杉氏宿老三人が、幕府の政所頭人《まんどころとうにん》伊勢貞国《いせさだくに》から関東の情勢を報告したことを賞され、引き続き関東の情勢を報告するよう命じられている〔政所方引付〕。扇谷上杉氏の台頭とともに、道真も関東の有力者として、幕府と連絡をやり取りする役割を担っていたのである。

そして道真の存在感が際立ったのが、宝徳二年（一四五〇）五月に起こった江の島合戦である。この戦いは、五代目鎌倉公方足利成氏《しげうじ》と上杉氏家臣団との軋轢が原因となり、江の島（神奈川県藤沢市）に移座した成氏が上杉方と戦闘状態になったものである。このとき、成氏は幕府管領畠山持国《はたけやまもちくに》に送った長文の書状で、乱の首謀者は道真と山内上杉氏家宰長尾景仲《かげなか》であると明確に名指しし、その処分を願っている。

しかし、成氏の願いは聞き入れられることはなく、江の島合戦は両勢力に緊張関係を生じたままうやむやで終わった。そして享徳三年（一四五四）十二月、成氏は関東管領上杉憲忠《のりただ》を謀殺し、上杉氏方勢力と全面対決となった。享徳の乱である。これを機に、関東は恒常的な戦乱状態が続く戦国時代へと突入する。道真も扇谷上杉氏の中核を担いつつ、寛正二年（一四六一）に子息道灌に家督を譲る。

道灌の登場と戦国の幕開け

史料上、道灌の名がみえるのは康正二年（一四五六）を初見とする。このときはいまだ「源六」と名乗っていた〔称名寺文書〕。その後、長禄三年（一四五九）以降には「左衛門大夫《さえもんのたいふ》」の官途名でみられ、文明三年（一四七一）以降に出家して法名「道灌」を名乗る。

先に述べたように、道灌の実名はいまだ確定していない。江戸時代には「持資」や「資長」と称されていた。江戸時代、道灌の子孫である掛川藩《かけがわはん》太田氏が作成した太田氏の系譜「太田家譜略」では、道灌は最初鎌倉公方足利持氏から一字をもらい「持資」と名乗ったが、のちに「資長」と改名したと考察している。このような説が江戸時代以降に流布し、現在でもみうけられる。

太田道灌画像　神奈川県伊勢原市・大慈寺蔵

しかし、「持資」という人物は当時の史料に見出すことはできない。一方、「太田資長」という人物は当時の史料にも見受けられる。それらの史料は年代未詳だが、史料の内容から、資長は扇谷上杉氏の家宰と考えられる。このことから、資長は道灌と同一人物としてみることもできるが、資長の花押は道灌のものとはまったく異なっている。資長が改判をした可能性もあるが、現状では資長を道灌と同一人物と言い切ることができず、資長は道灌か、あるいはその後継者かという可能性を残すのである。

長禄四年（一四六〇）、道灌は鶴岡八幡宮領である武蔵国佐々目郷《さざめ》（埼玉県戸田市）への諸費用の取立てを行っている。鶴岡八幡宮の供僧の記録「香蔵院珍祐記録《こうぞういんちんゆう》」によると、道灌が佐々目郷に段銭《たんせん》（田畠にかける臨時税）を懸けたのに対し、佐々目郷の百姓らから訴訟が起こされている。しかし、結局は段銭を進納せざるをえず、珍祐は「太田方を恐れるあまり力が及ばなかった」と嘆いている。また、寛正二年には道灌から同郷に「夫馬《ふま》」（軍事にかかる人夫や馬）の借用が命じられた。これに対し珍祐は「所領を預け置いているのだから仕方がない」と返答している。こうした事態は、戦乱が恒常化するなかで、扇谷上杉氏が実力で武蔵国南部にまで支配を拡大していることを示すもので（武蔵国守護は山内上杉氏）、道灌の動きは、戦国時代の社会構造のさきがけと評価されるのである。

道灌と江戸城

後に道灌の名を高めることとなったのが、江戸城の築城である。江戸時代初期頃に成立したと考えられる軍記物『鎌倉大草紙《かまくらおおぞうし》』によれば、江戸城は長禄元年（一四五七）に道灌が構築したとする。同じ頃に成立したと考えられる軍記物『永享記』では、道灌は初め品川《しながわ》（東京都品川区）を拠点としたが、霊夢によって江戸館に移住し、長禄元年に城が造られたとする。また、上野国新田庄長楽寺《ちょうらくじ》（群馬県太田市）の禅僧松陰《しょういん》が記した『松陰私語』（戦国期の成立）によれば、江戸城は道真・道灌ほか、扇谷上杉氏の宿老の上田《うえだ》・三戸《みと》・萩野谷《おぎのや》氏らが力をあわせて築城したとする。

軍記物は同時代の記録ではないから、細かな事象は差し引いて考える必要があるが、江戸城はおおよそ享徳の乱の勃発を契機に、扇谷上杉氏の拠点として築城されたものといえよう。室町時代、江戸周辺の土地は、太平洋海運における重要な拠点であった。とくに品川は湊町として繁栄しており、道灌がもともと品川に居住したという『永享記』の記述は、この事実を反映させた記述だろう。そうした地域にあって、江戸城は入間川《いるまがわ》（現荒川・隅田川筋）や荒川《あらかわ》（現「元荒川」）などの大河の河口部に位置し、海陸交通の拠点として重要で、さらに旧利根川（現隅田川筋）以東に勢力を有する古河公方勢力に対する前線として、取り立てられたのである。

道灌が拠点とした江戸には、万里《ばんり》集九《しゅうく》や心敬《しんけい》、木戸《きど》孝範《たかのり》などの文化人が訪れ、一種の「文化サロン」として賑わった。そのため、江戸発展の礎を作った道灌は、江戸時代に「首都」となった江戸の人々のもてはやすところとなったのだ。

長尾景春の乱の勃発

寛正二年（一四六一）、道真の隠遁をうけて道灌は扇谷上杉氏家宰の地位を継ぐ。しかし、道真も依然として健在で、道灌の動きは断片的な史料にみられるにすぎない。そして文明九年（一四七七）に起こった「長尾景春の乱」において、道灌の活躍が顕著になる。乱の過程は、乱後に道灌が山内上杉氏家臣高《たか》瀬民部少輔《せみんぶのしょう》へ送った長文の書状、いわゆる「太田道灌状」で詳しく知ることができる。

発端は文明五年六月、山内上杉氏の家宰長尾景信《かげのぶ》が没したことにある。景信の後継として、景信の弟忠景《ただかげ》が家宰に就任する。これに、景信子息の景春が不満をあらわにする。

文明六年頃、道灌は山内上杉氏重臣の寺尾礼春《てらおらいしゅん》に書状を出している〔古簡雑纂〕。そのなかで道灌は、景春の不穏な情勢を危惧し、まずは景春を武蔵国守護代にして宥めるべきだと提案している。そして、ここで内紛を起こせば、古河公方勢力に付け入る隙を与えるだけだと警鐘を鳴らす。道灌は再三にわたって景春の動向に注意するよう、山内上杉氏当主の顕定や父道真に申し入れていた。しかし、道灌の提案は聞き入れられず、むしろ道灌に「雑説《ぞうせつ》」（不穏な噂）が向けられることになっていた。

文明八年三月、道灌は駿河国に出陣した。これは駿河今川《いまがわ》氏の内訌（今川義忠《よしただ》の跡目をめぐる今川氏親《うじちか》と小鹿範満《おじかのりみつ》勢力の抗争）をうけてのもので、道灌は扇谷上杉氏と血縁関係のあった範満を支援するために出陣した。同年十月、道灌は関東へ帰陣し、江戸城に留まった。ここで上杉方の本拠五十子《いかっこ》の陣（埼玉県本庄市）に帰らなかったのは、山内上杉顕定や長尾忠景への不満が理由と考えられる。

翌文明九年正月、長尾景春はついに兵を挙げる。武蔵国鉢形《はちがた》城（埼玉県寄居町）を拠点とし、五十子の陣を襲い、崩壊させたのである。もともと家宰の家として大きな影響力を有していたから、景春の蜂起に与同する勢力は少なくなかった。しかも、同年七月には古河公方足利成氏が景春方として加勢することになる。道灌の危惧は見事に的中したのである。

この戦いにおいて、道灌は獅子奮迅の働きをみせる。文明九年四月、道灌は練馬《ねりま》城や石神井《しゃくじい》城（ともに東京都練馬区）を拠点とした、景春方の豊島《としま》氏を攻撃する。豊島氏の存在は、江戸城の近郊勢力であることに加え、扇谷上杉氏の拠点である江戸城と河越《かわごえ》城（埼玉県川越市）を分断する存在だった。四月十三日、江古田原《えごたはら》合戦（東京都中野区）で豊島方を破ると、翌日にはそのまま石神井城を攻略、豊島氏を相模国へ没落させた。五月には北武蔵へ進軍し、用土原《ようどはら》（埼玉県寄居町）で景春方を撃退、上野国白井《しろい》城（群馬県渋川町）に在城する。

長尾景春の乱については先行研究に詳しいのでこれ以後の詳細は略すが、その後両上杉氏と古河公方足利成氏が和睦するなど、情勢はめまぐるしく転換するなか、長尾景春は常に両上杉氏の前に立ちふさがった。道灌はそれに対し、下総・相模・武蔵・上野・甲斐国に及ぶ広範囲の地域で景春方と戦っている。そして文明十二年六月、道灌は秩父日野《ちちぶひの》城（埼玉県秩父市）を攻めて景春を没落させたことで、「長尾景春の乱」は一応の終息を迎えるのである。

道灌の不満、そして謀殺

先に述べたように、長尾景春の乱での道灌の活躍は、主に道灌自身が記したとされる「太田道灌状」によって詳細な状況がわかるので、道灌の破竹の活躍はある程度差し引いて考える必要があるかもしれない。だが、道灌の活躍によって景春の乱が制圧をみたことは紛れもない事実であろう。

この戦いで道灌の名声は高まった。一方で、道灌は状況を正確に判断できない上杉氏当主に対し不満を抱いていた。それを象徴するものこそが、「太田道灌状」でもある。ここで道灌は、乱における自身の活躍を記すとともに、山内上杉顕定を辛らつに批判し、「このようなことでは関東は収まることはない」と述べる。また、道灌は自身の言うことに対して異論を述べる人たちを、顕定らが支持していることも難じている。

こうした記述からは、道灌が功績をあげる一方で、道灌と上杉方上層部との間に溝が生まれていた上に、上杉方勢力の中にも道灌をよく思わない人々が現れていたことがわかる。道灌はそれに対して苛立ちを隠せなかったようだが、それは相手としても同じだろう。またこのことは、山内・扇谷両上杉氏の間にも溝が生じていたことを感じさせる。

こうしたなか、文明十八年（一四八六）七月二十六日、道灌は主君扇谷上杉定正《さだまさ》に謀殺されるのであった。その理由は、定正の言い分によれば「道灌が山内上杉氏に対し謀叛の心があったから」〔古証文二〕とする。これはあながち勝手な言い分とも言い切れまい。道灌に対する鬱積した不満は、扇谷上杉氏家臣のなかにもあり、また道灌の山内上杉氏に対する振る舞いは、扇谷上杉氏当主として見逃せないものであったろう。近年では、道灌謀殺を当主定正による家臣道灌の〝制裁〟と見なし、大名の一元支配を実現していくための過程であったと位置付ける見解もある〔黒田二〇二〇〕。

さて、関東の情勢は、道灌の謀殺によってさらなる混乱に陥っていく。道灌の子息資康《すけやす》が山内上杉方に奔り、顕定《あきさだ》がそれを庇護したため、両上杉氏の対立が急速に進み、ついに激突に至るのである（長享の乱）。両上杉氏の抗争は、古河公方を巻き込みながら長く続き、そのなかで関東では小田原北条氏という新興勢力の台頭を迎えていくことになる。

山吹の里歴史公園　道灌が鷹狩の途中、にわか雨に遭った際に、蓑を借りに貧しい民家を訪ねると、出てきた娘が何も言わずに一枝の山吹を差し出したときの逸話を伝える　埼玉県越生町

伝承の太田道灌

次に伝承のなかの太田道灌をみていきたい。道灌伝承としてもっとも著名なものは、「山吹《やまぶき》の里《さと》」伝説だろう。まずその概要を示すと、狩りに出た道灌が突然の雨に遭い、通りすがりの民家で蓑を借りようとしたところ、民家の娘が何も言わずに山吹の花を差し出した。道灌はその意味がわからず、帰って家臣に尋ねると、それは「七重八重　花は咲けども山吹の　実の一つだになきぞ悲しき」という古歌をもとに、「実の一つだに無い」を「蓑が一つも無い」とかけたものだと教えられ、道灌は自身の不勉強を恥じた、というものである。

この話の初出は、十八世紀前半に出された諸記録とみられる。正徳二年（一七一二）に編さんされた『和漢三才図会《わかんさんさいずえ》』は、その最初期の記録である。だが『和漢三才図会』は百科事典のようなものであるから、正徳二年以前から、市井の間で知られていた話だったのだろう。

江戸時代の後期になると、地誌などの編さんが進められていく。そのなかで道灌伝承の広がりがわかる。たとえば、天保五年(一八三四)から七年にかけて刊行された『江戸名所図会《えどめいしょずえ》』には、江戸近郊だけで五十件を超える道灌の伝承地が記録されている。内容は、寺社の勧請及び寺社再興の縁起、または崇敬を受けた寺社、軍事関係では城や陣所の跡地などである。とはいえ、すでに『江戸名所図会』でも信憑性が怪しいとする伝承も存在していた。また、同じ場所に平将門《たいらのまさかど》伝説が伝えられているケースもみられる。このことからは、関東に拠点を置く江戸幕府のアイデンティティに関わるものとして、道灌を神格化するような伝承が生み出されていった可能性をみてとることができよう。

発見される太田道灌

とはいえ、道灌伝承は必ずしも江戸時代を通じて長く言い伝えられてきたものばかりでもなかった。道灌が長尾景春の乱で豊島氏と戦った江古田原合戦の古戦場について、『新編武蔵国風土記稿《しんぺんむさしのくにふどきこう》』は興味深い事実を伝えている。『新編武蔵国風土記稿』多摩郡野方《のがた》領江古田村の項によれば、古戦場の跡地についいて「伝はるべき者なるゆへ、土人に尋るに其所を弁せず」と記している。すなわち、調査をした人物は著名な戦場としてその跡地が伝わっているはずだと思っていたが、村の人たちは伝承していなかったのである。

江古田原合戦は、「太田道灌状」にもみえ、『鎌倉大草紙』にも「江古田原沼袋」での合戦が記されていて、道灌が豊島氏を倒し、武蔵国で主導権を握るきっかけとなった戦いとして重要なものである。もちろん、その戦いがあってから『新編武蔵国風土記稿』が編さんされるまでには、三百年以上が経過しているから、古戦場の場所が忘却されているのは当然だろう。しかし、その伝承地すら当時は存在していなかったのである。

道灌伝承が更なる広がりを見せるのは、こうした地誌編さんを経た明治時代以後、それらが広く人々に受容されるようになってからと考えられる。江古田原合戦の跡地にしても、合戦の戦死者を弔ったとされる「豊島塚」と呼ばれる古塚が、この後「発見」されていく。そうした伝承は、近代以降の地誌に反映され、現代に至るまで再生産されていくのである。

道灌の実像と虚像

史料からみられるように、太田道灌は、軍事的実力であれ、文化的素養であれ、また領国支配の点であれ、関東の戦国時代初期を生き、新たな時代を切り開いていった名将といえるだろう。とはいえ、その存在は結果的に両上杉氏当主に警戒されるところとなり、道灌は悲劇的な死を遂げる。

江戸時代、図らずも道灌が築城した江戸城が、二百年続いていく政権の拠点となった。このことが、道灌が伝説化する第一のターニングポイントとなる。そしてその後、江戸時代後期から明治時代にかけての地誌等の編さん及び刊行が、道灌伝承が地域に広まる第二のターニングポイントとなったのだ。

このように、道灌の実像は、二段階にわたる伝承の広まりによってみえにくくなっている。もちろん、伝承の広まりそのものは否定されるべきものではない。だが、そうした伝承・伝説が存在するからこそ、今後の道灌研究については、伝承の誕生過程にも注意しながら、けっして盲目的にならず、多様な可能性をもって実像を探っていく姿勢が求められているのだろう。

（駒見敬祐）

【主要参考文献】

黒田基樹『図説 太田道灌』（戎光祥出版、二〇〇九年）

黒田基樹「戦国大名権力の成立過程―扇谷上杉氏を中心に」（同『中近世移行期の大名権力と村落』校倉書房、二〇〇三年。初出は二〇〇〇年）

黒田基樹『太田道灌と長尾景春』（戎光祥出版、二〇二〇年）

比田井克仁「江古田原沼袋合戦と太田道灌の足跡」（同『伝説と史実のはざま―郷土史と考古学』雄山閣、二〇〇六年）

駒見敬祐「太田道灌伝承と杉並」（『杉並区立郷土博物館研究紀要』二三一、二〇一五年）

太田資頼――長き戦いの末に掴んだ岩付城主の座

太田資頼生まれる

太田《おおた》資頼《すけより》（文明十六年〈一四八四〉―天文五年〈一五三六〉四月二十日）は、戦国時代の武将。幼名は彦六《ひころく》。美濃守《みののかみ》を名乗った。十九歳のときに出家して知楽斎道可《ちらくさいどうか》と号した。父は太田道灌《どうかん》の養子である太田資家《すけいえ》。子に太田全鑑《ぜんかん》、太田資正《すけまさ》、娘（三戸景道《みとかげみち》正室）、娘（太田源六《げんろく》室）らがいる。まずは、資頼の系譜と彼が岩付《いわつき》城（さいたま市岩槻区）の城主となるまでの経緯について触れておこう。

太田道灌以降の太田氏の系譜は多くあり、それぞれ伝来を異にすることから不明な部分も多い。ここでは、道灌の玄孫にあたる太田資武《すけたけ》が、父資正から聞いた話をまとめた「太田資武状」（以下「資武状」）と岩付太田氏の系譜を中心に編纂された「太田潮田《うしおだ》系図」（以下「系図」）などからその系譜をみていくことにしたい。

河越太田氏と江戸太田氏

「資武状」によれば、資頼の父、資家は道灌に実子が無かったので甥の図書助《ずしょのすけ》を養子としたが、下総

太田資頼画像　写真提供：埼玉県立歴史と民俗の博物館

臼井城《うすい》（千葉県佐倉市）攻めの際に討ち死にしたので、鎌倉円覚寺《かまくらえんがくじ》の僧叔悦《しゅくえつ》の兄にあたる資家を養子として家督を譲り、河越《かわごえ》西門（埼玉県川越市）の屋敷に移らせたという。資家はこのことから河越太田氏ともいわれる。「系図」によれば、資家には長男の備中守《びっちゅうのかみ》（仮《け》名《みょう》源六）と資頼の二人の男子がいたが、長男の源六が早世したことから、源六の子に二男資頼の娘を嫁がせ家督を存続させようとした。長子の系統を城主としたかったのであろう。しかし、世継ぎが生まれなかったことから弟の資頼が家督を継ぎ岩付《いわつき》城主となったとしている。

資頼が生まれた文明十六年（一四八四）の二年後、祖父太田道灌が相模国糟屋《かすや》館（神奈川県伊勢原市）で殺害された。資家は、父道灌の菩提を弔って、叔悦を開山とし、自らが開基《かいき》となって現在の埼玉県川島町に養竹院《ようちくいん》を創建した。「養竹院」の名は上杉氏の幕紋《まくもん》である「竹に雀」から、主君である上杉家を取り立てた資家が竹を養う意味としたことに由来するものとされる〔太田家譜〕。

なお、養竹院は太田道灌の陣屋跡といわれている。古河公方《こがくぼう》と両上杉氏が対立していた頃、扇谷《おうぎがやつ》上杉氏家臣の太田道灌が扇谷上杉氏の居城に近いこの地三保谷郷《みおのやごう》（川島町）に陣屋を置いたのであろう。陣屋の位置は、河越城とは入間川《いるまがわ》を隔てた場所であり、対する古河公方の最前線となる菖蒲城《しょうぶ》（埼玉県久喜市）とは市ノ川の低地を隔てて対峙する位置にあった。現在は平坦に見える養竹院だが、古墳から出土した石棺とみられる緑泥片岩《りょくでいへんがん》が存在することから、当時は古墳があり小高い墳丘上に陣屋が建設されたとみられる。近辺には、やはり墳丘が存在する三保谷氏の菩提寺の広徳寺《こうとくじ》もあることから、早い段階から当地の開発が行われ、太田氏の支配下となっていたことがうかがえる。

現在、養竹院には、資家の祖父太田資清（道真）、父資長（道灌）とともに、開基資家（道永《どうえい》）の宝《ほう》篋印塔《きょういんとう》と資家以下、九代の位牌が安置されているほか、資頼の法体画像も残されている。

父資家の遺領を継承

大永二年（一五二二）正月十六日、資頼の父資家が没した。戒名は「養竹院殿義芳道永」（養竹院の宝篋印塔は「義芳永賢」）。この年に資頼が父資家の遺領を継承したことをうかがえる書状が道祖土《さいど》文書に残されており、内容は、次のようになる。

その方（道祖土図書助）は、亡父（資家）の代より当家に尽くしてくれたので、道祖土氏の居宅一間と（道祖土）書記の居宅半間、（道祖土）河内の居宅半間・（道祖土）太郎三郎《たろうさぶろう》の居宅一間、（道祖土）孫左衛門《まござえもん》の居宅半間の計四間分の家屋税については、これを道祖土氏の給分として与える。

この文書は資頼から三保谷郷の在地領主である道祖土図書助に出された八月二十一日の書状である。年不詳ではあるが、父が亡くなった大永二年以降の文書に比定されている。内容から、道祖土図書助は、資家の代から太田氏に従っていたことがわかる。資家は道灌の養子として、前述したとおり河越西門屋敷にいたので、道祖土家が含まれる川島周辺は河越太田氏の支配領域として掌握されていたのである。資頼は父の遺領を引き継いだ証として、道祖土氏に対して所領の安堵を行ったのであった。

なお、資頼の初見史料とされているのが、年未詳霜月二十八日付で「太田美濃《みの》入道《にゅうどう》」に宛てた古河公方足利政氏《あしかがまさうじ》書状である〔喜連川家文書案〕。内容は、足立郡淵江郷《あだちぐんふちえごう》（東京都足立区）において小宮山《こみやま》左衛門尉《えもんのじょう》が勝手な支配を行っているのを政氏が停止するよう命じたので、小宮山に対してこれを停止するように「太田美濃入道」からも意見するよう求めたものである。この入部を岩付城とみるならば、政氏が岩付城に滞在していた永正十三年（一五一六）十二月〜同十五年四月までの間となる。「美濃入道」とみえるので入道していたことになり、そうなるとこのとき資頼は三十四歳前後で出家しており道可《どうか》と名乗っていたことになるが、父資家の可能性も否定できない。いずれにせよ、足立郡淵江郷が当時は古河公方領であり、その地を違犯していたのが太田美濃入道家臣の小宮山氏であることは明らかである。

このほか、近年新たに足利政氏と岩付太田氏との関連文書が確認されている。年未詳二月二十三日付で古河公方家臣印東《いんどう》氏に宛てた美濃守顕資《あきすけ》書状〔松野文書〕である。この書状は、岩付太田氏家臣松野《まつの》家に伝えられたものであることから、この「美濃守顕資」は太田氏の可能性が高い。内容から、政氏の武蔵出陣要請と相模七沢城《ななさわ》（神奈川県厚木市）が出てくることから長享二年（一四八八）二月に扇谷上杉定正《さだまさ》と山内《やまのうち》上杉顕定《あきさだ》の間で起こった実蒔原《さねまきはら》の戦い後に関するものであろう。顕資は、公方方の印東氏との取次役を果たしていたと考えられる。顕資については不詳だが、資頼の父資家の別名だとすると先の足立郡における公方領支配に関する文書との関連性も出てくる。いずれにせよ、今後の検討を要する文書であるが紹介しておきたい。

北条氏綱とともに渋江氏が拠る岩付城を攻略

大永四年（一五二四）正月十日、この日扇谷上杉朝興《ともおき》は羽尾《はねお》（埼玉県滑川町）で、それまで対立していた山内上杉憲房《のりふさ》と和睦した後、相模から侵攻してきた新勢力である小田原北条《ほうじょう》家二代の北条氏綱《うじつな》に対抗した。同月十三日に北条氏綱が江戸城を攻撃落城させる。この江戸城攻撃の際には、道灌の実子康資《すけやす》の後裔で江戸城代である太田資高《すけたか》・資貞《すけさだ》兄弟が謀反して北条方を手引きした。朝興は河越城へ退き、さらに翌十四日には松山城《まつやま》（埼玉県吉見町）へ移った。十五日には朝興・憲房ともに藤田《ふじた》陣（同寄居町）に移陣した。二月二日には、北条氏綱に呼応して扇谷上杉氏から離反した太田資頼（道可）が、城主の渋《しぶ》江《え》右衛《え》門《もん》が拠る岩付城を陥落させ自ら岩付城に入った。十月には毛呂太郎《もろたろう》らが氏綱に従ったことで毛呂城（埼玉県毛呂山町）も落城し、扇谷上杉氏の重要拠点である江戸・河越・岩付はことごとくこの時点で北条方に奪取された〔石川忠房留書、北条記、高白斎記〕。

岩付城跡　現在は公園として整備されている
さいたま市岩槻区

このときの岩付城主だった渋江氏は、渋江郷を本貫とした武蔵七党野与《のよ》党の一族で、渋江平五郎が起源とされる。『吾妻《あづま》鏡《かがみ》』によると建保《けんぽう》元年（一二一三）には渋江氏は八条郷《はちじょうごう》の地頭《じとう》であって、その後、八条氏を名乗った形跡がある（野与党略系図）。建久元年（一一九〇）の源頼朝《みなもとのよりとも》の上洛に際して、随兵として箕勾経光《みのわつねみつ》、渋江経遠《つねとお》兄弟が同行している（吾妻鏡）。渋江郷は現在の古隅田川と元荒川の合流地点の西側に位置し、そこに野与党一門が建立した渋江寺（浄安寺《じょうあんじ》か）があり、近世でも付近には渋江の地名が残っていたとされる（『岩槻市史』通史編）。渋江氏の一族は鋳物師集団を形成しており、さいたま市岩槻区村国には「渋江鋳金遺跡」が所在するほか、元荒川対岸の長宮大光寺《ながみやだいこうじ》には渋江鋳物師《いもじ》の作となる文明六年（一四七四）銘の鰐口《わにぐち》が所蔵されている。

大永四年四月十日、北条家は相模国当麻宿《たいましゅく》（神奈川県厚木市）に対し、小田原・玉縄《たまなわ》（神奈川県鎌倉市）から、石戸《いしど》（埼玉県北本市）・毛呂への伝馬制を定めている（関山文書）。石戸は、荒川左岸の舌状台地に位置する石戸城であり、資頼（道可）が河越から岩付方面へ進軍する拠点となっていた。岩付落城後は毛呂城と並んで北条方の兵站基地として位置付けられていたことがわかる。

資頼が岩付城に入ったのも束の間、同年七月二十日には扇谷上杉氏が反撃に転じ、援軍として進軍してきた甲斐武田《たけだ》氏が岩付城を攻撃すると、資頼は降伏して、再び扇谷上杉氏に服従した〔高白斎記、石川忠総留書〕。

渋江氏の反撃による岩付城攻略

大永五年（一五二五）二月六日になると、今度は前城主の渋江右衛門《えもんのたいふ》大夫の子とみられる渋江三郎《さぶろう》が北条氏綱とともに岩付城の道可（資頼）を攻撃する。三〇〇〇人余の戦死者を出して、岩付城は落城、渋江三郎が新たな城主となり資頼は城を明け渡して石戸城に退却した。

同年三月二十三日、上杉朝興と太田道可（資頼）、相模の三戸《みと》（神奈川県三浦市）出自の扇谷駿河守《するがのかみ》の側近三戸義宣《よしのぶ》は、同日付でそれぞれ越後守護代長尾為景《ためかげ》に書を送り、関東の近況を伝えるとともに為景に救援を要請している〔上杉家文書〕。朝興は「他国之兇徒令蜂起《たこくのきょうとほうきせしめ》、関東破滅《かんとうはめつ》」として、氏綱による江戸・河越城の落城とその後の河越城への復帰、二月六日の岩付落城と敵方による大石《おおいし》氏の居城である葛《か》西城《さいじょう》（東京都葛飾区）攻撃の様子を伝えている。

再度の岩付城攻略により渋江氏を排し城主となる

享禄四年（一五三一）九月二十四日、太田資頼が再び岩付を攻めて、渋江三郎を討ち、再び資頼は岩付城を手に入れた〔年代記配合抄〕。以降は岩付城主として、父の遺領である比企郡《ひきぐん》・入間郡の一部に加え、足立《あだち》郡・騎西《きさい》郡南部にわたる広範な岩付領を領有することになった。なお、大永二年〜享禄四年（一五二二〜一五三一）のほぼ十年間に及ぶ資頼と渋江氏との岩付城争奪戦では、その間に構築された可能性がある城郭遺構や関係文書が近年新たに確認されているので紹介しておきたい。

「府内三丁目遺跡」と呼ばれる遺跡は、土塁と堀がめぐる城郭の縄張りを構成しており、資頼の菩提寺である知楽院《ちらくいん》がある岩付城新曲輪と対峙するかたちで位置している。その延長上には「渋江鋳金遺跡」があることから、渋江氏との関連性が指摘されている（『府内三丁目遺跡Ⅰ』）。

また、大永五年以降の岩付城主渋江氏の動きを伝える文書として、年未詳十月十六日付の渋江弁才《べんさい》らにあてた北条氏綱書状がある〔斎藤家文書〕。内容は渋江氏の上州平井城《ひらいじょう》（群馬県藤岡市）出馬につき、氏綱も早々に出馬することを伝えたほか、自分も須久毛《すくも》駿河守《するがのかみ》に出馬するよう依頼するとしている。須久毛駿河守は不詳だが、渋江氏の拠点となる渋江郷の南、元荒川右岸に須久毛城が存在することから、須久毛氏はその城主だったのだろう。

太田資頼の岩付領支配

享禄三年（一五三〇）十月二十六日、資頼は道祖土図書からの要望に応じて、その所領を書き上げ、改めて年貢について給分として与える旨を伝えた。なお、本文書が出された八年前の内容と比較してみると、在家四間分は前回と同じだが、新たに大夫在家分一間が追加され、五間の年貢分である二九貫五〇〇文を道祖土図書助に支給することが明記されている〔道祖土文書〕。道祖土図書助は前回の大永二年（一五二五）の資頼からの文書で、棟別銭《むなべちせん》（臨時家屋税）を免除されていることがわかるが、これに加えて年貢も支給されていたことがわかる。なお、諸公事が免除されていないのは、土木普請などの課役が百姓と同様に領主にも課されていたが、これは動員する百姓の指揮監督にあたるからだろう。

太田資頼の妻子たち

資頼には、妻のほかに太田源六妻・全鑑（としやう）・大石石見守《いわみのかみ》妻・資正・三戸駿河守妻（資顕《すけあき》・資時《すけとき》）の二男三女がいた。以下、紹介しておきたい（なお、資正については、別項に譲る）。

資頼の妻については、家臣太田下野守《しもつけのかみ》の娘の存在が知られる。太田下野守は「太田潮田系図」によれば、もとは高築《たかつき》次郎左衛門尉《じろうざえもんのじょう》といい、資頼から太田姓を与えられた人物で、その子に太田下総・同下野がいた。足立郡与野郷《よののごう》（さいたま市中央区）と佐々目領《さざめ》（埼玉県戸田市・さいたま市）を所領として与えられていたと伝える。佐々目領には、かつて祖父太田道灌が支配していた鶴岡八幡宮《つるがおかはちまんぐう》領佐々目郷があり、北条氏綱が鶴岡八幡宮の再建を終えて以降は、小田原北条氏の支配が佐々目郷にも及んでいた。実際に、岩付太田氏の支配がいつまで及んでいたかについては、不明な部分もあるが、岩付城が北条氏の直接支配となった時期には城代の氏繁が、その後は太田源五郎《げんごろう》や北条氏房《うじふさ》といった関係者による支配が続いていたことが確認される〔新井二〇二〇〕。

長女の源六妻は、太田備中守《びっちゅうのかみ》永厳《えいげん》の子源六に嫁ぐが、源六が早世したことから資頼が家督を継ぐことになったのは先に述べたとおりである。法名は「樹栄理椿《じゅえいりちん》」である。

次女は下総葛西城主で葛西地域を支配していた大石石見守に嫁いだ。法名を「妙恰大姉《みょうこうだいし》」と号した。大石氏はもと山内上杉氏の重臣であったが、長享《ちょうきょう》の乱の過程で扇谷上杉氏に従属した。その孫にあたる大石石見守は、天文七年（一五三八）、北条氏綱によって葛西城が攻略されると、岩付太田氏に属している。

三女は、三戸駿河守の妻で名を「としやう」といった。三戸氏は先に述べたように太田氏と同じく扇谷上杉氏の家臣であったが、のちに岩付太田氏の家臣となり、「代山《だいやま》」（さいたま市）周辺に所領を有していたことが知られる。「としやう」自身は、太田資正の妹であったことから、上杉謙信《けんしん》と北条氏康との和睦「越相一和《えっそういちわ》」の際に、同盟に反対した資正を説得するため上杉謙信から仲介の労を依頼された人物でもある。

太田道可の晩年

道可は、天文二年（一五三三）に隠居し、嫡子全鑑に家督を譲る〔年代記配合抄〕。全鑑が家督を継いだ頃は、ますます北条氏綱の扇谷上杉方に対する攻撃が激化し、その勢力下にあった河越城と葛西城はあいついで落城した。このため岩付城は北条氏に対する最前線の城となっていた。道可が幾多の紆余曲折を経て城主となった岩付城が再び北条氏に脅かされる危機が迫るなか、道可は天文五年四月二十日に死去した。享年五十三歳であった。法名は寿仙院殿《じゅせんいんでん》智楽道可庵主《ちらくどうか》。なお、養竹院に残された資頼の位牌の年紀が「天文五丙午四月廿日」とあることから、実際の丙午《ひのえうま》にあたる「天文十五年」の誤記と解釈して、天文十五年四月二十日に発生した河越城の戦いで全鑑が上杉方から北条方に寝返ったことに憤って自害したと解釈する説もある。

（新井浩文）

【主要参考文献】

『岩槻市史古代・中世史料編Ⅱ岩付太田氏関係史料』（岩槻市、一九八三年）
『川島町史資料編古代・中世』（川島町、二〇〇二年）
新井浩文『関東の戦国期領主と流通』（岩田書院、二〇一一年）
新井浩文「鶴岡八幡宮領佐々目郷と戦国領主支配―中世与野郷との関係を中心に―」（『駒澤史学』九四号、二〇二〇年）
黒田基樹編『岩付太田氏』（岩田書院、二〇一三年）
横浜市歴史博物館図録『道灌以後の戦国争乱』（同館、二〇一九年）

千葉実胤・自胤
——武蔵に逃れた千葉本宗家の血統を継いだ兄弟

武蔵千葉氏の創生

武蔵千葉《ちば》氏は、享徳《きょうとく》の乱にともなう下総千葉氏一族の内訌によって、予期せず生みだされた。事の発端は、康正元年（一四五五）、下総千葉氏本宗家の家督が、千葉氏庶流の馬加《まくわり》千葉康胤《やすたね》によって奪取されたことにある。馬加千葉康胤には、千葉氏被官の原胤房《はらたねふさ》や、千葉氏庶流の岩橋《いわはし》千葉輔胤《すけたね》らも同調した。当時の千葉氏本宗家家督であった千葉胤直《たねなお》・胤宣《たねのぶ》父子は、本拠千葉（千葉市）を逐われ、下総国千田荘《ちだのしょう》の志摩《しま》城・多胡《たこ》城（いずれも千葉県多古町）に立て籠もったが、それぞれ自刃にいたった（『千学集抜粋』）。その原因は、享徳の乱に際して、千葉胤直・胤宣父子や千葉氏有力被官の円城《えんじょう》寺直仲《じなおなか》らが関東管領上杉《かんとうかんれいうえすぎ》氏一族との連携姿勢を貫いたことに対して、馬加千葉康胤・原胤房らは古河公方足利成氏《こがくぼうあしかがしげうじ》への従属行動をとったことにある。享徳の乱は、下総千葉氏一族・被官層に大きな分断をもたらしたのであった。

このとき千葉胤賢《たねかた》（胤直の弟）は、兄胤直に同調した。そのため胤賢は、兄胤直とともに本拠千葉を逐われることとなった。そして、最終的には上総国武射《むさ》郡《ぐん》の小堤《おんづみ》城（千葉県横芝光町）にて自刃したとされる。武蔵千葉氏の歴史は、その胤賢の子息である千葉実胤《さねたね》・自胤《これたね》兄弟からはじまった。実胤・自胤兄弟は、父胤賢のほか伯父胤直・従兄弟胤宣らがあいついで自刃したことによって、思いがけず千葉氏本宗家の血統を受け継ぐ者としての役割を担うことになったのである。

千葉実胤・自胤兄弟を支援する関東管領上杉勢は、下総国八幡荘《やわたのしょう》の市川《いちかわ》城（千葉県市川市）に要害を構え、本拠千葉の奪還をめざす実胤・自胤兄弟を支援した〔武家事紀所収文書〕。そして関東管領上杉勢を後援する室町幕府もまた、広義の千葉氏一族である美濃国人《こくじん》東常縁《とうつねより》を遠く下総国にまで出兵させ、馬加千葉氏の拠点攻略にあたらせた。この東氏と武蔵千葉氏の協調関係は、のちの戦国期まで続いてゆくことになる。

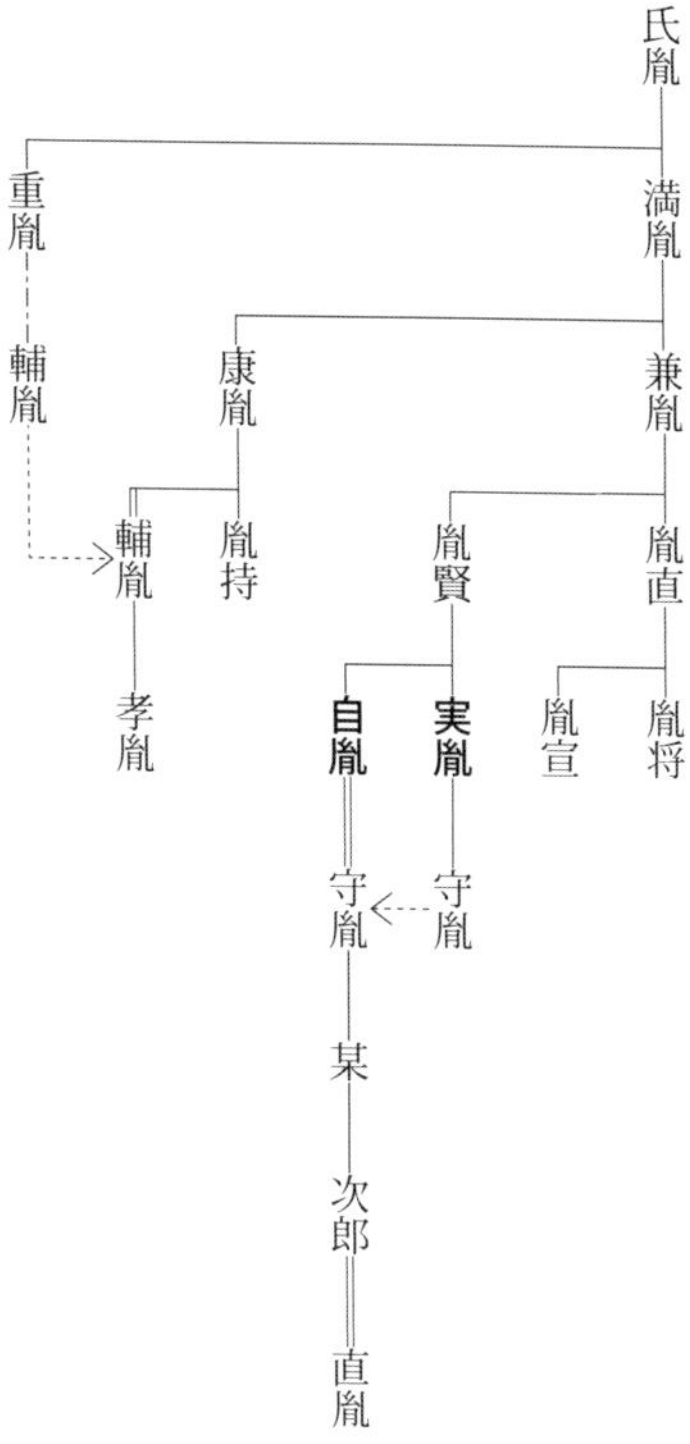

武蔵千葉氏略系図

しかし、康正二年正月、市川城は古河公方勢によって落城させられた〔武家事紀所収文書、本土寺過去帳、東野州聞書〕。市川城を失った実胤・自胤兄弟は、下総国から武蔵国への遷移を余儀なくされることとなった。兄の千葉実胤は武蔵国赤塚《あかつか》

（東京都板橋区）、弟の千葉自胤は武蔵国石浜《いしはま》（東京都台東区橋場・同荒川区南千住の区境周辺）にそれぞれ拠点をひとたび定めたという。一般的には、これをもって武蔵千葉氏の興起とされる。しかし実胤・自胤兄弟は、千葉氏本宗家の血統を受け継ぐいわゆる〝千葉介《ちばのすけ》〟として、ともに最後まで本拠千葉への還帰をめざしていた。武蔵千葉氏の興起とは、あくまでも後世の認識にもとづく評価である。

千葉実胤の時代

千葉実胤は、武蔵国赤塚郷に拠点を置き、与同勢力とともに本拠千葉の奪還を狙った。たとえば、前述の千葉氏有力被官の円城氏には下総国へ向けた軍事行動が知られる〔年代配合抄〕。また、同じく千葉氏被官の木内《きうち》氏にも実胤勢としての軍事行動が確認できる〔石井進氏所蔵諸家古案〕。

しかし実胤は、戦費を捻出するのに苦慮していたらしい。おそらく武蔵国内にて兵粮料所《ひょうろうりょうしょ》として与えられた経済基盤が脆弱だったためである。実際に八代将軍足利義政《よしまさ》は、寛正元年（一四六〇）四月、千葉実胤が「在陣窮困《ざいじんきゅうこん》」を訴えたことに対して、実胤に堪えるよう伝達することを堀越《ほりごえ》公方足利政知《まさとも》に求めている〔御内書案〕。あわせて足利義政は、足利政知に対して実胤・自胤兄弟に扶持《ふち》・扶助《ふじょ》を加えるように厳命したのであった〔御内書案〕。こうした訴えが京都の将軍足利義政に届いたとき、すでに実胤は隠遁しており、家督も弟自胤へ譲ったあとであった〔御内書案〕。そこで足利義政は、兄実胤には帰参せよと命じ、弟自胤には千葉氏被官や下総国人とともに本拠千葉を奪還する計略をめぐらすように命じたのである〔御内書案〕。

しかし、堀越公方府中枢は対応に苦慮した。理由は、武蔵国赤塚郷がもともと京都鹿王院《ろくおういん》の寺領だったためである。赤塚郷は、戦時の兵粮料所として千葉実胤・自胤兄弟に与えられていたが、ほどなく鹿王院が返還訴訟を起したのである。そのうえこの訴訟を受理した室町幕府は、鹿王院側の訴えを認め、千葉実胤・自胤兄弟に所領返還を促したのであった。室町幕府からの出向者によってかためられていた堀越公方府中枢は、室町幕府の意向を尊重することとした。そして、千葉実胤に対して替地を用意するので赤塚郷から退去するよう求めたのである。実際に堀越公方府は、武蔵守護を兼帯する関東管領山内上杉房顕《ふさあき》に対して赤塚郷の遵《じゅんぎょう》行を命じている〔鹿王院文書〕。

こうした堀越公方府の動きに山内上杉房顕は、室町幕府に対して関東管領の辞任を申し入れている最中なので命令を執行する状況にない、として堀越公方府が発給した文書を返却したのであった〔鹿王院文書〕。古河公方勢との武力抗争をつづける山内上杉房顕にとって、千葉実胤・自胤兄弟は京都鹿王院よりも重きがおかれるべき存在だったのだろう。

武蔵国赤塚郷は、そのまま実胤・自胤兄弟が当知行しつづけ、次世代以降にも継承されていった〔松月院文書〕。また、実胤が家督に復帰した形跡もない。実胤はその後、大石石見守《おおいしいわみのかみ》から葛西御厨《かさいみくりや》（東京都葛飾区）に招かれたというが〔太田道灌状〕、詳細は不明である。さらに実胤は、それを契機として古河公方足利成氏に本拠千葉への復帰を申し入れたが拒否され、美濃国へ流落したという〔太田道灌状〕。

近世には、その行先は可児大寺《かにおおでら》すなわち大寺山願興寺《だいじさんがんこうじ》（蟹薬師、岐阜県御嵩町）との所伝もうまれた〔応仁武鑑〕。これは実胤が、協調関係にあった東氏の美濃国内の本拠地周辺で閑居したことの暗喩とみられる。

千葉自胤の時代

千葉自胤は、実名〝自胤〟の発音が難読である。この点、万里集九《ばんりしゅうく》は江戸城（東京都千代田区）に滞在していたとき、「武之千葉惟種《コレタネ》」に贈る扇に記す漢詩文の代作を依頼され、制作した七言絶句をみずからの詩文集に書きつけている〔梅花無尽蔵〕。この「武之千葉惟種《コレタネ》」なる人物は、万里集九の活動時期に照らしあわせると、千葉自胤のことを指しているとみてよい。自胤は〝これたね〟と発音したのであろう。

自胤は、前述のごとく寛正元年（一四六〇）、兄実胤の隠遁にともなって千葉氏家督を相続した。自胤は、将軍足利義政からも〝千葉介〟と呼称されており、室町幕府からも千葉氏本宗家の正統をうけ継ぐ人物としてあつかわれた〔御内書案〕。自胤は、兄実胤に替わって本拠千葉の奪還をめざすことになったといえよう。自胤には、前述の千葉氏有力被官円城寺氏の一族中が多く従っていた。具体的には、円城寺道頓《どうとん》や円城寺平六《へいろく》らの名が知られる〔雲玉和歌抄、梅花無尽蔵〕。

自胤は、扇谷《おうぎがやつ》上杉氏の家宰《かさい》太田《おおた》道灌《どうかん》との協調関係を重視した。文明九年（一四七七）に勃発した長《なが》尾景春《おかげはる》の乱では、景春勢に加担した豊島泰経《としまやすつね》と太田道灌の諸合戦の際、自胤はみずから太田勢として武蔵国江古田原《えごたはら》（東京都中野区）へ扇谷上杉朝昌《ともまさ》（扇谷上杉定正《さだまさ》の兄）らとともに出陣し、また江戸城に籠もったこともあったという〔太田道灌状〕。そして軍記物（文学作品）における自胤は、翌文明十年、いわゆる都鄙和睦《とひわぼく》に反対して古河公方足利成氏と不和になった岩橋千葉孝胤《のりたね》（馬加千葉康胤・岩橋千葉輔胤の後継者）にむけて攻勢にでて、太田道灌・資忠《すけただ》兄弟とともに武力抗争を繰りひろげる姿が描かれている〔鎌倉大草紙〕。とくに下総国境根原《さかいねはら》（千葉県柏市）の合戦は、激戦であったことが知られる〔黄梅院文書〕。自胤は、太田道灌を中心とした扇谷上杉氏勢の援助によって本拠千葉の奪還を狙い続けたといえよう。

千葉自胤とその一族の墓　東京都板橋区・松月院

しかし東国社会はその後、文明十四年の都鄙和睦、文明十八年の太田道灌謀殺など、政治情勢が大きく転換していった。とくに扇谷上杉定正による太田道灌の殺害は、自胤にとって一大転機であったと思しい。自胤は、一時期、扇谷上杉氏を離れて山内上杉氏に従属していることが確実だからである〔古簡雑纂〕。下総国を逐われ、武蔵国南部に拠点を移した千葉自胤は、扇谷上杉氏をめぐる諸事情に大きな影響を受けざるをえない立場・環境にあったのである。

自胤は、明応七年（一四九八）十二月、武州三間田《ぶしゅうみつまた》なる場所で死去したという〔本土寺過去帳〕。武蔵国三俣《みつまた》は、古隅田川・旧荒川・隅田川の合流点付近（東京都墨田区堤通・同足立区千住曙町の区境周辺）と考えられている。しかし同地周辺の現況は、流路や地形が近世とさえ異なっており、中世史料によって厳密に確定することが適わない。この点、自胤の本拠は、前述のごとく武蔵国石浜であったとされることは注目される。石浜は、三俣の推定地からみて隅田川の対岸、かつ視認可能な至近の場所である。武蔵国における自胤の本拠は、現在の台東区・荒川区・足立区・墨田区の区境一帯、かつ現在の隅田川の河岸沿いにあったとみるのが穏当であろう。

千葉守胤の時代

自胤の死去後、武蔵千葉氏の家督は、千葉守胤《もりたね》が継承した。守胤は、実胤（自胤の兄）の子息とみられる。叔父自胤の後継となった理由は不明である。守胤の母は、扇谷上杉顕房《あきふさ》の娘であろう〔上杉系図〕。

守胤は、広義の千葉氏一族である東常和《つねかず》（東常縁の子息。のち素安《そあん》）との深い交流が知られる。それは永正十七年（一五二〇）、守胤とその妻が東常和をつうじて、京都の公家衆・三条西実隆《さんじょうにしさねたか》に対して和歌の批評・添削を依頼していることからもわかる〔再昌草、実隆公記〕。この東常和と甥東尚胤《ひさたね》（東常縁の孫）は、大永三年（一五二三）、武蔵国淵江《ふちえ》（東京都足立区の広域地名）から再び三条西実隆と音信をむすんでいる〔再昌草〕。

これらを総合的に勘案すると千葉守胤は、その拠点を武蔵国淵江に置いており、そこに東常和・尚胤ら東氏一族も出入りしていたとみることができようか。実際に淵江では、中曽根神社《なかそねじんじゃ》（東京都足立区本木）周辺から武蔵千葉氏の本拠が置かれていた痕跡が発掘されている。その中曽根神社は、昭和七年（一九三二）に近隣神社を合祀するまで妙見社《みょうけんしゃ》であった。千葉氏一族が妙見信仰であったことは周知のとおりである。いずれにせよ武蔵千葉氏と東氏は、守胤と常和の時代となっても、実胤・自胤兄弟と常縁の時代以来の協調関係を維持していたといえる。こうした武蔵千葉氏と東氏の関係は、東素純《そじゅん》（東常縁の甥）にもみられ〔鏑矢伊勢方記〕、両氏の重層的かつ強固な関係を知ることができる。

また守胤は、三条西実隆から〝千葉介〟と呼称されている〔再昌草、実隆公記〕。これは、千葉氏本宗家の正統を受け継ぐ人物は千葉守胤であるとの意識が京都でもなお継承されていたことを示している。当時の人びとの社会秩序における武蔵千葉氏への認識を示すものとして興味深い。

守胤は、天文六年（一五三七）十二月、死去したとみられる〔浄蓮寺過去帳〕。またその妻は、天文十四年九月、死去したとみられる〔浄蓮寺過去帳〕。守胤の墳塚は、妙亀山総泉寺《みょうきさんそうせんじ》（東京都台東区橋場。昭和三年に同板橋区小豆沢へ移転）にあったとの所伝がある。もとの総泉寺の所在地（現在は平賀源内《ひらがげんない》の墓のみ残る）は、叔父自胤の拠点とされる武蔵国石浜の推定地と隣接する。守胤が、武蔵国赤塚に拠点をおいた実胤の子息ながら、武蔵国石浜に拠点をおいた叔父自胤から家督を継承した、という歴史的経緯に鑑みると興味深い伝承である。

武蔵千葉氏は、前述のごとく武蔵国内に複数の拠点をもち、家督ごとに拠点が異なっていたとみられる。これは武蔵千葉氏の経済基盤が、いくつかの所領群の集合体として構成されていたことを意味しよう。

武蔵千葉氏の所領構成

武蔵千葉氏の所領構成は、いわゆる『小田原衆所領役帳《おだわらしゅうしょりょうやくちょう》』によって小田原北条氏への従属後のすがたを知ることができる。この役帳は永禄二年（一五五九）、北条氏康《うじやす》の時代に作成されたものである。したがって当時の武蔵千葉氏の家督は、守胤の子息であろう。しかしその人物は、胤利《たねとし》・憲胤《のりたね》・良胤《よしたね》などいくつかの実名が伝わるものの確定はできない。ただし、この人物は「千葉殿」との敬称をもって表記されており、小田原北条氏からも千葉氏本宗家の正統を受け継ぐ者としてなお認められていた。

武蔵千葉氏関係者の所領構成は、役帳につぎのように列記されている。まず千葉氏家督は、赤塚六ケ村（東京都板橋区）、新倉《にいくら》（埼玉県和光市）、上丸子《かみまるこ》（川崎市中原区）、上平井《かみひらい》（東京都葛飾区新小岩）、渕江、沼田《ぬまた》村、伊興《いこう》村、保木間《ほきま》村、寺住《（ママ）》村（いずれも同足立区）、三俣（東京都墨田区・同足立区の区境周辺）、内野郷《うちのごう》（さいたま市西区）、大窪《おおくぼ》村（同桜区）、大多窪《おおたくぼ》村（同南区・緑区）で四七四貫である。そして武蔵千葉氏の被官木内氏は、石浜（東京都台東区・荒川区の区境周辺）・今津《いまと》（同台東区）、堀内《ほりうち》（同葛飾区）で五七貫四八〇文である。また、おなじく武蔵千葉氏の被官円城寺氏は、鎌田《かまた》（同大田区）、石田《いしだ》（同日野市）、道宗分《どうしゅうぶん》（未詳）、上野《うえの》（東京都台東区）で五一貫二二〇文である。

千葉氏家督の所領は、前述した赤塚、葛西御厨内、淵江、三俣などの散在所領によって構成されていたことがわかる。このうち淵江は、近隣にひろく領域展開できていたこともわかる。守胤の時代、淵江に本拠が移された理由は、こうしたことも関係しているのであろう。また被官木内氏の所領は、前述の石浜周辺、葛西御厨内の二ヶ所から構成され、いずれも実胤・自胤兄弟に由来する場所とみられる。このほか、武蔵千葉氏由縁の女性の一期分《いちごぶん》〔井田文書〕、扇谷上杉氏や小田原北条氏からえた相給の充行地〔小田原衆所領役帳〕、などが組み合わされて、当時の武蔵千葉氏領は構成されていたのだろう。

こうした武蔵千葉氏関係者の所領構成からわかることは、実胤・自胤兄弟の時代に獲得した兵粮料所などを足がかりとして、守胤の時代にかけてさらなる拡張をはかった武蔵千葉氏のあゆみである。そしてそれは、地続きの土地の拡大ではなく、基本は散在所領の集積であったといえる。小田原北条氏は、そうした武蔵千葉氏の存立形態をそのまま認めるかたちで従属させたのであった。

武蔵千葉氏のその後

役帳に「千葉殿」とみえた千葉氏家督某の子息次郎は、天正元年（一五七三）、下総国関宿《せきやど》（千葉県野田市）でのいわゆる関宿合戦において討ち死にしたという。なお、この次郎なる人物もまた、胤宗《たねむね》・治胤《はるたね》・雅《まさ》胤《たね》などいくつかの実名が伝わるものの確定はできない。しかし、この次郎某の死去にともない武蔵千葉氏は、玉縄《たまなわ》北条氏繁《うじしげ》の三男を娘婿として養子に迎えることとなった。その人物は入嗣後、直胤《なおたね》と名乗って武蔵千葉氏の家督を継承したことが知られる〔相承院文書、千葉貞胤氏所蔵文書〕。

武蔵千葉氏は、大永四年（一五二四）の北条氏綱による江戸城の奪取以降、小田原北条氏に従属して基本的には〝江戸衆《えどしゅう》〟として把握されていた。それは、天正十三年（一五八五）段階でも同様であったことが確認できる〔山崎元氏所蔵文書〕。しかし武蔵千葉氏は、一方で武蔵国岩付《いわつき》城（さいたま市岩槻区）との関係もみられるようになってゆく〔武州文書（足立郡大田窪弥五郎所蔵）〕。これは直胤の実父玉縄北条氏繁が、元亀元年（一五七〇）から岩付城代を務めた時期があることも大きく関係している。また武蔵千葉氏は、その所領のうち約六割がかつての武蔵国足立郡に集中していた〔小田原衆所領役帳〕。現在も東京都足立区に千葉氏との関係を喧伝する伝承が多いのはそのためといえる。

天正十八年（一五九〇）の小田原北条氏の滅亡以降、武蔵千葉氏の事績はみえなくなる。近世の地誌類にみえる武蔵千葉氏に関する記述は、下総千葉氏の事績ととり違えた誤内容や、文学作品（軍記物）の創作を歴史的事実とみなす誤情報がきわめて多いことが明らかにされている。これは、武蔵千葉氏の歴史をひも解く際には、必ず中世の古文書・古記録にもとづいて復元すべきことの重要性を示している。

（杉山一弥）

【主要参考文献】
加増啓二「千葉氏本宗家西遷と武蔵千葉氏成立」（『戦国期東武蔵の戦乱と信仰』岩田書院、二〇一三年、初出一九九三年）
黒田基樹「戦国期の武蔵千葉氏―北条氏との関係を中心として―」（『戦国大名領国の支配構造』岩田書院、一九九七年、初出一九九四年）
小松寿治「近世における武蔵千葉氏への理解」（『駒沢史学』九〇、二〇一六年）
湯山学「武蔵千葉氏私考」（『関東上杉氏の研究』岩田書院、二〇〇九年、初出一九八〇年）
展示図録『特別展 武蔵千葉氏』（板橋区郷土資料館、二〇一五年）
展示図録『戦国足立の三国志―宮城氏・舎人氏・武蔵千葉氏―』（足立区立郷土博物館、二〇一九年）

大石定重・道俊
——山内上杉氏の重臣から北条氏の国衆へ

享徳の乱と大石一族

大石《おおいし》氏は武蔵国の国衆《くにしゅう》であり、戦国期に奥多摩《おくたま》地域の南部に支配領域を形成した。本拠地は由井《ゆい》城（東京都八王子市）であり、所領も「由井領」と称された。その範囲は、多西郡《たさいぐん》・多東郡《たとうぐん》を中心として、入東郡《にっとうぐん》や新座郡《にいざぐん》の一隅や、相模国座間《ざま》（神奈川県座間市）にまで及んだ。また、大石氏の領域と家中は、十六世紀後半に小田原北条《おだわらほうじょう》氏の躍進を支えた北条氏照《うじてる》（氏康《うじやす》次男）の勢力基盤となった。

この由井大石氏は、自家を源《みなもと》（木曾《きそ》）義仲《よしなか》（源頼朝《よりとも》・義経《よしつね》と並ぶ源平合戦の英雄）の後裔と称していた。義仲が滅亡した後、嫡子の義高《よしたか》（清水冠者《しみずかじゃ》）は誅殺されたが、庶子の子孫が残ったという設定である。名字の地は、信濃国佐久郡《さくぐん》の大石であったとされる。戦国期初頭の段階で、詩僧の万里集九《ばんりしゅうく》は、大石定重《さだしげ》を「義仲十葉之雲孫《よしなかじゅうようのうんそん》」と記しており（梅花無尽蔵）、真偽はともかく、大石氏が義仲にまでさかのぼる由緒を自認し、世間にも周知させようとしていたことはたしかである。

後世の系図では、大石氏は貞和年間から山内上杉《やまのうちうえすぎ》氏に仕えるようになったとされる。史実とすれば、上杉憲顕《のりあき》が鎌倉府《かまくらふ》の執事《しつじ》（のちの関東管領《かんとうかんれい》）に在任していた時期に主従関係を結んだことになる。山内上杉氏に仕えた大石一族の系譜は、主に三つに分かれ、現在の研究では、それぞれの受領《ずりょう》名から、遠《とおと》江守《うみのかみ》家・石見守《いわみのかみ》家・駿河守《するがのかみ》家と呼ばれている。由井大石氏はこのうちの遠江守家の系統にあたる。また、「源左衛門尉《げんざえもんのじょう》」を仮名《けみょう》とした。

大石氏の具体的な動向は、一三七〇年代から、山内上杉氏が守護をつとめる武蔵国の守護代として確認されるようになり、長尾《ながお》氏と並ぶ山内上杉氏の重臣として、上野国・武蔵国・伊豆国の守護代《しゅごだい》をつとめた。また、下野国足利庄《あしかがのしょう》・下総国葛西御厨《かさいみくりや》の代官も任された。遠江守家の場合は、とくに道守《どうしゅ》が応永年間に三度にわたって守護代に就任して（武蔵国―二度、伊豆国―一度）、子孫からも中興の祖にあたる存在と認識された。

関東における戦国動乱の端緒となった享徳《きょうとく》の乱が始まった段階で、駿河守家は武蔵国二宮《にのみや》（東京都あきる野市）、石見守家は下総国葛西（同葛飾区）を拠点として存立していた。もともと、石見守家は二宮を拠点としていたが、代官となった葛西御厨に活動の重点を移して、二宮を駿河守家に譲ったもようである。一方で、遠江守家の拠点は不明瞭だが、享徳の乱の終結後は、柏《かしわ》の城（埼玉県志木市）を拠点としていた。

享徳の乱の緒戦にあたる享徳四年（一四五五）正月の分倍河原《ぶばいがわら》合戦にて、上杉方は大敗して、多数の戦没者を出したが、先陣に参加していた大石一族も、遠江守家の当主憲儀《のりよし》と、駿河守家の当主重仲《しげなか》が犠牲となっている。それでも、両家は源左衛門尉（遠江守家）・憲仲《のりなか》（駿河守家）のもとで態勢を立て直していき、石見守家とともに上杉方の陣営を支えた。上杉方が足利成氏《あしかがしげうじ》を本拠地の下総国古河《こが》（茨城県古河市）から退去させた文明三年（一四七一）の大攻勢には、大石一族も従軍しており、とくに上野館林《たてばやし》城（群馬県館林市）の攻略で戦功をあげた。将軍の足利義政《よしまさ》も、遠江守家の源左衛門尉（弾正左衛門《だんじょうざえもん》家とも）や、石見守家の隼人佐《はやとのすけ》などに感状を発給した〔御内書符案〕。

なお、享徳の乱を通じて、大石一族はいずれも守護代の地位には就いていないが、長尾一族に次ぐ山内上杉氏の重要な軍事力として活動した。遠江守家・石見守家・駿河守家のそれぞれが独自の所領を経営しており、守護代としての権限を行使せずとも、軍勢を編成しうる基盤を確保していたのであろう。

長尾景春の乱と大石一族

上杉方が分裂した長尾景春《かげはる》の乱において、大石一族は敵味方に分かれ、遠江守家（柏の城か）は山内上杉氏の陣営にとどまり、石見守家（葛西城）・駿河守家（二宮城）は景春方に与同している。石見守家・駿河守家は二宮譲渡の経緯から親密な関係にあったが、遠江守家・駿河守家は奥多摩地域で競合関係にあり、山内家の内訌に際し、敵対することになったのだろう。

また、石見守家はとくに積極的に長尾景春に同調していたようで、動乱序盤（五十子《いかっこ》陣崩壊直後）に太田道灌《おおたどうかん》（扇谷《おうぎがやつ》上杉氏の家宰）の説得を引き受けている。道灌の江戸城（東京都千代田区）と石見守家の葛西城は武蔵・下総の国境を挟んで近接しており、ともに古河公方とその与党、とくに下総千葉《ちば》氏に対峙する前線を担ってきた。そのため、石見守家は道灌と相応の協調関係を築いており、結局は失敗したものの、景春・道灌の交渉を周旋しうる条件を備えていたのだろう。ただし、石見守家と道灌の間には、下総千葉氏と対立する武蔵千葉氏の後援をめぐる相違もあり（石見守家は実胤《さねたね》、道灌は自胤《これたね》を支持）、景春の決起にともない、対決に至った面も見出せる。一方で、文明九年（一四七七）五月に太田道灌が五十子陣再興のために北進すると、遠江守家の源左衛門尉も助勢しており、長尾景春との決戦となった針谷原《はりがやはら》合戦で討ち死にしている〔松陰私語〕。景春方によって上野国で孤立していた顕定《あきさだ》（山内家当主）らを救援すべく、旺盛な戦意を持って道灌に同行していたことがうかがわれる。なお、遠江守家の家督は、源左衛門尉の弟である定重《さだしげ》によって相続されている。

文明十年に攻防の焦点が武蔵小机城《こづくえ》（横浜市港北区）に移ると、駿河守家は二宮城に長尾景春が差し向けた手勢を迎え入れ、太田道灌に攻められた小机城を支援する最前線を構成している。しかし、四月に道灌が小机城を陥落させた余勢を駆って二宮城に迫ったため、駿河守家は降伏することになった。この後、景春方の劣勢が濃厚となるなかで、葛西の石見守家も上杉方に復帰している。

文明十一年九月に長尾景春が武蔵長井《ながい》氏と提携して再起し、翌年正月に太田道灌が主導して、長井氏を攻撃した際には、山内上杉氏から「大石名字中」が援軍として派遣され、道灌に協力して長井氏を本拠から没落させた。このときの「大石名字中」について、道灌は「大石両人」に率いられていたと証言している〔太田道灌状〕。

本来、大石氏は遠江守家・石見守家・駿河守家の三家を中心に活動してきたが、駿河守家は小机合戦後の降伏を経て、目立った動向が見えなくなり、その所領（二宮城周辺）も戸倉小宮《とくらこみや》氏の支配下に入った。よって、道灌のいう「両人」とは、遠江守家の定重と、石見守家の石見守某であろう。

享徳の乱終結後の文明十八年に、関東歴訪中の聖護院道興《しょうごいんどうこう》は、大石定重の居城である柏の城を宿所としたことがあり、「矢倉《やぐら》」を兼ねた「高閣《こうかく》」に登って饗応され、遠景を楽しんでいる〔廻国雑記〕。また、定重は長享元年（一四八七）に詩僧の万里集九《ばんりしゅうく》に依頼して、道興が登った「高閣」と思しき建物に「万秀斎《ばんしゅうさい》」の名前を贈られている〔梅花無尽蔵〕。居城に大型の櫓を設け、内外に対して武威を誇示しつつ、文化事業の場とする発想があったことがうかがわれる。さらに集九は、定重の統治を「犬は臥して驚かず、兆民は太平の腹を鼓《たた》く」と表現している。詩文に特有の文飾はあるにしても、遠江守家が享徳の乱を乗り越えて、治安や撫民などで成果をあげつつあった状況を示すものである。関東各地で進行していた領域支配形成の一コマともいえよう。

長享元年当時の定重は、武蔵国守護代に在任していたもようで、集九はその立場を「武蔵目代《もくだい》」と表現している。一四四〇年代以降、武蔵国守護代は山内上杉氏の家宰である長尾一族に独占されてきたため、約半世紀ぶりの就任だった。集九によると、定重は山内家の「爪牙《そうが》の英臣《えいしん》」であり、山内家を軍事的に支える主力（＝爪牙）の一角を占めていた。そこで、山内家は家宰と武蔵国守護代の立場を切り離し、後者を定重に与えて、一層の忠節を求めたものとみられる。

ただし、定重は代々の受領名の「遠江守」ではなく、「信濃守」を称していた。兄の戦死をうけて家督を継いだ経緯から、あえて「遠江守」を避けたのかもしれない。傍流の定重による相続は、以後の遠江家のあり方に若干の影響を及ぼすことになる。

由井領の形成―伊勢氏（北条氏）との戦い

山内上杉氏と扇谷上杉氏が衝突した長享の乱も終盤の永正元年（一五〇四）十二月に、山内家は越後上杉氏の援軍を得て、大攻勢を仕掛け、翌年四月に扇谷家を降伏させた。その過程で、山内家は武蔵椚田《くぬぎた》城（東京都八王子市）を奪取して、大石遠江守家を在城させた。椚田城は、山内家から扇谷家に転じた長井氏（大江広元《おおえのひろもと》の次男時広《ときひろ》の系統）の本拠であり、以後、長井氏は没落して、その旧領だった武蔵国多東郡の横山《よこやま》・由木《ゆぎ》・小山田《おやまだ》、相模国東郡の栗飯原《くりいいばら》・溝《みぞ》・座間は、遠江守家の支配下に入っていく。

長享元年（一四八七）の段階で、大石遠江守家は新座郡の柏の城を本拠としていたが、多西郡の椚田城への移転は、同家が多東郡・多西郡で大きく勢力を伸長させていたことを意味する。長享の乱の結果、多東郡・多西郡では、長井氏の他に、山口《やまぐち》氏・小宮《こみや》氏などが扇谷方に与同して、没落または衰退しており、遠江守家はそれらの旧領を経略することで、支配領域を奥多摩地域で随一の規模に拡大させたもようである。こうした大石遠江守家の飛躍は、万里集九が「爪牙の英臣」と称えた定重の力量、あるいは定重の代に蓄えられた実力を背景とするものだろう。一方で、次代の道俊《どうしゅん》（源左衛門）は、より難しい舵取りを迫られていく。たしかに、山内上杉氏は扇谷上杉氏との対決を制したが、相模国では、伊勢宗瑞《いせそうずい》（北条早雲《そううん》）の経略が進行しており、同国東郡に進出した遠江守家は、対伊勢氏の最前線を担う立場となったのである。

遠江守家が定重から道俊に代替わりした時期は不明だが、道俊の動向は、永正七年頃から確認されるようになる。それは、同年五月に伊勢宗瑞が椚田城を攻略し、道俊は敗走しながらも、かつての本拠である柏の城にもどらず、由井城を新たな本拠としたことである。由井城は多西郡にあって、椚田城のやや西北に所在する。道俊は椚田城の奪還を見据えつつ、多西郡の経略を維持していく姿勢を示したのだろう。

なお、伊勢氏の侵攻は、山内上杉顕定が前年から越後国に出陣していた隙を衝いたものであり、椚田城陥落からまもない六月に、顕定は長尾為景《ためかげ》に敗れて討ち死にした。しかし、山内家は憲房《のりふさ》（顕定養子）の主導で態勢を立て直し、七月には、扇谷家と共同で武蔵権現山《ごんげんやま》城（横浜市神奈川区）などを攻略して、伊勢氏の武蔵国侵攻を頓挫させた。大石道俊もこの反攻に従軍しており（古簡雑纂）、やがて長井氏旧領の支配を回復している。

しかし、伊勢氏の脅威がおさまったわけではなく、とくに永正十三年に三浦道寸《みうらどうすん》が滅亡すると、ほぼ伊勢氏の支配下に入った相模国にあって、大石道俊は上杉方の孤塁（座間など）を守るかたちとなった。永正九年・同十五年に、伊勢氏が当麻郷に制札を発給したのは、伊勢氏と大石遠江守家の抗争において、境目に位置して戦災が及ぶこともあった同郷の求めに応じた動きだろう。

このように、大石道俊は山内上杉氏の陣営を支え、対伊勢氏戦争の最前線に立ち、一度は本拠（椚田城）を逐われながら、新たな本拠（由井城）で態勢を立て直し、失地の回復すら遂げた。そして、危機に対応するなかで、領域・家中の強度を高め、「由井領」と称される支配領域を経営する国衆としてのあり方を固めていった。

なお、大石道俊の「道俊」は出家後の法号で、実名は不詳だが、出家前は遠江守家が世襲してきた「源左衛門」の仮名を称し、一五二〇年代から「道俊」を称するようになった。この「道俊」の号は、山内上杉氏のもとで幾度も守護代（武蔵国・伊豆国）をつとめた道守を意識したものとみられる。また、道俊の弟である信濃守は「存守《ぞんしゅ》」を号しており、まさに兄弟で「道守」の法名を分け合ったことになる。道俊・存守兄弟は、あい携えて大石遠江守家を国衆として確立させた自分たちを中興の祖である道守の再来になぞらえ、領域・家中を統制するイデオロギーの創出を意図していたのではないだろうか。

もっとも、道俊を事実上の初代とする由井大石氏（遠江守家）は、駿河守家の後継者という性格も帯びていた。道俊の後継者である憲重《のりしげ》（のちの綱周《つなちか》）は、遠江守伝来の「源左衛門」ではなく、「源三」を称したが、これは駿河守家の仮名だった。遠江守家と違い、駿河守家は長尾景春の乱で没落し、国衆として確立するに至らなかった。道俊はその駿河守家の仮名を後継者に名乗らせ、同家の社稷をも継ぐ姿勢を示したのだろう。あるいは、憲重は道俊の実子ではなく、駿河守家の係累で、遠江守家と駿河守家の合同をはかる養子縁組が行なわれた可能性もある。

そもそも、道俊の父定重は、庶子の立場から遠江守家を相続していた。道俊としては、先代からの課題である正統性の補完を進め、拡大した領域・家中の経営を円滑ならしめるためにも、さまざまな工夫を凝らす必要があったと理解することもできよう。

北条氏への従属

大石道俊が山内上杉氏から離反して、小田原北条氏（伊勢氏が改称）に従属した時期はよくわからない。北条氏は大永四年（一五二四）正月に山内・扇谷上杉氏に対する大攻勢に出て、扇谷家から江戸城を奪取するとともに、山内家の傘下から三田《みた》氏を離脱させた。三田氏の勝沼《かつぬま》領は、由井領の北方に展開しているため、大石氏もその前後に北条氏に帰順したはずである。帰順時期の比定次第で、大石氏が奥多摩地域に北条氏の攻勢を呼び込んだのか、三田氏が先行して北条方に従属し、山内家の領国から離隔された結果の選択であったか、解釈も大きく変わってくる。

なお、従属にあたり、大石道俊は北条氏から支配領域をほぼ安堵され、割譲は一部（武蔵国多東郡小山田庄の南部など）にとどまった。さらに弟の信濃守（存守）とともに、小田原（北条氏本拠）への在府料を給付された形跡まである。北条氏が由井大石氏（道俊兄弟）の帰服を重視し、相応に厚遇していたことがうかがえよう。

さらに、一五三〇年代に北条氏の強い影響下で進行した鎌倉鶴岡八幡宮《つるがおかはちまんぐう》の復興において、大石道俊が奉加《ほうが》（資金提供）の要請に応じながらも、普請人足の供出には応じてない場面もあった〔快元僧都記〕。周辺の津久井内藤《つくいないとう》氏・勝沼三田氏・戸倉小宮氏・檜原平山《ひばらひらやま》氏も同様の態度であり、北条氏領国周縁部の従属国衆が一定の自立性を確保していた構図がみえてくる。

大石道俊の嫡子憲重が、北条氏への従属後も、山内上杉氏の通字である「憲」字を用いていたことにも注目すべきである。最終的に、憲重は北条氏綱から「綱」字を授与され、「綱周」に改名するが、確実な初見は天文十四年（一五四五）である。北条氏に従属しても、山内上杉氏宿老としての意識を捨てるに至るには、相応の時間を要したのであろう。

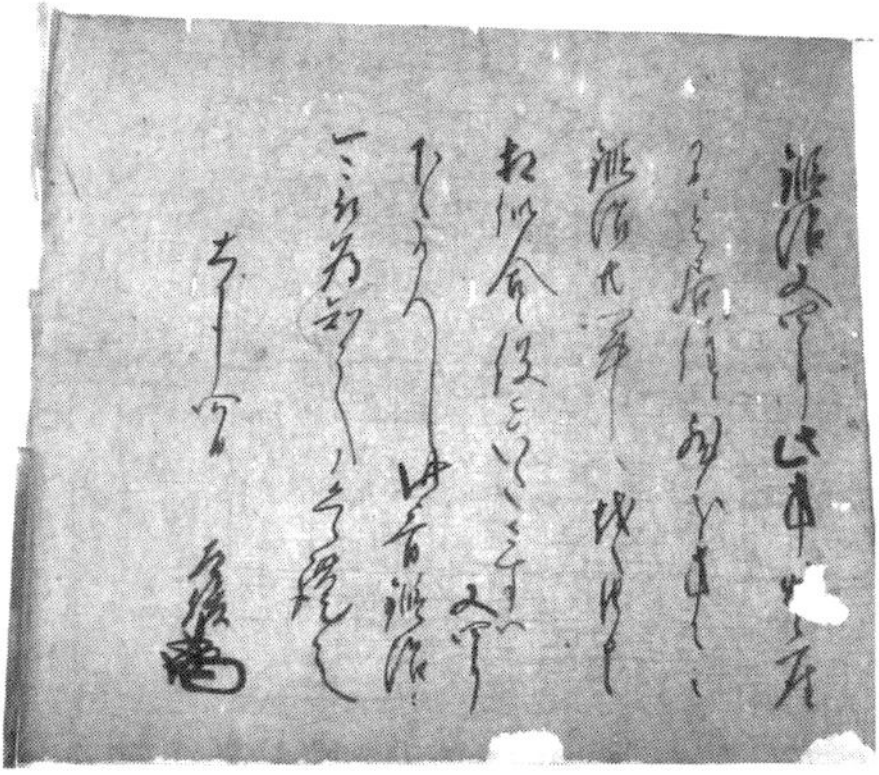
大石道俊書状　鈴木家鍛冶文書　個人蔵　画像提供：座間市教育委員会

また、由井大石氏は北条氏の従属下で支配領域の拡張すら果たしている。北条氏は天文十五年に河越合戦を制して、武蔵国における優勢を確立させた。この合戦にて、戸倉小宮氏は北条方から上杉方（山内・扇谷両家）に転じたために没落したようで、天文二十年頃までに、大石氏は戸倉領を併合している。長尾景春の乱以降に小倉氏の支配下に入っていた大石駿河守家の所領を回収したかたちでもあった。なお、大石道俊は戸倉領の統治にあたり、寺領安堵について、北条氏から保証（虎朱印）を得るという手続きを取ることもあった〔広徳寺文書〕。北条氏を上位権力として戴くことには、その威信を背景にして、新領の経営を進めることができるというメリットもあったのだ。

このように、北条氏が由井大石氏の領域拡大を承認・援助した一因として、道俊が甲斐武田《たけだ》氏との外交を周旋していたことが想定される。由井領の西方（および小倉領）は、甲斐国との境目に位置しており、北条氏・武田氏の意思疎通や相互協力を中継する有力な経路となりえたため、北条氏は由井大石氏の領域支配に梃入れしたのだろう。もっとも、武田氏は北条氏との外交について、由井大石氏を頼りとしながら、情報操作を行うこともあった。武田氏は天文十七年に信濃国小県《ちいさがた》郡の上田原《うえだはら》合戦で村上義清《むらかみよしきよ》に敗退したが、武田晴信《はるのぶ》が大石道俊に宛てた書状では、合戦には勝利しており、伊那《いな》郡の反武田氏勢力に対応するために転進したと説明している〔大阪青山歴史文学博物館所蔵文書〕。同盟関係にあるとはいえ、大石氏を通じて、北条氏に弱味を見せることは避けたかったのだろう。

一方で、大石道俊は岩付《いわつき》（さいたま市岩槻区）の太田資正《すけまさ》とも婚姻関係を結んでおり、天文十七年には、資正と道俊息女（養女とも）の間に、のちに梶原政景《かじわらまさかげ》となる男子が出生したとされる〔年代記配合抄〕。資正が北条氏に帰順したのは、天文十七年正月以降であるため、道俊はまだ北条氏と敵対していた時期の資正（天文十五年に松山城《まつやまじょう》〈埼玉県吉見町〉、翌年に岩付城を奪取）に息女を嫁がせたことになる。道俊は北条氏に従属しながらも、陣営が異なる勢力とも気脈を通じ、形勢を見極めながら、行動の指針（北条氏への従属を継続するか否か）を決めようとしていたのである。

ところで、太田資正の配下には、天文七年に北条氏の攻撃で葛西から没落していた大石石見守家も参加しており、当主は資正の姉婿となっていた〔太田潮田系図〕。もともと石見守家は大永五年頃から北条氏に攻撃され、扇谷上杉氏とその重臣の岩付太田氏の支援を得て、存立を保持するようになっていた。山内上杉氏の勢力が、由井大石氏・勝沼三田氏の離反で北方に後退したこともあり、石見守家は上位権力を山内家から扇谷家に実質的に置換し、岩付太田氏との提携を深め、葛西喪失後はその庇護下に入ったのであった。あるいは、資正と道俊息女の婚姻も石見守家の仲介で成立したのかもしれない。

北条氏照による由井大石氏の相続

大石道俊の動向は天文二十一年（一五五二）で途絶え、その後は綱周が由井大石氏の領域・家中を経営した。ところが、綱周の動向も、弘治元年（一五五六）が終見であり、やがて氏康の三男氏照が由井大石氏の当主として活動するようになる。氏照は綱周（道俊とも）の息女と結婚し、由井大石氏を相続する正統性を確保しており、綱周と同じく「源三」の仮名を称した。北条氏が綱周を排除（謀殺・強制引退）して、氏照に由井大石氏を乗っ取らせたわけではなく、綱周の正式な後継者として、氏照を入嗣させたのが実態であろう。綱周が後継者不在のうちに死去した、執務不能の健康状態に陥るなどの問題が生じ、氏照の入嗣で、由井大石氏の存続がはかられた展開が想定される。

そもそも、氏康の長男氏親《うじちか》は夭折しており、氏照は次兄の氏政《うじまさ》に支障が生じた場合に、北条氏を継ぎうる立場にあった。その氏照を養子に出すことで、北条氏は道俊のもとで成長した由井大石氏を一門に取り込み、今後の戦略に活用しようとしたのである。

なお、氏照が名字を「北条」に改めた後も、その家中にて大石遠江守家の係累は重きをなした。道俊と「道守」の法名を分け合った弟の信濃守（存守）は、天文八年にすでに死去していたが、後継者の信濃守（定基《さだもと》）は、北条氏から他国衆の格式を認められ、北条氏重臣の松田《まつだ》氏から婿養子に迎えた信濃守（照基《てるもと》とも）も、氏照を補佐して、下野小山《おやま》城代を務めた。また、道俊の別の弟は、「遠江守」の受領名を引き継ぎ、やはり松田氏から婿養子に迎えた秀信《ひでのぶ》が氏照の重臣として活動した。遠江守家の係累も松田氏の血統を導入して、北条氏の領国・家中における存立の安定をはかったのだろう。

こうした遠江守家の係累のほかにも、駿河守家の後裔と目される左馬助高仲《さまのすけたかなか》、石見家の系譜を引く隼人などが氏照に仕えていた。分立して久しかった大石一族が氏照のもとに結集したかのような光景である。北条一門という氏照の立場は、大石一族を再び結集させる求心力として働いたのであった。

（小川雄）

【主要参考文献】
黒田基樹編『武蔵大石氏』（岩田書院、二〇一〇年）
齋藤慎一「戦国期『由井』の政治的位置」（『東京都江戸東京博物館研究報告』第六号、二〇〇一年）

三田氏宗・政定・綱定
――武蔵奥多摩の一帯に君臨した国衆

氏宗の時代――国衆三田氏の成立

三田《みた》氏は、戦国期の武蔵国の奥多摩《おくたま》地方のうち、多西郡《たさいぐん》を中心として、高麗郡《こまぐん》・入東郡《にっとうぐん》・入西郡《にっさいぐん》にまで領域を広げた国衆《くにしゅう》である。支配領域は、「三田谷《みただに》」と称されることもあり、三田氏の滅亡後も、行政区分としての「三田領」は維持された。

武蔵三田氏については、鎌倉幕府《かまくらばくふ》に「三田」名字の御家人《ごけにん》が散見される。また、南北朝内乱期の武蔵野合戦では、三田常陸守《ひたちのかみ》が足利《あしかが》方に参加したとされる。ただし、これらの三田一族と、戦国期の武蔵国衆三田氏の関係性は不明瞭である。国衆としての三田氏は、室町時代から多西郡の杣保《そまのほ》を中心として支配を広げていった。この杣保は、多摩《たま》川上流域に位置し、現在の東京都奥多摩町・青梅市・羽村市と重なる。また、「杣」は、材木供給のために整備された山林、「保」は国衙《こくが》領を意味する。武蔵国衙《こくが》が経営する材木の供給源であったのだろう。

三田氏は応永二十年代（一四一三～一四二二）に長淵郷《ながぶちごう》などの郷村を支配していたことを確認できる。長淵郷は、のちに三田氏が本拠とする勝沼《かつぬま》（東京都青梅市）からみて、多摩川を挟みつつも指呼《しこ》の間《かん》にあった。ただし、同じ奥多摩地方の国衆でも、室町時代から山内上杉氏《やまのうちうえすぎ》の家中に加わり、守護代《しゅごだい》などをつとめた大石氏《おおいし》（遠江守家《とおとうみのかみ》）と比較して、具体的な動向はよくわからない。

山内上杉氏との主従関係が最初にうかがえる三田一族は、長禄元年（一四五七）に長淵郷の永福庵《えいふくあん》を再興し、寛正四年（一四六三）に長淵郷の御嶽社《みたけしゃ》に鰐口《わにぐち》を奉納した憲清《のりきよ》である。「憲」字は、山内家の通字を拝領したものであろう。もっとも、寛正四年当時の山内家当主は房顕《ふさあき》であり、憲清に一字を授与したのは、享徳三年（一四五四）に足利成氏《あしかがしげうじ》に謀殺された憲忠《のりただ》か、その先代の憲実《のりざね》だろう。憲忠謀殺を発端とする享徳の乱（関東の戦国動乱の幕開け）に先行して、三田氏が山内上杉氏に従属していた状況が浮かび上がってくる。

ところが、三田憲清は、長禄元年の段階で「享徳」年号を使用して、寛正四年の段階で「寛正」年号を用いていた形跡がある。改元の拒絶・受容を指標にすると、三田氏は長禄元年前後に古河公方《こがくぼう》の陣営、寛正四年前後に山内上杉氏の陣営に属していたことになりうる。つまり、三田氏は遅くとも憲忠期までに山内上杉氏と主従関係を結んだものの、享徳の乱では、古河公方家に与同していた時期があり、寛正四年までに山内家に帰参したという動向が想定できる。

しかし、三田氏の確実な所見は、寛正四年以降にしばらく途絶え、再び動向を確認できるようになるのは、山内上杉氏と扇谷上杉氏が争った長享の乱終盤のことである。永正元年（一五〇四）の奥多摩地域では、正月から三月にかけて、扇谷《おうぎがやつ》方に与する伊勢宗瑞《いせそうずい》が侵入して、山内方国衆の長井氏《ながい》などを攻撃しており、山内方は惣社長尾顕忠《そうじゃながおあきただ》などを救援に差し向け、宗瑞を後退させている。そのうえで、山内家当主の顕定は、三田氏宗《うじむね》に対して、顕忠らを撤収させたことを伝えつつ、敵（扇谷・伊勢）が再度侵入してきた場合は、長井氏の本拠である椚田城《くぬぎた》（東京都八王子市）守備に参加するように指示した（〔谷合島太郎氏所蔵文書〕）。奥多摩地域において、三田氏は扇谷上杉氏・伊勢氏に対峙する前線を支える立場にあったのである。

この後、山内方は九月の立河原《たちかわのはら》合戦で扇谷・伊勢の連合軍に敗北するが、同年中に態勢を立て直すと、扇谷方の手に落ちていた椚田城を攻略し、翌年に扇谷家を降伏させた。永正二年以降に、三田氏宗が塩船観音寺《しおふねかんのんじ》（東京都青梅市）などの寺社修造を実施するようになったことは、長享の乱が山内方の勝利に終わったことをうけ、寺社の保護を通じて、杣保を自己の領域とする姿勢を積極的に打ち出した動向にあたると見込まれる。

また、三田氏は永正年間に古河公方家との関係を再開しており、氏宗の嫡子政定《まささだ》は、足利政氏《まさうじ》（成氏後継）から「政」字を与えられている。結果的に山内上杉氏から偏諱《へんき》を拝領した当主は憲清のみとなった。この間に、山内家は古河公方と和睦しており、長享の乱（扇谷上杉氏との戦争）では、明応三年（一四九四）頃から古河公方と提携していた。そのため、三田氏は山内家に国衆として従属しつつ、古河公方家との関係も持ちえたのであろう。

さらに氏宗は、古河公方家を支える上総国衆の真理谷武田氏《まりやつたけだ》と交流があり、永正七年には、前年に本拠の勝沼で饗応した連歌師の宗長《そうちょう》を通じて、上総国畔蒜荘《あびるのしょう》をめぐる朝廷・武田氏の交渉を周旋することも申し出ている〔実隆公記〕。もともと、真理谷武田氏は甲斐武田氏の一族であり、古河公方の与党として、享徳の乱の最中に上総国に入部した経緯があった。あるいは、真理谷武田氏は甲斐国との接点を維持するうえで、甲斐国の周縁に存立する三田氏と交流を持ち、古河公方家との関係を仲介していたのかもしれない。また、三田氏が房総地域から京都にまで及ぶ広範な外交を展開していたこともうかがえよう。

ところで、氏宗については、永正三年の文書で「次秀《つぐひで》」の実名を称しており、実名「氏宗」の初見は、政定と同じ永正六年である。さらに氏宗の「氏」字は、古河公方家から関東公方家累代の通字を拝領したものとする指摘もある。この場合、政定の元服（または改名）とほぼ同時期に、足利政氏から「氏」字を授与され、「次秀」から「氏宗」に実名を改めたものと考えられる。そもそも、古河公方家では、永正三年から政氏・高基《たかもと》父子の抗争が進行しており、政氏は上杉顕定《あきさだ》の助力で、事態の鎮静をはかっていた。政氏にとって、山内上杉氏との提携は重要性を増しつつあり、山内家中のシンパたる三田氏の価値も高まっていたため、氏宗（次秀）への「氏」字授与という破格の厚遇を与えたと理解すべきだろうか。

もっとも、享徳の乱前半に当主として活動していた憲清と、氏宗から政定・綱定《つなさだ》に続いていく系統の関係性は判然としない。年代が四十年ほど離れており、直接の繋がりがあるとすれば、氏宗は憲清の子か孫の世代であろう。この点は、後考を俟《ま》ちたい。

憲清と氏宗系統の共通点として、「平」姓を用いたことがあげられる。とくに氏宗系統は、平将門《たいらのまさかど》の後裔を称していた。出自が将門まで遡るのは、下総国の千葉《ちば》氏や相馬《そうま》氏と同じ立場だが、虚構性はより強い。自己の由緒を創出していくうえで、将門の後裔という設定を採用したことは明らかである。古河公方家や真理谷武田氏との関係を考慮すると、かつて将門が勢力圏とした下総国で存立する公方家との親和性を高めようとする作為という可能性も想定される。

なお、氏宗以降の三田氏歴代は、山内上杉氏から偏諱を授与されていないが、氏宗の庶子のうち、顕《あき》昌《まさ》（八郎三郎《はちろうさぶろう》）は、山内上杉氏から「憲」に次ぐ通字の「顕」を拝領している。このほかに、武蔵国衆の毛呂《もろ》氏に養子入りした季長《すえなが》（平三郎）も、のちに「顕繁《あきしげ》」に改名している。古河公方家と山内上杉氏の双方を上位者と仰ぐ三田氏の政治的姿勢を前提として、公方家から偏諱を授与される宗家、山内家から偏諱を授与される庶家という構図を演出し、毛呂氏も含む一族を統率する手段としていたのだろう。

毛呂氏を相続した季長の動向は、永正八年に三田氏が実施した御嶽神社《みたけじんじゃ》修造への参加を初見とする。これは、毛呂氏が三田氏の傘下に入っていた状況を示すものでもある。三田氏は毛呂氏を一族に組み込むことで、毛呂氏の所領があった入西郡南西部に進出し、勢力圏を東北方面に伸張させたのである。

さらに注目すべきは、氏宗による寺社の修造が永正八・九年に集中していることである。地域信仰の保護は、支配者としての正当性を創出する動きであり、自力による領域支配を一層強化していこうとする姿勢がうかがえる。

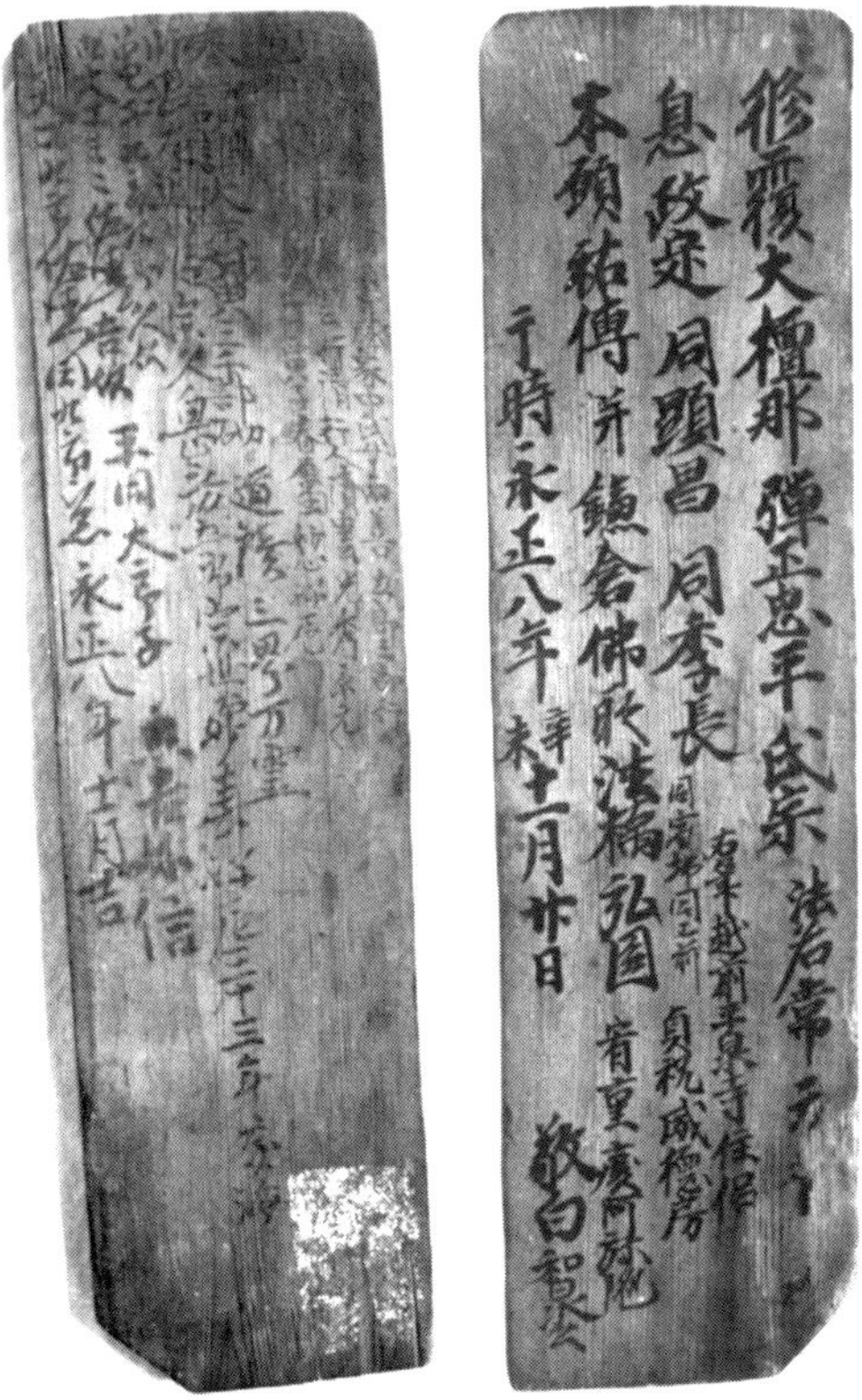

御嶽神社修理銘札（右・表、左・裏）　三田氏宗はじめ一族や家臣の名が記されている　東京都青梅市・武蔵御嶽神社蔵　写真提供：青梅市郷土博物館

こうした三田氏の姿勢は、山内上杉氏の混乱に対応したものであったと見込まれる。たしかに、山内家は永正三年に扇谷家との抗争を制したものの、権力の安定は長く続かなかった。永正四年には、当主顕定の実弟である越後国守護の上杉房能《ふさよし》が滅亡し、顕定は復仇のために永正六年から越後国に出陣したものの、翌年に長森原《ながもりはら》合戦で討ち死にしてしまった。以後、山内家の領国・家中が著しく動揺していくなかで、三田氏の舵取りもより難しくなったはずである。

そこで、三田氏は山内上杉氏に依存せずとも、所領や一族・被官の支配を維持しうる体制の整備を進めたと考えられる。現在確認されている氏宗の被官宛ての発給文書が永正十年に限られることも、同様の文脈で理解しておきたい。この場合、毛呂氏が氏宗の庶子季長を当主に迎えたことも、自立性を向上させつつあった三田氏との結合によって、混乱する山内領国における存立の安定を確保できる利点が期待できたためと説明できる。

政定の時代——北条氏への従属

氏宗の動向は、永正十年（一五一三）で途絶え、永正十二年頃から政定が三田氏当主として寺社の修造を行う事例が散見されるようになる。永正十年代初頭に氏宗は死去か引退し、政定が家督を相続したのだろう。政定は大永四年（一五二四）頃に山内上杉氏の陣営から相模北条氏《ほうじょう》（もと伊勢氏）の陣営に転向するという路線転換を選択した。顕定死後の山内上杉氏は、憲房《のりふさ》のもとで領国・家中の安定を回復させ、三田氏を従属下に繋ぎとめうる求心力を維持していた。一方で、憲房は扇谷上杉氏との抗争を再開していたが、大永三年から和睦交渉を進めていた。あるいは、山内・扇谷両家の境目近くに存立する三田氏は、この和睦に何らかの不満を抱き、北条氏への内通を決断したのか

三田氏軍旗　東京都青梅市・乗願寺蔵　写真提供：青梅市郷土博物館

もしれない。

三田氏が北条方に転じた影響は大きく、大永四年正月に上杉朝興《ともおき》は扇谷領国から退去し、上杉憲房のもとに逃れている。同時期に江戸城代の太田資高《おおたすけたか》も北条氏に帰順したため、扇谷家本拠の河越城《かわごえ》（埼玉県川越市）は、南（江戸領）・西（勝沼領）から北条方の圧力をうけるかたちとなっていた。そこで、朝興は山内家に助力を求めることにしたらしい。実際、憲房・朝興はまもなく反攻に出て、六月に河越城を回復し、七月に北条方に従属していた岩付《いわつき》太田氏を扇谷方に帰参させている。また、扇谷上杉氏はかねて甲斐武田氏とも同盟関係にあったため、今度は三田氏が三方（北の山内領国、東の扇谷領国、西の武田領国）から圧迫される格好となった。

そして、十月には毛呂城（埼玉県毛呂山町）が山内・扇谷方によって攻撃され、北条方も氏綱自身が三田氏本拠の勝沼城に入って対抗した。北条氏としては、両上杉氏の反攻から三田氏を庇護しつつ、自己の陣営に繋ぎ止めようとしたのである。毛呂氏当主の顕繁は、政定の弟にあたり、三田氏の勢力圏が北条氏と上杉氏（山内・扇谷両家）の境目となったことを示す展開だった。

結局、この対陣については、毛呂城を山内方に引き渡すことで決着した。毛呂氏が三田氏との関係を断ち、山内方に帰参したのか、三田氏のもとで捲土重来《けんどじゅうらい》を期したのかは定かでない。

その後、扇谷上杉氏は享禄二年（一五二九）十二月に勝沼領の吾名《あな》に蜆《しじみ》城を取り立てた。蜆城を足掛かりとして、三田氏を攻略する、あるいは北条方から脱落させるための一手だった。そこで、北条方も三田氏を支援すべく、江戸衆を蜆城の攻略に出動させたが、かえって翌年正月に敗退を喫している。それでも、扇谷方が江戸衆を追うかたちで矛先を転じ、世田谷城（東京都世田谷区）や江戸城（同千代田区）を攻撃して、河越城に引き上げたために、三田氏はともかくも苦境を脱することができた。大永四年（一五二四）の戦役に続き、北条氏が後詰（軍事的危機への救援）を履行したために、三田氏も北条氏への従属を維持していき、やがて毛呂城も回復した模様である。

さらに翌年の享禄四年七月には、三田政定が相模国小田原（北条氏本拠、神奈川県小田原市）を訪問していた連歌師の宗長《そうちょう》とたびたび面会している。父の氏宗とともに、白河《しらかわ》（福島県白河市）に赴く宗長を勝沼で饗応してから、約二十年振りの再会であった。これは、北条氏に従属して数年ほどで、三田氏が小田原城下に屋敷を構えるようになっていたことも意味する。ところが、七月末頃に「にわかの事」があり、政定は小田原から勝沼に帰ることになった〔宗長歌巻物〕。この段階でも、北条氏は武蔵国で優勢を確立できておらず、九月には太田資頼《すけより》に岩付城（さいたま市岩槻区）を奪取されている。すでに七月中に予断を許さない状況となっており、政定も対応のために自領にもどったのだろう。

その一方で、政定は天文二年（一五三三）五月頃に上洛して、公家の三条西実隆《さんじょうにしさねたか》を訪問し、「道信朝臣歌集《どうしんちょうしんかしゅう》」の書写を依頼している。氏宗と実隆の間を取り持ったのは、東国出身の琵琶法師《びわほうし》である理一《りいち》だった〔実隆公記〕。宗長のほかにも、広域で活動する文化人と交流していたことがうかがえる。この政定の上洛は、北条氏との関係がそれなりに安定していたことを示唆している。

なお、上洛に先行する同年二月に、三田氏は鎌倉鶴岡八幡宮《つるがおかはちまんぐう》の再興について、普請人足の供出要請を拒否している〔快元僧都記〕。北条氏主導の事業ではあったが、従属国衆という立場は、要請の諾否を選択することを可能にしたのである。もっとも、全面的に協力を否定したわけではなく、奉加銭《ほうがせん》や材木（鳥居に使用）の寄進には応じている。とくに材木の提供は、杣保の性格（材木の供給源）を前提とするものだった。

綱定の時代――国衆三田氏の滅亡

政定の動向は、鶴岡八幡宮の再興への対応（木材の見立て）が確認される天文四年（一五三五）で途絶える。次代の綱定は、天文二年に政定とともに塩船観音寺の修造を行っているが、当主としての存在は、弘治三年（一五五七）に越生法恩寺《おごせほうおんじ》（埼玉県越生町）の宗論について、北条氏から裁許状を受給したことを初見とする〔法恩寺年譜〕。なお、綱定の「綱」字は、北条氏綱《うじつな》からの偏諱であった。山内上杉氏に従属しつつ、古河公方からの偏諱を称していたとみられる氏宗・政定の段階と比較して、北条氏に従属する度合いがより強くなったといえる。

天文四年から弘治二年までの間に、北条氏は天文十五年の河越合戦に大勝し、武蔵国における優勢を確立した。この合戦で、三田氏の傘下にあった毛呂顕繁は、山内上杉氏・扇谷上杉氏に与した古河公方に内通する動きを示していた。三田氏自体の動向は不明だが、注目すべきは、永禄二年（一五五九）に作成された「小田原衆所領役帳《おだわらしゅうしょりょうやくちょう》」や同四年の「関東幕注文《かんとうまくちゅうもん》」にて、檜原平山《ひばらひらやま》氏が三田氏の勝沼衆として記載されていることである。

本来、平山氏は三田氏とは別個に北条氏に従属して、鶴岡八幡宮の再興にも参加していたが、ある時期に三田氏の配下に組み込まれたようである。平山氏の檜原領と隣接する小宮《こみや》氏の戸倉《とくら》領は、河越合戦後に大石氏の支配領域に編入されており、小宮氏は同合戦で両上杉氏に内応して、没落した可能性が指摘されている。そして、平山氏も小宮氏に同調して、北条氏から離反したために、戦後に三田氏が北条氏の承認のもとで檜原領を攻略し、平山氏を服属させたという〔黒田二〇一〇〕。

三田綱秀出陣の図　戦国時代の上級武将の武装に関する考証や三田氏の甲前立・軍旗などを参考に、昭和52年(1977)に日本画家の山田紫光が描いたものだが、当時の雰囲気をよく伝える　東京都青梅市・乗願寺蔵　写真提供：青梅市郷土博物館

こうした合戦後の情勢を考慮すると、古河公方家に内通したらしい毛呂氏と違い、三田氏は北条氏の立場を堅持していたと理解しておきたい。三田氏主導の親族関係にあったとはいえ、毛呂氏は三田氏の統制に完全に服していたわけではなく、相応の自立性を維持していたのであろう。なお、檜原平山氏を勢力下に組み込んだことは、長らく奥多摩地

域で勢力を分け合ってきた大石氏との間に競合を深めうる展開でもあった。平山氏（檜原領）・小宮氏（戸倉領）の領域を分け合ったことで、三田氏と大石氏はより広い範囲で領域を隣接させるようになった。そして、上位権力である北条氏との関係性で、一五五〇年代後半に氏康三男の氏照を当主に迎えた大石氏が有利な立場（一門）に立ちつつあった。

永禄三年に越後国から長尾景虎《かげとら》（上杉謙信《けんしん》）が南下してきた際に、三田綱定が北条氏から離反し、景虎のもとに参陣したことも、その軍事力によって、大石氏との競合を克服しようとする意図に基づく動向ではないだろうか。もっとも、綱定の選択は、家中の支持を十分に得たものではなかった。永禄三年の景虎の関東出兵に与同した諸将を列記した「関東幕注文」には、三田氏の勝沼衆として、毛呂氏・平山氏・岡部《おかべ》氏・師岡《もろおか》氏・賀沼《かぬま》氏が記載されている。ところが、大石氏と境を接する配下のうち、平山氏はともかく、金子《かねこ》氏や宮寺《みやでら》氏は「関東幕注文」で見出せず、むしろ北条氏による三田氏攻略に協力していくことになる。北条氏との敵対で矢面に立たされることへの不満と焦慮から、三田氏と袂を分かったのだろう。

さらに長尾景虎が永禄四年三月までに北条方を小田原に追い込みながら、まもなく相模国から後退したことで、三田氏は北条方に対峙する最前線に立たされ、かつ北条方の勢力圏に突出するかたちとなった。逆に北条方にとっては、重臣の大道寺《だいどうじ》氏を城代とする河越城が勝沼領（三田氏）・岩付領（太田氏）に挟まれた格好であり、両領の制圧が当面の戦略的な課題となった。景虎も帰国に先行して、勝沼領に要害（唐貝山城《からかいやま》か）を築かせ、防備を堅固とするように指示していた〔那須文書〕。再度の遠征に向けて、三田氏の支配領域に橋頭保《きょうとうほ》の役割を付与したのである。

実際、北条方は反攻に転じると、三田氏の家中にも調略を仕掛け、六月頃から氏照《うじてる》を当主とする大石氏を前面に押し立て、勝沼領の攻略を進めていった。さらに八月からは、大道寺氏の河越衆も攻略に参加するようになった。北条方が先手を打ち、突出部となっていた勝沼領を潰そうとする戦略でもあった。

一方で、三田氏は七月頃に勝沼城から唐貝山城に移って、持久戦の構えをとった。北条方の攻撃を凌ぎつつ、長尾景虎の再度の関東出兵を待つ戦略だったのだろうが、八月中に北条方の攻勢に堪えきれずに落城した〔士林証文〕。被官の塚田又八が内応して、城内に放火した結果だったともされる〔谷合日記〕。情勢判断の錯誤によって、家中の求心力を急速に失い、上杉氏の再度の関東出兵を待たずに没落したのであった。綱定本人は落城時に討ち死にしたわけではなく、岩付の太田資正《すけまさ》を頼ったが、永禄六年（一五六三）十月に岩付で自害したという伝承もある〔海禅寺過去帳〕。やはり北条方から離反した資正の助力を得て、勝沼領の回復をめざしたものの、同年二月に北条方が松山城を攻略するなど、岩付城への圧力も強まりつつある情勢に希望を見出せず、死を選んだということだろうか。

もっとも、国衆としての三田氏が滅亡を迎えたといっても、一族・被官が全滅したわけではない。旧勝沼領は、大石氏の由井《ゆい》領を基盤とする北条氏照の支配領域に組み込まれ、北条氏に帰順した一族や被官（師岡氏・藤橋《ふじはし》氏・宮寺氏・久下《くげ》氏など）も、氏照の配下として存続している。とくに三田治部少輔《じぶのしょう》は、旧勝沼衆を統率する立場にあり、清戸番所《きよとばんしょ》（氏照領における交通の要衝、東京都清瀬市）の守衛などを担った。

また、北条氏の没落後は、氏照の配下だった三田守勝《もりかつ》や、宗家滅亡後に甲斐国に逃れていた三田信教《のぶのり》が徳川氏《とくがわ》に仕官している。とくに守勝の家系は、旗本として長く続いていくことになる。（小川雄）

【主要参考文献】

黒田基樹編『武蔵三田氏』（岩田書院、二〇一〇年）

図録『戦国時代の青梅—三田氏の滅亡と北条氏』（青梅市郷土博物館、二〇一四年）

三浦道寸――伊勢宗瑞の障壁となった文武兼備の雄

道寸の系譜

「三浦氏《みうら》」といえば、鎌倉時代に活躍した、義明《よしあき》―義澄《よしずみ》―義村《よしむら》―泰村《やすむら》と続く「三浦本宗家《ほんそうけ》」が思い浮かぶが、道寸《どうすん》（実名は義同《よしあつ》とされ、後述するように、それを実証する史料も存在するが、同時代史料ではほとんどの場合、「道寸」名であらわれるため、以下、本稿ではこの名を用いる）は直接的にはこの系統の出身ではなく、義明の末子（義澄の弟）で治承《じしょう》・寿永《じゅえい》の内乱でも活躍した佐原義連《さはらよしつら》を祖としている。宝治《ほうじ》合戦により本宗家は滅亡したが、その後、義連の孫盛時《もりとき》が「三浦介《みうらのすけ》」の称を引き継ぐとともに、その子孫は三浦半島南端の三崎《みさき》（神奈川県三浦市）周辺などに所領を有していた。南北朝時代には三浦高継《たかつぐ》が足利尊氏《あしかがたかうじ》に従い、紆余曲折を経ながらも、その子高通《たかみち》と孫の高連《たかつら》は相模守護《しゅご》を務めている。しかし、高連の子高明《たかあき》、ないしはその子時高《ときたか》の代になり、鎌倉公方《かまくらくぼう》足利持氏《もちうじ》との間に確執が生じたようで、相模守護の地位を剥奪され、これが永享《えいきょう》の乱の際に公方不在の鎌倉を時高が攻撃し、持氏を追い詰める結果となった〔鎌倉大草紙脱漏〕。

少なくともある段階までは時高には実子がなく、そのためかつては軍記物の記述にあるように、時高

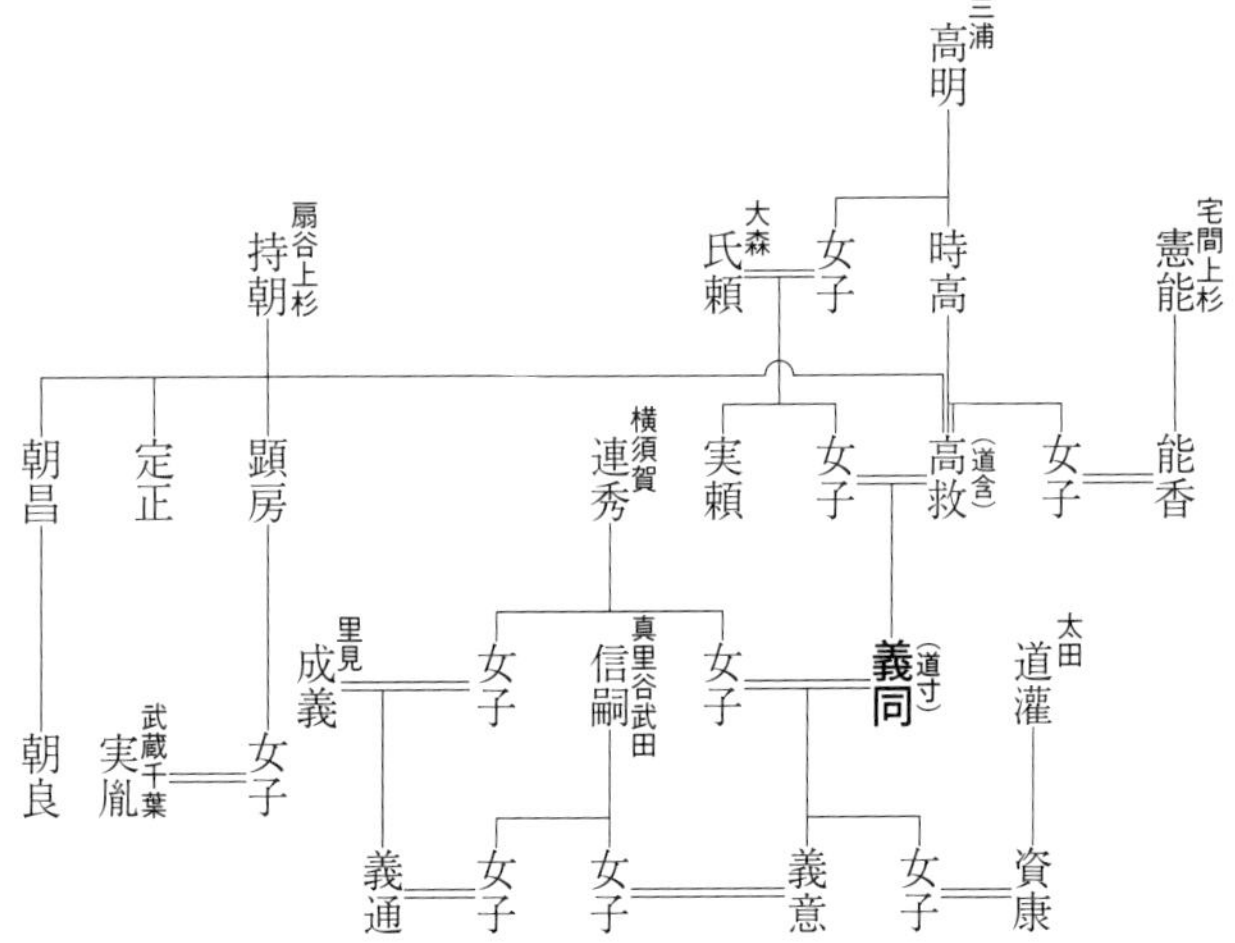

扇谷上杉氏と諸氏の関係略系図

が扇谷上杉持朝《おうぎがやつうえすぎもちとも》の子道含《どうがん》（定正《さだまさ》の弟。実名は高救《たかひら》とされるが、同時代史料にもとづき、この名を用いる）の子息道寸を養子に迎えたとされていた。しかし、近年の研究により、時高の養子となったのは道寸の父道含（実名高救の「高」は、養父時高の偏諱《へんき》であろう）であり、時高の姪である大森氏頼《おおもりうじより》の娘（母は時高の妹）を娶り、宝徳二年（一四五〇）頃に三浦氏に迎えられたことが確実視されている〔黒田一九九九、真鍋二〇一七〕。この夫婦養子の縁組みにより、三浦氏は扇谷上杉氏の準一門となったわけだが、この二人を父母として生を受けたのが道寸である。生年ははっきりしないが、宝徳三年ないしは享徳二年（一四五三）と考えられている〔真鍋二〇一七〕。

寛正三年（一四六二）、時高は堀越公方勢力と扇谷上杉勢力の板挟みとなって窮した結果、三浦に隠遁し〔香蔵院珎祐記録等〕、これにより道含が三浦氏の家督を相続した。

道寸の家督相続

享徳の乱に際しての三浦氏の行動はあまりよくわからないが、扇谷家の準一門的存在であったことからすれば、上杉方として行動したことはまちがいなかろう。しかし、文明八年（一四七六）に発生した長尾景春《ながおかげはる》の乱と、同十八年に景春の乱鎮定に功のあった扇谷上杉氏の家宰《かさい》太田道灌《おおたどうかん》が主君上杉定正に謀殺されるという事件が、三浦氏の立場を大きく転換させた。景春の乱の鎮定過程において、扇谷家の有力な存在であった三浦氏はその関係をさらに強化するとともに、「関東随一の武将」であった道灌との関わりを強めた〔太田道灌状〕。その後、道灌が謀殺されたため、道灌の嫡子資康《すけやす》は山内《やまのうち》上杉氏を頼ることとなった。これにより両上杉氏の対立が激化し、長享元年（一四八七）に「長享の乱」が発生し、翌二年六月には武蔵須賀谷原《すがやはら》（埼玉県嵐山町）で大規模な合戦が繰り広げられている。

木造三浦道寸坐像　神奈川県三浦市・真光院蔵

須賀谷原合戦の後、山内上杉方は同地にそのまま在陣していたが、かつて道灌の招きにより江戸城（東京都千代田区）に滞在していた禅僧万里集九《ばんりしゅうく》がこの地に在陣していた太田資康を訪ねている。その際の出来事は集九の詩文集『梅花無尽蔵《ばいかむじんぞう》』に詳しいが、長享二年九月のこととして、三浦氏に関わる興味深い記事も確認できる。それは、①このとき三浦道含が集九に自らの屋敷「不改亭《ふかいてい》」に関する漢詩を賦してもらっている、②道含の嫡子道寸が、中国伝来の南紙を携えて集九のもとに赴き、これから描かれる予定の絵画の賛を記してもらっている、というものである。

②の記事は、年代の明らかな道寸の初見史料となるが、ここからは長享二年九月段階で道寸は出家して法号を名乗っていたことが判明する。またさらに重要なのは、この段階で道含・道寸父子は、道含の実家である扇谷方を離れ、山内方となっていたという事実が判明する点である。こうした選択からは、三浦氏がいかに道灌と強固な関係を築いていたかがうかがえよう。しかしこの政治的立場の変化により、翌長享三年三月頃には、三浦氏の本拠三崎城（新井城。神奈川県三浦市）にほど近い和田郷《わだごう》（同三浦市）周辺にまで扇谷方の軍事侵攻を受ける事態となってしまった〔津久井光明寺文書〕。

一方、明応《めいおう》五年（一四九六）七月に山内方の軍勢が相模西郡へ侵攻した際、同地域における扇谷方の最大拠点であった小田原城《おだわら》（神奈川県小田原市）に、道寸が援軍として在城していたことが確認できる〔伊佐早謙採集文書〕。つまり、三浦氏は長享二年九月から明応五年七月までの約八年の間に、山内方を離れ、再び扇谷方となったことがわかるが、こうした政治的立場の転換の原因はどこにあったのだろうか。

江戸時代成立の軍記物では、道寸は明応三年九月に養父時高を討って家督相続したとされている〔鎌倉九代後記等〕。しかし先述のとおり、時高は寛正三年（一四六二）に隠遁し、明応三年段階ではすでに没していたものと思われ、さらに時高ののちに三浦介を相続したのは道含だった。したがって、軍記物のいう道寸の家督相続に関わる経緯は歴史的事実とはいえない〔黒田一九九九、真鍋二〇一七〕。一方、明応三年という年次は、ちょうど三浦氏が山内方から扇谷方へ再転換した時期にあたる。

こうした状況を勘案すれば、明応三年に発生したとされる「事件」とは次のようなものであったか。すなわち、明応二年の伊勢宗瑞《いせそうずい》による伊豆討ち入りを契機に両上杉氏の抗争が活発化し、扇谷方は自身の分国である相模国内の山内方の拠点を攻撃し、明応三年九月には三浦氏も本拠に攻撃を受けてこれに屈した。その結果、三浦氏は山内方を離れ、再び扇谷方となったというものである。しかし、扇谷上杉氏の一門でありながらこれと手を切った経歴を持つ道含がそのまま当主であり続けるわけにはいかず、扇谷方に再帰属する際、新たに道寸が家督を相続して「けじめ」をつけたのではなかろうか。

道寸の領国形成

この後、道寸は相模国内における扇谷方の最大勢力として位置づけられていく。そして、この時期の三浦氏は、相模三浦郡を自らの領国として、支配を確立していった様子がうかがえる。ある年の十月、道寸は桐谷宝積寺《きりがやつほうしゃくじ》（神奈川県相模原市緑区の光明寺の前身寺院のひとつ）の役僧と思われる文諦に、宝積寺領の三浦郡久野谷郷《くのやごう》（神奈川県逗子市）内の中之村《なかのむら》龍崎《りゅうがさき》分の地を安堵している〔津久井光明寺文書〕。

ここで道寸は、「(この地は)自分が支配しているので」これを安堵するとしているのであるが、これは久野谷郷が自らの支配下にあるという事実、さらにはこの段階で現実に郡内を支配下に置いていたことを根拠に、三浦郡内の知行安堵を行ったものだろう。

また、やはりある年の七月、道寸は桐谷宝積寺の塔頭《たっちゅう》貯香軒《ちょこうけん》が武蔵国久良岐郡《くらきぐん》杉田郷《すぎたごう》(横浜市磯子区)内の平山寺《へいざんじ》領中里村観音堂《なかざとむらかんのんどう》免の知行に関する了承を求めてきたことに対し返答している(津久井光明寺文書)。そこでは、貯香軒の申請内容を理解したものの、その件については扇谷上杉氏の了解を求めることを勧め、同氏により処置されるべきことを伝えている。貯香軒は、道寸が付近の強力な存在であったことから知行安堵を求めたものと思われる。しかし、ここでは先の久野谷郷の場合とは逆に、三浦郡内ではない武蔵久良岐郡は道寸の支配下にはなかったため知行安堵を行うことはできず、この地域を領国としていた扇谷上杉氏に了解を求めるよう勧め、そこで処置されるべきとしたわけである。

戦国期には、領主がある一定の領域=「領国」を一元的・排他的に支配する、独立した領域権力が出現するが、そのうち軍事・外交的には独立しえなかった存在を近年「国衆《くにしゅう》」と呼んでいる。この時期、三浦郡に関する権限を一元的・排他的に行使し、他の政治的権力が一切これに関与することができない状況を生み出していた道寸は、十五世紀末から十六世紀初頭という戦国期のかなり早い段階で、三浦郡に領国を形成して、その支配にあたるとともに、政治的には扇谷上杉氏に従属する国衆に発展していたものといえよう。

伊勢宗瑞との抗争

永正六年（一五〇九）六月、それまで扇谷家と同盟関係にあった伊勢宗瑞が越後長尾為景《ためかげ》の誘いに応じ、両上杉氏から離反してその領国への侵攻を開始した。宗瑞のこうした動きの直接的な原因は定かでないが、永正四年に越後守護上杉房能《ふさよし》が守護代長尾為景に殺害されたこと、その後それにともない、房能の実兄山内上杉顕定《あきさだ》が越後に出兵して戦死し、山内家では家督をめぐり深刻な内部抗争が発生、さらには古河公方家でも分裂が生じており、こうした関東の争乱激化と伝統的権力の低下が起因していることはまちがいなかろう。こうして宗瑞の本格的な相模侵攻が開始されるが、その矢面に立ったのが道寸であった。

永正七年、扇谷方は山内方と連携して宗瑞に対する反抗を開始し、武蔵権現山《ごんげんやま》城（横浜市神奈川区）を攻略し、そのまま相模に進軍した。この際戦況を有利に進めていた扇谷方は間髪を入れず、同年十月には宗瑞方の拠点西郡小田原城を攻撃している。このとき、扇谷上杉朝良《ともよし》自身が出馬して、小田原城の城際まで攻め込んだことを道寸が伝えている〔秋田藩家蔵文書〕。また、同年十二月には朝良・道寸は再度西郡に出陣し、宗瑞方の最前線鴨沢《かもさわ》要害（神奈川県中井町）を攻撃している〔相州文書〕。このように、この年の攻防では扇谷方が優勢であり、朝良は相模中郡の支配を固めるため、これを三浦氏に任せ、道寸は岡崎《おかざき》城（神奈川県平塚市・伊勢原市）に在城して警戒につとめた。

しかし永正九年、宗瑞は再度本格的な侵攻を開始する。八月に岡崎城を攻撃してこれを攻略したことにより、三浦氏は中郡の支配権を喪失し、相模東部への後退を余儀なくされた。道寸は東郡と三浦郡の境に位置した住吉城《すみよし》（神奈川県逗子市）まで後退したものの、ここも守れず、最終的には本拠の三崎城に移った。一方の宗瑞も道寸を追って東に進んで鎌倉に入り、この地を支配下に置いた。その結果、三浦郡を除く相模全域と武蔵久良岐郡が伊勢氏の領国となり、江戸を本拠とする扇谷上杉氏と三浦氏の勢力は分断を余儀なくされてしまった。この後、宗瑞は玉縄城《たまなわ》（同鎌倉市）を取り立てて三浦氏攻撃の拠点としている。

これに対して三浦方も何とか反攻を試みたものの叶わず（遊行歴代譜）、最終的には本拠三崎城に籠城して伊勢方の攻撃を迎え撃った。結局、籠城戦は三年以上に及んだが、永正十三年七月十一日、伊勢方の攻撃により、道寸は子息義意《よしもと》とともに三崎城中で討ち死にした（秋田藩家蔵文書等）。道寸は六十六歳ないしは六十四歳、義意は二十一歳であったと思われる。

『北条五代記』によれば、道寸の辞世の句は「うつものも討るる者もかはらけよ　くだけて後はもとのつちくれ」であったという。これにより三浦氏は滅亡するとともに、宗瑞による相模経略が完成した。なお、この三浦氏と伊勢氏の抗争は、海を隔てた八丈島《はちじょうじま》周辺の伊豆諸島でも繰り広げられていた（八丈実記）。

「文化人」としての道寸

　戦乱への対処を余儀なくされ、領国支配にもつとめた道寸であったが、彼が歌道を好み、その道に勤しんだことはまちがいない。『三浦系図伝』によれば、東常縁《とうのつねより》から古今伝授《こきんでんじゅ》を受け、また毎日歌書三丁を書写したとされる。現在、道寸が書写したことが確実な歌書は、神奈川県三浦市・圓照寺《えんしょうじ》所蔵の『古今和歌集《こきんわかしゅう》』写本が知られるのみである（その奥書に「中大夫平朝臣義同」の署名があり、道寸発給文書のものと同一の花押があることから、道寸の実名が「義同」であったことが判明する〔真鍋二〇一〇〕）。

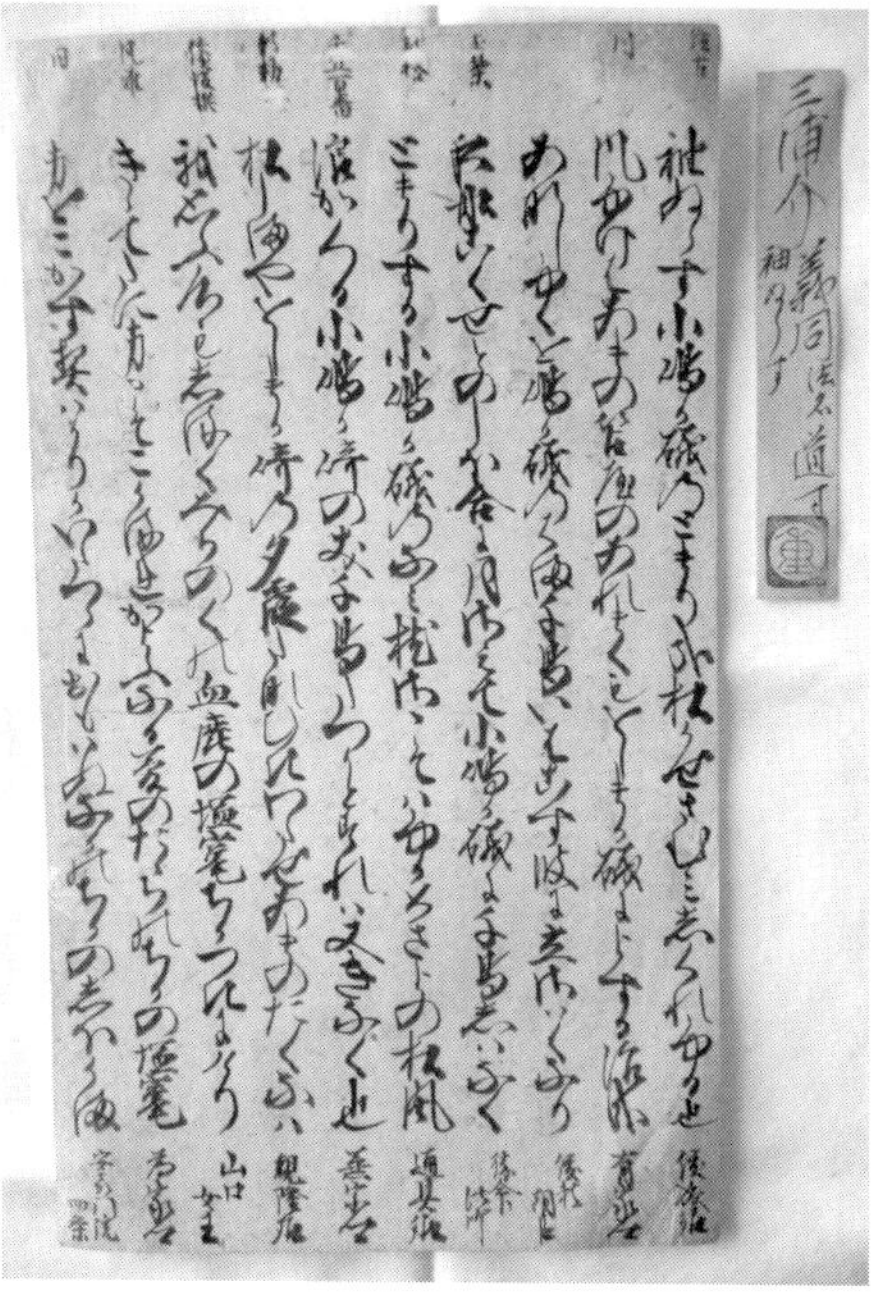

伝三浦道寸筆「未詳類題集」切　現在のところ数葉が確認されている、道寸自らが編纂した可能性のある類題集（名所歌集）の「ツレ」と推定される　筆者蔵

　だが、このほかに勅撰集を中心とした「道寸筆」と伝わる大量の「古《こ》筆切《ひつぎれ》」が残され、また私家集・歌学書・漢詩文集まで書写していたとされ（『北条盛衰記』等）、文芸になみなみならぬ関心を抱いていたのだろう。さらに近年、道寸書写と思われる『続草庵和歌集《ぞくそうあんわかしゅう》』写本の存在が

確認され、これには道寸の蔵書印も捺されている〔小川二〇一八〕。

一般的に、江戸時代に観賞用のために写本から切断された「古筆切」とその極書《きわめがき》といえば、「眉唾物」の代名詞であるが、筆者が実見ないしは写真版等で確認し得た「伝三浦道寸筆」の古筆切の大部分は、圓照寺所蔵の『古今和歌集』写本と同筆と判断され、実際に「三浦道寸筆」である可能性が高いものと思われる。滅亡の憂き目を見たという悪条件にもかかわらず、こうした大量の古筆切が残されている点から考えれば、毎日歌書三丁を書写したとする伝えもまちがいではないかもしれない。残念ながら、現在のところ道寸自身による確実な詠歌は伝わっていないが（辞世の句は「眉唾物」であろう）、道寸が勅撰集などからテーマに沿って和歌を抜き出し、自らが編纂した類題集（名所歌集）が存在していた可能性も十分に想定される〔小川二〇一六〕。

こうしてみていくと、道寸とは、「戦乱に明け暮れる状況の中、滅亡の憂き目に遭ってしまったものの、その間隙を縫って文芸に勤しんだ文武兼備の将」と評価できようか。

（真鍋淳哉）

【主要参考文献】
小川剛生「三浦道寸書写の新続古今和歌集切」（『武蔵野文学』六四、二〇一六年）
小川剛生「三浦道寸筆『続草庵和歌集』」（『三浦一族研究』二二、二〇一八年）
黒田基樹「戦国期の三浦氏」（『神奈川地域史研究』一七、一九九九年。のちに、同『戦国期東国の大名と国衆』岩田書院、二〇〇一年等に収録）

真鍋淳哉「三浦道寸書写の「古今和歌集」写本について」（『市史研究横須賀』九、二〇一〇年）
真鍋淳哉『中世武士選書36　三浦道寸―伊勢宗瑞に立ちはだかった最大のライバル』（戎光祥出版、二〇一七年）

大森氏頼・実頼 ——箱根山一帯を掌握した有力国衆

鎌倉・南北朝期の大森氏

大森《おおもり》氏は、もともと駿河国の国人であった。本拠地の有力候補は、駿河国駿東郡深良《すんとうぐんふから》（静岡県裾野市）で、堀之内《ほりのうち》・堀之内前《ほりのうちまえ》・南堀《みなみほり》や鍛冶屋敷《かじやしき》・常孝屋敷などの字名が連続・密集する一角である。とくに南堀には霊亀山興禅寺《れいきさんこうぜんじ》（現在は曹洞宗）があり、大森氏の関連寺院とみる見解もある。また、大森氏は葛山《かずらやま》氏など駿東郡の近隣国人と同族であったとみられ、共通の祖先として藤原伊周《ふじわらのこれちか》にむすびつける系図が多く残されている〔大森系図、大森葛山系図〕。

大森氏が史料にあらわれるのは、鎌倉時代の後期、徳治二年（一三〇七）五月のことである。それは北条貞時《ほうじょうさだとき》が、父北条時宗《ときむね》の忌日である毎月四日に鎌倉円覚寺《かまくらえんがくじ》で行う仏事の担当者を決めたとき、三ヶ月目の当番のひとりとして大森《おおもり》右衛《え》門《もん》入道《にゅうどう》なる人物がみえる文書である〔円覚寺文書〕。そして元亨三年（一三二三）十月、北条貞時十三回忌が営まれたとき、やはり大森右衛門入道なる人物が銀剣一・馬一疋《ひき》栗毛を進物として進上している〔円覚寺文書〕。この二つの史料の大森右衛門入道が、同一人物なのか父子二代であるのか判断は難しい。しかし大森氏は、北条貞時の時代、鎌倉幕府のなかで一定の政治的位置を獲得するにいたっていたといえよう。

鎌倉幕府滅亡にともなう南北朝動乱期、大森氏が一体いかなる行動をとったのか詳細は不明である。わずかに軍記物（文学作品）において、南朝方の新田《にった》義興《よしおき》・義治《よしはる》の軍勢に加わった者のひとりとして、大森の苗字が観応三年（一三五二）閏《うるう》二月に一度みえるのみである〔太平記〕。総じて鎌倉・南北朝初期の大森氏は、まったく有力武家とはいえない存在であった。

ついで大森氏が史料にみえるのは、康暦二年（一三八〇）六月である。それは二代鎌倉公方足利氏満《あしかがうじみつ》が、鎌倉円覚寺に対して、再建費用の資金調達を目的として箱根《はこね》芦川《あしかわ》（神奈川県箱根町）に三年間だけ関所《せきしょ》をかまえて関銭《せきせん》徴収することを許可した文書である。そのなかで芦川関所は、大森・葛山関務半分の替わりであると特記されている〔円覚寺文書〕。ここにみえる大森・葛山については、それを地名とみるか人名とみるかの判断が難しい。しかし、関所管理とのかかわりで大森氏が登場することは、大森氏の存立のあり方をとらえるうえで興味深い。

興禅寺　静岡県裾野市　撮影：杉山一弥

のちの応永十三年（一四〇六）七月、大森頼春《よりはる》は、やはり鎌倉円覚寺の造営費用にあてるため伊豆国府中《ふちゅう》（静

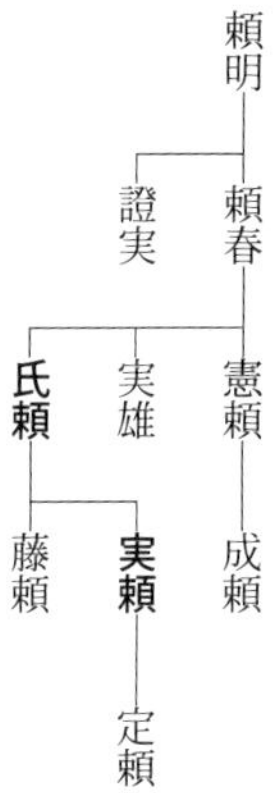

大森氏略系図

岡県三島市）にかまえられた関所の代官を請け負っている〔円覚寺文書〕。請負額は年一五〇貫であった。大森氏が、室町幕府管轄地域の駿河国人ながらも鎌倉府管轄地域の伊豆国三島《みしま》にある府中関所の管理を認められたのは、本拠地に隣接する円覚寺領の駿河国佐野《さの》郷（同裾野市）の代官を一族の大森彦六入道《ひころくにゅうどう》が務めるなど〔円覚寺文書〕、鎌倉円覚寺との関係が深かったからであろう。大森氏には、その後も佐野郷の権益を保持する姿がみられる〔満済准后日記〕。いずれにせよ大森氏は、箱根山麓の関所管理にたずさわることによって存在感を高めていったのである。

上杉禅秀の乱後の飛躍

応永二十三年（一四一六）十月二日、上杉禅秀《うえすぎぜんしゅう》の乱が勃発した。このとき大森頼春は、偶然にも四代鎌倉公方足利持氏《もちうじ》の身体生命を保護する役割を果たすことになった。それが大森氏の大きな飛躍につながることとなる。

上杉禅秀勢の襲撃をうけた足利持氏は、鎌倉を脱出して西へ向かった。そして箱根山まで逃れた持氏は、箱根権現別当證実《しょうじつ》によって駿河国の大森氏館へと案内され、そこで保護されたのである〔満済准后日記、八幡愛染王修法日記〕。これは證実が、大森氏出身だったからであった。この事態をうけて室町幕府は、持氏の援助を決定した。そして、守護今川《いまがわ》氏や国人葛山氏ら駿河勢を主体に編成した室町幕府勢を鎌倉に向けて出兵させたのである。結果、上杉禅秀ら首謀者は、翌応永二十四年正月十日、鎌倉雪下の鶴岡別当坊にて自害した。上杉禅秀の乱は、約三ヶ月で鎮圧されたのであった。

この上杉禅秀の乱において、箱根山東麓（相模国側）の国人土肥《どひ》氏・土屋《つちや》氏らは上杉禅秀に加担した。そのため土肥氏・土屋氏らは、乱後に所領を没収されたのであった。このとき持氏の身体生命を救った大森氏は、室町幕府が管轄する駿河国の国人ながら、鎌倉府が管轄する相模国内で土肥氏旧領を与えられたのである。大森氏は、箱根山の西麓（駿河国側）から東麓（相模国側）にまたがる箱根山一帯の権益を獲得・保障されることになったといえる。そして大森氏は、これを契機として本拠地を相模国小田《おだ》原《わら》（神奈川県小田原市）に移したと軍記物（文学作品）は描く。

大森氏が箱根山一帯の権益を握ったことは、駿河国鮎沢御厨《あゆさわみくりや》（静岡県御殿場市）の二岡《にのおか》神社の関連史料から明らかになる（内海文書）。まず応永二十八年八月、大森憲頼《のりより》（頼春の子息）が同社に対して相模国西郡飯田郷（神奈川県小田原市）の田一町を寄進した。ついで同二十九年四月、父大森頼春が同社に石燈籠を寄進した。また頼春は、同八月、同社に対して相模国狩野荘沼田《かののしょうぬまた》（同南足柄市）を寄進している。さらに頼春は、これと同日、同社神宮寺の般若梵篋寺覚智院《はんにゃぼんきょうじかくちいん》に対しても駿河国鮎沢御厨新橋《にいはし》（静岡県御殿場市）の在家・田一町、および相模国狩野荘岩原《いわはら》（神奈川県南足柄市）の得分を寄進した。そして覚智院に対しては、子息憲頼も同三十一年四月に相模国西郡小松《こまつ》（神奈川県真鶴町か）の田三町を寄進している。これら箱根山麓を縦横にまたぐ大森頼春・憲頼父子の寄進行為は、大森氏による箱根山一帯の掌握を体現するものであった。

大森氏は、本拠を相模国へ移したのちも駿河国との関係を断つことはなく、駿河国人との交流も続いていたようである〔満済准后日記〕。大森氏は、鎌倉府管轄国に軸足を置きつつも、なお室町幕府管轄国でも活動するという、きわめて特異な武家へと変貌をとげたのである。

箱根権現別当との関係

上杉禅秀の乱の際、箱根山へ逃げ込んだ鎌倉公方足利持氏を駿河国の大森氏館へ案内したのは、当時の箱根権現別当證実であった。證実は、大森頼春の弟である。大森頼春・證実兄弟は、足利持氏にとってまさに身体生命の危機を救った恩人であった。そのため大森氏一族は、同乱後、箱根山上の箱根権現を結節点として箱根山麓全域にまたがる権益を保障されることとなった。そして證実は、個人的にも持氏から絶大な信頼を獲得した。そのため證実は、紀伊国の熊野新宮《くまのしんぐう》（熊野速玉《はやたま》神社）から持氏への取り次ぎを依頼される位置にあったことも知られる〔紀伊続風土記所収文書〕。また證実は、持氏から箱根権現内の堂舎修造費用も獲得した〔金沢文庫文書〕。箱根権現に対する一般民衆の信仰とあいまって〔善隣国宝記〕、大森氏出身の證実の社会的立場は高まる一方であったといえよう。そのため永享二年（一四三〇）九月、證実が死去したときには「関東もってのほか周章《しゅうしょう》」との風聞が京都にまで伝わるほどであった〔満済准后日記〕。

箱根山麓全域を統治する大森氏・箱根権現別当体制は、足利持氏によってそのまま大森氏次世代への継承が認められた。そして永享十年（一四三八）、永享の乱が起こったとき、それを引き継いでいたのは大森憲頼・実雄《じつゆう》兄弟であった。いずれも大森頼春の子息である。大森憲頼・実雄兄弟ら大森氏一族は、足利持氏が将軍足利義教《よしのり》から征討をうけたとき、持氏勢として箱根山麓で室町幕府勢との攻防戦を繰り広げたことが知られる〔看聞日記、備前一宮社家大守家文書〕。また、持氏の子息足利安王丸・春王丸らの征討が行なわれた結城《ゆうき》合戦でも、室町幕府勢の上野一揆に討ち取られた者のなかに大森六郎の名がみえる〔結城戦場記〕。大森憲頼・実雄兄弟ら大森氏一族の多くは、飛躍の機会を与えてくれた足利持氏父子に対して忠節を尽くしたといえる。

大森氏は、室町幕府勢が箱根山麓を突破して関東平野へ攻め込んだ後も、なお一定の影響力を持ちつづけたとみられる。ただしそれが、大森憲頼・実雄兄弟の主導する影響力であったのかは疑問である。たとえば、実雄のあと箱根権現別当に就任した人物が大森氏出身者ではなく出自不詳の人物であることや〔建内記、東寺執行日記〕、永享の乱・結城合戦を契機として大森氏家督が憲頼の弟大森氏頼《うじより》へ移ったとみられることからもそれはうかがえる。

大森氏頼・実頼の時代

享徳三年（一四五四）、鎌倉公方（のち古河公方）足利成氏《しげうじ》と関東管領上杉氏一族の武力抗争に端を発する享徳の乱が勃発した。このとき大森氏一族中は、古河公方勢と関東管領上杉勢に分裂したとみられる。扇谷《おうぎがやつ》上杉氏の家宰太田道灌《かさいおおたどうかん》は、のちに大森氏頼のことを「大森信濃守〈氏頼〉のことは父子兄弟間相分て最初より御方《みかた》いたす」と当初から上杉勢であったと評している（太田道灌状）。この言説は、前述の足利持氏敗死によって大森憲頼・実雄兄弟が立脚基盤を失い、その弟氏頼が大森氏家督を引き継ぐことになったことの暗喩《あんゆ》とみられる。この点、おそらく大森氏頼には持氏子息の古河公方足利成氏に加担するという選択肢はなかったのである。一方、軍記物（文学作品）には、古河公方勢として活躍する大森式《しき》部大夫《ぶたいふ》なる人物がみえる。これは、かつて持氏に忠節を尽くした兄憲頼に近い系譜の人物とみるのが穏当であろう。いずれにしても大森氏では、持氏敗死を契機として家督交替と一族分裂が起こっていたといえる。

寛正三年（一四六二）九月、将軍足利義政《よしまさ》は、大森実頼《さねより》（氏頼の子息）に対して、堀越公方《ほりごえくぼう》足利政知《まさとも》（義政の庶兄）が疎略にしないと注進してきているので、古河公方勢への計略をなお一層すすめるようにと命じた（御内書案）。これは、大森氏や扇谷上杉氏・三浦氏ら相模国の有力武家が、従来の政治秩序を乱す堀越公方足利政知の動きに不満を蓄積させた結果、堀越公方勢からの離反雑説というかたちで問題が噴出したためであった。そして将軍足利義政は、同十一月、父大森氏頼に対して、老体のうえ遠路ではあるが京都へ上洛するように命じたのである〔御内書案〕。すでに隠居して寄栖庵《きせいあん》と号していた大森氏頼は、自身の替わりに使者を上洛させた。しかし将軍足利義政は、翌四年十二月、あくまでも氏頼自身が上洛することを厳命した〔御内書案〕。同日、将軍義政は、子息実頼に対しても父氏頼を上洛させるよう命じている〔御内書案〕。ここに将軍足利義政は、あくまでも対面での意思疎通をのぞんだことがわかる。これは室町幕府が、箱根山一帯を押さえる大森氏の重要性を認識していたためととらえられよう。

大森氏頼・実頼父子は、こうした将軍足利義政からの働きかけと、堀越公方足利政知への不満のなかで逡巡したとみられる。そして子息実頼は、翌々寛正五年、みずからの隠遁を決意したと思しい。しかし、その風聞をえた室町幕府は同年五月、大森氏頼・実頼父子それぞれに対して帰宅帰陣するよう命じている〔御内書案〕。同年中、大森氏には室町幕府との通交があったという〔鎌倉大日記〕。これは大森氏頼・実頼父子が、将軍足利義政の求めに応じ、堀越公方足利政知との関係改善にむけての提案を受け入れた痕跡とみるのが穏当であろう。

大森氏の没落

大森氏頼は、扇谷上杉氏の家宰太田道灌とは良好な関係を保っていた。文明九年（一四七七）から同十一年にかけては、太田道灌勢として、江古田《えごだ》合戦（東京都中野区）、用土原《ようどはら》合戦（埼玉県寄居町）、奥三《おくみ》保《ほ》合戦（神奈川県相模原市緑区）、境根原《さかいねはら》合戦（千葉県柏市）、臼井《うすい》城合戦（同佐倉市）などの諸合戦に参加したという〔太田道灌状〕。

しかし文明十八年七月、太田道灌が扇谷上杉定正《さだまさ》に殺害された。これに対して大森氏頼は、見原《みはら》合戦（埼玉県小川町）、須賀谷《すがや》合戦（同嵐山町）など扇谷上杉氏と山内上杉氏の一族内訌でも引き続き扇谷上杉氏勢に加わったが、不信感をあらわにしている〔武家事紀所収文書〕。

大森氏頼は、明応三年（一四九四）に死去したとされる〔乗光寺過去帳〕。子息実頼は、すでに約十年前の文明十三年から同十五年ごろ死去していたとみられる〔乗光寺過去帳、新編相模風土記稿〕。軍記物（文学作品）や歴史書類では、伊勢宗瑞《いせそうずい》（いわゆる北条早雲《ほうじょうそううん》）が大森氏から小田原城を奪取した時期を明応三年や翌四年と描くことが多い。これは、子息実頼につづく父氏頼の死去によって大森氏が弱体化したことを、伊勢宗瑞の小田原進出と単純にむすびつけた創作であろう。大森氏頼の教養人としての名声は、当時の人びとにひろく知れ渡っていたからである〔玉隠和尚語録〕。

実際の大森氏は、おそらく大森式部少輔《しきぶのしょう》なる人物が家督のとき、伊勢宗瑞の小田原進出を許して没落した。大森式部少輔は、藤頼《ふじより》（氏頼の子息）とも定頼《さだより》（氏頼の孫、実頼の子息）ともいわれるが、そのほかの人物の可能性をふくめて確定はできていない。しかし大森氏没落の時期は、明応五年七月から文亀元年（一五〇一）三月までの間の出来事とみられる〔小田原城天守閣所蔵文書、走湯山什物〕。近年は、上限をさらに絞って明応九年六月の地震後から〔勝山記〕、文亀元年三月までの間とみる見解もある。

しかし、長足の進展をとげた伊勢宗瑞研究の成果によっても、大森氏没落の時期はいまだ確定できていない。

大森氏は、伊勢宗瑞の小田原進出後もしばらくの間、大森式部大輔を名乗る人物が山内上杉氏と連携して伊勢宗瑞と対峙していたことが知られる〔相州文書所収足柄上郡利右衛門所蔵文書〕。この式部大輔が、前述の式部少輔と同一人物であるのか否かの判断は難しい。しかし、氏頼・実頼時代の大森氏が一貫して扇谷上杉氏と連携していたことに比して、式部大輔による山内上杉氏との連携は大きな政治的転換であった。その転換が大森氏没落の前後、一体いつの時点で行なわれたのかはいまだ詳細不明である。いずれにせよ、大森氏頼の死去が大森氏没落の引鉄となったことは間違いない。

大森氏のその後

大森氏頼の娘のひとりは、扇谷上杉持朝の子息高救《たかひら》（のち道含《どうがん》）と婚姻をむすんだ。この高救は、三《み》浦時高《うらときたか》の養子となって三浦氏の家督を継いだ人物である。三浦氏は、南北朝・室町期に相模守護を務めた鎌倉時代以来の伝統的な有力武家である。その三浦高救と氏頼娘の間に生まれたのが義同《よしあつ》（のち道《どう》寸《すん》）であった。三浦道寸は、大森氏頼にとっては外孫なのである。氏頼が大森氏家督であった時代、大森氏と三浦氏は、同じ扇谷上杉氏勢として政治的・血縁的にきわめて近い関係にあったのである。

そうしたことも関係しているのであろうか、大森氏没落後に伊勢宗瑞が三浦氏との武力抗争に入ると、

大森氏歴代の墓　静岡県小山町・乗光寺

大森氏一族のなかから三浦氏に加担して伊勢宗瑞と交戦する人物もいたと思しい。軍記物（文学作品）には、永正十三年（一五一六）、三浦道寸が伊勢宗瑞によって滅亡させられたとき、それに殉じた者のひとりとして大森越後守《えちごのかみ》なる人物が登場する。これは、大森氏一族中に最後まで伊勢宗瑞に抵抗した人物がいたことの暗喩であろう。そして、大森氏の系図類にみえる相模国実田《さなだ》城（神奈川県平塚市）にまつわる伝承もまた、伊勢宗瑞にたいする武力抗争の残照といえようか。一方、小田原北条氏への従属を選んだ者がいたこともまた事実である〔小田原衆所領役帳、町田文書、豊島宮城文書〕。

　室町期大森氏歴代の墓は、静岡県小山町生土《いきど》の雲居山《うんごさん》乗光寺《じょうこうじ》（現在は臨済宗）にある。銘文をもつ六基の宝篋印塔《ほうきょういんとう》のほか多くの石塔が存在している。この乗光寺がある場所には、もともと宝雲山《ほううんざん》浄《じょう》居寺《ごじ》という寺院があり、戦国期に廃絶した〔大蔵経寺所蔵『涅槃図』裏書〕。いまの乗光寺は、近世の検地帳類によれば正保元年（一六四四）、旗本《はたもと》の佐久間頼直《さくまよりなお》が神奈川県山北町平山の浄光寺旧跡地から移転・復興させた寺院である。佐久間頼直は、大森氏頼の子息泰頼《やすより》なる人物の末裔であると称し、のちに大森へ改姓した人物であった。乗光寺には大森氏の墓塔や過去帳・系図などが多く備わっているが、その背景と経緯は正しく理解しておく必要がある。

（杉山一弥）

【主要参考文献】

佐藤博信「大森氏の時代」（『中世東国足利氏・北条氏の研究』岩田書院、二〇〇六年、初出一九九八年）
杉山一弥「室町期の箱根権現別当と武家権力」（『室町幕府の東国政策』思文閣出版、二〇一四年、初出二〇〇四年）
福田以久生「禅秀の乱前後の西相模―大森氏研究序章―」（『駿河相模の武家社会』清文堂、一九七六年、初出一九七五年）
森幸夫「北条早雲の相模侵攻―永正六年の「乱入」に至る過程―」（『小田原北条氏権力の諸相』日本史史料研究会、二〇一二年、初出一九九五年）
展示図録『特別展 伊勢宗瑞の時代』（小田原城天守閣、二〇一九年）

伊勢宗瑞
——今川氏の後見役から関東へ入った戦国大名

幕府官僚から駿河今川氏の後見役に

伊勢《いせ》宗瑞《そうずい》とは、いわゆる「北条早雲《ほうじょうそううん》」のことである。しかし、すでに周知のように、「北条早雲」という名は後世におけるものであり、当時は、伊勢盛時《もりとき》、出家後は伊勢宗瑞を称していた。したがって、ここでも盛時・宗瑞の名で記すことにする。

盛時は、康正二年（一四五六）の生まれである。このことは最近になって確定された事実である。父は室町幕府奉公衆《ほうこうしゅう》の伊勢盛定《もりさだ》（新左衛門尉《しんざえもんのじょう》・備中守《びっちゅうのかみ》・備前守《びぜんのかみ》）、母は伊勢氏本宗家で室町幕府政所《まんどころ》頭人《とうにん》（執事）の伊勢貞国《さだくに》の娘である。盛時は次男として生まれたようだが、兄貞興《さだおき》の存在は当時の活躍が知られないので、盛時は事実上、盛定の嫡男の立場にあったとみられる。仮名《けみょう》は新九郎を称した。また、姉に駿河国守護《しゅご》今川義忠《いまがわよしただ》の妻になる北川殿《きたがわどの》がいた。その子が、戦国大名今川氏の初代になる今川氏親《うじちか》である。

父盛定は、伊勢氏庶流の備中伊勢氏のそのまた庶家の出身だったが、伊勢氏本宗家の婿であったため、本宗家の有力一族の立場にあり、本宗家でナンバー2の立場にあるものが称する備中守を名乗っているように、まさにナンバー2の立場にあった。なかでも駿河今川氏への取次を担当しており、その関係から娘が今川義忠に嫁ぐことになる。そのため、盛時も本宗家一族の一員の立場にあった。盛時は、文明三年（一四七一）の十六歳のときに初めて史料に登場し、菩提寺の備中国荏原郷《えばらごう》の長谷《はせ》法泉寺《ほうせんじ》（岡山県井原市）に禁制《きんぜい》を与えている。ここから、盛時が盛定家の当主になっていたと考えられる。その後、同十年には幕府直臣として活動がみられるようになり、同十五年十一月の二十八歳のときに、室町幕府将軍足利義尚《あしかがよしひさ》の申次衆《もうしつぎしゅう》になった。今でいう秘書官のようなもので、青年官僚として出発したといえる。そしてその活動は、長享元年（一四八七）四月まで確認できる。

伊勢宗瑞（北条早雲）画像　神奈川県箱根町・早雲寺蔵　写真提供：箱根町立郷土資料館

その間の文明八年、今川氏で大きな事件が起きた。姉婿の今川義忠が不慮の死去を遂げ、家督をめぐる争いが家中を二分して展開したのである。江戸時代成立の軍記物語類では、盛時はこのときに駿河に下向し、今川氏の内乱を調停し、その功績により、駿河国興国《こうこく》寺《じ》城と下方庄《しもかたのしょう》を与えられたとされる。しかし、盛時の駿河での活動が確認されるのは、長享二年九月のことである。実は今川氏では、その間の長享元年十一月にも内乱があった。それは、文明八年の内乱によって今川氏当主になっていた今川小鹿範満《おしかのりみつ》（義忠の従弟）を、義忠の遺子竜王丸《たつおうまる》（氏親）が滅ぼし、氏親が実力で今川氏当主の地位に就いた事件である。盛時の駿河での活動がその後からしか確認されないところからすると、盛時が今川氏の内乱で活躍したのは、長享元年十一月であろう。

盛時は、姉北川殿からの支援の要請をうけて駿河に下向し、氏親によるクーデターを主導したのだろう。時に三十二歳であった。そして、クーデター後もしばらくはそのまま駿河に在国し、範満方の制圧をすすめたようだ。そこでは今川氏の御一家（一門）の立場を得て、氏親の補佐役として領国支配を支えた。しかし、盛時の立場はあくまでも幕府直臣であり、そのため延徳元年（一四八九）頃には帰京している。そして、将軍足利義材の申次衆になっている。

伊豆を平定して戦国大名になる

駿河の隣国の伊豆国は、室町幕府足利将軍家の御連枝にあたる堀越公方《ほりごえくぼう》足利政知《まさとも》（義尚の叔父）の領国になっていた。足利政知と今川氏親は親しい関係にあったらしい。また、最近判明した事実であるが、氏親だけでなく盛時自身も京都出身ということで、駿河在国後に政知の奉公衆となり、伊豆国で田中郷《たなかごう》（静岡県伊豆の国市）・桑原郷《くわはらごう》（同函南町）を所領として与えられていたようだ（加越能文庫本今川記）。つまり、盛時は今川氏御一家として今川氏の一門の立場にあったとともに、堀越公方足利家の奉公衆として、その家臣の立場にもあったといえる。

延徳三年（一四九一）四月、足利政知が死去し、閏《うるう》七月にその長男茶々丸が継母と実弟を殺害して、自ら堀越公方家の家督を継ぐというクーデターが起きた。これにより、堀越公方家の家中で内乱が生じたらしい。これにあたって盛時は、クーデター直後の八月に駿河に帰国している。そこでは幕府首脳部との間で、堀越公方家の今後の存続のあり方について協議があったと思われる。さらには、今川氏をめぐる政治状況も動揺するようになったようだ。また、この内乱で盛時の伊豆国の所領も失われていた可能性もある。

堀越公方家の内乱は、周辺地域にも影響を及ぼし、明応元年（一四九二）には、甲斐国で内乱が生じた。今川氏はこれに介入し、軍勢を甲斐に進軍させている。いまだ竜王丸は元服前だったので、総大将は、叔父で後見役の盛時が務めたようだ。こうして盛時は、再び今川軍の総大将を務めるようになった。

さらに同二年四月、中央政界では幕府重臣細川政元《ほそかわまさもと》のクーデターがあり、将軍足利義材《よしき》を廃立し、政知の次男義澄《よしずみ》が新将軍に擁立された。これに連動して、盛時は伊豆国に侵攻し、堀越公方足利茶々丸を攻撃するのである。おそらく新将軍義澄から、茶々丸追討を命じられ、伊豆経略を遂げればそれを領国とすることを認められたのだろう。そして侵攻にあたっては、今川氏から加勢を得て、さらに関東の扇谷上杉《おうぎがやつうえすぎ》氏と連携を遂げたという。この頃、関東では山内《やまのうち》上杉氏と扇谷上杉氏の抗争（長享の乱）が展開しており、足利茶々丸は山内上杉氏と連携し、今川氏は茶々丸と対抗関係にあったから、扇谷上杉氏との連係をすすめたと考えられる。

伊豆に侵攻した盛時は、堀越御所の攻略には成功したらしい。これにより盛時は、韮山《にらやま》城（静岡県伊豆の国市）を構築し、本拠としたようだ。しかし茶々丸を没落させるまでには至らず、その後、伊豆では、長享の乱の展開とも連動しながら、茶々丸方との抗争が展開されていくことになる。そうしたなか、盛時は同三年までに出家して「早雲庵宗瑞」を称している。この出家は、幕府への出仕の停止、あるいは主家筋の堀越公方家への敵対を契機としたのだろうか。以後は、出家後の法名宗瑞の名で記していくことにしたい。

そして明応四年、宗瑞はようやく茶々丸を伊豆から没落させることに成功する。しかし、国内では茶々丸の与党勢力による抵抗は継続しており、翌年には駿河御厨《みくりや》地域・相模西郡を領国とする大森《おおもり》氏が山内上杉方となったため、伊豆北部の確保も難しい事態になっている。しかし同七年八月、ついに茶々丸を切腹に追い込み、伊豆の領国化を遂げるのである。こうして宗瑞は、伊豆一国を領する戦国大名となった。

小田原城の奪取と今川氏からの自立へ

宗瑞が伊豆を攻略した時期、北接する駿河御厨・相模西郡を領する大森氏は、山内上杉方であった。宗瑞が同盟する扇谷上杉氏は、相模中郡以東を領国としていた。具体的な経緯は不明であるが、宗瑞は、明応九年から翌文亀元年（一五〇一）三月までのうちに、大森氏の本拠の小田原城《おだわら》（神奈川県小田原市）を攻略し、大森氏を没落させた。そして、大森氏の領国のうち相模西郡を新たに領国に加え、宗瑞の領国は相模に拡大することになった。

このように宗瑞は、独自の領国を領有する存在になったとはいえ、その立場は基本的には今川氏御一家のままであった。伊豆経略の過程でも、今川軍の総大将の役割を務め、明応三年（一四九四）九月の遠江《とおとうみ》攻め、同四年八月の甲斐攻めを行っている。今川竜王丸は、この頃にようやく元服し、実名氏親を名乗り、以後は今川軍の総大将を務めるようになった。しかしその後でも、宗瑞は今川氏親に従って、文亀元年八月に遠江攻め、同二年九月に甲斐攻めを行っている。この時期、今川氏は遠江の領有をめぐって元守護家の斯波氏と抗争していたが、斯波氏は今川氏への対抗のため、山内上杉氏と連携していた。

そうした関係から、永正元年（一五〇四）正月、宗瑞は山内上杉領国の武蔵西部に侵攻したらしく、同時期に山内上杉氏も今川領国になっていた駿河御厨に侵攻している。続けて宗瑞は、七月頃に遠江に侵攻している。そこでは遠江西部を経略し、遠江一国

小田原城八幡山古郭　宗瑞が大森氏が破った頃の小田原城における中心地の一つであった　神奈川県小田原市

を今川領国とすることに成功している。八月になって山内上杉氏が扇谷上杉氏への侵攻を展開すると、宗瑞は九月、扇谷上杉氏の支援要請をうけて、今川氏親とともに武蔵に進軍した。そして同月二十七日、武蔵立河原《たちかわのはら》（東京都立川市）で山内方と合戦になり、今川氏親・宗瑞の援軍を得た扇谷上杉氏が勝利している（立河原合戦）。その後では、永正三年八月から閏十一月にかけて、今度は三河に侵攻し、さらに同五年十月にも三河に侵攻している。これにより、宗瑞は東三河を経略している。

このように、宗瑞は伊豆経略・小田原城経略などによって自己の領国を確立・拡大していった一方で、基本的に当主氏親に代わって今川軍の総大将を務めており、今川氏の軍事行動を中心的に担っていた。こうした宗瑞の存在は、今川氏の御一家衆であるだけでなく、軍事・行政を中心的に担う、家宰という存在にあたる。いわば当主の後見、代行役であった。宗瑞のこの性格は、最後まで変わることはなかった。宗瑞はその後もしばしば今川氏の本拠の駿府に滞在し、自らをあくまでも今川氏御一家衆と認識していたとみられるからである。

しかし、永正六年から宗瑞が今川氏の軍事行動を担わなくなっていく。その年から、宗瑞は山内・扇谷両上杉氏との抗争を展開していくからである。そして、その抗争は最晩年まで継続された。宗瑞がそれから以降、今川氏の軍事行動に参加しなくなるのは、自らをめぐる両上杉氏との抗争に追われ、余裕がなかったためであろう。その結果、北条氏は今川氏とは別個の大名権力として確立することになる。

相模を平定して二ヶ国を領する

永正六年（一五〇九）八月、宗瑞は山内・扇谷両上杉氏に敵対し、以後、その領国へ侵攻していく。そのうち扇谷上杉氏とは、明応二年（一四九三）の伊豆侵攻以来、十七年におよんで同盟関係にあった。では、どうして、そうした同氏と敵対関係になったのであろうか。

その背景には、伊豆諸島を経由した太平洋海運の権益をめぐる争いがあったらしい。明応七年八月、宗瑞は伊豆経略を果たすと同時に、伊豆半島から伊豆諸島への窓口になっていた下田《しもだ》（静岡県下田市）を押さえ、伊豆諸島支配のための代官御簾《みす》氏を派遣している。同時に、扇谷上杉氏の領国下にあった武蔵側で、伊豆諸島との窓口にあたっていた武蔵神奈川郷《かながわごう》の奥山《おくやま》氏も、代官を派遣している。両者で八丈島《はちじょうじま》支配をめぐる対立があり、奥山氏の代官は永正四年に下田に出仕している。同五年には、奥山氏の代官に同行していた、扇谷上杉方の有力国衆で相模三浦郡を領国とした三浦道寸《みうらどうすん》の家臣朝比奈《あさひな》氏が、下田から八丈島に帰還しようとするが、宗瑞は拘束し、神倉島《かみくらじま》に逗留させている。こうしたことから、太平洋海運をめぐって、宗瑞と扇谷上杉氏とが対立していたことがうかがわれる。

宗瑞は永正六年八月、両上杉氏に敵対する越後長尾為景《ながおためかげ》の支援要請を容れて、扇谷上杉領国に侵攻した。神奈川を支配する重臣上田《うえだ》氏を離叛させ、扇谷上杉氏の本拠武蔵江戸城（東京都千代田区）近くまで迫った。翌七年には、山内上杉領国の武蔵西部にも侵攻している。もっとも七月、山内上杉氏から援軍を得た扇谷上杉氏の反撃をうけ、小田原城近くまで攻められてしまい、やむなく扇谷上杉氏と和睦を結んだ。しかし同九年八月、山内上杉氏での内乱、山内・扇谷両上杉氏の抗争の展開に乗じて、再び扇谷上杉氏に敵対し、その領国への侵攻を開始する。そして同月中に相模中郡・東郡を経略、十二月には武蔵久良岐郡《くらきぐん》南部を経略した。

扇谷上杉方で前面で抗争したのが、三浦道寸であった。翌永正十年正月、道寸との合戦に勝利し、道寸を三浦郡に後退させると、そのまま追撃して、四月には道寸の本拠三崎新井城《みさきあらい》（神奈川県三崎市）を攻撃している。しかし攻略を果たせず、そのまま攻囲を続けていく。同十三年中頃に、扇谷上杉氏が道寸支援のための援軍を進軍させてきたが、宗瑞はこれを撃退し、そのまま三崎新井城を攻撃、ついに七月に攻略を遂げ、三浦氏を滅亡させた。これにより、宗瑞は相模の領国化を遂げ、伊豆・相模二ヶ国を領することになった。

その後は、同年十一月・同十四年十月とあいついで房総に侵攻、同十五年二月には、武蔵西部の山内上杉領国の境目に出陣している。しかし、これが宗瑞の軍事行動としては最後であった。その後では、同年九月に政治改革を行って、印文「禄寿応隠《ろくじゅおうおん》」朱印、いわゆる「虎朱印」を創出し、支配基盤である村落に直接に租税賦課を行う仕組みを構築している。これは、その後における戦国大名の領国支配のあり方を示すものであった。そして同十六年四月には、末男の宗哲《そうてつ》（菊寿丸《きくじゅまる》）に所領を譲与しているので、その頃に家督を嫡男の氏綱《うじつな》に譲って隠居したようだ。七月にはその氏綱が、房総に進軍している。そして八月十五日、宗瑞は韮山城で死去する。享年六十四であった。法名は早雲寺殿天岳宗瑞大禅定門とおくられた。

（黒田基樹）

【主要参考文献】

黒田基樹『戦国大名・伊勢宗瑞〈角川選書624〉』（KADOKAWA、二〇一九年）
黒田基樹『今川氏親と伊勢宗瑞〈中世から近世へ〉』（平凡社、二〇一九年）

岩松家純 ——分裂した一族の統一を果たした実力者

上杉禅秀の乱、その後

応永二十三年(一四一六)、前関東管領《かんとうかんれい》であった犬懸上杉氏憲《いぬがけうえすぎうじのり》(禅秀《ぜんしゅう》)が鎌倉公方足利持氏《かまくらくぼうあしかがもちうじ》に反旗を翻し、挙兵した。世にいう上杉禅秀の乱である。氏憲は、娘を那須資之《なすすけゆき》や千葉兼胤《ちばかねたね》、そして上野国新田荘《にったのしょう》の領主岩松満純《いわまつみつずみ》(家純《いえずみ》の父)に嫁がせ、関東の有力者と姻戚関係を結んでいた。氏憲の蜂起に伴い、その娘婿という立場にあった満純は、これに呼応して兵を挙げることとなった。しかし、室町幕府《むろまちばくふ》の援軍もあり、乱は平定され、犬懸上杉氏は勢力を失った。以後、関東管領職は山内《やまのうち》上杉氏が世襲することとなる。翌年、満純は捕らえられて、鎌倉で斬首された。このとき、子息の家純は若干九歳であった。岩松氏は、新田源氏の流れを汲む一族で、新田氏本宗家没落後、その遺領の多くを受け継ぎ、新田荘の大半を支配していた。「新田岩松系図《にったいわまつけいず》」や「新田岩松之系図附録《にったいわまつのけいずふろく》」は、父満純を新田義貞《よしさだ》の子武蔵守義宗《むさしのかみよしむね》の子と伝えるが、真偽は定かではない。

岩松家純の生涯を紐解くうえで欠かせない史料に、岩松氏に従った僧松陰《しょういん》の回顧録『松陰私語《しご》』がある。筆者の松陰は、顧問僧として享徳《きょうとく》の乱(一四四五―一四八三)の戦場で家純とともにあり、のちに長楽寺《ちょうらくじ》の住持に補任された人物である。『松陰私語』は、享徳の乱の一級史料としても知られるが、家純の半生についても詳細に伝えている。

父を失った家純は、新田荘の有力寺院である長楽寺万像庵《まんぞうあん》の闌谷《らんこく》長老に匿われ、翌二十五年に甲斐武《たけ》田《だ》氏を、その後、美濃土岐《とき》氏を頼り、しばらく蟄居《ちっきょ》し出家したという〔松陰私語〕。甲斐国の守護であった武田信満《のぶみつ》は、上杉氏憲へ娘を嫁がせていたため、乱において氏憲方に味方し、応永二十四年に自害している。守護不在で混乱に陥った甲斐国を治めさせるために、将軍足利義持《よしもち》は、穴山《あなやま》家に養子に入り高《こう》野山《やさん》で出家していた満春《みつはる》（信満の弟）を還俗《げんぞく》させ、家督を継がせた。同年には甲斐に入国していたようなので、家純が頼ったのはこの満春であろう。しかし、同二十八年には守護職に武田信重《のぶしげ》（信満の子）を任命する方針が示されているので、これ以前に満春は守護の立場から離れていたと考えられ、以後、甲斐国は再び混乱することになる。

一方、岩松満純が失脚した新田荘では、応永二十六年、満純の父満国《みつくに》が岩松満春の子土《ど》用安丸《ようやすまる》（持《もち》国《くに》）に惣領職と所領を譲った。満純の失脚に伴い、別系統の当主を立て、家の存続を図ったのである。この経緯について「新田岩松之系図附録」は次のように考察する。

岩松満国（法泉入道）殿は、その嫡子治部大輔《じぶだゆう》を早くに亡くし、養子の満純《みつずみ》が名跡に立てられたが、満純が応永の逆心（上杉禅秀の乱）によって滅亡したため、すでに岩松家は断絶したことになる。しかし、別に京兆家《けいちょうけ》という家があり、その起源を考えると、岩松（礼部《れいぶ》）家の系図からは漏れているが、応永二十二年の旧記を見ると、岩松修理亮満親《しゅりのすけみつちか》という人がいた。この人は満国の弟と見え、その子伊予守満長《いよのかみみつなが》がその家を継いだとされる。次男能登守満春《のとのかみ》は、初め流浪して京都に上り、赤松家などに扶持を受けたことが古文書に見える。その子童名土用安丸（のちの持国）へ満国から譲状があり、また伯父満長の家督についても応永三十年五月二十八日の譲状がある。持国が両家を存続させたと考えられる。もし満国に嫡子治部大輔以外に娘がいて、能登守満春の妻となり、持国を生み、満国の実の孫があったとすれば、嫡子は早世、養子は滅亡し、もはや相続すべき係累がいないので、同姓の姪孫土用安丸を治部大輔の養子などと称し、孫として家督を譲ったのであろうか。その子（持国）は左京大夫《さきょうのだいぶ》、のちに右京大夫《うきょうのだいぶ》ともいった。その後、満純の子三河守家純が、将軍足利義教《よしのり》の命により再び家を興し、岩松治部大輔と称したことによって、世にこれを礼部家と呼んでいる。

応永三十三年までは満長が岩松家の家督にあったが、正長三年（一四三〇）には持国が家督を継ぎ、永享八年（一四三六）に元服した。持国は叔父満長の養子に入るかたちで、実父満春を代官として、家督を継ぐことになる。従来の研究では、持国を満国の孫、つまり満長と満春を満国の子としているが、この「系図附録」は満国の弟満親の子を満長・満春とし、満春の子を持国としている。「系図附録」は近世の新田岩松家で自らの家の歴史を明らかにするために編纂されたものであり、同時代資料と同等の扱いはできない。

たとえば、満春について、「初め流浪して京都に上り、赤松《あかまつ》家などに扶持を受けた」とする古文書の記述は岩松満国（法泉）書状写〔正木文書〕によるものであろう。近年、この書状の内容は、関東下向以前の家純が室町幕府重臣赤松氏の保護を受けていたことを示すものと考えられている。このなかで、「西国方」と記されているのが家純であるとの指摘がある。満国が存命中で、満春が持国の代官の役目を担っていた時期のものであり、応永年間の発給文書である可能性が高い。

しかしながら、従来の説を裏付ける史料も確認できないため、後者の説をとりたい。

家純の幕府出仕

甲斐武田氏に次いで岩松家純が頼ったのは、美濃国の守護土岐氏であった。『松陰私語』は次のように伝える。

岩松家純は、美濃の土岐氏を頼り、出家・蟄居していた。「鎌倉公方足利持氏が将軍義教に対して陰謀を企てている」との情報が京方に味方する牢人《ろうにん》中からあり、四条上杉《しじょう》氏を介して義教に言上された。義教は土岐氏に御書を送り、「関東の岩松満純の子息を扶助しているのは神妙なことである。すぐに上洛させるように」と仰せられたので、家純は衣鉢《いはつ》のまま上洛し、四条上杉家に到着した。やがて上意により還俗。元服し、岩松長純《ながずみ》を名乗った。義教からは鳥目三万疋と四条の御宿所が贈られ、斯波《しば》・細川《ほそかわ》・畠山《はたけやま》ら諸大名からも祝儀があったという。時に家純、生年十八歳のことであった。

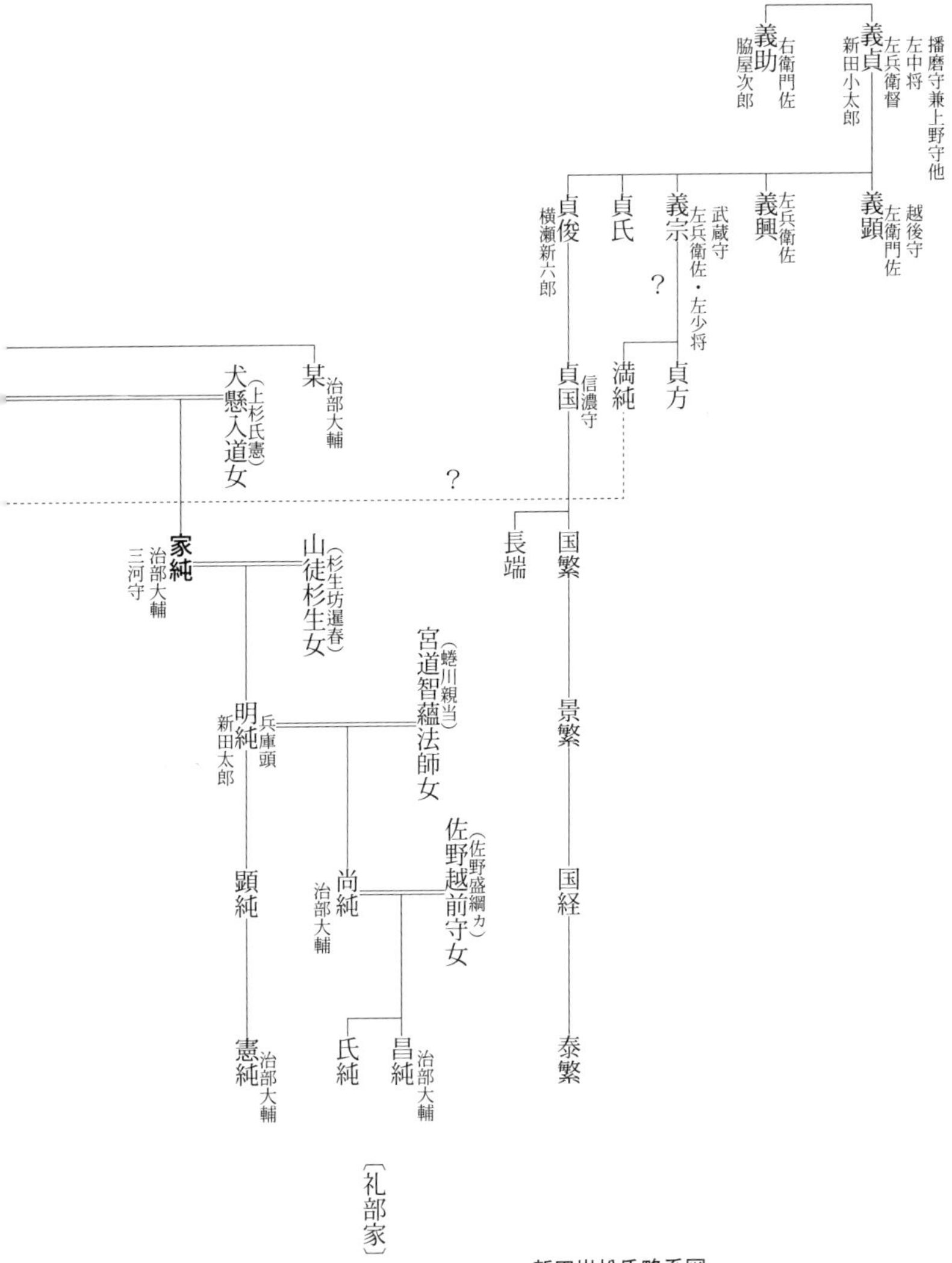

新田岩松氏略系図

「新田岩松系図」(『群馬県史』資料編5)、「新田岩松之系図附録全」(『群馬県立歴史博物館紀要』第四一・四二号)等より作成

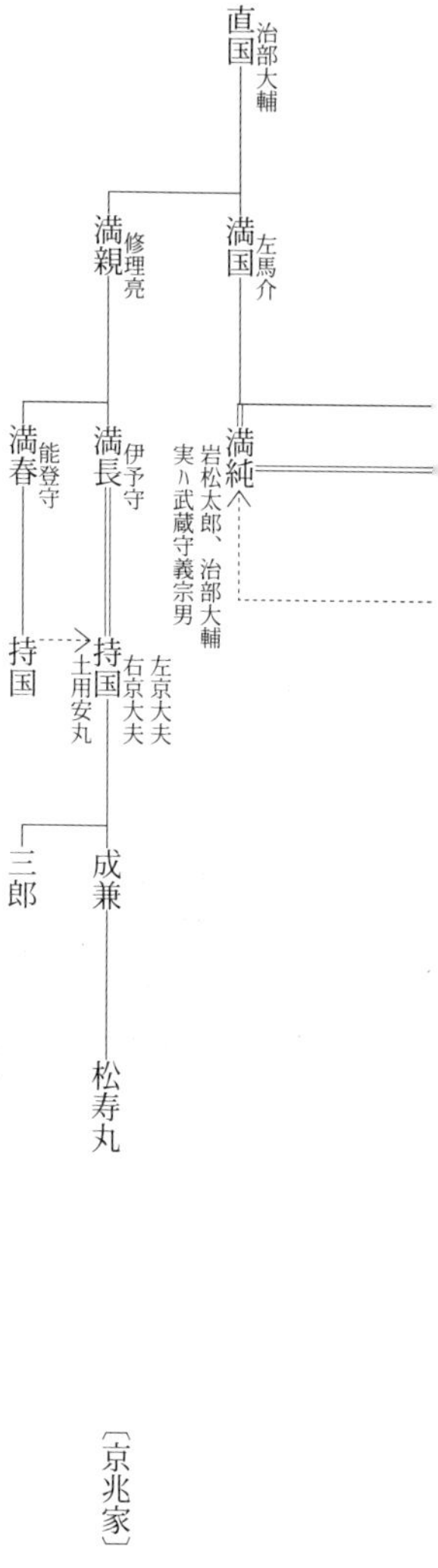

元服、還俗したこのときに、家純は十八歳。記述が正しければ、応永三十三年（一四二六）のことである。家純の室について、「新田岩松系図」は「山徒《さんと》杉生《すぎお》女」と伝える。「山徒」とは、比叡山延暦寺《ひえいざんえんりゃくじ》の衆徒のうち妻帯した僧侶をいう。杉生坊は坂本《さかもと》（大津市）に居住する山徒で、青蓮院門跡《しょうれんいんもんぜき》の門徒であった。元服のときに合わせて婚姻を結んだとすれば、応永三十三年に杉生坊の娘を妻に迎えたことになる。このときの杉生坊は暹春《せんしゅん》なる人物であった。暹春は、坐禅院《ざぜんいん》直全《ちょくぜん》や円明坊《えんめいぼう》兼慶《けんけい》とともに、山門使節《さんもんしせつ》の任に就いていた。山門使節とは、鎌倉時代に山門と幕府の交渉窓口となった一組織であり、将軍足利義満《よしみつ》の時代になると延暦寺における使節遵行《じゅんぎょう》などの諸権限が幕府から守護並みに認められていた。この使節の働きもあり、かつて白河上皇《しらかわじょうこう》に「天下三不如意《てんかのさんふにょい》」と呼ばしめた山法師《やまほうし》（延暦寺衆徒）の嗷訴《ごうそ》が、義満在任中には一度も起きなかったという。しかし、義持の代になると徐々に両者の間に亀裂が生じ、決定的な決裂を見せたのが義教の代であったとされる。

幕府に招聘された家純だったが、関東下向はすぐには行われなかった。永享十年（一四三八）、鎌倉公方足利持氏と関東管領上杉憲実《のりざね》の対立に端を発した永享の乱が起こり、将軍足利義教は憲実を全面的に支援したが、この軍事行動において家純の名は見えない。この間、京に居住していたのだろう。この間の京の様子を見てみると、山門の活動が活発になった時期に相当する。とくに「永享の山門騒乱」の影響は少なからずあったであろう。永享五年七月十七日、山門衆徒が日吉神社客人社《ひよしじんじゃまろうど》の神輿を比叡山の根本中堂《こんぽんちゅうどう》に動座させ、嗷訴に及んだ。その中核を成したのが円明坊兼宗ら山門使節であった。幕府側に与していた使節が反旗を翻したことになる。主な要因に正長元年（一四二八）に幕府が衆徒に認めた諸権利の不履行があげられ、衆徒内の不満を使節が抑えきれずに立場を悪化させたことが指摘されている。一時、和議が結ばれる方向に傾いたが、翌六年七月には衆徒が鎌倉公方足利持氏と通じているとの噂が流れ、結局、山門と幕府の関係は改善されなかった。

このような混乱のなか、真っ先に幕府側へ服属したのが、杉生坊暹賢《せんけん》であった。同年十月のことである。暹賢は、家純の舅と推定される暹春の後継者であり、永享二年末に山門使節への加盟認証を受けていることから、この時期に代替わりが行われたのだろう。十一月には義教は暹賢に坂本への侵攻を命じ、円明坊らが迎えこれを撃った。激しい戦闘の末に暹賢は討ち死にしている。坂本での敗北により、幕府は大軍を発向させ「坂本中滅亡」したとされる〔看聞日記〕。最終的に根本中堂への衆徒の放火というかたちで山門騒乱が結末を迎えたのは、永享七年二月のことであった。管見の限り、この永享の山門騒乱において家純の活動を示す史料は確認できない。しかし、応永三十三年の幕府出仕以降も家純が京に留まった背景の一つとして、妻の実家にあたる杉生坊が加わった山門騒乱による混乱を想定することができるのではないだろうか。関東において家純の活動が見えるのは、結城《ゆうき》合戦（永享十二年）以降のことである。

結城合戦と関東下向

永享十二年（一四四〇）四月、永享の乱で敗れた鎌倉公方足利持氏方の諸将や下総国の結城氏朝《うじとも》・持《もち》朝《とも》父子らが、持氏の遺児安王丸《やすおうまる》・春王丸《しゅんおうまる》を擁立し、室町幕府に反旗を翻した。世にいう結城合戦である。『松陰私語』は、持氏の遺児が下野国結城城（茨城県結城市）に立て籠もり、関東管領上杉氏の軍勢が幕府軍と同時に取り囲んだと記している。幕府軍は三十三か国の軍兵で上杉方に加勢し、結城城の四方に張陣した。その後、京都に進上した着到の内容によると、軍勢はおよそ一八〇万騎に及び、岩松家純は幕府軍の三大将の一人に数えられている。家純は、関東への下着の当初、兵粮料《ひょうろうりょう》として越中三美郷・丹生前・宮崎（福井県越前町、富山県入善町）が与えられたという。結城合戦では将軍義教の権力を背景に、新田岩松刑部少輔《ぎょうぶのしょう》や西谷下野守《にしたにしもつけのかみ》、新田朝沢修理亮《あしざわしゅりのすけ》・鳥山孫三郎《とりやまごさぶろう》ら一部の新田岩松一族が幕府方として従軍していることが知られている。

また家純は、常陸国の小栗《おぐり》氏が幕府方の篠川《ささがわ》公方足利満直《みつなお》に伺候したことを、京都へ注進する約束をし、関東の諸将の幕府への忠節を取り次ぐ役割も果たしていた。『松陰私語』の各所に「当家之再興者、京都之御力也」といった記述が見られるように、家純の関東復帰については将軍義教の力によるところが大きく、家純が関東諸将と幕府をつなぐ一役を担っていたことがわかる。一方、新田荘を掌握した京兆家の持国は、結城城に籠城する足利安王丸方の有力武将として活動している。新田岩松一族は、鎌倉公方足利氏方および関東管領上杉氏・幕府方に勢力を二分して結城合戦を戦ったこととなる。

嘉吉元年（一四四一）四月十六日、結城城は落城した。結城氏朝・持朝は敗北し討ち死にし、春王丸・安王丸は義教の命により京に送られる途中の美濃国垂井宿《たるいじゅく》（岐阜県垂井町）で斬首された。末子の万寿《まんじゅ》王丸《おうまる》（のちの成氏）は、信濃国の大井持光《おおいもちみつ》の保護のもとで養育されたという。

その直後の六月二十四日、将軍義教が播磨国守護赤松満祐《みつすけ》に殺害される事件が起こった。嘉吉の変である。殺害現場となったのが結城合戦戦勝の祝宴の場であり、その報は関東にいた家純のもとへも届いていた〔足利将軍御内書并奉書留〕。最大の後ろ盾を失い、家純は大きな痛手を被ることになる。一方の結城方であった持国は、この政変を受けて万寿王丸と積極的にコンタクトを取り、鎌倉府復興の動きが活発化していく。文安四年（一四四七）、万寿王丸は関東に下り、鎌倉府を奪還した。宝徳元年（一四四九）には、足利持氏の後継として将軍義成《よししげ》（のちの義政《よしまさ》）から一字を拝領して成氏を名乗り、鎌倉公方に就任した。持国は成氏擁立の功績により、成氏の重臣として以後活動していく。

享徳の乱と岩松家の統一

享徳三年（一四五四）十二月二十七日、鎌倉公方足利成氏は関東管領上杉憲忠《のりただ》を鎌倉西御門《にしみかど》の邸宅に招き、謀殺した。関東戦国時代の幕開けともいわれる享徳の乱の勃発である。京兆家の岩松持国は成氏に従い、鎌倉山内の上杉邸を攻め負傷し、成氏からの感状を賜っている〔正木文書〕。上野国における公方方の中心人物は持国であった。翌四年（康正元年）正月二十一日には武蔵国分倍河原《ぶばいがわら》（東京都府中市）で足利方・上杉方の間で合戦が起こり、その後、戦乱は上野国にも拡大している。三月三日、成氏の古河《こが》（茨城県古河市）動座に伴い持国は、上州一揆が古河へ成氏に随行するために、その知行など へ濫妨狼藉が行われないよう、対策を成氏から命じられている〔正木文書〕。

一方、成氏が本拠とした古河に対して上杉方は五十子《いかっこ》（埼玉県本庄市）に陣を置いたため、礼部家の家純は五十子陣に属していた。その動向は不明な点が多いが、『松陰私語』からは、同年六月二日の角淵《つのぶち》（群馬県玉村町）で起こった合戦に参加したことがうかがえ、同月五日の三宮原合戦《さんみやはら》（同吉岡町）および七月二十五日の穂積原合戦《ほづみはら》（同伊勢崎市）には上杉方として参陣していることが知られる。三宮原では、新田・鳥山・桃井《もものい》といった京兆家とそれに与する一族を相手どり、勝利した。大手に布陣した山内上杉氏に対して家純の軍は搦手《からめて》を担い、赤城山麓《あかぎさん》の堀越《ほりごえ》（前橋市）に二千五百余騎で張陣している。また穂積原では持国をはじめとする新田岩松一族、結城・小山《おやま》・佐野《さの》・佐貫《さぬき》ら五千騎に相対し、朝方に行われた合戦では敗北したものの、夕方の合戦では勝利を収めている。この合戦では、家純の一族である新《にい》野《の》出羽守《でわのかみ》や渋河《しぶかわ》能登守《のとのかみ》をはじめとする二十数人が討ち死にし、重臣の横瀬国繁《よこせくにしげ》も負傷している。足利氏方は足利方面へと敗走したという。

翌康正二年二月二十一日に家純は鹿田《しかた》（群馬県太田市）・泉沢《いずみさわ》（前橋市）方面へと行軍し、上州一揆の一員である赤堀政綱《あかほりまさつな》がこれを迎撃し、成氏から感状を受けている。さらには九月十七日の岡部原《おかべはら》合戦で、家純は上杉房定《ふささだ》・持朝《もちとも》らとともに終日岡部原に陣を張り、夜に入り、本陣である五十子陣に馬を納めている。同時代の史料上で追える事績は乏しいが、家純はこの間、終始一貫して上杉氏方として関東北部に軍事行動を展開していたらしい。

岩松氏を二分するこの戦乱に大きな転換をもたらしたのは、長禄二年（一四五八）のことであった。岩松持国とその子息次郎・三郎に対して、幕府から味方に参じるように命じた御内書《ごないしょ》が発給された〔正木文書〕。この前年には将軍義政の弟政知《まさとも》が上杉方の鎌倉公方に任じられ、長禄二年五月頃に関東に下向している（堀越《ほりごえ》公方）。これに先駆けて同年三月に持国は幕府方に転じていた。幕府方にあった家純は、持国の請文を政知に仲介しており、五月二十日には家純が持国に対して政知への参陣を求めている〔正木文書〕。持国は幕府方へ転じるに及び、自らの所領の安堵を得るために「新田庄内本知行分并闕所注文」〔正木文書〕を作成した。ここに記された領域は持国の当知行分と考えられ、参陣すれば本領安堵を行う旨が関東管領上杉氏から約束されており〔正木文書〕、八月二十二日には家純がこの一部領有を持国に認めている〔正木文書〕。礼部家と京兆家の間の交渉は、それぞれの家臣である横瀬国繁と伊丹伯耆守の間で行われた。持国と二人の子息は上杉方に参じることになるが、持国方の一族も決して一枚岩ではなく、翌三年二月には持国の次男成兼《しげかね》が公方方に転じている〔正木文書〕。

長禄三年十月、関東管領上杉氏は武蔵国太田荘《おおたのしょう》に進出し、古河公方方と合戦に及んだ。戦線は上野国佐貫荘羽継原《はねつくはら》（群馬県館林市）などで展開し、持国と長子宮内少輔《くないのしょう》は上杉方として行動している。持国父子の戦功が家純によって幕府に取り次がれており、岩松家の惣領としての立場は家純にあったことが指摘されている。しかしながら、羽継原合戦で上杉方は敗北を喫し、以後守りに徹する部分も多々あった。寛正二年（一四六一）五月には持国は再び古河公方方に転じ、家純によって「沙汰」を受けている〔御内書案御内書引付〕。家純は、応仁二年頃までに京兆家の影響下にあった新田荘を回復し、持国の次男成兼を没落させるに至った。ここに、礼部家と京兆家に分立していた岩松家は、家純のもとで統一されたのである。

金山城跡　群馬県太田市

岩松家の統一を内外に示す一大事業として新田金山《かなやま》城（群馬県太田市）の築城があげられる。金山城は、享徳の乱中の文明元年（一四六九）に築かれたとされている。築城前の金山は、発掘調査から聖地として宗教的性格を有していた時期があったことや、「新田城」〔建武三年十二月付佐野安房一王丸軍忠状〕が金山城の前身であった可能性が指摘されている。『松陰私語』によれば、文明元年に礼部家の家純が、京兆家の持国を滅ぼして岩松両家の統一を図り、新田氏本領の継承者として新田荘のランドマークである金山に築城したとされる。縄張は、岩松家重臣横瀬国繁、長楽寺の僧松陰らによるという。『松陰私語』によると、二月二十五日に「地鎮之儀」を行い、七〇日間の普請を続け、八月に五十子陣に在陣していた家純を迎え、完成の祝儀を行ったとされている。この頃完成した金山城は、山頂を中心とした一部の空間に限られていたとの指摘がある。五十子陣が崩壊した文明九年以後、家純は金山城に在城することとなるが、この頃には真城《しんじょう》（実城《みじょう》）と坂中城《さかなかじょう》の二つの曲輪が存在していたと考えられている

（青木裕美）

【主要参考文献】

『太田市史』通史編中世（太田市、一九九七年）
『群馬県史』通史編中世（群馬県、一九八九年）
『戦国史―上州の150年戦争―』（上毛新聞社、二〇一二年）
久保田順一『戦国上野国衆事典』（戎光祥出版、二〇二一年）
黒田基樹編著『上野岩松氏』〈シリーズ・中世関東武士の研究第一五巻〉（戎光祥出版、二〇一五年）
群馬県立歴史博物館編『戦国人―上州の150傑―』（上毛新聞社、二〇二一年）
下坂守『京を支配する山法師たち―中世延暦寺の富と力―』（吉川弘文館、二〇一一年）
峰岸純夫『新田岩松氏』〈中世武士選書7〉（戎光祥出版、二〇一一年）

峰岸純夫・川崎千鶴校訂『松陰私語』〈史料纂集〉（八木書店、二〇一一年）
森田真一・細谷昌弘「史料紹介『新田岩松之系図付録 全』（上）」（『群馬県立歴史博物館紀要』四〇、二〇一九年）
森田真一・細谷昌弘「史料紹介『新田岩松之系図付録 全』（下）」（『群馬県立歴史博物館紀要』四一、二〇二〇年）

横瀬国繁・成繁
——主家の実権を握った切れ者父子

両岩松家の統一と五十子陣の崩壊

関東の戦国時代の幕開けともいえる享徳《きょうとく》の乱の最中、康正元年（一四五五）、武蔵国須賀《すが》（埼玉県行田市）で横瀬良順《よこせりょうじゅん》（「清和源氏新田由良系図《せいわげんじにったゆらけいず》」は貞国と伝える）が戦死した。岩松氏の陣僧《じんそう》であった松陰《しょういん》が記した『松陰私語《しご》』の目録には、「去康正元年十二月三日武州須賀合戦三五日已前横瀬良順為御代官出陣被申請事」「良順討死之上犬房御扶助事」とみえる。この記述が含まれるであろう「私語」第三は、本文が伝存しておらず、目録で内容をうかがい知るのみである。しかし、翌二年正月二十九日に嫡子国繁《くにしげ》が将軍足利義政《あしかがよしまさ》から受け取った感状《かんじょう》には、「去年十二月三日、武州須賀合戦のときに父信濃入道《しなのにゅうどう》が討ち死にし、国繁自身も疵《きず》を被り、被官人も死傷したという注文が到来した」旨が記されている（由良文書）。良順は小野篁《おののたかむら》から十八代の子孫と言われ（私語）、家純の「代官」として須賀合戦に参加していたことが知られる。

良順の死をさかのぼること約四〇年、上野国新田荘《にったのしょう》を支配した新田岩松氏《いわまつ》は、上杉禅秀《うえすぎぜんしゅう》の乱を機に礼部《れいぶ》家と京兆《けいちょう》家が分立した。礼部家の家純《いえずみ》は、新田荘の領主であった父満純《みつずみ》を失い、甲斐武田《たけだ》氏・美濃土岐《とき》氏らを頼り西国に身を寄せ、室町幕府に出仕後、将軍義教《よしのり》の意を受けて関東に下向することとなる。良順について、系図は横瀬氏を新田一族に連ねるために「生国住所同前（上野新田之庄金山城）」とするものの、その経歴は不明であり、家純に従って関東にやってきたものと考えられている。その所領の一部である大蔵郷《おおくらごう》四郷（群馬県太田市）は「京都上之吉良殿旧領」とされ、良順が直銭一千貫文で買得したということからも、京都との繋がりとかなりの財産を保有していたことがわかる。

良順の死後、跡を継いだのは、嫡子の国繁であった。国繁にとってというよりは、主家岩松礼部家を含む新田地域にとっての最大の懸案は、分立した両岩松家の和睦であった。国繁は、長禄二年（一四五八）には京兆家の家臣であった伊丹伯耆守《いたみほうきのかみ》と交渉を密に行い、和睦を実現している〔正木文書〕。この背後には、京兆家の持国を味方に引き入れることで関東に力を持つ足利成氏《しげうじ》の勢力を削ぎたい室町幕府の思惑があった。持国が所有していた義父岩松満長《みつなが》の所領や世良田《せらだ》・鶴生田《つるうだ》（ともに群馬県太田市）の寺領など京兆家の知行地は、家純の礼部家の知行に吸収されることにな

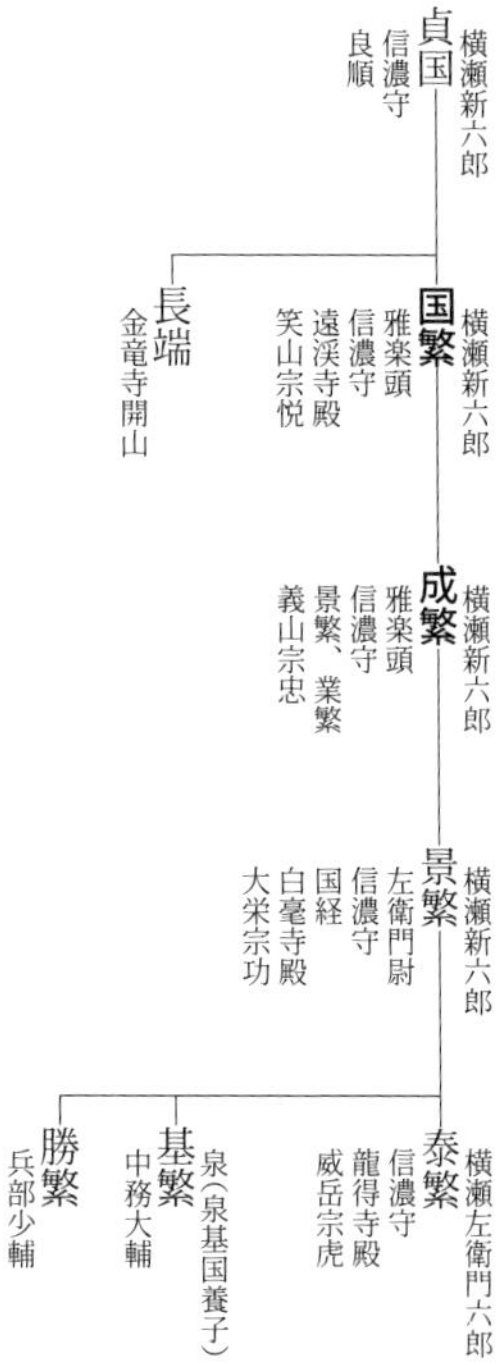

横瀬氏系図
※『金山城と由良氏』所収峰岸純夫「金山城とその時代―横瀬・由良氏と一族・家臣―」掲載系図に拠る

り、両岩松家は統一を果たすことになる。しかしながら、この翌年に持国の次男成兼《しげかね》が成氏方に与したため、この和睦はまもなく破綻し、寛正二年（一四六一）には持国とその長男宮内少輔《くないのしょう》は家純に殺害されることとなる。応仁元年（一四六七）頃には成兼も没落し、家純を当主とする礼部家が、領主として新田荘に支配権を確立することとなった。

文明元年（一四六九）二月二十五日、金山《かなやま》城事始めが実施された。これは金山城を築くにあたっての地鎮《じちん》を行うもので、『松陰私語』の筆者である長楽寺《ちょうらくじ》の僧松陰が儀式を執り行った。八月には、家純が享徳の乱における上杉方の陣所である五十子《いかっこ》（埼玉県深谷市）から金山城へ入り、祝宴をあげた。この際、国繁以下の家臣たちはみな由良原まで出迎えに参上したという〔私語〕。祝宴に際して、当主家純が上座の中央に座し、その左右二列に相伴之衆《しょうばんのしゅう》が着席した。左側には新田岩松一門の新野《にいの》・西谷《にしや》・高林《たかばやし》・富沢《とみさわ》・福沢《ふくさわ》、京兆家の被官である伊丹・金井《かない》・沼尻《ぬまじり》らが座り、右側には渋河《しぶかわ》・田中《たなか》・綿打《わたうち》・脇谷《わきたに》・村田《むらた》・堀内《ほりうち》といった礼部家の家臣、城衆の横瀬国繁・伊豆《いず》・相模《さがみ》・駿河《するが》、五十子の御供衆が座った。ここに家中の再結集を図り、その象徴として祝宴の場が設けられたのである。このとき、国繁は他の家臣から儀式の指南を仰がれる立場にあり、家臣の中でも筆頭の位置にあったことが知られる。

新田荘が上杉方である家純の支配領域として確固たるものとなり、このことは成氏が拠点とする古河《こが》（茨城県古河市）への上杉方の侵攻を容易にした。文明三年四月、家純が総大将として佐貫荘（群馬県館林市）に侵攻した際には、国繁も出陣し、赤見《あかみ》城（栃木県佐野市）・樺崎《かばさき》城（同足利市）の攻略について将軍義政からの感状を受けている〔由良文書〕。しかし、翌年には成氏が攻勢に転じて、足利から新田荘に侵攻し、金山城を取り囲んだ。国繁とその子成繁《なりしげ》は、一門や被官等と金山城に籠城したという〔私語〕。

文明九年正月、長尾《ながお》景春《かげはる》の乱により五十子陣は崩壊した。前年に起こった山内《やまのうち》上杉家の内紛により、白井《しろい》長尾景春が山内上杉顕定《あきさだ》に反旗を翻したのである。世にいう長尾景春の乱である。『松陰私語』によると、景春軍には、武蔵・上野・相模三ヶ国で、山内上杉家宰長尾忠景《ただかげ》に鬱憤《うっぷん》を持つ二・三千余人が味方したという。景春は五十子に通じる道を押さえ、兵粮を絶った。これを受け、家純も五十子を退き、金山城に帰城した。これには嫡子明純《あきずみ》とその子尚純《ひさずみ》も同行した〔私語〕。

家純・明純の不和

五十子陣からの退去に伴い、岩松家純は上杉方から離れ、古河公方足利成氏方に与しようとした。しかし、嫡子明純は上杉顕定に歩み寄りを見せ、下野国足利荘六六郷および武州長井一二郷の領知を認められた。これには、岩松氏内の対立だけでなく、横瀬氏の内部での対立の体をも見せていた。国繁の弟宗稟《そうりん》が明純に同調して上杉方に味方し、同様に大室《おおむろ》七郷（前橋市）を得ているのである。明純の上杉方への従属は明らかとなった。

文明九年（一四七七）七月二十三日、家純は一族・家臣を金山城に集めて一味《いちみ》神水《しんすい》の儀式を行った。これは、家純が三ヵ条の起請文を作成し、家臣らにその遵守を誓約させたものである。起請文の内容は、

①「都鄙《とひ》の大途《だいと》」以外は他家への合力のために岩松家の軍勢を出さないこと、②この旨に背き、他家に合力した場合、嫡子の明純といえども「不孝」と号して勘当すること、③当家で定められた壁書の条々（法令）によって、国繁が代官として執行し、公私にわたって諸沙汰すべきこと、の三点であった。ここに国繁が家純の代官として岩松氏の執務を執り行う執事の立場が明確化された。ともに、明純との対立で乱れた家中を一味神水という手段を用いて家純への権力集中を図ったのである。

しかしながら、当の明純・尚純父子はこの場には現れなかった。家純との間の義絶は、簡単には終息しない域にまで達していたのである。松陰も明純の「御庁」を訪れたが、明純は「西国行脚」と称して新田荘を離れていた。国繁とその弟長端《ちょうたん》（金竜和尚《きんりゅうおしょう》）に三原田《みはらだ》（渋川市）まで見送られ、越後に向かったとも考えられている。

文明十四年十一月二十七日、成氏と上杉氏の和睦が成立し（都鄙の和睦）、享徳の乱は終焉を迎えた。これに伴い、国繁とその子成繁は、鉢形城《はちがた》（埼玉県寄居町）に在った明純の子尚純を金山城に戻そうと画策した。尚純を家純の後継に据えようという動きである。鉢形城は、かつて山内上杉顕定が拠点とした城であり、尚純は明純の追放以降、ここに拠っていたのである。

しかし、家純は尚純に対面しようとはせず、成氏も承認しなかった。そこで、国繁とその子景繁《かげしげ》、同族の伊豆守父子は成氏へたびたび申し上げ、隠密に成氏と尚純の対面を実現しようと図った。しかし、当初この国繁の行動は主家である家純の意向を軽んずるものだと、成氏の勘気を被ることとなる。たびかさなる交渉の結果、成氏によって尚純は家純の「名代《みょうだい》」として位置づけられ、国繁がこれを補佐することとなった。古河公方の上意を汲むかたちで、家純もこれを受け入れて尚純との対面を果たし、尚純は家純の「名代」として古河に出仕した。成繁や松陰が尚純の出仕前に古河に入り準備を整え、尚純は成氏に太刀を献上。成氏からも太刀を下され、岩松家代々の官途である「治部大輔《じぶだゆう》」も拝領することとなった〔私語〕。

長享元年（一四八七）、享徳の乱の終焉や岩松家の統一を経ても平和の余韻に浸ることなく、上杉氏内部の対立、山内上杉氏と扇谷上杉氏との抗争が表面化した（長享の乱）。古河公方足利成氏は扇谷上杉氏を支持したため、家純もまた扇谷上杉氏に味方した。

明応三年（一四九四）四月二十二日に岩松家純が死去した。臨終に際して、継嗣尚純や国繁・成繁父子らが家純の枕元に参上した。このとき、「何事も国繁に相談するように」との遺言が伝えられたという。家純の亡骸は金山城の麓の呑嶺《どんれい》に葬られた。家純の死去を受け、国繁・成繁によって明純・尚純父子の和解が図られることとなった。このとき明純は、山内上杉顕定に従って惣社《そうじゃ》（前橋市）の陣にあった。山内上杉氏に与した明純と扇谷上杉方の尚純。長享の乱で対立する両勢力に与し、父子で袂を分かっている状況を憂いた国繁・成繁父子は、「山内御調法」（上杉顕定の仲介）によって対面が実現させた。同年十月、国繁は隠居し、嫡子成繁が横瀬氏の家督を継ぐ。翌十一月には明純が新田荘へ戻り、明純に同調していた横瀬宗稟もこれに従った。しかしながら、すでに嫡子尚純が家純の名代として古河に出仕し

岩松尚純像　横瀬氏は岩松尚純から実権を奪い取り、権力の強化を図った　群馬県太田市・青蓮寺蔵　群馬県立歴史博物館寄託

ており、代々の官途である治部大輔も得ている。この状況で、新たに明純を岩松家の当主として、また新田荘の領主として仰ぐことは難しかった。結果、丹生郷《にうごう》への隠遁を勧められるが、このことを不服に思った明純は、再び山内上杉氏の惣社陣に戻り、父子の和解は失敗に終わったのである（私語」。

屋裏の錯乱と横瀬氏の実権掌握

明応四年（一四九五）四月十七日、岩松明純に属する下野国の佐野小太郎《さのこたろう》（秀綱《ひでつな》）が、金山城を攻撃した。このとき、国繁はすでに由良（群馬県太田市）の旧居に隠居しており、成繁は一族・被官三百余人とともに草津《くさつ》（群馬県東吾妻町）へ湯治に赴いていた。金山城は成繁の弟四郎が在城するのみであり、まったくもって手薄な状況をついた来襲であった。佐野氏の軍勢三百騎は金山城の呑嶺坂を駆け上がり、家純の廟所に至り、さらに実城《みじょう》、中城《なかじょう》へと侵攻した。岩松家当主である尚純はこれに連動し、自ら金井《かない》（同太田市）の在所に城郭を構えて立て籠もった（私語」。「新田岩松系図」は尚純の妻を「佐野越前守女」と伝え、佐野小太郎が「横瀬御退治」を表明したこの行動は明純と尚純の意向を受けてのものと考えられている。

明純・尚純父子は古河公方・山内上杉氏の後ろ盾を受けていたが、横瀬氏の籠もる金山城は堅固であり、事態は膠着状態となった。最終的には、十二月十八日、古河公方の上意により、尚純は佐野に隠居となり、生まれたばかりの尚純の嫡子夜叉王丸《やしゃおうまる》に家督を継がせ、横瀬父子が補佐するかたちで決着がついた〔私語〕。この事件は「屋裏の錯乱」と呼ばれ、主家岩松氏が代官横瀬氏から実権を奪い返そうという意図に起因して起こったものであった。大部分の家臣らが尚純に味方したにもかかわらず、横瀬氏は金山城を死守し、古河公方から自身に有利な裁定を得た。この事件によって、横瀬氏の権力が他に比類するものでないことが内外に知れわたり、夜叉王丸の家督継承によって、岩松家中の実権を完全に掌握することとなった。夜叉王丸は足利鑁阿寺《ばんなじ》にあったが、六歳になるのを待って金山城に移った。七歳のとき、岩松八幡宮で元服し、次郎昌純《じろうまさずみ》を名乗る。これらの儀式も成繁が主導して行われた。形式的に昌純を岩松家当主として新田荘の領主と仰ぐも、実権は成繁の手中にあった。

失脚した明純の動向は不明であるが、尚純については文化人として連歌三昧の日々を送っていたことが知られる。明応四年に連歌師宗祇《そうぎ》が編纂した「新撰菟玖波集《しんせんつくばしゅう》」には、尚純が詠んだ九句が収められている。父明純は、京都在府中の文正《ぶんしょう》元年（一四六六）九月八日の『後法興院記《ごほうこういんき》』および応仁二年（一四六八）二月二十四日の『後法成寺関白記《ごほうじょうじかんぱくき》』に、それぞれ関白太政大臣《だいじょうだいじん》近衛《このえ》政家《まさいえ》邸と同近衛尚通《ひさみち》（政家の子）邸への訪問の記事がみられる。政家も尚通も和歌に優れ、特に尚通の邸宅は当時流行した連歌師たちが出入りする文芸サロンの一つであった。また、「新撰菟玖波集」の編者としても知られる連歌師宗祇は、享徳の乱の最中であった文明十二年（一四八〇）に上杉氏の拠点であった五十子を訪れ、「新田礼部亭」（家純の邸宅）でも連歌会を催している〔萱草〕。京都に拠点を置いた時代の岩松氏の素地が、尚純の文化的素養を醸成させたのであろう。

新田荘で隠遁生活を送る尚純のもとへもたびたび文化人が訪れている。永正六年（一五〇九）八月に利根《とね》川対岸の長井から舟渡で新田荘に入った連歌師の宗長《そうちょう》は、岩松礼部家の尚純（号：静喜《せいき》）が隠遁している寓居に五・六日間逗留し、連歌を二度行ったという〔東路《あずまじ》の津登《つと》〕。宗長の目的は白河《しらかわ》の関（福島県白河市）の訪問であった。しかし、宇都宮《うつのみや》氏と那須《なす》氏の争乱や鬼怒《きぬ》川・那珂《なか》川の氾濫もあり、もう一つの目的であった草津での湯治が冬季になると行えなくなるために宇都宮で引き返し、草津へ向かう途上、閏八月に再び新田荘を訪れている。このとき、成繁家臣の大沢下総守《おおさわしもうさのかみ》のもとで草津湯治の準備を六・七日かけて行い、尚純と連歌を行っている。また、閏八月二十九日には、山内上杉顕定の越後への出陣を祈願した連歌会に参加している〔何色百韻〕。屋裏の錯乱で失脚して以降、尚純が表舞台に立つことはなかった。この文化的素養は当主だけのものではなく、家臣団にも浸透している。「新撰菟玖波集」には「小野国繁」（横瀬国繁）の句が三句、同姓の「業繁」（成繁）の句が二句収められている。

横瀬成繁は文亀元年（一五〇一）八月八日に死去した〔金竜寺蔵 横瀬成繁供養塔銘〕。家督は嫡子景繁が継承した。

（青木裕美）

【主要参考文献】
『太田市史』通史編中世（太田市、一九九七年）
『金山城と由良氏』（太田市教育委員会、一九九六年）
『群馬県史』通史編中世（群馬県、一九八九年）
『戦国史―上州の150年戦争―』（上毛新聞社、二〇一二年）
久保田順一『戦国上野国衆事典』（戎光祥出版、二〇二一年）
群馬県立歴史博物館編『戦国人―上州の150傑―』（上毛新聞社、二〇二一年）
峰岸純夫・川崎千鶴校訂『松陰私語』〈史料纂集〉（八木書店、二〇一一年）

長尾顕景 ——山内上杉氏に翻弄された惣社長尾家当主

長尾顕景の系譜と家族

長尾《ながお》顕景《あきかげ》は、山内上杉《やまのうちうえすぎ》家の家老で上野国守護代《しゅごだい》の長尾定明《さだあき》の嫡男である。同じく上野国守護代を務めるとともに、上野国惣社《そうじゃ》城（前橋市）を本拠に、惣社領という領国を形成し、山内上杉家の有力家臣であるとともに国衆《くにしゅう》として存在した。実名のうちの「顕」字は、主君の山内上杉顕定《あきさだ》からの偏諱《へんき》だろう。生年は判明していないが、三男景房《かげふさ》（のち憲景《のりかげ》）が永正八年（一五一一）生まれと伝えられているので〔双林寺伝記〕、およそ文明年間終わり頃（一四八〇年代）の生まれと推定できる。通称は初め仮名《けみょう》平五郎《へいごろう》を称し、のちに官途名左衛門大夫《さえもんのだいぶ》を称し、出家後は法名知竜斎元昶《ちりゅうさいげんちょう》を称した。

父定明は山内上杉家の家宰・長尾忠景《ただかげ》の三男で、長尾氏の有力一族として、代々上野国守護代を務めてきた長尾能登守《のとのかみ》家を養子継承した人物である。文明九年（一四七七）頃から能登守家の当主としてみえ、上野国守護代を務めている。通称は初め仮名平五郎を称した。これは忠景の仮名孫五郎《まごごろう》にちなんだものになる。その後、能登守家の歴代官途の能登守に改称している。上野における山内上杉家家臣の代表者として存在し、山内上杉家に従う上野国衆に対して取次を務めている。文亀二年（一五〇二）八月に、山内上杉家の上野での本拠になる板鼻《いたはな》（群馬県高崎市）で行われた上杉顕定母の十三回忌法要を執りしきっている〔談柄〕。これが定明に関する終見になる。なお能登守家は、江戸時代成立の系図史料では、「高津《たかつ》長尾家」と称されているが、定明の本拠は不明である。上野における山内上杉家家臣の代表者という立場からすると、上野国府（惣社、前橋市）か板鼻に本拠を置いていたのかもしれない。

顕景の妻については、三男景房の母である古河《こが》公方《くぼう》足利《あしかが》家の有力家臣・簗田《やなだ》政助《まさすけ》の娘（高助《たかすけ》の姉）が知られている〔双林寺伝記〕。彼女が、そのほかの子どもの母であったのかは明確ではない。顕景の子どもとしては、嫡男で家督を継いだ景孝《かげたか》（平五）、相模小田原《おだわら》北条《ほうじょう》家の庇護をうけ、北条家が山内上杉家を没落させたことにともなって、兄景孝を追って家督を継いだとみなされる次男の景総《かげふさ》（孫五郎・能登守・法名長建《ちょうけん》）、白井《しろい》長尾景誠《かげのぶ》の家督を養子継承した三男の景房《かげふさ》（のち憲景《のりかげ》、孫九郎《まごくろう》・左衛門尉・一《いっ》井斎《せいさい》）が確認されている。このうち生年が伝えられているのは、三男景房のみである。

きょうだいについては明確には伝えられていないが、上野国衆の沼田《ぬまた》中務大輔《なかつかさのたいふ》（顕泰《あきやす》か）と「骨肉」の関係、すなわち婚姻関係にあったことが知られる〔上杉文書〕。具体的な関係は判明していないが、沼田顕泰の婚姻関係から推測すると、顕景の姉妹が沼田顕泰の妻であったのかもしれない。

長尾顕景花押

惣社城を本拠にする

顕景は、永正七年（一五一〇）六月に上杉顕定に従って越後に進軍している軍勢として、その名がみえている〔歴代古案〕。顕定の越後進軍は前年の同六年七月のことであったから、顕景は当初から従軍したと考えられる。また、顕景に続いて上州一揆《じょうしゅういっき》が記されているので、顕景は山内上杉家の軍事指揮下にあった上州一揆を率いて従軍し、それを統率する立場にあったことがわかる。これは上野国守護代としての役割とみなされる。

その後しばらく顕景の動向は不明である。しかし山内上杉家では、同八年九月から同九年六月にかけて、家督をめぐる内乱が生じていた。顕定は同七年六月に越後で戦死してしまい、家督は養嗣子の顕実《あきざね》（古河公方足利政氏《まさうじ》の三男）が継いでいたが、これに有力一族の憲房《のりふさ》（顕定前代房顕《ふさあき》の甥）が対抗した。憲房は顕実の本拠・武蔵鉢形《はちがた》城（埼玉県寄居町）を攻略し、顕実を没落させて、実力によって家督を継承した。しかし、その後しばらく領国では戦乱状況が続いている。

そうした情勢のなかで、山内上杉家の家老たちも、本拠を中心にした領国の形成を展開した。そうして顕景は惣社城を本拠に、惣社領という領国を形成したらしい。内乱の展開のなかで、それぞれの有力家臣は本拠を構築して、戦乱にあたるようになったためとみなされる。顕景がどちらに味方したのかは不明だが、その後も有力家臣として存在し続けていることからすると、憲房に味方したと考えられる。長尾孫四郎家の長尾景英《かげひで》が白井城（群馬県渋川市）を本拠にしたのも、この頃のことのようだ。

これにより顕景の家系は、惣社城を本拠にする惣社長尾家として存在するようになった。ちなみに江戸時代成立の系図史料などでは、父定明の実家である長尾忠景の家系（長尾尾張守《おわりのかみ》家）について「惣社長尾家」と称している。そのため室町時代から惣社城を本拠にした長尾氏一族の家系が存在していたようにみられてきた。しかし、尾張守家が惣社城を本拠にしていたという証拠はおろか、蓋然性も認められないので誤りである。忠景の子孫の顕景の家系が惣社長尾家として展開したことを、さかのぼって認識したものと考えられる。

惣社城（蒼海城）跡の土塁　前橋市

顕景の動向が次に確認されるのは、大永四年（一五二四）十一月のことになる〔上杉文書〕。このとき、顕景は官途名左衛門大夫を称し、また惣社城を本拠にしていたことがみえている。ここで顕景は、「子細（事情）」があって相模小田原北条氏綱《うじつな》に通じていることがわかる。北条氏綱は同年正月から、武蔵中部の山内・扇谷《おうぎがやつ》両上杉家領国へ侵攻していた。それにともなって越後上杉家の家宰・長尾為景《ためかげ》に支援を要請し、為景に通信していた。その際に、顕景は、おそらく北条氏綱の誘いに応じて味方することにし、氏綱の依頼をうけて長尾為景への通信を取り次ぐ役割を担っている。

顕景が北条氏綱に味方したのは、「子細」があったためだが、具体的な内容は記されていない。しかしその後、顕景は隣接して存在する箕輪長野方業《みのわながのまさなり》と厩橋長野賢忠《まやばしけんちゅう》の両長野家、山内上杉家の家宰を務める足利長尾景長《かげなが》と対立しているから、それらとの間で所領紛争などの問題が生じていた可能性が高い。箕輪長野家は惣社領の西側に、厩橋長野家は惣社領の東側に領国を展開する存在であった。家宰であった足利長尾家ともども、箕輪・厩橋両長野家は憲房に重用されていたから、顕景の権益が確保できる見通しになく、そのために北条氏綱に味方することで状況の改善を狙ったのだろう。そして北条氏綱からは、人質の提出を求められたためか、翌同五年三月に、次男景総《かげふさ》が山内上杉家から「出奔」し、北条氏綱のもとに赴いている〔上杉文書〕。

山内上杉家への帰参

ところが、北条氏綱の侵攻は順調に展開しなかった。そのため山内上杉家における顕景の立場が悪くなったためか、大永五年（一五二五）か同六年の秋（七月から九月）になって、顕景は山内上杉家への帰参を図らざるをえなくなった。そうした状況をうけてか、対立関係にあった箕輪長野方業と厩橋長野賢忠は、十一月十七日の時点で、顕景が山内上杉憲房に帰参する前に顕景を謀叛人として滅ぼしてしまうことを考えて、惣社城内に内通者を仕立て、それに顕景と白井長尾景誠の所領の差配を任すことを取り決めている。そして十二月二日には、厩橋長野家の軍勢が惣社城攻撃のために進軍してきて、箕輪長野方業と内通者の徳雲軒性福《とくうんけんしょうふく》との間で、惣社城攻撃の際の行動について取り決めがなされている〔上杉文書〕。

顕景にとって滅亡しかねない重大な危機であったが、十二月七日に内通者を発見して処刑し、長野方業と徳雲軒性福との間で交わされた文書二通を入手することに成功している。そして十六日に、この二通の文書を証拠に、長尾景誠ともども、長尾為景に両長野家への対処を要請した。そして長尾為景に両長野家との仲裁を依頼し、長尾景誠を通じて上杉憲房に赦免を嘆願した〔上杉文書〕。その後の展開は明らかでないが、顕景の存続は維持されているので、上杉憲房からは赦免を認められたと考えられる。しかし、その後の顕景は出家して知竜斎元昶を称しているので、帰参にあたって出家したのだろう。

しかし山内上杉家での顕景をめぐる状況は、苦難続きであった。同六年か同七年の十二月に、今度は足利長尾景長との間で紛争が生じ、長尾景長と婚姻関係にある新田領の横瀬泰繁《よこせやすしげ》に仲裁を依頼している〔由良文書〕。またそこには、「先年」に顕景と横瀬泰繁は、福島陣（群馬県高崎市）で面談していたことがみえているので、顕景はそのときの知音をもとに、仲裁を依頼したとみられる。長尾景長との紛争の内容は明らかでないが、おそらく所領などの領有をめぐるものであったであろう。

その後では、享禄四年（一五三一）と推定される十月二十一日付で長尾為景に送った書状があり〔上杉文書〕、これが顕景の動向を示す最後の史料になっている。ここで顕景は長尾為景に、山内上杉家に従属する上野国沼田領の国衆で顕景の姉妹婿と推定される沼田顕泰の進退について、山内上杉家への取り成しを依頼している。山内上杉家では享禄二年からこの同四年にかけて、家督をめぐる内乱が生じていた（関東享禄の内乱）。憲房の死去により養嗣子の憲寛《のりひろ》（古河公方足利高基《たかもと》の次男）が家督を継いでいたが、憲房実子の竜若丸（のち憲政《のりまさ》）を擁立する勢力の反乱が起き、竜若丸方が勝利した。

ここで顕景が沼田顕泰の進退の取り成しをはかる相手は、勝利した竜若丸とみなされ、沼田顕泰は内乱では憲寛に味方していたのであろう。また顕景自身は、進退に懸念はみられていないようなので、竜若丸方の立場にあったらしい。憲寛方の中心にあったのは両長野家であり、顕景はそれと対立関係にあったから、竜若丸に味方したのであろう。このときは両長野家と対立関係にあったことが幸いしたといえるかもしれない。

また同時期に、三男の景房が白井長尾景誠の養子に入っている。長尾景誠は享禄二年正月に家中内紛争がもとで死去し、その後、同家では混乱が生じたらしい。ちょうど山内上杉家の内乱の展開と同時期にあたるので、それにともなってのこととみられる。白井長尾家の内乱が終息した時期は明確ではないが、おそらくは山内上杉家の内乱終息と連動していたものであろう。そこでは箕輪長野業正《なりまさ》（方業の子か）が仲介し、顕景の三男景房を養子に入れて家督を継がせ、足利長尾憲長《のりなが》（景長の子）の娘を妻に迎えさせている。ここで注目されるのは、白井長尾家の内乱解決にあたって、箕輪長野家・足利長尾家と顕景の連携がみられていることである。これは関東享禄の内乱の終結後、顕景がそれまで対立関係にあった両家と和解を成立させたことを意味しているだろう。

その後の惣社長尾家

顕景の死去年は明らかになっていない。最後の史料となる書状には、文中に嫡男景孝（平五）の名がみえていた。もしかしたらこのときすでに、家督を景孝に譲っていたのかもしれない。景孝は天文二年（一五三三）に、北条氏綱が山内上杉家家臣に依頼した鎌倉鶴岡八幡宮《つるがおかはちまんぐう》修造のための奉加《ほうが》に応じている〔快元僧都記〕。このときには惣社長尾家の当主になっていたことが確認できる。ただし、ここで北条氏綱の要請に応じているからといって、氏綱に味方しているわけではない。単に奉加に応じた者の一人にすぎない。

その後、景孝について年代のわかる動向はみられていない。惣社長尾家の動向がみられるようになるのは永禄三年（一五六〇）のことで、越後長尾景虎《かげとら》（のち上杉謙信《けんしん》）に参陣した上野武将として長尾景総（能登守）がみえている〔関東幕注文〕。その間に景孝から、弟の景総に家督が交替されたことがわかる。景総は大永五年（一五二五）に北条氏綱のもとに赴いた存在で、天文十四年に北条氏康《うじやす》（氏綱の子）の出陣に従軍している〔東国紀行〕。つまり、それ以来北条家の家臣になり、北条家のもとにいたことがわかる。

景孝から景総への家督交替の経緯は明らかにならないが、北条家のもとにあった景総が、惣社長尾家の家督を継承しているので、同二十一年に北条家が山内上杉憲政を上野から没落させ、上野を領国化する過程でのことである可能性が高いだろう。その時点で、景孝が生存していたのか、あるいはすでに死去していてその子が家督を継いでいたのかは不明である。しかし、上杉憲政没落の際に、景孝にあたる人物（系図史料では「顕方《あきまさ》」とされている）が、憲政に従って越後に移住したことが伝えられているので、景孝は憲政に従って越後に移住したのかもしれない。ちなみに、その子は「平太景秀《へいたかげひで》」といい、その子が越後上杉謙信の家老直江景綱《なおえかげつな》の婿養子となった信綱《のぶつな》と伝えられている。

上杉憲政の越後への没落とともに、長尾景孝も越後に没落したことをうけて、北条家の家臣になっていた景総が、実家の家督を継いだと考えられる。永禄三年（一五六〇）に長尾景虎が上杉憲政を擁して上野に侵攻してくると、景総は上杉憲政に帰参した。憲政・長尾景虎からは領国を安堵され、引き続いて惣社領の国衆として存続した。その際に、娘を景虎に提出している。また、同六年までの間に出家して法名長建を称している。もしかしたら上杉憲政に帰参するにともなって、出家したのかもしれない。

永禄四年十一月から甲斐武田《たけだ》家による西上野経略がすすめられた。同六年から九年までに、上杉家に人質として出されていた景総の娘は、何らかの経緯によって武田家の手中に入っている。上杉家と武田家の間で上野国衆の人質の交換が交渉されていて、彼女はその対象になっている〔羽田文書〕。しかし、その結果については明らかでない。そして同十年五月五日以前に、武田家によって惣社城を攻略され、景総は上杉謙信を頼って越後に移住した。越後での動向としては、同十二年七月に、実弟の白井長尾憲景とともに、館林・足利長尾景長（もと当長、憲長の子）が死去したことを、上杉謙信の家老河田長親《かわたながちか》に連絡していることが知られる〔上杉文書〕。これが景総の動向を伝える最後の史料である。

景総の死去年も明らかになっていないが、江戸時代成立の系図史料〔惣社長尾系図〕には、天正三年

（一五七五）二月一日のことと伝えている。また、死去地を厩橋城としている。事実かどうかわからないが、もし事実であれば、景総はその後越後から上野に帰還し、上野における上杉家の拠点になっていた厩橋城に在城したことが考えられる。実弟の長尾憲景も、本拠の白井城を武田家に攻略された後、同様に越後に移住していたが、元亀元年（一五七〇）に謙信から上野で所領を与えられて上野に帰還していたから、ありえないことではない。

なお景総の子どもについては、正確な所伝がなく判明していない。越後上杉家の家臣に、惣社長尾家出身として、長尾平太・長尾右門《うもん》と顕泰《あきやす》（孫五郎）らがあったことが知られる。平太については先に、本来の嫡流家の景孝の子の可能性があることを記した。景総の子の可能性もあるが明らかでない。右門は景総の嫡男とみられ、上杉家重臣勝田《かった》家の次男が養子に入り、その子が平太の家督を継承したことが伝えられている。越後上杉家時代の惣社長尾家の動向は、いまだ十分に明らかになっていないが、平太の子が家老直江家を養子継承していることからすると、比較的高い家格を認められていたことがうかがわれる。

（黒田基樹）

【主要参考文献】

黒田基樹『戦国期山内上杉氏の研究〈中世史研究叢書24〉』（岩田書院、二〇一三年）
山田邦明『戦国のコミュニケーション』（吉川弘文館、二〇〇二年）

長野業政
——北条・武田に立ち向かった西上州の雄

長野氏と箕輪城

永禄九年（一五六六）九月下旬、西上州の要衝であった箕輪《みのわ》城（群馬県高崎市）は甲斐武田《たけだ》氏の軍勢の前に落城した。この前月の閏《うるう》八月、由良《ゆら》氏らが越後上杉《えちごうえすぎ》氏から離反し、上野国の国衆は一斉に小田原北条《おだわらほうじょう》氏に与している。当時、小田原北条氏は甲斐武田氏と甲相《こうそう》同盟（一五四四―一五六八）を結んでおり、箕輪城の落城は西上州が武田氏の影響下に置かれる一大契機となった。この五年ほど前に、西上州に大きな勢力を持った箕輪城主長野業政《ながのなりまさ》が死去している。業政を失ったことが、長野氏の領域支配を瓦解させる要因の一つとなったともいえよう。

長野氏の名字の地は榛名山《はるなさん》東南麓の長野郷（群馬県高崎市）である。長野氏については、複数の系図が伝わり内容に混乱がみられるため、不明な点も多い。「長年寺長野氏系図《ちょうねんじながのしけいず》」には「在原《ありはら》在五中将業平二五十代後胤、石上朝臣長野伊予守業尚《なりひさ》」とあり、長野氏の系図の大部分で、業尚は業政の祖父に当たる人物と位置づけられている。「実報院諸国旦那帳《じっぽういんしょこくだんなちょう》」にも、長野一族について「上野国まへはし《（厩橋）》殿、名字ハなかの《（長野）》殿と御なのり《（名乗）》候へともいその《（石野）》上也、箕輪殿、大こ《（胡）》殿」とみえることから、厩橋《まやばし》長野氏、大胡《おおご》長野氏とともに石上《いそのかみ》姓の一族であったことが知られる〔熊野那智大社文書〕。石上布留《ふる》明神《みょうじん》を氏神とする物部《もののべ》氏系の一族と考えられ、物部氏の祭神である石上布留明神を祀った大和国石上の地が、在原氏の

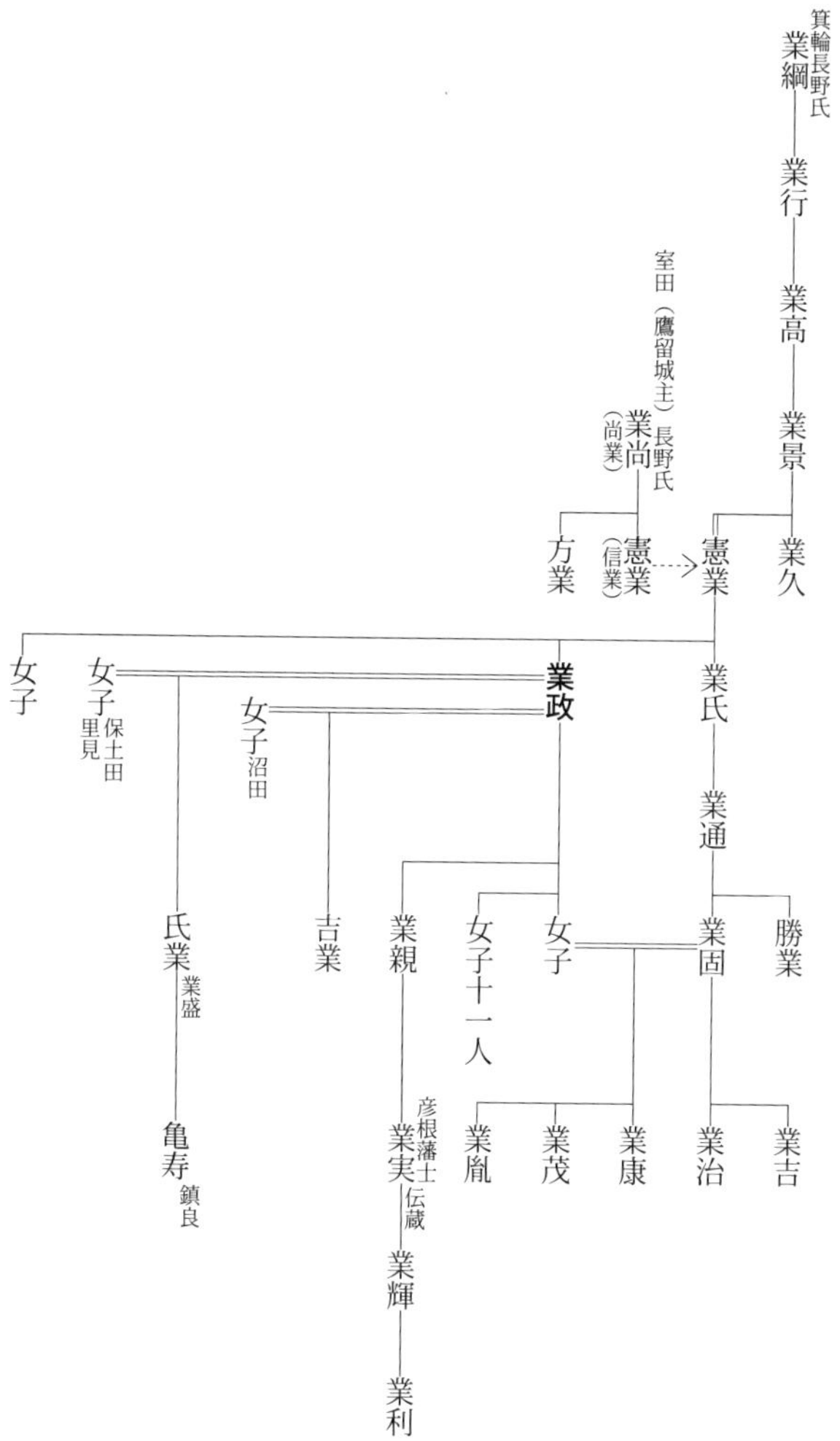

長野氏略系図

居住地といわれることから、長野氏は先祖を在原業平に結び付けて「業」の字を通字としたと考えられている。上野国に至った経緯は不明であるが、『徐目大成抄《じもくたいせいしょう》』（天喜二年、一〇五四）に上野権介正六位石上朝臣兼親《かねちか》の名がみえ、この兼親が上野国に土着した可能性が指摘される。長野氏は、平安末期以来、長野郷を管轄する郷司《ごうじ》である一方で、上野国衙の在庁官人《ざいちょうかんじん》であった。室町時代、十五世紀には上野・武蔵の中小武士団により形成された「上州一揆」の構成員として長野氏が見える。

永享十年（一四三八）に鎌倉公方と関東管領上杉氏ならびに室町幕府の関係が破綻し、幕府方によって鎌倉公方足利持氏《もちうじ》が滅ぼされた（永享の乱）。この際に逃れた持氏の遺児を、下総国の結城氏朝《ゆうきうじとも》が奉じて挙兵した。嘉吉元年（一四四一）から始まるこの結城合戦において、攻め手である上杉方として長野周防守《すおうのかみ》（業高《なりたか》）・宮内少輔《くないのしょう》・左馬助《さまのすけ》の三名がみえる。この戦の渦中で、旗頭の舞木《まいき》氏が没落し、代わって長野氏が台頭した。長野氏は、十五世紀後半には上野国守護代長尾氏と繋がって旗頭として権力を握っていく。この過程で関東管領上杉氏の被官となったとも考えられている。

業政の祖父業尚（尚業）は、従来、箕輪長野氏の祖とされ、居城である箕輪城の築城者として知られてきたが、系図以外に主だった史料はない。近年、久保田順一氏の研究により、業尚は室田《むろた》長野氏であり、業尚の子息で業政の父に当たる憲業《のりなり》（信業）が、五十子《いかっこ》の陣で戦死した箕輪長野氏の業久《なりひさ》の跡を養子として継いだことが指摘されている。

戦国時代、箕輪長野氏の支配領域は箕輪領と呼ばれ、その中核である箕輪城が長野氏の居城となった。

箕輪城は、業尚の築城とされてきたが史料的な裏付けに乏しく、箕輪長野氏の系図の見直しからも再度検討が必要となろう。ただし、上野国の多くの中世城郭がそうであるように、箕輪城もまた、十五世紀半ばから十六世紀初頭に関東で起こった享徳《きょうとく》の乱・長享《ちょうきょう》の乱・永正《えいしょう》の乱という戦乱のなか、長野氏が地域領主として自立していく過程で築かれたことは確かである。

関東管領上杉氏と業政

長野業政の発給とされる文書は、ほとんど確認されていない。天文四年（一五三五）四月、榛名山の祭礼に際して喧嘩・相伝・押買狼藉を禁止した制札の発給者が業政である可能性が指摘されるのみである〔榛名神社文書〕。業政の没年について、長野氏の菩提寺である長純《ちょうじゅん》寺が所蔵する長野業政木像の背銘には、「上杉関東官領執権　前上野太守上野旗頭　蓑輪城主　長野信濃守業政公像　当山中興開基　実相院殿一清長純大居士　永禄四年六月廿一日他界　金冨山長純寺」と記されている。一方の生年については混

長野業政木像　群馬県高崎市・長純寺蔵
写真提供：高崎市教育委員会

乱がみられるが、六十三歳で没したとも、七十一歳で没したともいわれているが、永禄四年（一五六一）に小田原出陣を果たしたことに鑑み、前者を取って明応八年（一四九九）の生まれと考える説が有力のようである。

業政が生きた十五世紀末から十六世紀半ばにかけては、上杉家の内紛の一方、小田原北条氏が大きく勢力を広げていく時代であった。大永五年（一五二五）に関東管領上杉憲房《のりふさ》の死去により、山内上杉家の家督は、憲房の養子であった古河公方足利高基《たかもと》の子憲寛《のりひろ》が継承した。しかし、憲房の子憲政《のりまさ》との間で対立が起こり、結果、享禄四年（一五三一）に憲政が家督を継ぎ、関東管領となった。このとき、業政を含む長野氏は憲寛を擁立したと考えられている。これにより、一時、長野氏の勢力は縮小する。しかし、まもなく長野氏は憲政の旗下に属したようである。

天文二年（一五三三）二月、小田原北条氏二代氏綱《うじつな》は鎌倉の鶴岡八幡宮再建のために、奉加を募る使者を上野国に派遣した〔快元僧都記〕。室町時代、上野国は山内上杉氏の守護国であり、このときも西上野は関東管領上杉憲政の影響下にあった。北条氏は、上杉領国への介入という点からも源氏の氏神である鶴岡八幡宮の権威を用いたのであろう。この際に厩橋長野氏・安中《あんなか》氏・飽間《あきま》氏などが奉加に応じているが、ここに業政の名はない。憲政も「河越扶佐」〔扇谷上杉氏を援助する〕のために奉加を拒否しており、業政もこれに従ったと考えられる。

また、天文十年、甲斐国の武田氏が信濃国佐久《さく》・小県《ちいさがた》両郡に侵攻すると、敗れた海野《うんの》氏は憲政を頼って上野国に逃れてきた。憲政は海野氏の領地回復のために信濃に出兵しているが、この望みは叶わなかったようである。このとき、同じように信濃から逃れてきた真田幸綱《さなだゆきつな》は、業政を頼り、武田家に召し抱えられるまでの間、しばし箕輪城下に居住したとされる。このとき、幸綱は業政の仲介で憲政に対面したという。当時、憲政の上野における拠点であった平井《ひらい》城（群馬県藤岡市）書院で対面の儀が行われ、憲政の右席に業政が座した〔加沢記〕。業政の憲政家臣団における政治的位置を示す一つの指標ともとらえられる。

勢力を拡大し続けてきた小田原北条氏三代氏康《うじやす》は、天文二十一年、上野国へ侵攻した。上杉憲政は居城であった平井城を維持できずに、新田・足利へ向かうが受け入れてもらえず、長尾景虎《ながおかげとら》を頼って越後国へと逃れた。このとき、他の上野国衆と同様に、業政も北条方に降りたと考えられる。上野国はこれによって北条領国となった。

しかし、永禄三年（一五六〇）九月、長尾景虎は関東管領上杉家の再興をめざし、憲政を奉じて関東に侵攻することとなる。「雙林寺伝記《そうりんじでんき》」は業政が景虎方へ内通したことを伝える。景虎の陣営に加わった諸将を列記した「関東幕注文《かんとうまくちゅうもん》」には、箕輪衆の筆頭として檜扇《ひおうぎ》を幕紋とする「長野」の名がみえ、業政のことと考えられている。業政は、基本的には長野氏旧来の上州白旗一揆旗頭といった立場を貫き、憲政をできる限り支えていたのであろう。このときに箕輪衆には、業政と同じく檜扇を幕紋とすることから同族と考えられる新五郎《しんごろう》、南与太郎《みなみよたろう》、小熊源六郎《おぐまげんろくろう》、長野左衛門、浜川《はまかわ》左衛門尉、羽田藤太郎《はだとうたろう》、八木《やぎ》原与十郎《はらよじゅうろう》、須賀谷筑後守《すがやちくごのかみ》のほか、長塩《ながしお》、大戸《おおと》、下田《しもだ》、漆原《うるしばら》、内山《うちやま》、高田《たかだ》、和田《わだ》、倉賀野《くらがの》、依田《よだ》、羽尾《はねお》といった西上野に拠点をもつ領主たちの名がみえる。

業政の娘たち

諸系図によると、長野業政には十二人の娘があったという。系図類は男子を中心に記載されるので、女子については「女」などと略されるか、記載自体がない場合も多く、詳細を知ることは難しい。業政の子らを系図にみてみると、まず子息とされる吉業《よしなり》や氏業《うじなり》には、それぞれ「沼田腹」「保土田腹」（別系図には「母ハ里見河内守娘」）と注記されているため、少なくとも業政には沼田氏の娘と保土田（里見）氏の娘という二人の妻がいたことがわかる。

では、業政の十二人の娘たちは、系図類には実際どのように記されているか。前述の通り長野氏の系図は複数存在し、その記載は若干異なるが、業政の娘について注記がある長野氏の系図は三系統に限られる。これらの系図にはその名はなく、嫁ぎ先が記されている。その嫁ぎ先として「長野正弘氏所蔵系図」は、①小幡上総介《おばたかずさのすけ》（小幡城主小幡信定《のぶさだ》）、②小幡図書之助《ずしょのすけ》（国峰《くにみね》城主小幡景純《かげずみ》）、③成田下総守《なりたしもうさのかみ》（忍《おし》城主成田長泰《ながやす》）、④木部駿河守《きべするがのかみ》、⑤大戸八郎三郎《はちろうさぶろう》（大戸城主大戸左近兵衛《さこんひょうえ》）、⑥和田新兵衛《しんべえ》（和田城主和田業繁《なりしげ》）、⑦浜河六郎（浜川城主藤井氏）、⑧倉賀野淡路守《あわじのかみ》（倉賀野城主金井秀景《かないひでかげ》）、⑨羽尾山城守《やましろのかみ》（羽尾城主羽尾修《しゅ》理亮《りのすけ》）、⑩長尾弾正《だんじょう》（長野ヵ、厩橋城主長野氏）、⑪板鼻依田殿《いたはなよだ》（板鼻鷹巣《たかのす》城主依田氏）、⑫弾正忠業固《なりかた》（室田鷹留城主長野氏）を挙げる（人物比定は近藤義雄著書に拠った）。これを、永禄四年成立とされる「関東幕注文」に記された箕輪衆の名を比較すると、このうち⑤・⑥・⑦・⑧・⑨・⑪・⑫が箕輪衆の構成員と一致する。関東幕注文に記載された「衆」は地縁的なつながりによって結びついている。娘たちを嫁がせることにより、衆の構成員とのつながりを、より強固なものとしていく意図があったと考えられる。また、①・②・③は隣接地域の有力国衆である。業政は、当時の戦国領主の多くがそうであったように、婚姻関係によって地域社会における関係を構築し、さらに強化していったのである。

業政の死とその後

永禄四年（一五六一）六月、厩橋に入った近衛《このえ》前嗣《さきつぐ》は、越後の上杉謙信（長尾景虎）に「みのわ（箕輪）ハわつらい（煩）候」と業政が病に伏したことを伝えている。前述の通り謙信は、この前年の永禄三年八月に上杉憲政を擁して関東に攻め込んでいる。このときに作成されたのが「関東幕注文」とされる。謙信は関東の戦国領主を結集し、小田原城を包囲した。業政も参陣した。その後、まもなく業政は没したようである。死因は、小田原攻めの軍中で蔓延していた「陣厄病」とされている。業政の遺骸は、長純寺の裏山に葬られたという。同年八月に供養料百両・位牌・刀などが同寺に納められている。家督は子の氏業が継いだ。

業政の業績の一つとして、長純寺の再建がある。長純寺は明応六年（一四九七）に業政の父憲業によって長野郷内下芝（高崎市箕郷町）の地に建立された寺院である。業政は、弘治三年（一五五七）の亡母芳林院殿花屋理栄の十七回忌法要を機に、この寺を現在の箕郷町富岡の地に移転した。この際の事業については、「長純寺記録」に詳しく、一族・被官らを結集して行った一大事業であったという。

また、この頃、遊行上人体光《ゆぎょうしょうにんたいこう》（清浄光寺第二十九世住持）が編んだ句集「石苔」には、業政の記載がみえる。体光はたびたび上野国での布教を行ったが、業政に請われ、「篠分しこと葉の露の花野かな」と詠んでいる。この一句には「上野国長野信濃守所望、利根近き所在原氏の人になん」とみえ、利根川の近くで詠んだこと、業政が在原姓であったことが付記されている。上野国の武将たちはしばしば文化人を招き、連歌会や句会などを行った。当時の在地武家社会の文化的水準の高さを示すものである。

業政の跡を継いだ氏業は、その母を保土田《ほどた》氏と伝え、兄の吉業《よしなり》が河越合戦（天文十五年、一五四六）において負った傷がもとで没したため、嫡子となったという。

氏業の発給文書は、赤城神社神主の奈良原《ならはら》氏に宛てたものが確認されている。このなかで氏業は、「河西（利根川西岸）」が戦乱にあったために、戦勝祈願の祈祷を依頼している。永禄四年（一五六一）、小田原北条氏・甲斐武田氏は越後上杉氏への攻勢を強めた。長野氏は、これに対抗する上杉方に与し、厩橋城に人質を出していたため、西上野の要衝であった箕輪城は攻撃の対象となった。鳥居峠から吾妻郡へ攻め込んだ武田軍に鎌原氏らが降り、同五年五月には浦野中務少輔が権田・室田に侵入している。この際、氏業の叔父にあたる鷹巣城主長野三河入道らが討ち取られた。翌六年十二月には、武田信玄自身が箕輪城を攻め、城下を焼き払ったと伝わる。この頃、毎年のように武田軍の侵攻を受けている。翌七年には、氏業は上杉謙信に窮状を訴え、信濃への出陣を求めており、謙信も氏業を案内者として進軍する予定であったが、実現には及ばなかったようである。

永禄九年九月下旬、箕輪城は落城した。落城に際して、氏業は自害した。法如という僧侶が、武田氏家臣内藤昌秀《ないとうまさひで》から遺骸をもらいうけ、東徳寺に葬ったという。その後、同寺は廃寺となり現存しないが、現在、氏業の墓碑とされる石碑が残されている。氏業の子亀寿は、家臣らに助け出されて極楽院に入り、のちに院主となった。また、甥にあたる業実《なりざね》は、母が井伊直政と面識があったため、彦根藩井伊家の家臣となったという。

（青木裕美）

【主要参考文献】
『太田市史』通史編中世（太田市、一九九七年）
『群馬県史』通史編中世（群馬県、一九八九年）
『戦国史―上州の150年戦争―』（上毛新聞社、二〇一二年）
久保田順一『長野業政と箕輪城』（戎光祥出版、二〇一六年）
久保田順一『戦国上野国衆事典』（戎光祥出版、二〇二一年）
黒田基樹『戦国期山内上杉氏の研究』（岩田書院、二〇一三年）
群馬県立歴史博物館編『戦国人―上州の150傑―』（上毛新聞社、二〇二一年）
近藤義雄『箕輪城と長野氏』（上毛新聞社、一九八五年、後に戎光祥出版、二〇一一年）

小山持政 ——足利成氏が「兄弟」と恃んだ最大与党

出生と官途

小山持政《おやまもちまさ》は、室町期の下野小山氏の当主である。父は小山満泰《みつやす》であり、生没年は不明だが、おおむね応永年代後半から文明年代前半での動向がうかがえる。応永三十年（一四二三）十二月二十三日には鎌《かま》倉《くら》公方《くぼう》足利持氏《あしかがもちうじ》から父の遺跡を継承することについて了承を得ているが〔小山文書〕、このときの宛名が幼名の藤犬《ふじいぬ》だから、元服はそれ以降であろう。また、永享《えいきょう》の乱時まで足利持氏に従いつつも、花押が上杉様であることから、足利持氏が上杉様花押を使っていた応永三十三年正月までに元服し、判始《はんはじ》めを行っていたであろうことが指摘されている〔佐藤一九八九〕。仮に応永三十三年段階で十五歳であったとすると、応永十九年の生まれとなる。また、没年については、文明三年（一四七一）十二月三日付の足利義政《よしまさ》御内書写〔御内書案〕が動向を示す最後であり、文明四年に家督交代が行われたとする説〔佐藤二〇一三〕もあるので、この年を没年としてよかろう。以上のとおり、持政は応永十九年に生まれ、文明四年に六十一歳で没したと仮定しておきたい。

なお、元服後は小山氏累代の仮名《けみょう》である小四郎を名乗っている〔松平基則氏所蔵文書など〕。官途については、父満泰が左馬助《さまのすけ》を名乗っていることに対して、小山氏の乱を起こした義政《よしまさ》以来の「下野守《しもつけのかみ》」を呼称している。文安三年(一四四六)に持政を下野守に任じる口宣案《くぜんあん》(松平基則氏所蔵文書)が出ており、この文書自体は検討を要するものの、以降、実際に幕府側からも鎌倉(古河《こが》)公方側からも終見まで「下野守」と呼ばれている(南部文書など)ので、一定の事実を反映しているのであろう。なお、持政本人は自身の発給文書の署名に官途を記す場合、そのすべてを「前下野守」としている(石橋二〇〇九)。あるいは受領したあと返上する意思を表していたのであろうか。

小山氏の復権

持政が家督を継いだ頃の下野小山氏は、応永初頭まで続いた小山氏の乱の影響で、全盛期からは比べるべくもなく弱体化していた。そもそも小山氏の乱自体が小山氏嫡流若犬丸《わかいぬまる》とその子息の死亡をもって終わっていたので、同氏は断絶の憂き目に遭っていたのである。所領も下河辺庄《しもこうべのしょう》・太田庄《おおたのしょう》など下野国外の大所領は没収され、国内の所領付近にも鎌倉府(または直臣や有力寺院)の所領が設置された。そのうえで残った小山氏遺跡と下野守護職は一族である結城基光《ゆうきもとみつ》の手に渡り、その子泰朝《やすとも》により小山氏は再興された。泰朝の子が持政の父・満泰である(泰朝と満泰は同人の可能性もある)。

つまり、持政も広義の小山一族とはいえ、結城氏の血を色濃く受け継いでいるのである。文書の残存状況によれば、応永二十四年頃、満泰は結城基光より小山四郷を譲られ(小山文書)、ようやく結城氏からの独立＝再興の一歩を踏み出すことになる。その後、十年経ずに持政が家督を継承しているわけであるから、事実上「再興」を担ったのは持政であるといえよう。

なお、結城基光が所持していた下野守護職がその後どうなったかは定かではない。基光が死没まで守護の任にあった可能性が高いが、その後、結城氏も小山氏も下野守護の徴証は確認できないからである。

鎌倉府の崩壊を越えて

復権後の小山氏は、もう二度と滅亡に至らぬよう、慎重に一族の動向を決めたのであろう。満泰時代にも上杉禅秀《うえすぎぜんしゅう》の乱における与党討伐や常陸小栗《おぐり》氏の討伐を足利持氏から命じられ、その件について感状を得ている〔松平基則氏所蔵文書〕。持氏の命に忠実に服すことで地歩が固められたのである。

しかし、永享の乱では、持政は持氏と対立する関東管領《かんとうかんれい》上杉憲実《のりざね》に序盤から味方し、永享十年（一四三八）九月二日、下野小野寺朝道《おのでらともみち》と共に武蔵笠原《かさはら》に出陣した〔足利持氏記、小野寺文書〕。これに対し、足利持氏は下野の那須《なす》・茂木《もてぎ》・長沼《ながぬま》各氏に命じて、持政不在の小山祇園《ぎおん》城（栃木県小山市）を攻落させた〔那須文書〕。永享の乱序盤の東国では、「鎌倉公方と関東管領の争い」であるとの認識〔真壁文書〕から、公方に付く東国武士も一定数いた。しかし九月後半、錦《にしき》の御旗《みはた》や持氏討伐の綸旨《りんじ》発出や、鎌倉府軍の大規模な敗戦によって、幕府・上杉方への寝返りが頻出する。こう考えると、九月初旬における持政の動きは慧眼といってよい。本拠祇園城を持氏方に占領されたことを差し引いても、大きな戦

祇園城跡航空写真　栃木県小山市　写真提供：小山市教育委員会

功を持政は立てたといえよう。

　小山氏に強い影響力を持っていた結城氏は、永享の乱の際にどう行動したのであろうか。基光はすでに亡く、当主は結城氏朝《うじとも》であった。系譜上、持政の叔父または従兄弟にあたる。ただ、永享の乱時の具体的な動向ははっきりとはわからない。その後の動きを考えると、合戦の終盤まで持氏の味方であったのかもしれない。そうすると持政は、運命共同体ともいえる結城氏と異なる行動をとったこととなる。基光の死により、小山氏はようやく独自の政治行動がとれるようになったといえよう〔松本二〇一五〕。

　永享の乱で持氏と嫡男義久《よしひさ》は自害したが、戦火から逃れた遺児が何名かいた。このうち、安王丸《やすおうまる》・春王丸《しゅんおうまる》が中心となって、永享十二年（一四四〇）三月に挙兵したのがいわゆる「結城合戦」である。安王・春王は鎌倉を目指して進軍したが、その途上で結城氏朝と合流した。これをいち早く幕府に注進したのが小山持政である〔石川武美記念館所蔵成簣堂所収古文書〕。持政は結城氏からの独立を図るのみではなく、対立をも辞さない構えで幕府との関係を盤石なものにしていった。ただ、持政の判断に一族全員が従ったわけではない。小山氏の有力諸家（この時点では結城一族ならん）である小山大膳《だいぜんの》大夫《だいぶ》広朝の一流は結城方に付いたことがわかっている。結城氏と全面対立をすることは、小山氏にとって大きなリスクを伴うものだったのである。

はたして、その直後の四月十七日には小山氏の宿城に安王・春王方の結城氏・岩松《いわまつ》・桃井《もものい》の各氏が攻撃を仕掛けたのである。しかし、持政はこの猛攻を凌ぎ、敵勢を押し返したようである。これについては将軍足利義教《よしのり》の感状が出ている〔松平基則氏所蔵文書〕が、同日付で祇園城における嶋津修理亮《しまづしゅりのすけ》の軍功に対する感状〔「国立国会図書館所蔵青山文庫文庫『古印古文書模本』」〕も出ている。嶋津氏の軍功がいかなるものであったかは不明だが、祇園城と宿城は数キロメートルの距離しかないので、合戦に伴う城や街道の警備や宿城の小山本隊との連携等にあたったのであろうか。また嶋津氏は下野の武士であるが、小山氏の被官ではないので、合戦に備え持政が軍勢催促をかけた可能性が高い。そうすると守護や大将が持つ下野国内の武士に対する軍事指揮権を、少なくとも一部は回復していたことになる。

この宿城合戦後（または合戦中）、長沼氏が突然反旗を翻し、下野国長沼庄に引きこもってしまい、安王・春王方の結城氏朝はそちらとも合戦しなくてはいけなくなった。そうこうしているうちに幕府・上杉方が周辺に迫り、安王・春王方は結城城に籠城し、これらを迎え撃つ必要が出てきた。籠城戦は約九か月にも及び、途中、しびれをきらした将軍足利義教は持政に対して「諸陣談合《しょじんだんごう》」をして方針を定めるよう命じた。この文書は小山氏宛のみ現存し、主だった武家にも出された可能性があるものの、幕府が小山氏を十分に信頼していたことを如実に示すものであろう。

合戦の軍監的な立場と思われる仙波《せんば》常陸介《ひたちのすけ》はこの談合の結果を細かく幕府に報告しているが、持政は宇都宮等綱《うつのみやともつな》が「（攻撃が）遅れれば、他国の凶徒もやってくる」などと主張したことと同様の意見を述べたようである。安王・春王の挙兵に連動して、常陸・武蔵・下総等で合戦が同時多発しており、結城城（茨城県結城市）は公方の遺児が籠もっているとはいえ、数多くある局地の一点であることを、持政もよく認識していたのであろう。

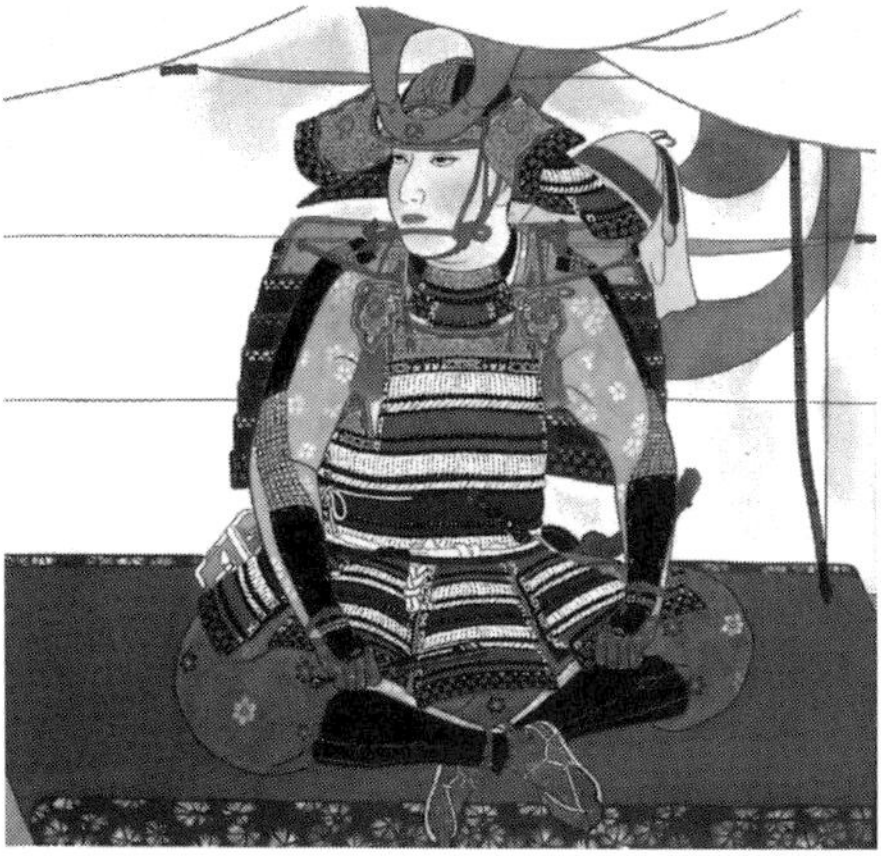
小山持政画像　森戸里香筆「秀郷流末孫武将画像」
栃木県立博物館蔵

結城城は永享十三年（一四四一）四月十六日に落城し、結城氏朝は自害、安王・春王は京都に連行される途中、美濃国垂井（岐阜県垂井町）の金蓮寺で殺害された。

一連の合戦で持政は二つの大きな戦功を立てた。安王・春王の結城入城をいち早く知らせたことと宿城の合戦で勝利を収めたことである。これらにより幕府・上杉方は安王・春王方の機先を制し、迅速に攻撃態勢に入れたのである。これらにより小山氏は「下野守」に任官したのであろう。仮に結城氏朝が死去まで下野守護であったとしても、この時点で持政が守護に就任したことは確実であろう。

「兄弟」の契り

将軍足利義教は自身の子息を新しい鎌倉公方に据えようとしていたようである。しかし、その後嘉吉《かきつ》の乱により義教自身が殺害されたことや関東における不穏な動きが一向に収まらないことを受けて、文安四年（一四四七）ころ、持氏の子息の一人である万寿王丸《まんじゅおうまる》（のち成氏《しげうじ》）が新たな公方として鎌倉に移座した。しかし、公方と上杉氏（およびその被官）との政治的な対立は続いた。宝徳二年（一四五〇）四月二十日、軋轢に我慢の限界を迎えた成氏が江の島（神奈川県藤沢市）に動座すると、翌日には山内《やまのうち》上杉氏の被官長尾《ながお》氏と扇谷《おうぎがやつ》上杉氏の被官太田《おおた》氏が腰越浦《こしごえうら》（同藤沢市）まで出張ってきた。持政は成氏方として即座に応戦、被官数人が討ち死にしたという〔鎌倉大草紙〕。その後、一時は双方和解したものの、享徳三年（一四五四）十二月二十七日、足利成氏が関東管領上杉憲忠《のりただ》を殺害し、全面的な内乱状態に突入する。これが享徳の乱である。

ここでも持政は成氏派として活躍した。たとえば、享徳四年正月、武蔵分倍河原《ぶばいがわら》（東京都府中市）等で上杉軍と戦った成氏はその残党を追って常陸小栗（茨城県筑西市）・下総結城と転戦したあと、小山持政の館へ帰着している〔武家事記〕。成氏が古河（同古河市）に本拠を移した背景は、古河が内海に囲まれ流通面・軍事面ともに優位な地であったこと以上に、背後に位置する北関東の武家たちの軍事的な支援が期待されたことが指摘できる。なかでも小山持政は規模・軍事力共に北関東の成氏派の最大与党といってよいだろう。そうすることで持政としてはさらなる所領の拡大を見込むことができた。実際に成氏は、享徳五年三月九日付で下総国大方郡を本領であるという理由で持政に与えている〔天翁院文書〕。

また、持政は単に戦功をあげるのみではなく、上杉・幕府派の武家に対する調略も行っている。たとえば、長禄二年（一四五八）四月には、陸奥の石川治部少輔《いしかわじぶのしょう》に対して、成氏派に帰属するよう呼びかけ、その際「恩賞等の事は御望みにより申し成す」と約束している。

持政の選択

こうした持政をはじめとした成氏派の勢力を弱体化させるために、幕府・上杉派は各武家に自陣への帰参を謀っている。長禄二年（一四五〇）九月には幕府・上杉派の岩松家純《いわまついえずみ》の宿老横瀬国繁《よこせくにしげ》が、家純の同族で成氏派の岩松持国《もちくに》の被官伊丹修理介《いたみしゅりのすけ》に対して寝返りを勧めつつ、佐野《さの》氏・小山氏への勧誘を依頼している〔正木文書〕。ただ、持政や佐野氏はこれ以降も成氏派としての動向が確認できるから、この作戦は失敗に終わったと考えられる。

しかし、これまでみてきた戦乱と同様、享徳の乱も在地における問題と上部権力の相克を背景としていた以上、関東武家の矛盾も一族分裂という形で表出した。これについては小山氏も例外ではなかったのである。この時期、小山氏一族・有力被官ながら幕府・上杉方として名前が見えるのは、小山常陸介《ひたちのすけ》・小山右馬助《うまのすけ》・小山三河守《みかわのかみ》・小山治部少輔・水谷壱岐守《みずのやいきのかみ》などである。将軍足利義政はこうした自派の小山一族や被官に対して戦功を賞したり、持政の勧誘を命じたりする御内書《ごないしょ》をしきりに発出した〔御内書案〕。

これらの動向に警戒した成氏は、持政に対して、幕府・上杉派の被官水谷右馬助の動向を許さないように釘を刺している〔島谷孝信氏所蔵文書〕。ここで名指しされている水谷右馬助とは、文明三年（一四七一）五月六日に成氏方と合戦したことが賞されている小山右馬助と同人であろう〔御内書符案〕。右馬助は水谷氏に養子に入るなどした小山一族ではなかろうか。持政の宿老クラスの有力被官であった可能性が高い。成氏は一方で持政に対して江の島合戦以来の「大功」を賞し、持政との関係を「兄弟」と評して子孫に至るまで違《たが》わない旨を記した起請文形式の文書を出している〔小山文書〕。この文書は長禄二年に出されたものであるが、これ以降に出された無年号文書一点〔松平基則氏所蔵文書〕にも同内容の文言が見える。ただ、こちらには持政が結城氏と某所をめぐって所領相論になっていることに対して、配慮を示す内容も含まれており、こういった持政の不満を払拭し、自派につなぎ留めておくために、成氏が心を砕く様子がうかがえる。

しかし、文明三年五月末までに、持政の下した決断は幕府・上杉派への転向であった〔御内書案〕。同時期に下野佐野氏や常陸小田氏も同様の動きをとったらしい。これを受けて、成氏は古河を維持できなくなったため、下総国千葉庄《ちばのしょう》の千葉（岩橋《いわはし》）輔胤《すけたね》のもとに退去している。北関東の武家たちが寝返った今、古河にいるのは危険だとの判断であろう。兄弟ともいわれた持政は、なぜ寝返ったのだろうか。

まずは先に述べたように、一族・被官の離反が相次ぎ、軍事行動に支障を来たすようになったことがあげられるだろう。その点、先の水谷右馬助は足利義政から小山帰参の功を褒賞されている。右馬助は周囲の小山勢力に働きかけたり合戦をしたりと積極的に幕府・上杉派に合力したのであろう。もう一つは所領問題である。結城氏との問題を先に指摘したが、文明三年と思われる七月一日付太田道灌《おおたどうかん》宛の小山持政書状〔関興寺所蔵文書〕では、おそらく横瀬国繁領である上野の「園田遺跡」を小山氏に譲渡される予定であったことがうかがえる。詳細は不明だが、「上州名字之地」とあるので藤原秀郷流《ふじわらのひでさと》の園田《そのだ》一族が持っていた某所を同じく秀郷流である小山氏に譲渡する流れができたのであろう。時期的にこういった具体的な恩賞の提示が持政の転向以前に示され、これを持政が呑んだということかもしれない。

持政にとって、たしかに成氏は長年仕えてきた君主であるが、より権益を保証してくれる勢力に付くことが、小山家を再び没落させないための手段でもあった。持政は現実を冷静に判断して「兄弟」の称号より実を取ったと評すべきであろう。

ただ、それでも成氏に従おうという小山一族も存在した。「松陰私語《しょういんしご》」には「小山下方」なる勢力がみえる。こういった勢力に後押しされるように、持政は隠居させられたらしい〔年齢にもよろう〕。文明三年十二月を最後に持政の動向は途絶える。早ければ次年には小山氏の家督交代が行われ、これが成氏古河復帰の原因のひとつとみる説もある〔佐藤二〇一三〕。そしてこの後遠からぬ時期に、持政は死去したと思われる。法名大中存孝《だいちゅうぞんこう》、子息氏郷《うじさと》、その子とされる虎犬丸《とらいぬまる》も早世したため、一族の山川《やまかわ》氏から養子梅犬丸《うめいぬまる》を迎えた。のちの小山成長《しげなが》である。

以上、小山持政の事蹟について述べてきた。持政が小山氏の家督であった期間は五十年弱にもなる。長きに渡って小山氏を主導し、関東の政治史に影響力を与え続けた彼は、小山氏を再び関東の有力大名へ押し上げることに成功したといえよう。

（石橋一展）

【主要参考文献】

石橋一展「享徳の乱と下野」（荒川善夫・佐藤博信・松本一夫編『中世下野の権力と社会』（岩田書院、二〇〇九年）
木下聡「持氏期の関東管領と守護」（黒田基樹編著『足利持氏とその時代』（戎光祥出版、二〇一六年）
佐久間弘行「小山持政」（『戦国人名辞典』吉川弘文館、二〇〇六年）
佐藤博信「室町・戦国期における小山氏の動向」（同『古河公方足利氏の研究』校倉書房、一九八九年、初出一九八三年）
佐藤博信「古河公方足利成氏の佐倉移座・古河帰座に関する一考察―白河結城・下総結城・下野小山諸氏との関係―」（『同 中世東国の権力と構造』校倉書房、二〇一三年、初出二〇〇九年）
松本一夫『小山氏の盛衰　下野名門武士団の一族史』（戎光祥出版、二〇一五年）

小山高朝
——古河公方・北条氏・上杉氏の狭間での苦闘

一族の結城氏から小山氏に入嗣

小山高朝《おやまたかとも》は、小山氏の関係系図や鎌倉時代初期に分かれた小山氏一族である下総結城《ゆうき》氏の関係系図によると、結城政朝《まさとも》の次男と記されている。高朝の命日《めいにち》は天正元年（一五七三）十二月晦日（茨城県結城市孝顕寺《こうけんじ》の宝篋印塔《ほうきょういんとう》銘）である。小山氏の関係系図で彼の享年《きょうねん》が六十七歳で一致していることより、逆算すると高朝は永正四年（一五〇七）の生まれと言える。法名《ほうみょう》は孝運《こううん》・運久《うんきゅう》・明察。

高朝は、小山氏の関係系図や結城氏関係諸系図によると、小山政長《まさなが》の養嗣子《ようしし》となり小山氏の当主になったと記されている。しかし、同時代の古文書をみると、高朝は仮名《けみょう》六郎で出ており、政長には小山氏嫡流の仮名である小四郎某（実名《じつみょう》不詳）という嫡男がいて、仮名から小四郎某が初め政長の家督（当主の地位）を継承していたことがわかる。それではなぜ、高朝が小四郎某に替わって政長の跡目を継承できたのであろうか。それは、小山氏がこの時期、関東の諸領主層同様に関東の上位権力である古河公方《こがくぼう》足利高基《あしかがたかもと》と子の晴氏《はるうじ》の抗争に巻き込まれたためである。

足利高基・晴氏父子間の抗争時期は、研究者により見解が分かれているが、享禄二年（一五二九）な

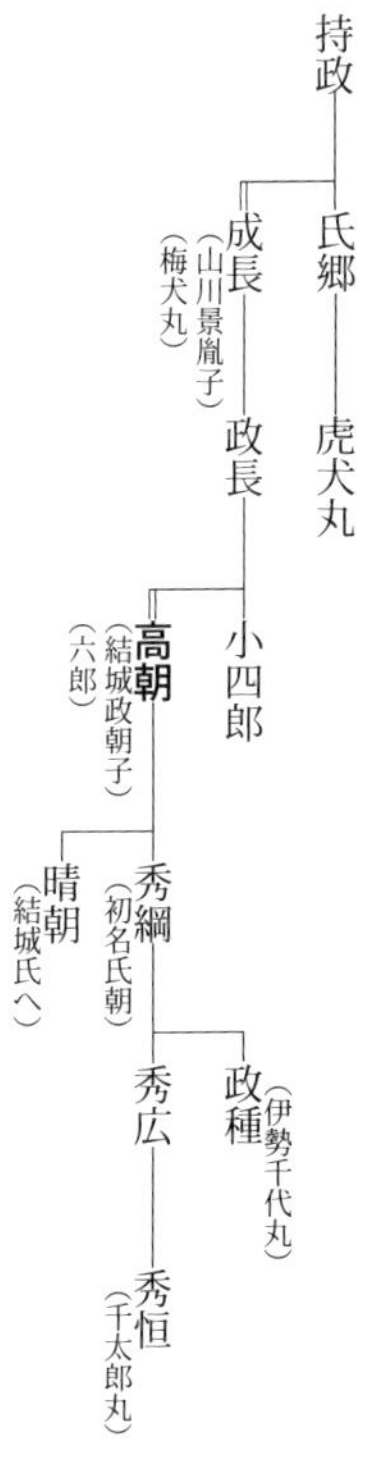

小山氏略系図

いし天文元年（一五三二）に始まり天文初期まで続く。小山氏内では、この抗争に際し、小四郎某が高基方に与《くみ》する。しかし、小山氏の家中《かちゅう》内には晴氏を支持する勢力がいて、彼らが結城政朝の子六郎高朝を小山氏の養嗣子に迎え、高基方の小四郎某と抗争する。小四郎某が小山氏の本拠祇園《ぎおん》城（別名小山城、栃木県小山市）にいたのに対し、高朝は同城の南方にある龍賀岡《たつがおか》（長福寺《ちょうふくじ》城、同小山市）に入り小四郎某と対峙した。小四郎某と高朝との争いは、晴氏が優勢のうちに父高基と和睦して正式に古河公方家の家督を継承したことや、高朝の背後に実父結城政朝が控えていたこともあり、高朝が優勢となった。小四郎某に替わって高朝が小山氏の当主となり、小四郎某との抗争を収束させ、祇園城に入城していったのだろう。

勢力の回復をめざして

高朝は、小山氏の当主になってまもない天文四年（一五三五）極月《ごくげつ》八日付で伊勢《いせ》内宮《ないくう》御師《おし》佐八《そうち》美濃守《みののかみ》に書状〔佐八文書〕を送り、次のように記している。

当方、持政《もちまさ》以来本領以下皆もって相違し候。殊《こと》に近年のことは成長《しげなが》・政長両代に洞《うつろ》取り乱るる故、諸篇《しょへん》前々のごとくこれなく候。

高朝は、佐八美濃守に小山氏が持政・成長・政長の三代にわたり「洞」（家中）が乱れてしまったと書き送っている。このような状態が高朝が当主に就任した頃の小山氏家中の状態であった。高朝は、対内的には家中の統制に努める。高朝は、五・六年にわたり大中寺《だいちゅうじ》（栃木県栃木市）の寺領を押領していた反抗的な重臣水谷《みずのや》八郎に対し合戦に及び屈服させ、寺領を取り返し大中寺に返却している〔大中寺文書〕。一方で、高朝は、岩上《いわかみ》氏など自分に従属する家臣には所領を安堵し、彼らの忠節に報いた〔岩上文書〕。

また、高朝は、対外的には実兄下総の結城政勝《まさかつ》と結び、下野の宇都宮氏や常陸の小田《おだ》・佐竹《さたけ》氏など近隣の諸勢力と戦っていく。天文八年（一五三九）の宇都宮氏における天文の内紛に際しては、宇都宮氏当主の俊綱と対立する宇都宮氏重臣の芳賀高経《はがたかつね》と結び、宮中《みやちゅう》（宇都宮明神〈現在の宇都宮二荒山《ふたあらやま》神社の前身〉の門前）やその近辺まで侵攻している〔東京大学白川文書〕。また、同じ年に始まった那須政資《なすまさすけ》・高資《たかすけ》父子の抗争では、南奥羽の白川義綱《しらかわよしつな》や下総の結城政勝とともに高資を支援し、佐竹・小田氏と結び政資に与する宇都宮俊綱を攻略すべく宇都宮城の近くまで攻撃している〔早稲田大学白川文書〕。さらに、天文十六年には、結城政朝死後の小山・結城両氏の混乱をつき宇都宮氏が小山へ攻めてきたとき、高朝は兄政勝と共に下野の福士味《ふくとみ》（栃木県小山市）で迎え撃ち戦果をあげたという〔結城家之記〕。

天文期における下野の宇都宮氏や常陸の小田・佐竹氏など近隣の諸勢力との抗争で興味深い点は、高朝にとって勝ち戦でも高朝は関東の上位権力である古河公方の「御下知《げち》」や「上意」に服していた点である〔東京大学白川文書〕。この時期、高朝をはじめ北関東の諸勢力にとって古河公方の存在は大きかったと言えよう。

ともかく、高朝のこうした行動により、小山氏は衰退していた勢力を回復させる。その一方で、高朝は戦国期権力としての地歩を固めていく。

古河公方家で勃発した天文事件と高朝

天文十五年（一五四六）四月下旬の河越合戦（埼玉県川越市）以降、関東の勢力地図は大きく変化する。北条氏康《ほうじょううじやす》に敗れた関東管領上杉憲政《かんとうかんれいうえすぎのりまさ》の力は衰え、同じく敗れた古河公方足利晴氏も勝者の北条氏康の強い影響下に置かれることになる。とりわけ後者の晴氏は、北条氏康の横槍で、天文二十一年十二月十二日付で晴氏と北条氏綱《うじつな》（氏康の父）の娘との間に生まれた足利梅千代王丸《うめちよおうまる》（足利義氏《よしうじ》の幼名）に家督を譲る判物《はんもつ》〔喜連川文書〕を出させられる。北条氏康は、梅千代王丸が古河公方になると、自らは補佐役の関東管領の地位に就き関東の支配を強めていく。

こうした政治情勢の変化のなかで起こったのが古河公方家天文事件である。この事件は、北条氏によって権力を奪われていた前古河公方足利晴氏と嫡男藤氏《ふじうじ》（晴氏と古河公方家重臣簗田高助《やなだたかすけ》の娘との間の子）が、天文二十三年七月に下総葛西城《かさい》（東京都葛飾区）から同国古河城（茨城県古河市）に戻って籠城し、梅千代王丸と北条氏康に反旗を翻した事件である。この晴氏・藤氏父子による古河城籠城事件は、晴氏・藤氏方が敗れ同年十月に終息する。

　この事件が起こったときの小山氏の当主は高朝である。高朝は、下総森屋《もりや》城（茨城県守谷市）の城主相馬《そうま》氏と共に、天文事件では晴氏・藤氏を支える二大勢力であった。この点は、古河公方足利梅千代王丸の側近である田代昌純《しょうじゅん》が、天文二十三年八月七日付で常陸水戸《みと》城主江戸忠通《えどただみち》に書状〔谷田部家譜辨疑録下〕を送り、「大上様《おおうえさま》（足利晴氏）去んぬる月二十日古河へ　御座を移され候」「今に小山の高朝様・相馬殿無二に御走り廻り候」と記していることからわかる。なお、この記述からは、高朝が晴氏・藤氏父子の支援者であったが、古河公方足利梅千代王丸と補佐役の関東管領北条氏康からみると、晴氏・藤氏父子に加担している大罪人ととらえられる。結果的に、高朝は責任を取らされて厳しく処罰された。具体的な処罰は、所領の一部収公と家督（当主の地位）の交替である。

小山高朝画像　東京大学史料編纂所蔵模写

　所領の一部収公は、天文二十三年十二月

二十四日付で足利梅千代王丸が、栗橋城《くりはし》（茨城県五霞町）の城主で足利梅千代王丸方の古河公方家臣野田《のだ》弘朝《ひろとも》に宛てた所領宛行状〔野田千弘家文書〕からわかる。野田弘朝は、天文事件では足利晴氏・藤氏父子を拘束した功績で、梅千代王丸から全部で三十九ケ郷を与えられた。これらの郷の中には、粟宮《あわのみや》郷や塩沢《しおざわ》郷（ともに栃木県小山市）など小山氏の所領「小山領十一郷」が含まれているので所領の一部収公がわかる。

また、家督の交替については、天文事件後の弘治二年（一五五六）から永禄初期の文書と思われる、小山高朝の子氏朝《うじとも》（秀綱《ひでつな》の前名）から足利義氏に八朔《はっさく》の祝儀などで太刀・馬・扇子などを進上したことに対する義氏からの礼状が七通〔小山氏文書、小山文書〕見られる一方、高朝の場合一通〔喜連川家文書御書案留書上〕しか見られないことより言及できる。

ところで、高朝から氏朝への家督の交替がいつ行われたのかは、明確に時期を特定できない。氏朝は、弘治二年に推定できる六月二十三日付で古河公方足利義氏から書状〔小山氏文書〕を送られ、氏朝が義氏に結城政勝を通じて「免許」（赦免）を言上してきたので許すと報じられている。また、氏朝は、翌弘治三年五月二十三日付で義氏から緑川《みどりかわ》郷・下高嶋《しもたかしま》郷・東武井《ひがしたけい》郷（いずれも栃木県栃木市）の支配を安堵されている〔小山文書〕。背後で北条氏康が糸を引いていたと思われるが、足利義氏は小山氏について高朝ではなく、子の氏朝を取り立て自陣営に組み入れることで高朝に圧力を加えた。高朝に対して小山氏の当主の地位を子の氏朝に譲らざるをえない状況に追い込んでいく方策を取ったといえよう。

一方、高朝は、初め古河公方家天文事件が終結した翌年の天文二十四年三月段階に、足利梅千代王丸に取り入り彼の補佐役である関東管領北条氏康への取りなしを依頼したが梅千代王丸に断られた〔東京大学白川文書〕。その後、高朝は永禄三年（一五六〇）に推定できる二月六日付で義氏から書状〔小山氏文書〕を送られ、「赦免」を言上してきたので許すとし、「赦免」の理由として結城政勝の養嗣子晴朝《はるとも》と相談し「御進退《おんしんたい》の儀、内々懇《ねんご》ろに申され候いき。感悦《かんえつ》の至りに候」と報じられている。ここからは、高朝が観念して義氏に内々に「御進退」（高朝から氏朝への家督の交替）について述べてきたことがわかり、永禄三年の二月初旬までには高朝から氏朝への家督の継承が行われたのだろう。

越後上杉謙信に属して

ところが、永禄三年（一五六〇）八月下旬に越後の上杉謙信《うえすぎけんしん》が関東に進出してきて関東管領となり、同じく関東管領の地位にあった北条氏康と関東の支配権をめぐって本格的に争うようになると、小山氏を取り巻く情勢が激変する。高朝・氏秀《うじひで》（氏朝が家督継承後に改名）父子は謙信の関東への出陣を好機ととらえ、越後上杉氏方に属した。そして、古河公方家天文事件で小山氏の所領の一部が収公され、古河公方の御料所《ごりょうしょ》（直轄領）となっていた現在の小山市南西部、野木町、栃木市東部の旧領回復をめざす。この点は、高朝が永禄三年霜月二十六日付で重臣の岩上伊勢守《いせのかみ》に榎本城《えのもと》（栃木県栃木市）を回復したとき、上泉郷《かみいずみ》（同小山市）の支配を任せる旨を約束していることよりわかる〔岩上文書〕。

子の氏秀については、彼が越後上杉氏方に属したことを契機に秀綱と改名したと思われるが、氏秀改め秀綱が、降って永禄五年正月十三日付で伊勢内宮御師佐八掃部大夫《かもんのだいぶ》に「寒川《さんがわ》のうち千疋《びき》の所、宿願について寄進せしめ候」という寄進状〔佐八文書〕を出していることよりわかる。すなわち、この寄進状は、寒川郡などの旧領回復をめざす秀綱が、「宿願」成就を祈念して佐八掃部大夫に送った寄進状である。秀綱も父高朝同様古河公方の御料所となっていた旧領の回復をめざしたと言えよう。

こうした小山氏の宿願は達成される。この点は、天正三年（一五七五）頃に古河公方側で作成した卯《う》月十五日付の古河公方家御料所書立案〔喜連川文書御料所目録案〕に「去んぬる庚申歳《かのえさるどし》（永禄三年）迄《まで》相違なく御料所共に候」（括弧内は筆写の注記）として前記した小山市南西部、野木町、栃木市東部の郷村名が記されていることからわかる。

榎本城主高朝

小山氏が古河公方の御料所になっていた旧領を回復して以降の所領支配で興味深い事柄がある。高朝が小山氏領の西側の支城榎本城を拠点として、旧中泉庄《なかいずみのしょう》（栃木県栃木市）や寒川郡（同小山市南西部）からなる榎本領を支配したことである。高朝が榎本領を支配したことは、彼の発給《はっきゅう》した文書の大半が川連《かわつれ》氏（現栃木県栃木市大平町川連から同市片柳《かたやなぎ》町一帯に居住）や大中寺（同栃木市）・円満寺《えんまんじ》（同小山市）など、榎本領内に居住ないし所在した家臣や寺院に宛てたものであることより指摘できる〔栃木県庁採集文書、大中寺文書、円満寺文書〕。

このような越後上杉謙信が関東に出陣してきて以降の小山氏の所領支配について、小山氏は「先代当主高朝が榎本周辺の支配を分担し榎本領を形成し、当主秀綱が狭義の小山領の支配に力を注ぎつつ、榎本領を含む広義の小山領全体を統治していく、という支配体制を形成」したと市村高男氏は指摘している〔市村一九九四b〕。

なお、高朝は、上杉謙信方に属して以降、足利藤氏・上杉謙信・北下総結城晴朝・結城乗国寺《じょうこくじ》・伊勢内宮御師佐八氏などと直接交渉するなど対外的にも活躍する〔下総崎房秋葉孫兵衛旧蔵模写文書集所収乗国寺文書、佐八文書〕。

高朝はこの後、天正元年十二月晦日に享年六十七歳で死去する。代わって秀綱の弟高綱《たかつな》が榎本城主となり、榎本領を支配していく。

（荒川善夫）

【主要参考文献】

『小山市史』通史編Ⅰ（小山市、一九八四年）
荒川善夫「戦国期小山氏の生き残り戦略―当主の代替り・交替を通して―」（同『戦国・近世初期の下野世界』、東京堂出版、二〇二一年、初出二〇一八年）
市村高男「東国における戦国期地域権力の成立過程―結城・小山氏を中心として―」（同『戦国期東国の都市と権力』、思文閣出版、一九九四年a）

市村高男「下野小山領の構造と北条氏の分国支配」（前掲『戦国期東国の都市と権力』、一九九四年b）
市村高男『東国の戦国合戦』（吉川弘文館、二〇〇九年）
黒田基樹「関東享禄の内乱」（同『戦国期山内上杉氏の研究』、岩田書院、二〇一三年、初出二〇一二年）
佐藤博信「古河公方足利義氏と東国―特に『葛西様』段階を中心に」（同『中世東国の権力と構造』、校倉書房、二〇一三年）
松本一夫『小山氏の盛衰―下野名門武士団の一族史―』（戎光祥出版、二〇一五年）

宇都宮成綱・忠綱
――家中支配の強化をめざした父子

成綱の家督継承

文明九年（一四七七）九月一日、宇都宮成綱《うつのみやしげつな》の父正綱《まさつな》が上野川曲《かわまがり》（前橋市）の陣中で没した。享徳三年（一四五四）十二月にはじまった享徳の乱は、すでに開戦以来二十年以上が経過していたが、依然として終息していなかった。この間、関東の各地では古河公方足利成氏《こがくぼうあしかがしげうじ》方と関東管領上杉《かんとうかんれいうえすぎ》方に分かれて一進一退の攻防が繰り広げられた。とくに文明九年一月には上杉方の有力武将である長尾景春《ながおかげはる》が自身に対する処遇への不満から反旗をひるがえし、上杉方の本陣五十子《いかっこ》（埼玉県本庄市）を急襲した。この結果、五十子陣は崩壊し、山内《やまのうち》・扇谷《おうぎがやつ》の両上杉氏は一時、山内上杉氏の領国である上野へと退いた。そのような状況をうけて成氏は攻勢に転じ、同年七月に上野に向けて出陣。正綱は成氏に従って上野各地を転戦中に陣没したのである。享年三十一歳だったという〔宇都宮系図〕。

正綱には家督を継いだ成綱をはじめ、兼綱《かねつな》、孝綱《たかつな》などの男子がおり〔下野国誌〕、成綱は元服にあたって主君足利成氏から「成」の一字を拝領している。一方、兄弟の兼綱、孝綱は一族の武茂《むも》、塩谷《しおのや》氏に入嗣して、それぞれ武茂六郎、塩谷弥六郎を称した。成綱は翌文明十年の時点で十歳と史料には記されて

宇都宮氏の本拠であった宇都宮城跡　宇都宮市

おり〔慈心院造宮日記〕、生年は文明元年である。母親は、佐竹《さたけ》一族の石塚掃部助義親《いしづかかもんのすけよしちか》の娘と伝えられる〔下野国誌〕。年齢的にみて家督を継いだあとに元服を果たしたとみられる。

名門貴族藤原摂関家《ふじわらせっかんけ》のうち、粟田関白《あわたかんぱく》こと、藤原道兼《みちかね》の子孫を自任する宇都宮氏は、下野一宮である宇都宮明神《みょうじん》（現二荒山神社《ふたあらやまじんじゃ》）の検校職《けんぎょうしき》を代々世襲し、鎌倉・室町両幕府の有力御家人として活躍をみせた。とくに南北朝の内乱では、芳賀《はが》・益子《ましこ》氏からなる紀清《きせい》両党《りょうとう》を配下に「坂東一の弓矢取り」とその武名を全国にとどろかせた〔太平記〕。室町時代を迎えて関東では、上杉禅秀《うえすぎぜんしゅう》の乱、永《えい》享《きょう》の乱、そして享徳の乱と戦乱があいついだが、宇都宮氏は京都の足利将軍家と緊密な関係をもつ京都御扶持衆《ごふちしゅう》として、それぞれの戦いに臨んできた。享徳の乱において成綱の祖父等綱《ともつな》は、幕府の命令に従って成氏に敵対し、没落。かわって当主となった伯父明綱《あきつな》、また明綱の早世後に家督を継いだ父正綱は、基本的に成氏方を保った。

そして、正綱のもとで塩谷・笠間《かさま》・上三川《かみのかわ》・壬生《みぶ》・武茂氏などの宇都宮一族の臣従化がすすみ、かれら一族と家臣によって構成される宇都宮家中を取りしきったのが家宰の芳賀氏である。新当主の成綱を補佐したのは芳賀景高《かげたか》・高勝《たかかつ》父子で、文亀二年（一五〇二）以降は高勝が家宰をつとめるようになっている〔寺社古状〕。成綱が家督を継承してまもない文明十四年十一月、ついに八代将軍足利義政《よしまさ》と成氏とのあいだで講和が実現し、ようやく享徳の乱は終わった。とはいえ、その五年後の長享元年（一四八七）閏十一月には、今度は山内・扇谷の両上杉氏間で対立が表面化し、再び関東各地で戦乱が勃発している〔長享の乱〕。まさにつかの間の平和だった。

成綱の家中支配

まだ元服前の成綱の家督継承をめぐっては、家中内に反対意見もあったらしく、のちに一族の武茂兼綱が成綱に敵対した〔秋田藩家蔵文書〕。兼綱は武茂氏関連諸系図では正綱の長子と伝えられ、宇都宮氏の家督をめぐる不満からの反乱と考えられる。たぶん、成綱は家宰の芳賀景高らに擁立されて家督に選ばれ、また元服時には古河公方足利成氏の烏帽子子となることによって、その地位をいっそう強固なものにしたとみられる。したがって、成氏は兼綱の野心に関して、まだ風聞の段階から兼綱と親しい南奥州の小峰《こみね》氏に仲裁を求めるとともに、万一、反乱の際は必ず成綱を支援するように命じた〔國學院大學白河結城文書〕。そして、現実に兼綱が反乱を起こしたときには、成綱を守った家臣の簗《やな》右京亮《うきょうのすけ》を賞している〔秋田藩家蔵文書〕。成綱が古河公方成氏の庇護のもとで、みずからの家中支配を固めていったことがわかる。

成氏は明応六年（一四九七）九月二十九日に六十四歳で没したが、以後も成綱と足利氏との親密な関係はつづいた。二代古河公方となった政氏《まさうじ》は、嫡子高氏《たかうじ》（のち高基《たかもと》、以下では高基に統一）の妻に成綱の娘を迎え、彼女が高基の嫡子晴氏《はるうじ》を産んだ。すでに成綱の妹が、代々にわたって古河公方を支えてきた下総結城《ゆうき》氏の当主政朝《まさとも》に嫁いでおり、そのような結城氏との姻戚関係もあって、宇都宮氏と足利氏との婚姻が実現した可能性もある。

一方、成綱の妻としては、①足利成氏の次男で、関東管領山内上杉顕定《あきさだ》の養子になった顕実《あきざね》の娘、②下野の上那須《かみなすすけちか》資親の娘、③常陸の小田成治《おだしげはる》の娘、の存在が知られる。婚姻の時期など、具体的な状況は不明ながらも、足利氏をはじめとする周辺の有力大名と積極的に姻戚関係を結ぶことによって、成綱が家中支配および所領支配を強化していったことがわかる。ただし、以上のように多方面におよんだ姻戚関係は、古河公方政氏・高基父子の対立が表面化するのにともない、かえって宇都宮氏が否応なくその渦中へと巻き込まれていくことにもつながっていった。

永正の乱と成綱・忠綱父子

永正三年（一五〇六）四月、父政氏と不和となった高基が舅成綱を頼って古河（茨城県古河市）から宇都宮城へと移った（第一次永正の乱）。「古河政氏公父子合戦」といわれたように〔東州雑記〕、以後、古河公方の政治的影響下にあった関東・南奥州では、政氏派と高基派に分かれて抗争が展開されていった。すでにそれ以前から関東では、長享の乱、そして明応三年（一四九四）には長享の再乱が勃発しており、それまでの山内・扇谷両上杉氏間の対立に伊豆の堀越公方《ほりごえくぼう》足利茶々丸《ちゃちゃまる》（八代将軍義政の弟政知《まさとも》の庶子。享徳の乱後、伊豆一国を支配）と伊勢宗瑞《いせそうずい》（北条早雲《ほうじょうそううん》とも）の抗争まであらたに加わって、事態はより複雑化していた。

そのほか、これと前後するようにして、常陸では佐竹氏と有力一族山入《やまいり》氏の抗争が再燃し、また小田氏でも一族間の家督争いが激化している。そして、下総では結城政朝が権臣多賀谷和泉守《たがやいずみのかみ》を討って実権を回復し、上野の岩松《いわまつ》氏では重臣横瀬《よこぜ》氏（のち由良《ゆら》氏）が台頭して実権を握り、岩松氏を傀儡化している（屋裏の錯乱）。つまり、政氏・高基父子の対立の前提として、当時、諸家中で続発していた内部抗争とも関連してより広域化した長享の乱、長享の再乱が存在していたのである。

したがって、翌永正四年八月頃に高基はいったん宇都宮城から古河に戻ったものの、永正六年に再び両者の対立が再燃し（第二次永正の乱）、同年六月二十三日にようやく「政氏御父子御和睦」と記録されている〔喜連川年代記〕。日付が明記されていることからすると、その日に両者のあいだでなんらかの和睦の儀礼が執りおこなわれたものとみられる。とはいえ、それでもなお対立はおさまらず、永正七年六月に高基は今度は下総関宿《せきやど》（千葉県野田市）に移って抗争を再開している（第三次永正の乱、以下永正の乱）。

ちょうど同じころ、文正元年（一四六六）以来、約四十五年近くにわたって関東管領を務めてきた山内上杉顕定が越後で戦死している。永正四年に顕定の弟の越後守護上杉房能《ふさよし》が守護代長尾為景《ためかげ》に討たれたため、同六年七月に為景らの追討に向かい、越後を転戦中に翌年六月二十日に討ち死にをとげたのである。その影響で以後永正の乱には、関東管領の後継者争いも加わった。

そして、永正の乱中の同九年三月七日に成綱の嫡子忠綱《ただつな》が、菩提寺の興禅寺《こうぜんじ》に「老父」成綱の寄進を証する寺領安堵状を下付している〔寺社古状〕。忠綱は大永七年（一五二七）七月十六日に三十一歳で没したとされているので〔宇都宮系図〕、生年は明応六年（一四九七）、成綱が二十九歳のときに誕生したことになる。したがって、永正九年の時点では忠綱は十六歳、成綱は四十四歳だった。乱中、かつ元服まもない若年での忠綱の家督継承にはいかなる事情があったのだろうか。

芳賀高勝殺害と「宇都宮錯乱」

永正九年（一五一二）四月二日、家宰芳賀高勝の殺害によって宇都宮家中が混乱状態となったため、足利高基は常陸の小野崎《おのざき》氏や南奥州の石川《いしかわ》・板橋《いたばし》氏らに対し、成綱への無二の「御扶助《ごふじょ》」を命じている〔集古文書ほか〕。扶助とは、「援助すること、あるいは、人のためになる事をすること」〔邦訳日葡辞書、以下日葡〕を意味し、宇都宮家中の混乱がそうとう深刻な状態にあったことがわかる。その状況を高基は「宇都宮錯乱《うつのみやさくらん》」と表現しており、家中が成綱派と高勝派に分かれて「戦争による混乱、すなわち、戦乱」〔日葡〕にまで発展していたことが判明する。

すでに三月以前に家督は忠綱に移っていたが、依然として成綱は実権を手放してなかったのである。

そして、忠綱の家督継承とほぼ同じタイミングで家宰の高勝が殺害されており、両者は関連していた可能性が高い。そのことを示唆するのが、前年の永正八年十一月二十九日に成綱と元服前でまだ幼名の藤寿丸《とうじゅまる》を名乗っていた忠綱が、それぞれ別々に山伏《やまぶし》の戒浄坊《かいじょうぼう》に「下野国年行事」職を認めた安堵状の存在である〔外山文書〕。本来ならば、宇都宮氏の当主が発給すべき安堵状であり、その点からすれば成綱の安堵状で十分だったはずである。

芳賀氏歴代の墓　栃木県真岡市・海潮寺

ところが、実際には藤寿丸の安堵状も与えられており、成綱の安堵状だけでは不十分だったことがわかる。つまり、この段階では宇都宮氏の権力は成綱と藤寿丸とに分裂しており、それゆえ両者の安堵状が必要とされたのである。たぶん、藤寿丸を擁立し、その陰で実権をふるっていたのが芳賀高勝であり、藤寿丸は高勝の傀儡にすぎなかったと考えられる。そして、そのような分裂状態を克服するために成綱が講じた解決策が、藤寿丸の元服と高勝の殺害であり、この結果、宇都宮氏は元服を果たした新当主忠綱のもとで一本化される目論見だった。しかしながら、家中の反発は成綱の予想以上に激しく、ついに「宇都宮錯乱」へと発展してしまう。とはいえ、結果的には高基の全面的な支援もあって、成綱・忠綱父子はこれを機に芳賀氏の権力削減と当主の権限強化を実現することできた。一方、芳賀氏ではあらたに一族の高孝《たかたか》（のち孝高）が当主となり、高勝の弟高経《たかつね》はしばらくのあいだ逼塞《ひっそく》を余儀なくされた。

竹林・縄釣合戦と永正の乱の帰趨

高基の有力与党だった宇都宮家中の混乱は、永正の乱にも影響を与えている。そもそも「宇都宮錯乱」自体、政氏派と高基派との政治的な立場に関する対立がからんでいたとみられ、とりあえず家中は高基派に一本化された。一方、越後で戦死した上杉顕定の後継者をめぐる山内上杉氏の内部対立は、政氏の弟で顕定の養子となった顕実と上杉一族から養子となった憲房《のりふさ》間で争われ、永正九年六月に居城の鉢形《はちがた》城（埼玉県寄居町）を追われた顕実は古河に逃れた。結果、関東管領職は高基派の憲房が継承している。

以上のように、徐々に劣勢となった政氏は、同年中に古河から下野小山の祇園《ぎおん》城（栃木県小山市）に移った。かわって古河には、関宿から高基が入った。このころの政氏与党として祇園城主の小山成長のほか、下野では下那須資房《しもなすすけふさ》、常陸では佐竹義舜《よしきよ》、奥州では岩城常隆《いわきつねたか》・由隆《よしたか》父子らがいた。また政氏の子義明《よしあき》も還俗《げんぞく》して政氏に従っている（小弓公方《おゆみくぼう》）。

政氏は祇園城入城以降、劣勢挽回のために常陸・奥州との連携強化を最重要視し、佐竹・岩城両氏に下野への出兵を求めた。たび重なる政氏の出兵命令に対し、両氏も永正十一年七月についに出兵に踏み切った。両氏を中心とする軍勢は総勢「一万騎」ともいわれ〔結城家之記〕、那須方面から宇都宮に向けて進軍をつづけた。忠綱は叔父結城政朝の加勢をえて、八月十六日に宇都宮郊外の竹林村で佐竹・岩城勢を迎え撃ち（竹林合戦）、かれらを撃退している。結城勢が討ち取った首の数だけでも「五百余人」を数え、最終的な戦果は「敵二千余人討死」という大勝利だった（今宮祭祀録）。

もちろん、政氏、そして佐竹・岩城両氏もそれであきらめたわけではなく、永正十三年六月に両氏は「奥口軍兵五千余騎」を率いて再び上那須へと侵攻した（佐八文書）。忠綱は前回の防衛戦から方針を一転し、今回は上那須に向けて出陣、両軍は同月二十六日に上那須浄法寺《じょうほうじ》（栃木県那珂川町）で会戦した。戦場は浄法寺内の「なわつるし」という場所で（今宮祭祀録）、後世の軍記物語には浄法寺の箒川《ほうきがわ》沿いの地名として「縄釣の台」がみえる（那須記）。台とは「平たくて高い土地」を一般的に意味するので（広辞苑）、箒川南岸の河岸段丘上で合戦が繰り広げられたことがわかる。

縄釣合戦は、結局、忠綱方の勝利に終わり、余勢を駆って忠綱は上那須から佐竹領にまで攻め込んでいる。その際の状況は、「近辺在々所々の要害、或《ある》いは責め落とし、或いは降参、悉《ことごと》く本意に属し、馬を納められ候」と報じられており（佐八文書）、忠綱の完勝だったことがうかがえる。つまり、政氏派の有力与党だった佐竹・岩城両氏は、竹林合戦につづいて縄釣合戦でも一敗地にまみれることとなり、その影響で政氏は同年中に祇園城を離れて扇谷上杉氏支配下の武蔵岩付《いわつき》（さいたま市岩槻区）へと移った。永正の乱の帰趨は竹林・縄釣合戦によってほぼ決し、こののち政氏は同国久喜《くき》（埼玉県久喜市）に隠棲して高基と和解している。

忠綱の自立と家中支配

永正十三年（一五一六）十二月八日、宇都宮氏中興の祖とも称すべき成綱が四十八歳で没した。忠綱もすでに二十歳となり、成綱の死去によって名実ともに新当主として家中支配を本格化させていった。忠綱の家中支配の特徴は、代々にわたって家宰を務めてきた芳賀氏にかわって、叔父の塩谷孝綱《しおのやたかつな》が忠綱を補佐した点にある。「宇都宮錯乱」以降、家中の最有力者となったのが孝綱であり、孝綱は本領塩谷荘のほか、芳賀氏の本領である大内荘《おおうちのしょう》の代官も務めた〔法雲寺文書〕。

また、同じく宇都宮一族中では、壬生《みぶ》氏の台頭も見逃せない。永正年間までに壬生氏は、名字の地である壬生（栃木県壬生町）のほかに、その北西の鹿沼《かぬま》（同鹿沼市）も支配下においていた。壬生綱重《つなしげ》・綱房《つなふさ》父子はその実名からそれぞれ元服にあたって、主君の宇都宮氏から「綱」の一字を付与されたことがわかる。日光山麓の鹿沼周辺には、山岳信仰の霊場である日光山の神領が広範に広がっており、綱房はその神領管理を統轄する惣政所《そうまんどころ》を務めた。そして、綱房の次男昌膳《しょうぜん》は、のちに日光山の寺務を総攬する権別当《ごんのべっとう》として座禅院主《ざぜんいんしゅ》に就任している。

一方、忠綱の側近として、日常的に忠綱に近侍し補佐したのが永山忠好《ながやまただよし》である。実名の「忠」は忠綱からの拝領になる。忠好は、忠綱の書状に添える副状をしたためるなど、忠綱の意思伝達や意向の実現に努めており〔佐八文書〕、忠綱の信頼あつい家臣だった。忠綱の代にはじめて活動が確認され、「宇都宮錯乱」にともない台頭を果たしたとみられる。

とはいえ、宇都宮家中における塩谷孝綱や壬生綱重・綱房、永山忠好らの台頭・出頭は、芳賀氏をはじめとする反対派の没落・逼塞と表裏の関係にあり、忠綱の家中支配は「宇都宮錯乱」の結果、没落・逼塞を余儀なくされた人びとの不満をさらに醸成していくことにもつながっていった。

猿山合戦で敗北

永正十一年（一五一四）の竹林合戦では、甥忠綱とともに佐竹・岩城勢を破った結城政朝だが、その後、忠綱との関係は「中絶」状態となっていた（結城家之記）。両者の「友情の破綻」（日葡）、「人との関係が不仲になること」（広辞苑）は、宇都宮家中の反対派勢力にとっては好機と映った。本領を離れて宇都宮に逼塞していた芳賀高経は、兄高勝らの無念をはらすべく、政朝のもとを訪れ、その「介抱」をうけた。すなわち、政朝は高経の「後見として世話をすること」（広辞苑）を決意し、高経「帰宮」のために宇都宮へと出陣したのである。これを知った忠綱は、政朝を迎え撃つべく宇都宮城を発し、両軍は宇都宮領内の猿山《さるやま》で激突した（猿山合戦）。

結城氏歴代の事績を顕彰した『結城家之記』では、「忠綱公は敗軍して帰宮に及ばず、鹿沼城に北籠《にげこも》る、兵衛《ひょうえ》（芳賀高経）は帰宮して本意に復し、結城本領中村十二郷は結城に帰る、これ孝顕《こうけん》（政朝）第四度の武辺なり」と記す。忠綱は猿山合戦で政朝に敗れ、宇都宮城への帰城もかなわず、鹿沼城の壬生綱房を頼ったのである。忠綱と入れ替わるようにして、芳賀高経が宇都宮城に入って復権を果たした。そしてその結果、政朝は宇都宮領となっていた「結城本領中村十二郷」（栃木県真岡市）を取り戻すことができた。

『宇都宮興廃記』など、後世の軍記物語では大永六年（一五二六）十二月六日の合戦と伝承されてきた猿山合戦だが、比較的信頼性が高い『東州雑記』には、大永三年に「宇都宮乱、忠綱出城」と猿山合戦の顛末が簡潔に記されている。大永三年から四年にかけて宇都宮周辺で戦乱があったことは、毎年九月に実施される氏家郡《うじいえぐん》惣鎮守今宮明神《いまみやみょうじん》の祭礼が大永三年に祭礼の責任者である頭人玉生右京助《たまにゅううきょうのすけ》が「勝山ニテ打死候の間、闕頭にて候」、同四年も「乱故、御頭御座なく候」との記述からも裏づけられる〔今宮祭祀録〕。「勝山」は猿山の誤記とみられるほか、猿山合戦以後も戦乱が継続していたことがわかる。

忠綱とは義兄弟であり、かつ永正の乱以来、緊密な間柄だった足利高基は、大永四年四月一日の書状に「宇都宮事、名代若輩故、しかしか共これなき様に候間、使節を遣わし候処、芳賀を始めとして、何れもその旨ある由、御請けに及び候」と記している〔東京大学史料編纂所所蔵幸田成友氏旧蔵文書〕。このときの宇都宮氏は、「名代《みょうだい》」（他人の代わりに立っている人、または、代理の地位にある人〔日葡〕）が「若輩《じゃくはい》」（若者、あるいは、年の少ない者〔日葡〕）のため、「しかしか共」（しっかりと、はっきりと〔広辞苑〕）しない様子なので、使節を派遣したところ、芳賀氏をはじめとしていずれも高基への忠信を約束したという。すでに大永四年には当主は忠綱ではなく、かわって「若輩」の「名代」が当主となっていた。そして、「芳賀を始めとして」とあるように、家中の筆頭には芳賀高経がいた。

ちなみに、「今度一戦の様体」（猿山合戦）に関して「その地」（鹿沼）に帰陣した忠綱に壬生への移動を提案した足利高基の自筆書状は九月一日（小田部好伸家文書）、同じく「去る一戦」に出陣して数か所の傷を負った家臣の瓦屋氏をねぎらい、忠綱の「出城心元なきの由」の申し出に感謝した忠綱の書状は九月二日のものである（秋田藩家蔵文書）。したがって、以上からも猿山合戦が大永三年の九月以前、たぶん八月前後に起こったことがあきらかになる。

その後の忠綱と宇都宮家中

猿山合戦に敗れた忠綱が宇都宮に帰還できなかったのは、その時点で宇都宮城が反対派に占拠されていたことを示唆するし、芳賀高経の宇都宮復帰後、忠綱にかわる「名代」が高経らによって擁立され、遅くとも大永四年（一五二四）四月には古河公方足利高基からその立場を承認されている。「宇都宮乱、忠綱出城」と『東州雑記』が記すように、宇都宮家中の内訌に結城政朝が介入して起こったのが猿山合戦であり、猿山合戦以後も家中の内訌はしばらくのあいだ継続していた模様である（大永の内訌）。

あらたに「名代」となったのは、成綱の三男、忠綱末弟の興綱《おきつな》である。「宇都宮系図」などでは、天文五年（一五三六）八月十六日に二十三歳、もしくは二十一歳で高経らに殺害されたと伝えられ、生年は永正十一年（一五一四）、もしくは同十三年ごろとみられる。だとすると、大永四年にはまだ十一歳前後であり、元服は大永七年あたりだろう。
一方、鹿沼に逃れた忠綱は、その後高経らと「和談」し、「明年（大永四年）帰城」したとする系図もあるが、家督に復帰した様子はない。忠綱は大永七年七月十六日に失意のうちに没し、芳賀高経の権勢は天文八年に再び家中の内訌が勃発するまでつづくことになる。
（江田郁夫）

【主要参考文献】

荒川善夫『戦国期北関東の地域権力』（岩田書院、一九九七年）
市村高男『戦争の日本史10　東国の戦国合戦』（吉川弘文館、二〇〇九年）
市村高男編『中世宇都宮氏の世界　下野・豊前・伊予の時空を翔る』（彩流社、二〇一三年）
江田郁夫編著『下野宇都宮氏』（戎光祥出版、二〇一一年）
江田郁夫『戦国大名宇都宮氏と家中』（岩田書院、二〇一四年）
藤井達也「古河公方足利政氏と佐竹氏・岩城氏―永正期における下野出兵をめぐって―」（『常総中世史研究』八、二〇二〇年）
丸島和洋『列島の戦国史5　東日本の動乱と戦国大名の発展』（吉川弘文館、二〇二一年）
森田真一『上杉顕定　古河公方との対立と関東の大乱』（戎光祥出版、二〇一四年）

那須高資——宇都宮氏と争った那須氏惣領

永正の乱と那須氏

中世の下野国内で那須《なす》という名字を名乗る家は、複数存在し続けたが、十六世紀初めの古河公方足利《こがくぼうあしかが》氏の内紛と関東・南奥羽の領主間抗争が結びついた永正《えいしょう》の乱において、那須氏有力庶子家（下《しも》那須家）の資房《すけふさ》（？〜一五五二）は、烏山城《からすやま》（栃木県那須烏山市）を本拠として、常陸の佐竹義舜《さたけよしきよ》や南奥羽の岩城由隆《いわきよしたか》と共に古河公方足利政氏《まさうじ》派に属していた。それに対して、黒羽《くろばね》（同大田原市）を本拠としていた那須氏惣領家（上《かみ》那須家）の資永《すけなが》は、宇都宮成綱《うつのみやしげつな》・忠綱《ただつな》父子や南奥羽の伊達稙宗《だてたねむね》が支援する足利高基《たかもと》（政氏の嫡子《ちゃくし》）に味方しており、両者は対立していた。

近世に記された『那須記』などによれば、那須資永（那須資親《すけちか》の養子）は、資親の実子資久《すけひさ》との家督争いのなかで資久を殺害し、自身も討ち死にしたという。それによって、那須資房による両那須の統一が実現したとされている。

この事件は、永正の乱の一環として起こったものと考えられ、伊達稙宗に宛てた永正十一年（一五一四）に比定される七月二十八日付宇都宮忠綱書状〔伊達家文書〕のなかで、忠綱が「両那須口」への攻撃を依頼していることに鑑みれば、永正十一年七月下旬までには上那須家が滅亡し、下那須家の資房が那須氏を統一していたようだ〔荒川二〇〇二〕。烏山城主那須氏は、北関東で東の佐竹氏と西の宇都宮氏に挟まれつつも、戦国武将として活躍していくことになる。

永正の乱は、足利高基派優勢のうちに推移し、那須資房は、永正十三年に足利政氏派から高基派に転じていった。資房の跡を継いだのは子息の政資《まさすけ》（?～一五四六）であるが、この家督交替には内訌が伴っていた可能性が指摘されている〔佐藤二〇〇八〕。政資の「政」の一字は、古河公方足利政氏からの一字拝領と考えられる。

那須政資から高資へ

その後、那須政資は、岩城常隆《つねたか》の娘との間の子息高資《たかすけ》（?～一五五一）と対立するところとなった。当時の関東の状況については、まず、天文七年（一五三八）十月に起こった第一次国府台《こうのだい》合戦以後の、古河公方足利晴氏《はるうじ》（高基の子）・北条氏綱《ほうじょううじつな》と関東管領山内上杉憲政《かんとうかんれいやまのうちうえすぎのりまさ》・扇谷《おうぎがやつ》上杉朝定《ともさだ》との対立があった。下野国内では、数年にわたって小山高朝《おやまたかとも》と壬生綱雄《みぶつなかつ》（宇都宮氏の宿老）との対立抗争が続いており、この抗争に宇都宮俊綱《としつな》（壬生氏寄り）と小山氏寄りの芳賀高経《はがたかつね》（宇都宮氏の宿老）・塩谷由綱《しおのやよしつな》（同）らとの権力闘争といった宇都宮家中の内紛が結びつくことになった。

こうした状況と連動するかたちで、天文八年には、那須家中を二分する内紛が起こったのである。那須氏当主の政資は、足利晴氏・北条氏綱方に身を置き、宇都宮俊綱・壬生綱雄・小田政治《おだまさはる》・佐竹義篤《よしあつ》らと連携していた。一方、高資は、山内上杉憲政・扇谷上杉朝定派として、小山高朝・結城政勝《ゆうきまさかつ》・芳賀高経・塩谷由綱・皆川成勝《みながわしげかつ》（宇都宮氏の寄衆）・同忠宗《ただむね》（同）・白川義綱《しらかわよしつな》・岩城重隆《しげたか》らと結んでいた。

こうした対立状況のなか、宇都宮俊綱による芳賀高経殺害という事件が起きたのであり、また、結城政勝は、宇都宮のはなはだ近辺まで数回にわたって軍勢を進め、壬生氏と敵対する小山高朝は三月、壬生方面に向けて軍事行動に及んでいた。それでも、宇都宮俊綱が古河公方足利晴氏に対して、和睦を命ずるよう要請し、晴氏の命令を小山氏側が受け入れたことによって、天文八年七月下旬には、対立はいったん終息している。

しかし、両陣営は同年九月に再び対立し、武力抗争となる。佐竹・小田・宇都宮各氏の軍勢は、那須政資を支援するため、九月二十一日に出陣し、十月には那須高資が本拠としている烏山城の間近まで押し寄せる事態となった。それに対して、小山・結城両氏は、宇都宮氏の背後を突いて、宇都宮領奥深くに侵攻している。政資と高資が対立抗争するなか、那須衆（那須氏の従属的な同盟者たる那須氏一族や家臣）も二派に分かれていたが、多くは高資を支持していたのであり〔荒川一九九七〕、佐竹氏らの軍勢も烏山城を攻めきることはできなかった。このとき、政資が高資によって烏山城内に囚われていた可能性も指摘されている〔山本二〇一二〕。

それでも、両陣営は、天文十年代初めまでには和睦していたと考えられ、天文十年頃には、那須政資から高資への家督相続となったようだ〔荒川二〇〇二、佐藤二〇〇八〕。

那須高資の権力基盤

那須高資の「高」は、古河公方足利高基からの一字拝領であり、高資の元服は、簗田《やなだ》高助《たかすけ》・二階堂《にかいどう》高盛《たかもり》・小山高朝らと同様、永正期（一五〇四～二一）後半から大永・享禄期（一五二一～三二）にかけての頃と推測されている〔佐藤二〇〇八〕。高資は、家督を相続すると、天文十一年（一五四二）に比定される正月二十六日付で南奥羽の白川晴綱《はるつな》宛てに、前年冬種々の音物を贈られた礼として、扇子などの音物を贈ることを述べた書状を送るなど、那須氏当主としての活動を開始した。

天性寺　栃木県那須烏山市

そのようななかで、天文十五年七月二十三日、父の政資が死去した。彼の葬儀で施主を務めたのは、当主の高資とみてよかろう。高資は、葬儀で懇ろに焼香を行った天性寺《てんしょうじ》（栃木県那須烏山市、曹洞宗）に対して、同年八月二十三日付で、森田（同市）のうちの浄光寺《じょうこうじ》を寄進している。

政資の葬儀に香典を寄せた武士たちの名前が記された帳面の写〔那須文書〕が現存しており、この史料は、高資が拠って立つところの権力基盤たる家臣団構成を物語っている〔荒川二〇〇二〕。

すなわち、高資にはまず、左記の通り、前記帳面に「殿」付けの敬称で記載されている、下庄《しものしょう》（那須荘南部の下那須地域）に盤踞する親類（一族）がいた。

・千本《せんぼん》城（栃木県茂木町）の城主「千本殿」
・「同（千本）讃岐《さぬき》殿」（千本氏一族）
・「千本下総《しもうさ》殿」（同）
・下川井《しもかわい》城（那須烏山市）の城主「下川井殿」
・熊田《くまだ》城（同市）の城主「熊田殿」
・「熊田将監《しょうげん》殿」（熊田氏一族）
・興野《きょうの》城（那須烏山市）の城主「興野殿」
・滝田《たきた》城（同市）の城主「瀧田殿」

高資の家風《かふう》（重臣）については、同じく帳面に「殿」付けで記載されている田野辺《たのべ》城（栃木県市貝町）の城主「田辺殿」らが確認できる。

次に、帳面に記載されるものの、「殿」付けの敬称の無い人々がおり、彼らは、那須氏の本城たる烏山城や支城の稲積《いなづみ》城（那須烏山市）の城下に集住させられていた家臣や、烏山城の東方で佐竹氏に対する最前線となっていた木須大膳《きすだいぜん》館（同市）を拠点として防備を固めていた家臣である。出自と共に記せば、那須氏親類の子ないし庶流の「同（瀧田）彦十郎」・「熊田右京《うきょう》」・「金枝《かなえだ》新九郎」や、那須氏家風の嫡流たる「高瀬《たかせ》」・「鹿子畑《かのこはた》」、那須氏家風の庶流の「大田原《おおたわら》三川《みかわ》」・「大関《おおぜき》左京《さきょう》」、そして他の郷村に名字の地を持つ「五月女《そおとめ》左京」・「さわむら」などとなる。彼らのうちの「高瀬」・「大田原三川」、さらに「角羽《かくわ》伊豆守《いずのかみ》」・「かくハ新左衛門」は、那須高資の側近に仕える直臣であったと考えられる。

前記帳面からは、上那須衆（上庄《かみのしょう》＝那須荘北部の上那須地域に本拠を有する那須衆）のうち、「稲沢《いなざわ》殿」が香典を寄せていたことが判明するものの、そのほかの大田原氏・大関氏・福原《ふくわら》氏・蘆野《あしの》氏・伊王野《いおうの》氏ら主立った上那須衆は、香典を寄せておらず、烏山城主那須氏とは一定の距離を置いていたことが知られる。永正十一年（一五一四）頃の上那須家滅亡以降、上那須衆の独立的な性格は、強まっていたものと考えられる。天文十五年（一五四六）段階の那須高資の権力基盤は、下那須地域にあったのである〔市村一九九五〕。

なお、松野《まつの》城（栃木県那珂川町）の城主松野氏は、那須氏の軍事的指揮に従うこともあるが、同氏の親類層や家風層のいわば外側に位置して、状況によっては離反する可能性を含んでいた外様的な国衆で、那須氏の同心衆と呼ぶべき存在であった。松野篤通《あつみち》が佐竹義篤から「篤」の字を与えられて元服している一方、那須高資は、天文十六年五月二十七日付で、松野弥十郎（篤通の子）に対して、那須氏の通字《とおりじ》「資」の入った「資通《すけみち》」という実名《じつみょう》を名乗ることを許可している。

五月女坂の合戦で宇都宮氏を破る

那須高資は、周辺の茂木《もてぎ》・松野・武茂《むも》各氏や常陸の佐竹氏、南奥羽の岩城・白川両氏、北下総の結城氏らと連携する一方、宇都宮俊綱（天文十五年〈一五四六〉以降、尚綱《ひさつな》と改名）とは対立していた。高資は天文十四年（一五四五）頃から、小幡（栃木県矢板市）・喜連川（同さくら市）・七井（同益子町）・市塙《いちはな》（同市貝町）といった交通の要衝において宇都宮氏と衝突を繰り返していた。さらに、この頃、那須・宇都宮両氏が交戦状態にあったのみならず、高資によって宇都宮一族の壬生綱雄・塩谷一郎（孝信《たかのぶ》ヵ）ら宇都宮家中の切り崩し策も並行して進められていたことが指摘されている〔江田二〇一二〕。

このような流れのなかで、天文十八年、奥大道《おくのだいどう》を北上して来た宇都宮尚綱軍と那須高資軍との間で、両勢力のせめぎ合う接触点たる五月女坂《そおとめざか》（栃木県さくら市）において、五月女坂の合戦が勃発したのである。このとき、高資は、白川の地に逃れていた芳賀高照《たかてる》（宇都宮俊綱に殺害された芳賀高経の遺児）や白川氏・佐竹氏らの支援を受けていたと考えられる〔荒川一九九七〕。

この戦いについては、少しずつ記載内容が異なるものの、『宇都宮興廃記』・『那須記』・『今宮祭祀録』・『下野国誌』といった各種史料に記述されている。そのうち、『下野国誌』所収「那須系図」の項に引用された記事によれば、天文十八年九月二十七日、宇都宮尚綱が二千余騎を引率して塩谷郡五月女坂に進軍して来たことに対して、那須高資は、那須衆の大関高増《たかます》・大田原綱清《つなきよ》・蘆野資泰《すけやす》・伊王野資宗《すけむね》・千本資俊《すけとし》・福原資則《すけのり》・金枝義高《よしたか》・角田重利《かくたしげとし》・興野義国《きょうのよしくに》・稲沢俊吉ら三百余騎を率いて当地へ向かったものの、

弥五郎坂の石塔（五輪塔）　栃木県さくら市

大軍に追い立てられて坂から引き退いたという。そして那須勢は、秩序なく乱れた状態となったようにみえたが、そのなかで宇都宮尚綱は、伊王野氏（上那須衆）家臣の鮎ヶ瀬《あゆがせ》弥五郎実光《さねみつ》が放った矢に当たり、討ち死にしたというのである。大関氏・大田原氏・蘆野氏・伊王野氏ら上那須衆は、自立的性格を有する存在であったが、烏山城主那須氏の軍事的傘下の存在でもあり、那須氏と他氏との合戦においては、那須勢としての働きをみせていた。

　宇都宮尚綱を射た鮎ヶ瀬弥五郎は、那須高資から褒美として与えられた銭で尚綱のために石塔を建て、以後、この地は弥五郎坂と呼ばれるようになったと伝えられている。ただ、より信憑性が高いと考えられる『今宮祭祀録』には、宇都宮氏が掌握していた喜連川の近くに那須勢が在陣したことにより、宇都宮尚綱が出陣し、戦闘の結果、宇都宮勢が総崩れとなって、二百余名の戦死者を出したと記されており、五月女坂に在陣する那須勢に対して、宇都宮勢が坂の下から攻めかかったものと考えられ、地の利の面で那須勢が有利であったようだ。また、『今宮祭祀録』天文十八年条には「喜連川五月女坂ニヲイテ五月十三日ニ俊綱打死、伊王野家来鮎ヶ瀬助衛門尉、奉射殺《いころしたてまつる》、則《すなわち》石塔有」と追記されており、五月女坂の合戦以降、弘治三年（一五五七）までの九年間、毎年九月に挙行されるべき今宮神社（栃木県さくら市）の祭礼が中絶状態となった事実も勘案すれば、合戦の日時については、九月二十七日より五月十三日の方が蓋然性が高いと言えよう〔新井二〇一四、江田二〇二二〕。

宇都宮尚綱の戦死により、息子の伊勢寿丸（当時五歳、のちの広綱《ひろつな》）は、宇都宮氏宿老芳賀高定《たかさだ》に守られ、宇都宮城（宇都宮市）から芳賀氏の拠点たる真岡《もおか》城（栃木県真岡市）に逃れたのであり、宇都宮城は芳賀高照、次いで壬生綱雄・周長《かねなが》兄弟に乗っ取られるところとなった。那須高資は、芳賀高照や壬生綱雄らと連携して動いていたようで、宇都宮城での高照の支配の在り方は、高資と綱雄の力の均衡にもとづいて、那須・壬生両氏の干渉を強く受けるものであったらしい〔荒川一九九七〕。

なお、五月女坂の合戦で宇都宮尚綱（俊綱）が使用した旗で、那須氏方が戦利品として持ち帰り、以後「宇都宮俊綱旗」として那須家に伝来した、宇都宮氏の家紋（左三つ巴）が描かれた旗（栃木県立博物館蔵）が現存している。

那須高資の横死

那須高資は、父政資同様、元服の際に古河公方足利氏より一字を拝領し、古河公方を中心とした政治的秩序に入っていたが、その後、興野氏・瀧田氏・熊田氏・下川井氏ら下那須衆（下庄＝下那須地域に本拠を有する那須衆）の支持のもと、自身に権力を集中させ、専制化を強めており、古河公方からの自立をめざすような動きをしていた。高資や下那須衆のこのような政治的路線に対して、古河公方寄りの路線をめざす大田原氏・大関氏・福原氏ら上那須衆は、危機感を抱いていたようである。

天文二十年（一五五一）正月二十二日もしくは二十三日、高資は、千本城において同城主千本資俊に殺害された。那須家中の権力闘争のなかで、大田原氏ら上那須衆グループと通じる資俊が、下剋上によって高資を殺害したもので、その背景には芳賀高定による資俊への誘引があった〔荒川一九九七〕。高資の跡目については、異母弟の資胤《すけたね》（母は大田原資清《すけきよ》の娘）が大田原資清ら上那須衆に擁立されて、那須氏当主に就任するのであった。高資は生前、官途《かんと》名や受領《ずりょう》名を称しなかったとみられ、子供もいなかったようだ。彼の戒名は、天性慈舜《てんしょうじしゅん》である。

なお、同年八月一日には高資の菩提を弔うため、祖父の資房（玄藤《げんとう》）が天性寺に土地を寄進しており、同月には同じ目的で、高資の祖母か母と思しき妙香《みょうこう》なる女性が同寺に土地を寄進している。

（新井敦史）

【主要参考文献】
新井敦史「豊臣秀吉・徳川家康とさくら市域」（『氏家喜連川歴史文化研究会だより』第一九号、二〇一四年）
荒川善夫『戦国期北関東の地域権力』（岩田書院、一九九七年）

荒川善夫『戦国期東国の権力構造』（岩田書院、二〇〇二年）
市村高男「戦国期下野那須氏権力の一断面―『那須政資法要香銭注文』の分析―」（『中央学院大学商経論叢』第一〇巻第一号、一九九五年）
江田郁夫「喜連川早乙女坂合戦と勝山城」（さくら市ミュージアム―荒井寛方記念館―編集・発行『さくら市の歴史と文化　勝山城～戦いの時代～（図録）』二〇二二年）
大田原市那須与一伝承館編集・発行『那須与一の軌跡―中世那須氏のあゆみ―（図録）』（二〇一八年）
さくら市市史編さん委員会編『喜連川町史　第六巻　通史編1　原始・古代　中世　近世』（さくら市、二〇〇八年）
佐藤博信「室町・戦国期の下野那須氏に関する一考察―特に代替わりを中心に―」（『戦国史研究』第五五号、二〇〇八年）
山本隆志編著『那須与一伝承の誕生―歴史と伝説をめぐる相剋―』（ミネルヴァ書房、二〇一二年）

佐竹実定

——享徳の乱で室町幕府へ味方した常陸のキーマン

常陸佐竹氏について

常陸《ひたち》佐竹《さたけ》氏は、河内源氏《かわちげんじ》の源義光《みなもとのよしみつ》を始祖とする武士団である。河内源氏は清和《せいわ》天皇の子孫で、河内国に勢力を築いた源頼信《よりのぶ》から始まる系統の一族で、頼信の子の頼義《よりよし》は前九年《ぜんくねん》合戦（一〇五一～六二）で活躍した。頼義の三男である源義光は、後三年《ごさんねん》合戦（一〇八三～八七）に参加し、結果として陸奥国菊田荘《きくたのしょう》（福島県いわき市）を領地とした。

嘉承元年（一一〇六）六月、義光は平重幹《たいらのしげもと》（常陸平氏）と手を組み、源義国《よしくに》（義家の次男。義光の甥）と紛争を起こした（「坂東乱逆」）。それにともなって義光は常陸国に下向し、平重幹の孫娘と婚姻を結んだ。これ以降、義光の子孫は常陸国に根を下ろすようになり、義光の孫である昌義《まさよし》のときに、常陸国佐竹郷（茨城県常陸太田市）を本領としたことから、「佐竹」を名字とするようになった。

昌義の嫡男である隆義《たかよし》は、治承《じしょう》・寿永《じゅえい》の内乱（一一八〇～八五）の際に在京しており、常陸にいた秀義《ひでよし》（隆義の子）は金砂山《かなさやま》（茨城県常陸太田市）に城郭を築いて源頼朝《よりとも》に対抗する姿勢を示した。秀義の兄の義政は、源頼朝の配下である上総広常《かずさひろつね》の仲介で頼朝と和睦しようとしたが、反対に頼朝によって謀殺された。

これにより、佐竹氏は頼朝と完全に敵対することになった。治承四年（一一八〇）十一月、頼朝は秀義が籠城する金砂山を大軍で攻撃し、その攻勢に抗しきれなかった秀義は陸奥方面に逃れた（金砂合戦）。このときは佐竹氏側の敗北となったが、その後、佐竹氏側は常陸国内で抵抗を続けた。高橋修氏は、金砂合戦を含む佐竹氏と頼朝側との抗争を「常陸奥郡十年戦争」と呼称している〔高橋二〇一七〕。「常陸奥郡十年戦争」は、義政の子が頼朝側に抵抗を続けるものの、文治五年（一一八九）七月十九日に頼朝が奥州藤原氏《おうしゅうふじわらし》を討伐すべく鎌倉を出発し（奥州合戦）、同月二十六日に隆義が軍勢を率いて下野国宇都宮《うつのみや》（宇都宮市）の頼朝の陣中を訪れて、その配下となったことよって終結した。

鎌倉幕府の傘下に入った佐竹氏は、佐竹郷や太田郷《おおたごう》など本領とその周辺の土地を領地として支配しつつ、御家人として幕府への奉公に励み、承久《じょうきゅう》の乱（一二二一）では北条泰時《ほうじょうやすとき》（鎌倉幕府第三代執権）が率いる東海道軍に参加し、宇治川合戦で南酒出義茂《みなみさかいでよしもち》（秀義の子）が敵を二人討ち取るなど、一族郎党で軍功をあげた。その結果、美濃国山口荘《やまぐちのしょう》（山口郷。岐阜県関市）など、常陸国外に領地を獲得した。

南北朝・室町時代の佐竹氏と「佐竹の乱」

南北朝・室町時代に入ると、佐竹氏は早くから足利尊氏《あしかがたかうじ》・直義《ただよし》に従属し、北朝を支持する室町幕府の体制下で活躍した。南北朝期の常陸国内は、北畠親房《きたばたけちかふさ》を庇護した小田《おだ》城（茨城県つくば市）の小田治久《はるひさ》をはじめとして南朝側の武将が割拠していたが、そのなかで佐竹氏は北朝側の中心勢力だった。

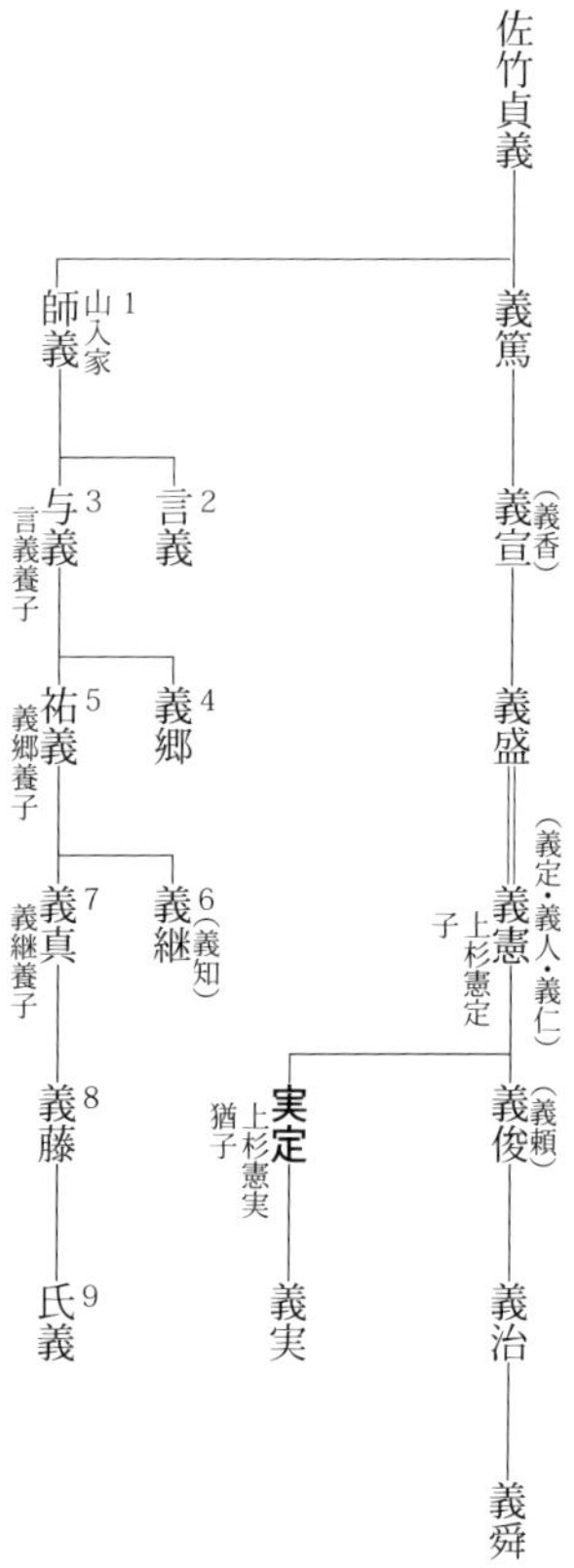

佐竹氏略系図

佐竹秀義から数えて六代目の子孫にあたる貞義《さだよし》は、弟の義綱《よしつな》（長倉《ながくら》氏）・義高《よしたか》（大内《おおうち》氏）・義景《よしかげ》（高《たか》久《く》氏）、子の義篤《よしあつ》・義春《よしはる》（小瀬《おぜ》氏）・義直《よしなお》・義冬《よしふゆ》・師義《もろよし》（山入《やまいり》氏）ら一族をあげて足利氏側に属して各地の合戦に参加した。また、貞義の子の月山周枢《げつざんしゅうすう》は尊氏・直義が帰依した夢窓疎石《むそうそせき》の弟子であった。

貞義の子のなかで、義直は建武二年（一三三五）七月に勃発した中先代《なかせんだい》の乱の際に、武蔵国鶴見《つるみ》（横浜市鶴見区）で北条時行《ときゆき》と足利直義の軍勢が戦ったときに戦死している（鶴見合戦）。また、義冬は建武三年二月六日に南朝側の楠木正家《くすのきまさいえ》（正成《まさしげ》の弟）が拠点とする瓜連《うりづら》城（茨城県那珂市）を、貞義の軍勢が攻撃したときに戦死している（瓜連城合戦）。

こうして、北朝側で活躍した佐竹氏は、貞義が常陸守護に任命され、父の代わりに職務を遂行した義篤は室町幕府の侍所頭人を務めるまでの存在となった。その恩賞として多くの領地を獲得するが、それは康安二年（正平十七年。一三六二）正月七日付の「佐竹義篤譲状写」からもわかるように、鎌倉時代の所領規模をはるかに超えていた。

貞義が文和元年（正平七年。一三五二）九月十日に死去して以降、常陸佐竹氏宗家の家督は義篤→義香《よしか》（義宣）→義盛《よしもり》と継承されていくが、応永十四年（一四〇七）九月二十二日、義盛（貞義の曾孫）は四十三歳で死去した。義盛には後継者となる男子がいなかったため、上杉憲定《うえすぎのりさだ》（山内《やまのうち》上杉氏当主・関東管領《かんとうかんれい》）の次男である龍保丸を後継者とした。

龍保丸は応永七年に生まれ、元服して仮名《けみょう》を七郎、実名を義憲《よしのり》と名乗り、先代の義盛の娘を娶った。義憲が常陸佐竹氏宗家の家督を継承したことに対して、佐竹氏宗家の宿老であった小野崎《おのざき》氏や江戸《えど》氏はこれを支持したが、佐竹氏の一族である山入与義《ともよし》・小田野《おだの》氏・稲木《いなぎ》氏・長倉氏らはこれに反対した。与義は貞義の七男である師義の子で、室町幕府の関東統治機関である鎌倉府《かまくらふ》の支配下に入らず、室町将軍の直接支配下にある「京都扶持衆《きょうとふちしゅう》」の中心人物であった。

これ以降、常陸佐竹氏では、宗家と山入氏をはじめとする佐竹氏一族が約百年間にわたって断続的に抗争を繰り広げる「佐竹の乱」が勃発した。この抗争は、鎌倉公方と関東管領上杉氏の対立と結合するなど複雑な様相を示していた。

佐竹実定の誕生と山内上杉氏継承問題

そのような状況下で、佐竹実定《さねさだ》は義人《よしひと》（義憲。義仁）の次男として生まれた。母は佐竹義盛の娘である。

幼名は不明で、仮名は六郎といい、官途は右馬頭《うまのかみ》、左京大夫《さきょうのだいぶ》、常陸介を称した。実定の生年については、『佐竹家譜《さたけかふ》』の中の「義俊家譜」の考証によると、実定の同母兄である義俊《よしとし》（初名は義頼《よしより》・義従。仮名は五郎）が応永二十七年（一四二〇）に生まれ、その下に娘がおり、その次に実定が生まれているため、早くても応永三十一年か翌三十二年に生まれたと推定している。

実定の祖父の憲定は、義人の実兄で応永二十五年正月四日に二十七歳で死去した憲基《のりもと》に実子がいなかったことから、憲基の従兄弟で九歳の憲実《のりざね》（越後守護家当主の上杉房方《ふさまさ》の三男）に山内上杉氏の家督を継承させた。上杉憲実は永享《えいきょう》の乱で鎌倉公方足利持氏《もちうじ》と対立して自害に追い込んだことで知られ、また、足利学校の再興に尽力したことから、文化的素養も高いと評価されている。

憲実は自身の子供が山内上杉氏の家督を継ぐことを認めなかったといわれ、代わりに養父憲基の甥にあたる実定を後継者として選んだ。実定の実名のうち、「実」は憲実の偏諱と思われ、「定」は義人の実父である憲定に見られるように、上杉氏一族の実名に多く見られる一字であった〔佐藤一九九六。初出は一九九四〕。一方で、そのような憲実の方針を容認できなかった山内上杉家宿老は、憲実の嫡男である憲忠《のりただ》を擁立した〔黒田二〇一三〕。

康応元年（一三八七）七月十四日に佐竹義宣（貞義の孫）が死去したときの家臣の由緒や礼法を、戦国期に記録したとされる『康応記録《こうおうきろく》』には、以下のように記されている。憲実が実定に山内上杉氏の家督と先祖伝来の文書を譲渡し、伝来の文書は憲実から大石重仲《おおいししげなか》（駿河守《するがのかみ》。山内上杉氏重臣）と春秋尾《しゅんじゅうお》張守《わりのかみ》（山内上杉氏重臣）に渡され、山内上杉氏の奉行人である力石《りきいし》（右詮《みぎあき》）が常陸国太田（茨城県常陸太田市）まで持ってきた。しかし、山内上杉氏の家宰であった長尾景仲《ながおかげなか》が譲渡に反対したため、このときの譲渡は実行されなかったという〔佐々木二〇一一・二〇二一、黒田二〇一三〕。

この事件の発生は文安四年（一四四七）六月以前と考えられ〔百瀬一九八一、黒田二〇一三〕、そうなると実定が二十代前後頃の出来事だったのだろう。こうして憲実による実定の山内上杉氏の家督継承は失敗し、実定は常陸へ帰還することになった。

佐竹実定花押

「佐竹五郎・六郎合戦」と享徳の乱

常陸へ帰還した実定は、文書に据える花押（署名の下に自著するサイン）を上杉氏の人間が用いる型式に近いものを使用するなど、山内上杉氏の存在を意識した様子がみられた。また『佐竹家譜』によると、享徳元年頃（一四五二）から実定は兄の義俊と不和となり、義俊は太田城を出て大山義長《おおやまよしなが》（常金《じょうきん》。佐竹氏一族）の館（孫根城か。茨城県常陸大宮市）に赴いたという。

この事態に関して、享徳年代前半と思われる八月十六日に鎌倉公方足利成氏《しげうじ》（のちに古河公方）が佐竹氏一族の大山因幡守に宛てて御内書《ごないしょ》を発給している。そこで成氏は「佐竹五郎・六郎合戦」については五郎（義俊）に理があると申し入れがあったので、義俊に協力するように指示している〔秋田藩家蔵文書〕。このことから、享徳年代前半に義俊と実定の抗争である「佐竹五郎・六郎合戦」が勃発し、このときに鎌倉公方は義俊を支持したことがわかる〔佐藤一九九六。初出は一九九四〕。

一方、享徳二年（一四五三）十一月十八日に実定は小野崎次郎に「定通《さだみち》」という実名を与えている〔阿保文書〕が、「定」の字は実定の偏諱であり、「通」は小野崎氏の通字であることがわかる。小野崎次郎は小野崎氏の中で、常陸国石神《いしがみ》（茨城県東海村）を根拠地とする一族（石神小野崎氏）であることから〔中根二〇一八〕、このときに実定は自分の陣営に味方する勢力を拡大する一環として、石神小野崎氏に接近していたと考えられる。

こうして、実定と義俊の対立が続くなか、享徳三年十二月二十七日、足利成氏が関東管領の上杉憲忠を鎌倉西御門の御所で謀殺した。これにより、鎌倉公方と関東管領上杉氏の対立は決定的となり、憲忠の謀殺以降、約三十年間にわたって関東の諸領主たちは公方側と関東管領側に分かれて各地で合戦を繰り広げる事態となった（享徳の乱）。そして、京都の足利義政《よしまさ》（室町幕府第八代将軍）は、一貫して関東管領側を支持した。

享徳の乱が勃発すると、義俊は勃発以前から支持を受けていた成氏側に属した。一方、実定については、上杉道朝《どうちょう》（扇谷上杉氏当主。山内上杉氏の一族。相模守護）が康正年間から長禄三年までの間に小野崎美作守《みまさかのかみ》（石神小野崎氏）に宛てた書状で、京都の義政に対する実定（書状では「典厩《てんきゅう》」）の忠節を称賛している〔阿保文書〕。このことから、実定は以前の山内上杉氏の家督継承問題があったものの、関東管領側に属したとみられる〔中根二〇一八〕。

なお、二人の父である義人は、享徳の乱勃発当初は成氏を支持する義俊側に属していたが、享徳四年（康正元年。一四五五）六月に幕府から派遣された軍勢が関東に到着すると、実定側に属したとされる〔本間二〇一五〕。

実定の死去

享徳の乱で関東管領側に属した実定は、長禄三年（一四五九）十一月、常陸国信太庄《しだのしょう》（茨城県稲敷市・土浦市・牛久市・つくば市の一部にまたがる地域）で公方側の勢力と戦った（信太庄合戦）。この合戦には実定をはじめとして、江戸通房《えどみちふさ》・大掾清幹《だいじょうきよもと》・小田持家《もちいえ》父子・真壁氏幹《まかべうじもと》父子・黒田民部丞《くろだみんぶのじょう》入道《にゅうどう》父子や下野の長沼《ながぬま》氏一族・宇都宮氏の被官、下総結城《ゆうき》氏一族とその被官が合戦に参加した。

足利義政は、長禄四年（寛正元年。一四六〇）に彼らの戦功を称賛する御内書を発給している。彼らの戦功は実定の注進によって京都の義政のもとに伝達されていることが御内書の中で記されているため〔御内書案〕、このときの実定は、常陸における関東管領側勢力（幕府側勢力）の中心的存在であったことがわかる〔佐々木二〇一一、中根二〇一八〕。

また、義政は長禄四年（あるいは寛正三年）十月二十一日、伊勢貞親《いせさだちか》（室町幕府政所執事）を通して、成氏討伐のために出羽と陸奥の領主たちに軍勢を出陣するように伝え、実定に対しては、白川直朝《しらかわなおとも》（白河結城氏当主。陸奥国白河城主）と協力して戦果をあげるように命じている〔御内書案〕。

寛正年間に入っても、義政から実定へ成氏討伐に際しての戦果をあげるように激励する御内書が発給され、実定の宿老である江戸通房へも、成氏討伐に際して実定へ強く意見するように命じている〔御内書案〕。この頃に義政から実定へ宛てた御内書のなかで、実定は「佐竹常陸介」、「佐竹左京大夫」と表記されていることから、実定が京都の幕府から（おそらく山内上杉氏側からも）常陸佐竹氏宗家の家督として認識されていたと考えられる。

なお、『佐竹家譜』によると、寛正元年に実定の長男である憲顕《のりあき》が十八歳で死去した。法名は笑山天蓋《しょうざんてんがい》という〔佐竹家譜〕。翌年になると、実定の次男である義実《よしざね》が生まれ、仮名は父と同じ六郎を称した〔佐竹家譜〕。寛正三年（一四六二）二月二日には、実定の母が五十八歳で死去した。法名は甚山妙幸《じんさんみょうこう》で、万固山天徳寺《ばんこさんてんとくじ》に葬られた〔佐竹家譜〕。のちに天徳寺は佐竹氏宗家当主の菩提寺となる。

こうして、成氏討伐で室町幕府側から重視された実定であったが、寛正六年九月二十五日に死去した（一説には毒殺されたという）。法名は宝山建金《ほうざんけんきん》〔佐竹家譜〕で、四歳の義実が後継者となった。応仁《おうにん》元年（一四六七）十一月二十四日に祖父の義人が死去すると、義実は太田城を出奔して水戸城の江戸氏を頼って落ち延びるが、文明十一年（一四七九）六月一日に十八歳で毒殺されたという〔佐竹家譜〕。義実が太田城を退去した後、義俊・義治《よしはる》父子が太田城に復帰した。

（千葉篤志）

【主要参考文献】
『茨城県史料』中世編Ⅰ（茨城県、一九七〇年）
『茨城県史料』中世編Ⅳ（茨城県、一九九一年）
木下聡編『足利義政発給文書（1）』（戦国史研究会史料集1、戦国史研究会、二〇一五年）
黒田基樹編著『関東管領上杉氏』（シリーズ・中世関東武士の研究第一一巻、戎光祥出版、二〇一三年）
黒田基樹編著『関東足利氏の歴史第5巻　足利成氏とその時代』（戎光祥出版、二〇一八年）
佐々木倫朗『戦国期権力佐竹氏の研究』（思文閣出版、二〇一一年）
佐々木倫朗編著『常陸佐竹氏』（シリーズ・中世関東武士の研究第三〇巻、戎光祥出版、二〇二一年）
佐々木倫朗・千葉篤志編著『戦国期佐竹氏研究の最前線』山川出版社、二〇二一年）
佐藤博信『続中世東国の支配構造』（思文閣出版、一九九六年）
高橋修編『佐竹一族の中世』（高志書院、二〇一七年）
中根正人「享徳の乱と常陸」（黒田基樹編著『関東足利氏の歴史第5巻　足利成氏とその時代』所収、二〇一八年）
則竹雄一『動乱の東国史6　古河公方と伊勢宗瑞』（吉川弘文館、二〇一三年）
原武男校訂『佐竹家譜』（東洋書院、一九八九年）
本間志奈「佐竹義人（義憲）についての基礎的研究」（『法政大学大学院紀要』第七五号、二〇一五年）
百瀬今朝雄「主なき鎌倉府」（『神奈川県史』通史編1　原始・古代・中世　第三編第三章第三節、一九八一年）

佐竹義舜・義篤
——一族間抗争を克服し、宗家の権力を確立

義舜の太田城復帰

佐竹義舜《さたけよしきよ》は文明二年（一四七〇）、佐竹義治《よしはる》の子として生まれた。母は大山義長《おおやまよしなが》（常金《じょうきん》。佐竹氏一族の大山氏当主）の娘である。官途として右京大夫《うきょうのたいふ》、少将《しょうしょう》を称した（佐竹家譜）。延徳二年（一四九〇）四月、父の義治が死去したため、義舜は二十歳で常陸佐竹氏宗家の家督を継承した。義舜が家督を継承した頃、常陸佐竹氏では宗家と山入《やまいり》氏をはじめとする佐竹氏一族の間で長期にわたって断続的な一族間の抗争が繰り広げられていた（「佐竹の乱」）。

義舜が家督を継いで四ヶ月後の延徳二年閏七月、山入義藤《よしふじ》・氏義《うじよし》父子が太田城《おおたじょう》（茨城県常陸太田市）を突如として襲撃した（山入の再乱）。突然の襲撃で不意を衝かれた義舜は、太田城を脱出し、舅の大山義長の属城である孫根《まごね》城（茨城県城里町）に退避した。これには水戸城の江戸《えど》氏、「小野崎三家《おのざきさんけ》」（山尾《やまのお》小野崎氏・石神《いしがみ》小野崎氏・額田《ぬかだ》小野崎氏）らも山入父子に協力したようで、山入父子が義舜の襲撃後に太田城を占領すると、江戸氏と「小野崎三家」らは佐竹氏宗家やその側近たちの領地を押領した。

しかし、延徳四年（明応元年・一四九二）正月十四日、山入義藤が死去し、氏義が跡を継いだ。これ

を好機とした義舜は、同年六月に下野の那須《なす》氏や茂木《もてぎ》氏、岳父の岩城常隆《いわきつねたか》（下総守。陸奥国大館《おおだて》城主）に対して、敵対する長倉《ながくら》氏（佐竹氏一族）や山尾小野崎氏の領地を与えることを約束し、周辺勢力との外交によって山入氏側の勢力を抑えようとした。

太田城堀跡　幅２～８メートル、深さ最大４．７メートルをほこる堀跡。近年の発掘調査で発見された　茨城県常陸太田市　写真提供：常陸太田市教育委員会

これが功を奏したのか、明応二年（一四九三）十月、岩城親隆《ちかたか》・常隆父子の仲介によって、義舜と氏義は和睦した（明応の和議）。なお、岩城氏は翌年に江戸氏と山尾小野崎氏と起請文を交わし、江戸通雅《みちまさ》の娘と岩城重隆《しげたか》（常隆の孫）が婚姻を結ぶことを約束しているが、これは山入氏を外交的に孤立させるものであった。

この状況を打破すべく、文亀二年（一五〇二）、山入氏義は義舜が在城する孫根城を攻撃した。山入氏側の攻撃を受けた義舜は、孫根城から東金砂山《ひがしかなさやま》城（茨城県常陸太田市）に移動して、氏義に対抗した。この後、義舜は岩城氏などの支援もあって徐々に優勢となり、東金砂山城から南下して、山入氏の勢力圏を圧迫した。そして、永正元年（一五〇四）六月末、ついに義舜は太田城を奪還した。太田城を逐われた山入氏義は、永正元年十二月に一族の小田野義正《おだのよしまさ》に討たれた。これによって、約百年近く続いた「佐竹の乱」は終結を迎えた。なお、氏義の子の義盛《よしもり》（義護）は天文十四年に下野国茂木（栃木県茂木町）で死去した（佐竹家譜）。

古河公方家永正の乱と佐竹氏の依上保進出

義舜は太田城に復帰すると、山入氏領を接収し、今回の戦いで功績のあった家臣に恩賞として知行地を与えるなど、佐竹氏宗家当主として領国統治を行った。義舜が太田城に復帰した頃、関東では古河公方家で内紛が発生し、足利政氏《まさうじ》と高基《たかもと》の父子が対立する状況であった（古河公方家永正の乱、政氏・高基抗争）。この抗争は、永正三年（一五〇六）四月二十三日に足利高基（この当時は高氏。永正六年に高基と改名）が下総国古河（茨城県古河市）から下野国宇都宮（宇都宮市）へ移動したことから始まり、三回にわたって両者の抗争が繰り広げられた。両陣営は各地の領主に自分の陣営に味方するように呼びかけたが、とくに北関東や陸奥南部の諸領主たちへ頻繁に外交交渉を行った。その結果、佐竹氏は岩城氏と共に政氏側に付き、具体的な時期は不明であるが、高基側には江戸氏と石神小野崎氏が付いたようである。

第二次政氏・高基抗争の終結から約一年後の永正七年六月、足利高基は下総の関宿城《せきやど》（千葉県野田市）に移ったことから、第三次政氏・高基抗争が勃発するが、そのような状況下の同年十二月二日、義舜と江戸通雅《みちまさ》・通泰《みちやす》父子の間で起請文が交わされた。この起請文は同日付で二通あり、本書刊行の時点では、

「秋田藩家蔵文書」の第十巻に収録された写しが伝わっている。起請文の交換は、江戸氏側から申し入れがあったようだが、少なくとも両氏の血縁にあたる岩城氏が仲介に入ったものと考えられる。

二通の起請文によって交わされた条項をまとめると、一つは、佐竹氏が江戸氏に「一家同位」の格式を与えること、もう一つは、江戸氏領の領民で他領に逃亡している者を速やかに還住させること（人返し）である。とくに「一家同位」の格式については、より具体的には対面の際の儀礼と書状の形式において認めたことから、佐竹氏の家中（洞中《うつろちゅう》）において、江戸氏の政治的地位をより高いものに確定したといえる。

さらに、義舜は永正七年八月二十一日に家臣の根本平衛門尉《ねもとへいえもんのじょう》に対して、依上保《よりがみのほ》の浅川《あさかわ》村と黒澤《くろさわ》村の差配について命じていることから〔秋田藩家蔵文書。藤井二〇二〇〕、この頃に常陸北部の依上保へ進出を開始したと考えられる。依上保は、現在の茨城県大子町全域にあたる地域で、南北朝期から白河《しらかわ》結城《ゆうき》氏（白川氏）が支配していたが、のちに山入氏が勢力を浸透させていた。

このときの依上保への進出は、義舜が依上保の中でも旧山入氏領であった地域を掌握する目的もあるが、出兵の直接的な理由は、下野の那須氏の内紛において、下那須氏を救援することであり、それは岩城氏と共に足利政氏の要請を受けたものであった。

義舜の下野出兵と死去

義舜による那須方面への出兵は、永正八年（一五一一）に入っても続き、それは二月十九日に石井蔵人佑《いしいくろうどのすけ》に那須方面における戦功を賞して官途を与え、三月二日には石井六郎兵衛《ろくろうひょうえ》に依上方面での戦功を賞して知行地を与えていることなどからも確認できる。ここで、那須方面の出兵と同時期に依上方面での戦闘が行われていることから、佐竹氏が依上保を通じて那須方面へ出兵していることがわかる〔佐々木二〇一一〕。

永正九年六月、足利政氏が古河から小山氏の居城である祇園城《ぎおん》（栃木県小山市）へ移動し、高基が関宿城から古河城へ移動したことにより、第三次政氏・高基抗争は高基側の勝利で終息へ向かっていた。しかし、政氏側は下野南部の祇園城を拠点に高基側への攻撃を続け、下野の情勢に深く関係していた佐竹氏や岩城氏に期待を寄せていた〔則竹二〇一三〕。

そうした動向と関連して、永正九年から翌十年にかけて佐竹氏の那須方面への出兵は継続して行われた。永正十一年四月、足利高基は伊達稙宗《だてたねむね》（陸奥国梁川《やながわ》城主。のちに同国桑折西山《こおりにしやま》城主、出羽国米沢《よねざわ》城主）に佐竹氏と那須方面への出陣を命じ、七月二十八日には高基側の宇都宮忠綱《ただつな》（下野国宇都宮城主）が稙宗に那須方面への攻撃を要請した。忠綱は同年七月に芳賀《はが》氏を破って小山方面へ進出し、政氏を攻撃する態勢となった。

これに対して政氏は、岩城氏と佐竹氏に援軍を要請し、七月二十九日に佐竹氏と岩城氏の連合軍は下那須方面へ出陣して、忠綱側の軍勢に勝利した。敗北した忠綱側は宇都宮付近まで後退し、義兄弟の結城政朝《まさとも》（下総国結城城主）に援軍を要請した。八月十六日、両軍は宇都宮付近の竹林《たけばやし》（高林。宇都宮市）で戦い、佐竹・岩城連合軍が敗北して二〇〇〇人余りが戦死した（宇都宮竹林合戦）。

竹林合戦から二年後の永正十三年、佐竹・岩城連合軍は宇都宮忠綱と対立する那須資房《すけふさ》（下那須氏当主）を支援するため、五〇〇〇人余りの軍勢で上那須方面に出陣した。六月二十六日、両軍は縄釣《なわつり》（縄吊。栃木県那珂川町）で戦い、忠綱側の軍勢が佐竹・岩城連合軍に勝利した（那須縄釣合戦、浄法寺縄吊合戦）。縄釣合戦に勝利した忠綱は、その勢いで依上保まで軍勢を進め、月居城《つきおれ》（茨城県大子町）を攻撃した。

竹林合戦と縄釣合戦で敗北した義舜であったが、敗戦後の七月七日に家臣の滑河兵庫助《なめかわひょうごのすけ》と石井縫殿《いしいぬいの》助《すけ》に上那須方面と月居城での戦功を賞する感状を与え、結果的に下野出兵を契機に依上保への勢力拡大を進めていった。その情勢下にあった永正十四年三月十三日、義舜は四十八歳で死去した。法名は還慶道補という〔佐竹家譜〕。

義舜の急死と義篤の家督相続

佐竹義篤は、永正四年（一五〇七）七月二日に佐竹義舜の嫡男として生まれた。母は岩城常隆（下総守。陸奥国大館城主）の娘で、幼名は徳寿丸《とくじゅまる》である〔佐竹家譜〕。父の義舜が永正十四年三月十三日に死去したため、義篤は十一歳で常陸佐竹氏宗家の家督を継承した。

そのため、叔父である義信《よしのぶ》と政義《まさよし》が幼少の当主を補佐することになった。永正十四年閏《うるう》十月十九日に石井隼人佑《はやとのすけ》へ、翌二十日に関彦三郎《せきひこさぶろう》へ宛てて、義信と政義が連署で知行宛行の判物（現在は写しが伝来）を発給していることは、二人が若年の当主を補佐していることを示す事例といえよう〔秋田藩家蔵文書、水府志料所収文書〕。

義信と政義は、「佐竹」を名字として、義信が「北家」、政義が「東家」の始祖となった。のちに義篤の弟の義隣《よしちか》（義里）が「南家」の始祖となり、この三家は佐竹氏の一族衆の中でも最高位に位置する「佐竹三家」となった。こうした一族による宗家当主を支える体制の一環として、永正十六年十二月六日に義篤が真崎《まさき》彦三郎へ実名を与え、彦三郎が義直《よしなお》と名乗ったことは注目される〔秋田藩家蔵文書〕。

佐竹氏では偏諱を与える際に、「舜」や「篤」など実名の下の字を与えることが多くみられるが、佐竹氏の通字である「義」の一字を与えるケースは、それと比較して多くはない。実名を与えられた真崎氏は、佐竹氏の一族で鎌倉時代から分立して常陸国真崎（茨城県東海村）を名字とした庶子家であり、「佐竹の乱」において一族が没落したとされる〔市村二〇〇〇〕。

常陸佐竹氏は平安時代中期から始まる家で多くの一族がおり、「佐竹の乱」でもみられたように、彼らは一定の自立性を保持する存在であった。そのような歴史を経験していることから推測すると、義信や政義のように宗家に近い血縁者の存在や没落した伝統的な佐竹氏の一族の家を復興させることによって、宗家当主を支える体制を構築しようとしたのではないだろうか。

こうして義篤を支える体制が構築されるなか、家督を継いだばかりの義篤は足利高基側との関係改善を図るために、高基へ代替わりの挨拶を行い、永正十四年六月十七日には高基から贈答品に対するお礼の返書が送られてきた〔藤井二〇二〇〕。

義篤の母方の伯父(叔父か)にあたる岩城由隆《よしたか》も、佐竹氏一族の大山義成《よししげ》(因幡守《いなばのかみ》。姉または妹が義舜の母)に宛てた書状で、若年の義篤が家督を継いで、佐竹氏家中がまとまっていない状況であることを指摘し、そのために那須方面への出兵が延期となったので、義篤を補佐するように示唆している〔秋田藩家蔵文書、藤井二〇二〇〕。

部垂の乱の勃発

家督相続当初の段階では、義篤は一族の補佐を受けつつ政務を行っていたが、次第に自らの意思で政務を執り行うようになった。戦国期の佐竹氏が発給した知行宛行状の分析を行った佐々木倫朗氏によると、義篤の知行宛行状には、対等ないしそれ以上の相手に対して、物や領地を贈与するときに使用する「進」という表現がみあたらず、それよりも薄礼な「遣」という表現を使用していたとされる〔佐々木二〇一一〕。また、このことから、義篤が知行宛行状の受給者である家臣達に高圧的な態度を示し、従属する領主たちにも同様に強権的な姿勢を取っていた可能性があると指摘している〔佐々木二〇一三〕。そうした義篤に対する不満を持ち、また、義舜の代に依上保へ進出していった佐竹氏宗家の勢力が、久《く》慈川《じがわ》以西の佐竹氏庶子家の領域に浸透していくことに反発する勢力が現れた。彼らは、義篤の同母弟で佐竹氏一族の宇留野四郎《うるのしろう》家を継承した佐竹義元《よしもと》（宇留野義元）のもとに結集していった。

こうして享禄元年（一五二八）五月頃、義元は佐竹氏宗家の重臣である小貫俊通《おぬきとしみち》が守備する部垂《へだれ》城（茨城県常陸大宮市）を攻撃した。これにより、「佐竹の乱」以来となる佐竹氏の一族間抗争（部垂の乱。部垂十二年の乱とも）が始まった。部垂城を攻撃した義元は、城内の内通者の存在もあって、享禄二年十月二日に部垂城を攻略した。城を守備した小貫俊通は自害し、義元は占領した部垂城を本拠地として義篤側に対抗した。

天文三年（一五三四）二月十五日、両陣営の間で「鹿子原合戦」が勃発し、義篤側と思われる小田野義孝《よしたか》、天神林《てんじんばやし》右京亮《うきょうのすけ》、山県義国《やまがたよしくに》、根本修理亮らが戦死した（東州雑記、佐竹家譜）。両陣営の抗争は、佐竹氏の領域内での衝突から次第に佐竹氏一族以外の周辺領主も巻き込んで展開していった。

天文四年八月二日、義篤側を攻撃するため岩城成隆（由隆の子。重隆の兄）が佐竹氏領に侵攻し、これに江戸忠通《ただみち》（常陸国水戸城主）が連携した（東州雑記、佐竹家譜）。九月には、常陸国石神（茨城県那珂市）でも合戦があり、小野崎盛通《もりみち》（額田小野崎氏当主）は義篤側、小野崎通長《みちなが》（石神小野崎氏当主）は義元側に属して戦った（東州雑記、佐竹家譜）。十月十八日、義篤は常陸国下小瀬の川崎城（茨城県常陸大宮市）を攻略し、十二月七日（『東州雑記』では十一月十八日）には高久義貞《たかくよしさだ》が籠もる高久城（同城里町）を攻略した。

なお、天文四年に岩城成隆は佐竹氏領からの帰還途中に大窪で野伏に討たれ、小場義実《おばよしざね》は常陸国岩瀬《いわせ》（茨城県常陸大宮市）を領有したという〔東州雑記、佐竹家譜〕。

部垂の乱の終結と義篤の死去

天文七年（一五三八）三月二十二日、部垂で合戦があり、義篤の家臣である河井玄蕃助《かわいげんばのすけ》・主水佐《もんどのすけ》父子が戦死した〔佐竹家譜〕。天文八年三月、部垂の前小屋《まえごや》城で合戦があり、「部垂要害」（部垂城か）への攻撃も行われた〔加倉井妙徳寺過去帳〕。

同年七月七日、「佐竹小場部垂兵乱」が勃発したが、この合戦は激戦だったようで、義篤側の家臣である佐竹義住《よしずみ》（北家。義信の嫡男で義篤の従兄弟）・宇留野源太郎《げんたろう》（宇留野氏一族）・真崎季直《すえなお》・前沢蔵人、大縄《おおなわ》弥七郎《やしちろう》、長崎与四郎《よしろう》、矢野和泉守《いずみのかみ》、猿田某らが戦死した〔東州雑記、佐竹家譜〕。

天文九年三月十四日、義篤側の総攻撃によって義元が籠もる部垂城は攻略され、義元とその子の竹寿《たけじゅ》丸《まる》は自害した〔東州雑記、佐竹家譜〕。一説によると、竹寿丸は城から脱出した後に殺害されたという。義元陣営の有力一族であった小場義実も同日に部垂で自害し（〔佐竹家譜〕。戦死とも言われる）、同じく長倉義忠（義成）は同年四月三日に野口の戦い（茨城県常陸大宮市）で戦死した〔佐々木二〇一一のうち第一部第三章、今泉徹氏執筆分〕。

これにより、十二年に及んだ部垂の乱は終結した。乱が終結した後の天文九年六月十四日、義篤は従《じゅ》四位下《しいのげ》右馬権頭《うまのごんのかみ》に叙任された〔歴名土代〕。右馬権頭は、南北朝期に活躍し、室町幕府の侍所頭人《さむらいどころとうにん》を務め、康安《こうあん》二年（正平十七年。一三六二）正月七日付の「佐竹義篤譲状写」〔秋田藩家蔵文書〕にみられるように、多くの庶子家を分出した同名の宗家当主である佐竹義篤が任命された官位であった。部垂の乱に勝利して常陸北部を掌握した義篤は、その象徴として同名の先祖にあやかったのであろう。

そして天文十年（一五四一）十月、義篤は岩城氏の仲介によって白川氏と和睦し、和睦の証として陸奥国高野郡にある東館《ひがしだて》城（福島県矢祭町）を破却した。これにより、義舜の代に進出を開始した白川氏勢力下の依上保は完全に佐竹氏領となった。さらに、依上保の北に位置する陸奥国高野郡のうち、南部が佐竹氏の勢力下に入った。

こうして宗家の勢力を伸長させた義篤は、天文十一年に勃発した伊達氏の一族間抗争である伊達天文の乱において、岩城重隆と共に伊達晴宗に味方し、天文十二年六月には相馬氏と戦ったとされる。天文十四年（一五四五）四月九日、義篤は三十八歳で死去した。法名は月光渓心という〔佐竹家譜〕。

（千葉篤志）

【主要参考文献】

『茨城県史料』中世編Ⅱ（茨城県、一九七四年）
『茨城県史料』中世編Ⅳ（茨城県、一九九一年）
『茨城県史料』中世編Ⅵ（茨城県、一九九六年）

『牛久市史料』中世Ⅰ・古文書編（牛久市、二〇〇二年）
『牛久市史』原始古代中世（牛久市、二〇〇四年）
『白河市史』第一巻通史編1（白河市、二〇〇四年）
『白河市史』第五巻資料編2（白河市、一九九一年）
『塙町史』第1巻・通史 旧村沿革 民俗（塙町、一九八六年）
荒川善夫『戦国期北関東の地域権力』（岩田書院、一九九七年）
市村高男「真崎氏と真崎文書」（『遡源東海』第六号、二〇〇〇年）
佐々木倫朗『戦国期権力佐竹氏の研究』（思文閣出版、二〇一一年）
佐々木倫朗「十六世紀前半の北関東の戦乱と佐竹氏」（江田郁夫・簗瀬大輔編『北関東の戦国時代』高志書院、二〇一三年）
佐々木倫朗・千葉篤志編『戦国期佐竹氏研究の最前線』山川出版社、二〇二一年）
高橋修編『佐竹一族の中世』（高志書院、二〇一七年）
則竹雄一『動乱の東国史6　古河公方と伊勢宗瑞』（吉川弘文館、二〇一三年）
原武男校訂『佐竹家譜』上（東洋書院、一九八九年）
藤井達也「古河公方足利政氏と佐竹氏・岩城氏～永正期における下野出兵をめぐって～」（『常総中世史研究』第八号、二〇二〇年）
藤木久志「常陸の江戸氏」（萩原龍夫編『江戸氏の研究』名著出版、一九七七年。初出は一九六三年）
茂木文書研究会編『茂木文書の世界』（ふみの森もてぎ開館3周年記念特別展、茂木町まちなか文化交流館ふみの森もてぎ、二〇一九年）
丸島和洋『列島の戦国史5　東日本の動乱と戦国大名の発展』（吉川弘文館、二〇二一年）
山縣創明「部垂の乱と佐竹氏の自立」（高橋修編『佐竹一族の中世』所収、二〇一七年）

佐竹義昭 ――対外戦争に生涯を費やした佐竹氏当主

義昭の家督相続と江戸氏との抗争

佐竹義昭《さたけよしあき》は享禄四年（一五三一）八月二十三日、佐竹義篤《よしあつ》の嫡男として生まれた。母は小田成治《おだしげはる》（常陸国小田城主）の娘であるが、義昭が生まれた二日後に二十四歳で死去したとされる〔佐竹家譜〕。幼名は徳寿丸《とくじゅまる》、仮名《けみょう》は次郎で、官途として右京大夫《うきょうのだいぶ》を称した。実名は初め義従《よしより》と名乗り、のちに義昭に改めたという〔佐竹家譜〕。

天文十四年（一五四五）四月九日、父の義篤が三十八歳で死去したため、義昭は十四歳で常陸佐竹氏宗家の家督を継承した。そのため、佐竹氏の有力一族で「佐竹」を名字とする「佐竹三家」の佐竹義廉《よしかど》（北家）・佐竹義堅《よしかた》（東家）・佐竹義里《よしさと》（南家。初名は義隣）が義昭を補佐することになった。

なお、義昭の嫡男である義重《よししげ》は天文十六年二月十六日に生まれ、母は岩城重隆《いわきしげたか》（陸奥国大館城主）の娘である〔佐竹家譜〕。義重の生年から考えると、義昭と岩城重隆の娘は、遅くとも天文十四年には婚姻を結んでいただろう。そのことから考えると、この婚姻の政治的な背景として、義昭の代より前から姻戚関係にある岩城氏（義昭の祖母は岩城氏出身）から妻を迎えることによって、若年で家督を継いだ義昭を支援しようとしたことが考えられる。

父の急死により家督を継いだ義昭であったが、それからまもなく常陸国水戸《みと》城主（水戸市）の江戸忠通《えどただみち》との関係が急速に悪化した。「土貢済期帳《どこうさいきちょう》」（国立公文書館所蔵『水府志料』附録巻二に所収）によると、天文十六年八月に和光院《わこういん》の領地である常陸国入野郷《いりのごう》（茨城県城里町）が合戦で荒廃したと記されていることから、両氏は少なくとも天文十六年の半ば頃には交戦状態となっていたと考えられる。さらに、天文十七年九月二十六日には大部平（水戸市）で、天文十九年七月二十八日には戸村《とむら》（茨城県那珂市）でも両氏の間で合戦があり（妙徳寺過去帳）、戸村の合戦で戦功をあげた和田昭為《わだあきため》（佐竹氏家臣）は、「掃部助《かもんのすけ》」の官途を授与されている（水府志料所収文書）。

江戸忠通も佐竹氏の攻勢に対して、天文十七年八月十三日に白川晴綱《しらかわはるつな》（陸奥国白河城主。白河結城氏〔白川氏〕当主）と起請文を交わすなど、佐竹氏領の北部に位置する領主と外交交渉を行い、その背後を衝くことを画策していた。しかし、天文二十年六月に劣勢となっていた江戸氏は佐竹氏と和睦した。

天文年間後半の佐竹氏の動向

江戸氏との抗争が終結した天文年間後半、義昭は家臣たちへ知行宛行を行い、また、天文二十二年（一五五三）二月十八日には佐竹寺（茨城県常陸太田市）へ奉加を行うなど、佐竹氏宗家の新当主として領国内の統治に着手する姿がみられるようになった。義昭の代に、佐竹氏は前代までの一族間抗争を経て、領国の南北へ進出していくようにもなった。その事例として二点の事項をあげる。

一点は船尾《ふなお》氏への知行宛行と偏諱授与である。天文二十二年十一月、義昭は船尾九郎三郎《くろうさぶろう》に自らの実名の一字（偏諱）である「昭」の字を与え、のちに九郎三郎は実名を昭直《あきなお》とし、天文二十四年七月十日、義昭は昭直に陸奥国川上《かわかみ》（福島県塙町）で七箇所の領地を与え、同年十月十日にその七箇所を速やかに知行するように命じた。船尾氏は岩城氏の一族で、昭直の祖父は岩城常隆《つねたか》（下総守）の子の隆輔《たかすけ》（六郎）であり、隆輔の代から岩城氏の庶子家として分立した。昭直が義昭から与えられた七箇所の領地がある陸奥国川上は、陸奥国高野郡《たかのぐん》南部に相当する南郷《なんごう》地域（のちに高野郡全体を南郷と呼称するようになる）の土地で、この地域の領有をめぐって、佐竹氏と白川氏が抗争を繰り広げており、そのなかで佐竹氏は岩城氏の一族をもって進出していることがわかる。

もう一点は、天文二十三年八月七日に田代昌純《たしろ》（三喜斎。古河公方家家臣）が江戸忠通に送った書状である。このなかで、小田氏治《うじはる》（常陸国小田城主）と大掾慶幹《だいじょうよしもと》（常陸国府中城主）の間について、佐竹義昭と岩城重隆が七月初頭に代官を昌純のもとに派遣したことが記されている。昌純は古河公方家に医療技術をもって仕えた家臣であるため、両氏の代官は実質的には古河公方足利晴氏《はるうじ》に対して派遣され、そこで昌純が古河公方側の交渉窓口の役割を担っている。小田氏治と大掾慶幹の間については、このときに小田氏と大掾氏が敵対しており、天文十七年に氏治が跡を継ぐと、同様に小田氏と対立していた結城《ゆうき》政勝《まさかつ》（下総国結城城主）が大掾氏と連携するようになった。氏治はこれに対抗するべく、結城氏や大掾氏の背後に位置する佐竹義昭と宇都宮広綱《うつのみやひろつな》（下野国宇都宮城主）と連携した〔牛久市二〇〇四〕。

この問題について、おそらく古河公方側にも何らかの情報が伝えられ、その対応として足利晴氏の意を受けた昌純は、佐竹氏に従属していた江戸忠通に書状を送り、事態の詳細を伝えるように書状を送ったと考えられる。このことから、義昭は天文年間後半の江戸氏との抗争終結後に、引き続き常陸南部の政治情勢にも関わるようになり、そのなかで一定の影響力を及ぼしている姿が見える。

陸奥国への侵攻と白川氏

天文年間後半から開始された佐竹氏の領国外への進出は、弘治年間に入るとさらに進み、とくに白川氏領である陸奥国の南郷地域へ盛んに進出していった。天文十年（一五四一）十月、佐竹義篤が岩城氏の仲介によって白川氏と和睦した。その結果として、南郷の東館《ひがしだて》（福島県矢祭町）が破却されて、陸奥国高野郡の南部が佐竹氏の勢力下に入るが、義昭はそこからさらに久慈川《くじがわ》を遡って北へ侵攻した。

東館から北へ侵攻した佐竹氏が次に攻略したのは、羽黒館《はぐろだて》（羽黒城。羽黒山城）であった。羽黒館は、現在の福島県塙町の北部にある羽黒山（標高三六四メートル）に築かれた城郭で、西部を久慈川、東部を赤坂川《あかさかがわ》、南部を川上川《かわかみがわ》に囲まれ、南北に延びる独立峰全体を城郭化した山城であった。伝承によると、源　義家《みなもとのよしいえ》が築城したとされ、『白河古事考《しらかわこじこう》』では永正元年（一五〇四）に佐竹氏の一族である大塚《おおつか》氏が、佐竹氏から離反して白川氏に属したときに在城したという。

佐竹氏が羽黒館を攻略した時期については、天文十年十月に羽黒館の南にある東館を勢力下に置き、羽黒館の北にある寺山《てらやま》城を攻略したのが永禄四年（一五六一）であるため、その間の期間で早くて天文年間後半、遅くとも永禄初年であり、いずれにせよ義昭の代で攻略されたことは間違いないだろう。

このように佐竹氏の南郷地域への侵攻が進んでいくことに対して、白川氏は周辺勢力との連携・外交交渉によって対抗した。まず、天文二十一年から翌二十二年の間に、白川晴綱の子である隆綱《たかつな》（のちに義親《よしちか》）と蘆名盛氏《あしなもりうじ》（陸奥国黒川城主）の娘と婚姻を結ぶ交渉が行われ、弘治元年（一五五五）に両者の婚姻関係が成立した。これによって蘆名氏を味方につけた白川氏は、領国の背後を気にすることなく、佐竹氏の侵攻に備えることが可能となった。

次に、関東方面で天文二十四年頃から古河公方家と小田原北条《おだわらほうじょう》氏に対して盛んに外交交渉を行った。これは、この頃に白川氏と小田原北条氏・古河公方家・下総結城氏の間で頻繁に書状の往復があったことが確認され、そのことから白川氏が小田原北条氏と姻戚関係にある古河公方の足利義氏《よしうじ》、白川氏の同族で当時は小田原北条氏と手を組んでいた結城政勝と連携することによって、佐竹氏に対抗しようとしたことを示している。

なお、白川氏と小田原北条氏が交わした書状のなかで、佐竹氏と小田原北条氏が手を組むべく外交交渉を行っているという情報が白川氏に流れていたようであるが、それについて北条氏康《うじやす》は白川氏に対して否定の意思を示している。

下野進出と那須氏との和睦

義昭は天文年間後半から弘治年間に南郷地域へ侵攻するが、弘治年間には領国西部に位置する下野へも出兵していた。この時期の出兵の主な理由は、義昭が下野国宇都宮城主である宇都宮広綱からの救援要請に応じたものであった。

天文十八年（一五四九）九月、広綱の父の尚綱《ひさつな》は那須高資《なすたかすけ》（下野国烏山城主）と下野国五月女坂《しもつけのくにそうとめざか》（栃木県さくら市）で戦って戦死した（五月女坂の戦い）。これにより、宇都宮氏家中で内紛が発生し、本拠地である宇都宮城が宿老の壬生綱雄《みぶつなかつ》（下野国壬生城主）に占領される事態となった。当時五歳であった広綱（伊勢寿丸）は、同じく宿老であった芳賀高定《はがたかさだ》（下野国真岡《もおか》城主）の保護を受け、芳賀氏の居城の真岡城（栃木県真岡市）に逃れた。真岡城の芳賀氏は、佐竹氏の従属下にあった江戸忠通（常陸国水戸城主）と縁戚関係であったことから（忠通の母が芳賀高経の娘）、このときに江戸氏を通じて義昭へ宇都宮氏の救援を要請したことは想像にかたくないであろう。弘治三年（一五五七）十月、義昭は宇都宮城を奪回するべく、軍勢を率いて下野へ出陣した〔佐竹家譜〕。

義昭の出陣から約二ヵ月後の十二月二十四日、義昭らの攻勢によって壬生綱勝は宇都宮城から追い払われ、広綱は宇都宮へ帰還することができた〔佐竹家譜〕。その後、広綱は義昭の娘（南呂院）と婚姻を結び、二人の間には宇都宮国綱《くにつな》・結城朝勝《ともかつ》・芳賀高武《たかたけ》の三人が生まれている。長男の国綱が永禄十一年（一五六八）に誕生していることから、広綱と南呂院が婚姻を結んだ時期は、永禄年間初頭から中期の間だろう。

宇都宮広綱の宇都宮帰還を支援した義昭は、同時期に那須氏と和睦していた。弘治三年十月十二日と十一月二十八日、義昭は那須資胤《すけたね》（高資の異母弟。天文二十年正月に高資が暗殺されたため那須氏を継承）と二度にわたって起請文を交わし〔金剛壽院文書〕、そのなかでとくに「縁辺の事」について、両方の起請文で誓約している。この「縁辺」については、佐竹氏と那須氏が縁続きになることを意味しているが、このときに義昭が次男の鶴寿丸《かくじゅまる》（のちの義尚《よしひさ》。佐竹南家当主）を那須氏の養子にする可能性もあったのではないかともいわれている〔今泉二〇〇七〕。しかし、実際にはこのときに和睦は成立したものの、養子縁組は実現しなかったようだ。

佐竹氏にとって、このときの那須氏との和睦は下野国内の情勢だけではなく、南奥進出において、白川氏と領域を接する那須氏と手を組むことによって、白川氏を牽制する意味もあった。そのため、義昭が那須氏との結びつきをより強固なものにするために、「縁辺」について起請文の中でより強調して訴えたと考えられる。

寺山城攻略と上杉謙信との提携

天文年間後半と弘治年間に佐竹氏は領国外へ盛んに進出したが、永禄年間に入ると、その攻勢はさらに増していった。まず、陸奥南部では、羽黒館を攻略した後、永禄元年（一五五八）後半から翌二年前半の間に、佐竹氏と白川氏が和睦した。この和睦の成立にあたっては、弘治三年十月に佐竹氏と和睦した那須資胤が関係しており、資胤が佐竹氏へ白川氏との和睦について強く訴えていた。

しかし、ほどなくして和睦は破綻し、義昭は永禄三年九月の段階で羽黒館の北に位置する寺山《てらやま》城（福島県棚倉町）の攻撃を行っていた。寺山城（寺山館）は、現在の福島県棚倉町の南部にある蛇頭山に築かれた城郭で、久慈川の東岸の南北に延びる段丘を城郭化した山城であった。現在でも城跡の北側の斜面に竪堀、北東側の尾根筋に二重の堀切が残っており、北方からの侵攻に備えた様子がうかがえるという〔山川二〇一七〕。

義昭による白川氏領への侵攻が進むなか、永禄三年十二月、那須氏と佐竹氏の連合軍と白川氏と蘆名氏の連合軍が白川氏領の陸奥国小田倉《おだくら》（福島県西郷村）で合戦が勃発した（小田倉合戦）。永禄三年十二月の那須資胤の願文の写し

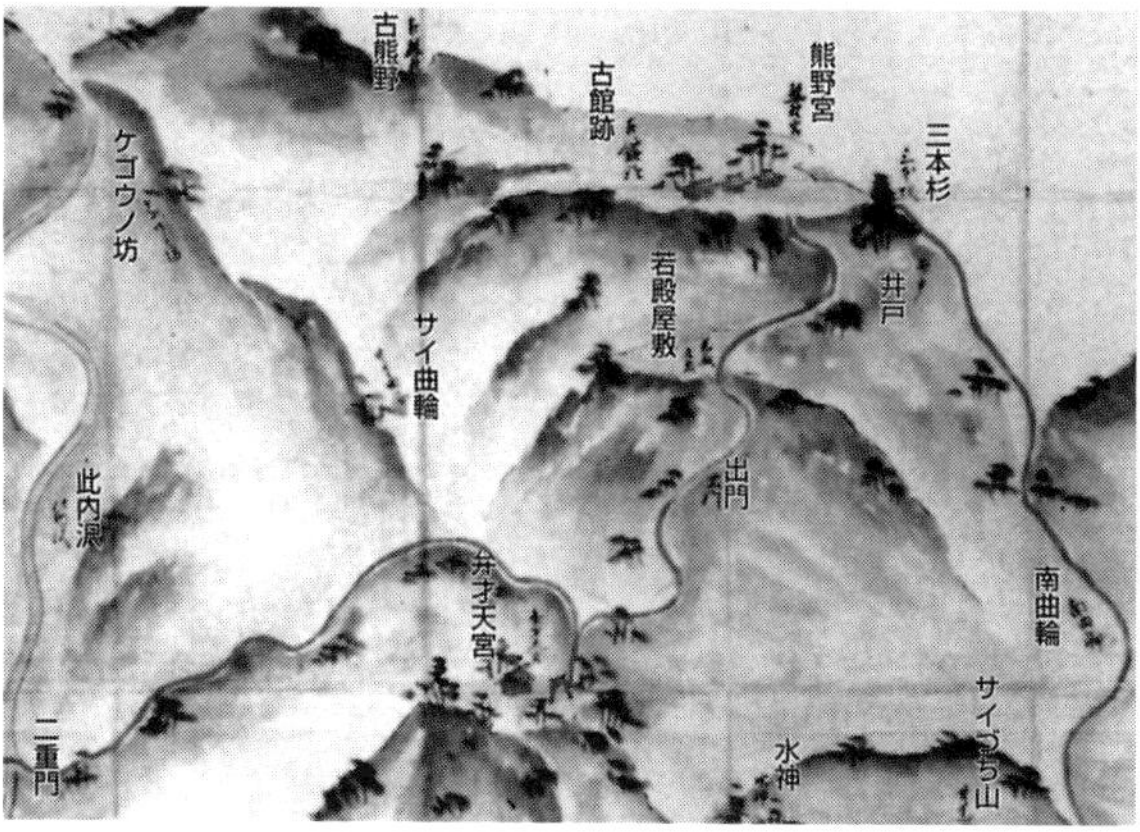

蛇頭古館之絵図　寺山城（館）は蛇頭館とも呼ばれている　棚倉町教育委員会蔵　一部加筆

〔大田原市那須与一伝承館寄託那須文書〕によると、白川勢が五百余騎で防戦していたところ、那須勢が千余騎で攻撃し、そこに蘆名勢が二千余騎で白川勢に加勢したため、那須・佐竹軍は劣勢となったが、那須勢の奮戦によって戦況を巻き返したという。こうした那須氏の支援も功を奏したのか、永禄四年十月七日に義昭が家臣の糸井能登守《いといのとのかみ》に与えた判物《はんもつ》の写し〔秋田藩家蔵文書〕のなかで、能登守が寺山に在城したことについて、義昭は赤館城を攻略した後に相当の知行地を与えることを約束している。赤館城は現在の福島県棚倉町の北部にある山城で、寺山城よりもさらに北に位置する城郭であることから、永禄四年後半の段階で寺山城は佐竹氏によって攻略されたことがわかる。

一方、関東方面では、永禄三年九月に本格的に関東へ出兵してきた越後国春日山《かすがやま》城主（新潟県上越市）の長尾景虎《ながおかげとら》（のちの上杉謙信《うえすぎけんしん》。ここでは表記を謙信で統一する）と連携するようになった。天文十五年の河越合戦《かわごえかっせん》の勝利後に小田原北条氏が勢力を上野・武蔵・相模・伊豆・下総・上総にまで拡大させる中、これに対抗する関東管領《かんとうかんれい》・山内《やまのうち》上杉氏当主の上杉憲政《のりまさ》の救援に応じて、謙信は関東への出兵を決定した。

義昭は、白川氏領への侵攻について古河公方家や小田原北条氏から再三にわたって停止を要請されていたにもかかわらず、これを無視して侵攻を進めたこともあって、小田原北条氏と対立する謙信や上杉憲勝（扇谷上杉氏一族）と接近するようになった。そのため、義昭は少なくとも永禄三年九月以前から謙信や憲勝と連絡を取り合い、永禄二年の謙信の上洛を祝って太刀を送っていた。

小田城攻略と義昭の死去

永禄三年(一五六〇)九月以降、謙信は断続的に関東へ出兵し、小田原北条氏側と一進一退の攻防を繰り広げていた。ところが、永禄五年七月から九月の間に、小田氏治は上杉氏から離反して小田原北条氏に属し、これに続いて那須氏も北条氏側に属するようになった。この機に乗じて、小田原北条氏は下総結城氏、小山氏、白川氏、蘆名氏らと連絡を取り合い、上杉氏に属する佐竹氏を包囲するような外交攻勢を展開した。

こうした状況から、佐竹義昭は常陸南部への侵攻を開始した。永禄五年十月には常陸国宍戸《しど》(茨城県笠間市)へ出兵し、江戸忠通を通じて土岐治英《ときはるひで》(常陸国江戸崎城主)へ支援を要請している。その頃、常陸南部では永禄五年に大掾慶幹が死去し、子の貞国《さだくに》が後を継ぐが、永禄六年二月に貞国は小田氏治と常陸国三村《みむら》と府中《ふちゅう》(同石岡市)で戦った(三村合戦)。

このときに、義昭は大掾慶幹の娘(貞国の姉妹)と婚姻を結び、これを常陸南部進出の足掛かりとした。さらに、下野方面でも永禄六年四月に謙信が祇園《ぎおん》城(栃木県小山市)の小山秀綱《おやまひでつな》を攻撃したときに、宇都宮氏と共にこれに参加した。同年十一月には、那須地域へ侵攻するために、武茂《むも》城(同那珂川町)、白幡城(同大田原市)へ移動し、那須資胤に味方する那須地域の領主達と戦うが、十二月には「太桶」(同那須烏山市)の要害を取り壊すことで那須氏側と和睦した〔新井二〇一二〕。

永禄七年正月、義昭は前年末から安房の里見義堯《さとみよしたか》や関宿《せきやど》の簗田晴助《やなだはるすけ》にも知らせていたとおり、謙信と共に常陸国小田城の攻撃を開始した。小田城は現在の茨城県つくば市北部にある平城で、宝篋山《ほうきょうさん》（三村山、小田山）の南西麓に位置し、桜川によって形成された湿地帯に土塁や堀を構築した要害だった。しかし、上杉・佐竹連合軍による攻撃に持ちこたえられず、二月に連合軍に攻略され、小田氏治は土浦方面（茨城県土浦市）に逃れた。小田城攻略後、小田地域は佐竹氏の支配下となり、義昭は検地を行って功績のあった家臣たちに領地を与え、小田地域の支配を佐竹北家の佐竹義廉《よしかど》に任せた。小田城に入った義廉には、一族の大山義近《おおやまよしちか》などが与力として付けられた。

その後、府中城に移った義昭は、十二月になると、大掾貞国を隠居させ、山尾小野崎《やまのおおのざき》氏に養子入りしていた弟の乙寿丸《おとじゅまる》（三郎）を貞国の養子として昌幹《まさもと》と名乗らせたという。義昭は永禄七年頃から源真《げんしん》と名乗り、嫡男の義重を宗家の後継者とするものの、引き続き政務を執り行ったが、永禄八年十一月三日、三五歳で死去した。法名を浄安源真という（佐竹家譜）。

（千葉篤志）

【主要参考文献】

『茨城県史料』中世編Ⅳ（茨城県、一九九一年）
『茨城県史料』中世編Ⅴ（茨城県、一九九四年）
『茨城県史料』中世編Ⅵ（茨城県、一九九六年）
『牛久市史料』中世Ⅰ・古文書編（牛久市、二〇〇二年）
『牛久市史』原始古代中世（牛久市、二〇〇四年）

『上越市史』別編1・上杉氏文書集一（上越市、二〇〇三年）
『白河市史』第一巻通史編1（白河市、二〇〇四年）
『白河市史』第五巻資料編2（白河市、一九九一年）
『棚倉町史』第一巻（棚倉町、一九八二年）
『塙町史』第1巻・通史 旧村沿革 民俗（塙町、一九八六年）
『戦国遺文 下野編』第一巻（東京堂出版、二〇一七年）
新井敦史「永禄六年における佐竹義昭と那須地域」（『歴史と文化』第三〇号、二〇二一年）
荒川善夫『戦国期北関東の地域権力』（岩田書院、一九九七年）
今泉徹「戦国期佐竹南家の存在形態」（佐藤博信編『中世東国の政治構造 中世東国論 上』岩田書院、二〇〇七年）
黒田基樹「新出の上杉憲勝書状」（『戦国史研究』第八四号、二〇二二年）
佐々木倫朗『戦国期権力佐竹氏の研究』（思文閣出版、二〇一一年）
佐々木倫朗・千葉篤志編『戦国期佐竹氏研究の最前線』山川出版社、二〇二一年）
高橋修編『佐竹一族の中世』（高志書院、二〇一七年）
原武男校訂『佐竹家譜』上（東洋書院、一九八九年）
藤木久志「常陸の江戸氏」（萩原龍夫編『江戸氏の研究』名著出版、一九七七年。初出は一九六三年）
茂木文書研究会編『茂木文書の世界』（ふみの森もてぎ開館3周年記念特別展、茂木町まちなか文化交流館ふみの森もてぎ、二〇一九年）
山川千博「佐竹氏南奥の城」（高橋修編『佐竹一族の中世』所収、二〇一七年）
山田邦明『戦国のコミュニケーション新装版』（吉川弘文館、二〇二〇年）

小田成治・政治
――一族が生き抜く基盤を築いた父子

成治の誕生と当時の関東

本章の主人公の一人、小田成治《おだしげはる》が小田朝久《ともひさ》の子として誕生したのは、文安六年（一四四九）のこととされる。この頃の関東は、文安四年（一四四七）に新たに鎌倉公方《かまくらくぼう》となった足利成氏《あしかがしげうじ》と、関東管領《かんとうかんれい》の上《うえ》杉憲忠《すぎのりただ》の間で対立を深める状況にあった。時の小田氏当主持家《もちいえ》（成治祖父）は、子の朝久と公方方に立ち、宝徳二年（一四五〇）の江の島合戦に参加し〔南部光徹氏所蔵文書〕、また三村《みむら》・羽梨《はなし》（ともに茨城県つくば市）の上杉氏領を押領した〔上杉家文書〕。これらの所領はもともと小田氏のもので、南北朝末期の小田氏の乱の戦後処理などで奪われたとみられる。成氏の公方就任に乗じて、持家・朝久父子は旧領の回復を図ったのだろう。

このような状況のなかで、成治は誕生した。幼名は系図などにはみえないが、寛正四年（一四六三）の某嘉昌証文写〔日輪寺文書〕の「小田亀房丸《かめふさまる》」を彼とする見解がある〔雨谷編二〇一九〕。この証文で亀房丸は、小田に隣接する田中庄《たなかのしょう》の政所《まんどころ》の押領者《おうりょうしゃ》としてみえるが、押領の中心者として小田氏当主の名をあげる可能性は高いと思われ、ここでは亀房丸＝成治とみておきたい。同時に、彼の元服はこれ以降、文正元年（一四六六）六月に将軍足利義政《よしまさ》から送られた御内書《ごないしょ》の宛所に「小田太郎」とみえる以前となる〔御内書案〕。なお、成治の「成」は、公方足利成氏の一字であろう。

父朝久の死と享徳の乱

そのまま成長すれば、成治は父朝久の跡を継いで、小田氏の当主となるはずであった。享徳三年（一四五四）十二月末に勃発した享徳の乱のなかで、朝久は公方方として、乱の勃発から成氏と行動を共にし、年が明けて三月には常陸小栗《おぐり》城（茨城県筑西市）の陣中にあった。ところが、朝久はその陣中で、閏《うるう》四月に急死したのである。享年は三十九歳とされ、壮年であった彼の死により、小田氏当主の座は一時空席となった。系図類では、成治が家督を継いだとされるが、当時七歳の彼が当主として活動できるはずもなく、実際には祖父の持家が再度継いだとみられ、彼のもとで成治は成長することとなる。

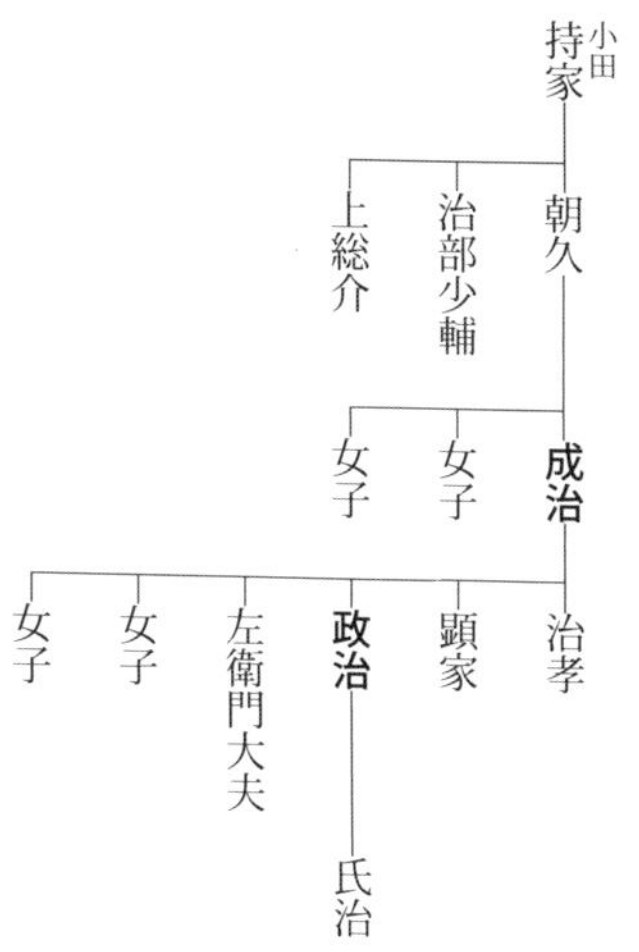

小田氏略系図

享徳の乱当初より、小田氏は公方方として活動を展開していた。ところが、長禄三年（一四五九）十一月の常陸信太庄《しだのしょう》合戦に際しては、持家は幕府・上杉方として参陣しており、これ以前に立場を転じていたことがわかる。このとき、幕府・上杉方は佐竹実定《さたけさねさだ》・大掾清幹《だいじょうきよもと》・真壁氏幹《まかべうじもと》などが参陣し、公方方と激突した。この合戦が激戦であったことは、翌年四月、足利義政が参陣者に送った御内書のなかで、多数の死傷者の名前が出ていることからも間違いない。この合戦に参陣した持家は、戦いのなかで、治部《じぶの》少輔《しょう》、上総介《かずさのすけ》という二人の息子や、家臣芳賀彦三郎《はがひこさぶろう》らを失う大損害を被った〔御内書案〕。息子の実名は不明であるが、先に朝久を失った持家にとって、二人の戦死は衝撃的なものであっただろう。御内書によれば、持家は隠居を申し出たが、幕府や上杉氏はそれを認めなかったという。

家督相続後の成治

前述の寛正四年（一四六三）の田中庄押領の時点で、成治は元服前ではあるが、事実上の当主として活動していたとみられる。田中庄をめぐっては、三年に及び合戦が続いているとみえ、実際には寛正二年頃から田中庄へ進出を図っていたことから、信太庄合戦後の直後に、持家を後見として当主となり、また再び公方方に転じたとみられる。田中庄の押領は、旧領回復と同時に、同地域に勢力を持つ山内《やまのうち》上杉氏を攻撃する意図があったのだろう。

成治の活動自体は、史料が少なく、断片的な動きをみるに留まるが、公方方として活動していたことは間違いない。敵対する将軍足利義政が成治と結城氏広《ゆうきうじひろ》に宛てた、前述の「小田太郎」の初見となる御内書では、成氏討伐は勅命であり、味方として参陣しなければ、天誅《てんちゅう》から逃れがたくなると、なかば脅迫めいた参陣命令を受けるほどであった。また、文明二年（一四七〇）に、藤沢の法雲寺《ほううんじ》に対し、南《みなみ》野庄白鳥村《のしょうしらとりむら》（茨城県土浦市）を寄進したことが確認でき〔法雲寺文書〕、ある程度の地域支配を進めていたといえるだろう。

文明年間の成治と享徳の乱の終結

文明三年（一四七一）は享徳の乱における一つの画期となる年であった。この年、長く膠着していた戦況を打破すべく、公方方が幕府・上杉方に攻勢をかけるも失敗し、逆に本拠地古河にまで侵攻される事態が勃発した。さらに幕府方の誘いを受け、公方方の主力であった小山持政《おやまもちまさ》や佐野《さの》愛寿らが離反したのである。このとき、彼らと共に離反したのが、他でもない小田成治であった。彼らの離反が関東の諸氏に与えた影響は大きく、公方成氏は古河から下総千葉《ちば》氏のもとへ動座した。また将軍義政は、参陣要請の御内書を関東諸氏に送ったが、そのなかには、持政や成治の離反を報じたものも多くあった〔御内書符案〕。さらに義政は成治に対し、関東管領山内上杉顕定《あきさだ》とよく相談し、成氏討伐を進めることを求める御内書を出したが〔御内書符案〕、これと同文言の御内書は、佐竹義治《よしはる》・大掾清幹・小山持政など、東関東の有力者にあいついで出されており、小田氏を含め、彼らの勢力の大きさを幕府・上杉方は理解していたようだ。

しかし、圧倒的優位に立った幕府・上杉方は、結局公方方を攻略しきれず、翌文明四年春には、成氏の古河復帰が果たされた。具体的な時期は不明だが、この後、成治も再び公方方に立場を転じている。これ以降、公方方と幕府・上杉方の争いは膠着状態となるが、それに変化が訪れるのが、文明九年の長《なが》尾景春《おかげはる》の乱勃発と、それにともなう公方成氏と上杉方の和睦、古河公方と幕府の和睦交渉の開始であった。このとき、成治は宇都宮氏と共に和睦推進派であったようで、長い戦乱の終結を求めていた〔古簡雑纂〕。その後、文明十四年に「都鄙御合体《とひごがったい》」が成立し、享徳の乱は終結したのであった。

その後の成治と小田氏の内訌

文明年間の成治については、前述の和睦に関わる動きを除くと、史料が少なくよくわからない。わずかに、文明四年（一四七二）、田中庄内の所領を某に安堵しており、寛正年間から押領を図っていた同地を掌握していたことがみえ〔沼尻隆氏所蔵文書〕、また豊田《とよだ》袋《ぶくろ》城（茨城県常総市）をめぐり、文明十四年頃に豊田氏らと合戦を繰り広げていた〔沼尻隆氏所蔵文書〕。さらに軍記物によるが、幕府と古河公方府の和睦が進む文明十三年五月、水戸城の江戸通長《えどみちなが》の南下に対し、大掾氏や真壁氏、東条《とうじょう》氏らと共に応戦し、小鶴原《こづるはら》（同茨城町）で合戦を繰り広げたという〔江戸軍記〕。

さて、文明末年時点の成治には長男治孝《はるたか》、次男顕家《あきいえ》という子があった。順当にいけば、治孝が後継者であっただろう。ところが、兄弟間で騒動が起こり、治孝が顕家に殺害される事件が起こった。従来、これは明応五年（一四九四）のこととされてきたが〔糸賀一九八八〕、黒田基樹氏は、「和光院和漢合運」

および「岡見系図」（岡見徹男氏所蔵）が引く「明泉院過去帳」の記事から、延徳二年（一四九〇）のこととする。また事件の背景について、確たる史料はないが、同時期に山内・扇谷両上杉氏間で起こった長享の乱との関連を指摘する〔黒田二〇〇四〕。顕家の「顕」字は山内上杉氏にちなむ可能性があり、また当時の小田氏が、山内上杉氏被官の土岐原《ときはら》氏の切り崩しを図っていたこと〔臼田文書〕を踏まえると、小田家中における対立のなかで、親山内上杉氏方の顕家が、山内上杉氏と戦う姿勢をみせていた兄治孝を討ったとも考えられよう。

政治の誕生と内訌の解決

顕家が治孝を殺害した後の小田氏の動静については、不明な点が多いが、成治の活動が史料にみえ、引き続き彼が当主の座にあった。この頃、田中庄日枝《ひえ》神社の祢宜《ねぎ》に大般若《だいはんにゃ》田を寄進し、金田日輪《にちりん》寺に田中庄の某職や同寺桑山別当職《くわやまべっとうしき》を安堵するなど、小田領周辺の支配の安定を図っていたとみられる〔内閣文庫所蔵田中庄惣社文書、日輪寺文書〕。一方の顕家については、成治と対立し、後述する小田城攻めの動きを考えるならば、土浦《つちうら》城（茨城県土浦市）を拠点に、一定規模の勢力を持っていたことは間違いないとみられるが、具体的な動向は不明である。

小田家中の混乱の中で、明応二年（一四九三）に成治の子として誕生したのが、小田政治《まさはる》であった。彼については、治孝の子とする系図もあるが、小田氏嫡流の子孫が作成した系図で、成治の末子と注記

小田政治画像　茨城県土浦市・法雲寺蔵　写真提供：土浦市立博物館　住友財団助成修復品

がみえ、また治孝がすでに没していたことを考えるならば、成治の子とみてよいだろう〔黒田二〇〇四〕。また、堀越《ほりごえ》公方《くぼう》足利政知《まさとも》の子とする系図もある〔土浦等覚寺・大島善照寺両寺俗姓系図〕が、政知は延徳三年（一四九一）に没しており、また享徳の乱を通じ、多くの期間を古河公方方であった小田氏と、幕府によって成立した堀越公方家の間に、養子縁組をするような関わりがあるとは思えず、事実とは考えにくい。

幼少の政治は、小田城で成長したとみられ、元服時期は明らかではないが、おおむね文亀末から永正初め頃とみられる。政治の「政」は、時の公方足利政氏《まさうじ》の一字であろう。ちょうどこの頃、土浦の顕家が攻勢に転じ、小田城にまで攻め寄せたものの、信田一族や菅谷《すげのや》氏、田土部《たどべ》氏らの尽力で政治は防衛に成功するとともに、顕家の居る土浦への反転攻勢を仕掛ける旨を、真壁久幹《ひさもと》・治幹《はるもと》父子に伝えている〔真壁文書〕。これ以降、顕家の名は史料上からみえなくなっており、政治が土浦を攻略し、顕家を打倒したものと考えられよう〔中根二〇一九A〕。この真壁氏宛の政治書状が、彼の発給文書の初見となるが、その花押は、父成治の初期の花押に類似しており、父の影響を受けたものと考えられる。

なお、顕家の小田攻めに際し、成治は小田の宝篋山永興院《ほうきょうざんえいこういん》（父朝久の菩提寺）、さらに北郡太田（茨城県石岡市）の善光寺《ぜんこうじ》へ移り、事実上隠居することとなった。成治の隠居と政治による顕家の打倒により、小田氏の内訌は収束し、元服した政治が名実ともに小田氏当主として、以後活動を展開することとなる。一方、成治の活動はこれ以降みえず、永正十一年（一五一四）四月、太田の善光寺で激動の生涯を静かに終えた。享年は六十六歳という。

永正の乱と小田氏の動静

家中の内訌を克服したのと時を同じくして、永正三年（一五〇六）四月、古河公方家における公方政氏と嫡男高氏《たかうじ》（のちに高基《たかもと》）の間で内紛が勃発した。永正の乱である。この内紛は和睦を挟んで三度にわたって繰り広げられ、とくに永正七年に始まる第三次抗争は長期化し、関東の諸家を巻き込む大規模なものとなった〔市村二〇〇九〕。

内紛に際し、小田氏は当初政氏方に与しており、真壁氏等と共に小山攻めへの参陣が政氏から求められていた〔真壁文書〕。しかし、第三次抗争が進展するなかで、関東管領山内上杉可諄《かじゅん》（顕定）の戦死に端を発する山内上杉氏の家督争いにおいて、政氏の支援する上杉顕実《あきざね》（政氏の子）が高基と結ぶ上杉憲房《のりふさ》に敗れ、また南奥では、白河永正の乱によって政氏を支持してきた白河結城政朝《しらかわゆうきまさとも》が没落するなど、高基方に有利な状況が生まれた。これによって永正九年六月、政氏は古河を退去し、下野小山へ移ることとなり、逆に高基が古河へ入城することで、優位を確たるものとした。

この高基優位の状況を受け、小田政治は下総結城政朝らと共に高基方に転じることとなる〔秋田藩家蔵文書〕。この動きは永正十一年三月以前のこととみられ、これにより、常陸南部は高基方が大半を占める状況となった。また、この頃の政治は、東条庄《とうじょうのしょう》（茨城県稲敷市）へ進出するなど〔岡澤文書〕、古河公方家の内紛の影響を受けつつも、勢力の拡大を図っていた。

古河公方と小弓公方の争いと常陸南部

高基方に転じた政治は、永正十六年（一五一九）八月、高基による上総椎津《しいづ》城（千葉県市原市）攻めに、重臣菅谷氏を派遣した〔記録御用所本古文書〕。この頃の古河公方家の争いは、隠居した政氏の勢力を実質的に継承した義明《よしあき》（高基の弟）が下総小弓《おゆみ》（千葉市中央区）に入り、古河の高基と対峙する状況にあった。高基は義明の勢力を打倒するため、結城氏や小田氏など下総や常陸の諸勢力を率いて上総に攻め込んだが、結果としてこの軍事行動は失敗に終わった。この敗北を受け、政治はある時期に高基のもとを離れ、義明方（小弓方）に転じることとなる。このことは、永正末年頃とみられる足利基頼《もとより》（高基、義明の弟）の真壁家幹《いえもと》（治幹の子）宛書状で、政治が真壁氏を攻め、家幹がこれを撃退したことが記されている点からも間違いないだろう〔真壁文書〕。

小弓方に転じた政治だが、大掾氏や真壁氏、土岐原氏など、常陸南部には古河方（高基方）が多く存在していた。とくに大掾氏との対立については、南奥の岩城由隆《いわきよしたか》が佐竹氏の重臣大山氏に送った書状で、大掾—小田氏間の争いが、当主義舜《よしきよ》の死去にともなって、若年の嫡男義篤《よしあつ》に家督交代したばかりの佐竹家中へ与える影響を心配している旨を伝えており、両者の対立の影響の大きさがうかがえる〔秋田藩家蔵文書〕。

大掾氏だけでなく、土岐原氏や下総結城氏など、四方を古河方に囲まれるなかで、小弓方に立った政治は積極的な勢力拡大を図った。前述の真壁攻めのほか、大永三年（一五二三）閏三月には、屋代要害《やしろようがい》（茨城県龍ヶ崎市）をめぐって土岐原氏と激突している〔真壁文書、臼田文書〕。このとき、行方《なめがた》の麻生《あそう》氏が政治の援軍に駆けつけたものの、戦いは土岐原氏ら古河方の勝利に終わった。この古河方との戦いのなかで、政治は重臣の信田氏、援軍として駆けつけたとみられる多賀谷淡路守やその被官など、名のある武将を失うこととなり、小田氏の勢力拡大は失敗に終わったといえる〔東京大学史料編纂所所蔵文書〕。

これ以降も、古河方と小田氏の戦いは、直接衝突こそ確認できないものの続いていたとみられる。しかしこの頃になると、古河公方家の内紛は房総が中心となっており、常陸南部では、たとえばこの後も政治と義明の間で書状のやり取りが確認できるものの〔喜連川文書〕、内紛そのものが及ぼす影響力は小さくなっていったといえる。そしてそれは同時に、これまで公方家の内紛に包摂されていた、近隣諸家間の対立の表面化に繋がることとなる。

大掾氏との和睦と佐竹氏との同盟

享禄元年（一五二八）十一月、小田政治は真壁家幹の仲介を受け、大掾忠幹《ただもと》と和睦を果たした〔真壁文書〕。背景には、同年十月頃より、大掾忠幹と水戸城の江戸通泰《みちやす》の間で、対立が勃発したことがあげられる〔中根二〇一九B〕。大掾氏と江戸氏は、それまで共に古河方の立場にあったが、対立に発展したことで、江戸氏と対峙する必要に迫られることとなった忠幹は、真壁氏を介して小田政治と連絡を取り、和睦を結んだと考えられる。一方の小田氏も、前述の通り四方を敵に囲まれるなか、大掾氏と和睦することで、北からの脅威を減らせるということもあり、和睦に応じたと思われる。江戸氏の南下姿勢に対し、大掾氏や小田氏は応戦することとなり、享禄四年二月には、府中近郊の鹿子原《かのこはら》（茨城県石岡市）で合戦を繰り広げた〔異本塔寺長帳〕。その後、天文四年（一五三五）までに江戸―小田氏間で和睦が成立している〔喜連川文書〕。

またこの頃、小田政治は佐竹義篤と音信を通じていたことが確認でき、大永から享禄年間の時期に、政治は妹を義篤に嫁がせ、関係の強化を図った。享禄四年八月に生まれた義篤の嫡男義昭《よしあき》の母は、この政治妹であり、義昭と政治の子氏治《うじはる》は従兄弟の関係となる。なお、彼女は義昭を産んでまもなく没している〔東州雑記〕。佐竹氏と小田氏が関係を強めた明確な理由は不明だが、常陸だけでなく、隣国下野の情勢などもあったとみられる。大掾氏との和睦、佐竹氏との同盟を結びながら、小田政治は再び勢力拡大を図っていくのであった。

天文年間の下野情勢と小田氏

享禄年間、下野では那須《なす》氏における資房《すけふさ》と政資《まさすけ》父子の対立があり、政治は資房を支持し、「那須御退治」として氏家《うじいえ》（栃木県さくら市）まで軍を進めた〔今宮祭祀録〕。資房支持の背景には、小山氏や結城氏、宇都宮氏、あるいは古河公方家との関係もあってのものとみられる。

天文年間の中頃になると、今度は宇都宮氏において、当主俊綱《としつな》（のちに尚綱《ひさつな》）と重臣芳賀氏の対立が激化することとなり、ここにも政治は関わることとなる〔早稲田大学図書館所蔵白川文書〕。この頃、小田政治・佐竹義篤が宇都宮俊綱と結び、これに対して下総結城政勝《まさかつ》・小山高朝《たかとも》らが芳賀高経《たかつね》・高孝《たかたか》を支援する状況にあり、常陸・下野・北下総の地域は大きく二つに分かれる状況であった〔中根二〇一九A〕。

この構図はその後、永禄初め頃までほとんど変わらなかったとみられ、そのなかで小田氏は、下総結城氏などと争いながら、中郡庄《ちゅうぐんのしょう》（茨城県桜川市・筑西市）など常陸西部に勢力を拡大していった〔日輪寺文書〕。

大掾氏との戦いと行方郡の戦乱

天文年間の小田氏は、主に常陸西部、あるいは下野方面で戦ってきたが、享禄元年（一五二八）に和睦を結んだ大掾氏との関係は、少なくとも天文十二年（一五四三）頃までは良好であった。これは行方《なめがた》の西連寺《さいれんじ》の仁王門《におうもん》修造に際し、大掾氏と小田氏が共同で出資して行われたことが確認できることによる〔西蓮寺仁王門修理墨書銘〕。

ところが、その後両者の関係は再び悪化したとみられる。大掾氏の当主は、和睦を結んだ忠幹から、その孫慶幹《のりもと》の代になっていた。両者の対立の背景は大きく二つの事件があった。

一つ目は、小川城《おがわ》（茨城県小美玉市）の園部氏《そのべ》の去就をめぐる問題である。『園部状』という軍記物によると、園部氏はもともと小田氏に従っていたが、大掾氏と結ぶ動きをみせたため、小田政治は園部宮内大輔《くないたいふ》を逐って小川城を接収し、弟とされる左衛門大夫《さえもんのだいふ》を置いた。ところが、天文十五年四月、下総結城氏のもとに逃れていた園部宮内大輔が、同氏や大掾氏の支援を受けて小川城を攻撃し、左衛門大夫を討って城を奪還した〔烟田旧記〕。左衛門大夫の仇を討つべく、政治は出陣し、府中近郊の鬼魔塚《きまづか》（木間塚、茨城県石岡市）で大掾氏らと激突したものの、戦いは政治の敗北に終わった。

二つ目は、行方郡の小高《おだか》氏と玉造《たまつくり》氏・手賀《てが》氏の間の抗争である。この戦いの経過については、後年に行方諸氏の旧臣たちによる、祖父らへの聞書をまとめた史料〔大山守大場家文書〕によると、天文十五年頃、行方郡内で小高氏と玉造氏、手賀氏が対立し、小高氏は小田氏と、玉造・手賀氏は大掾氏と結びついた。小田政治は嫡男氏治を大将とする軍勢に香取海を渡らせて行方郡に上陸し、小高氏と共に玉造・手賀攻めに向かい、応戦する玉造・手賀氏、援軍に来た大掾氏の軍勢と唐ケ崎《からがさき》（茨城県行方市）で激突した。小田―小高方には嶋崎《しまざき》氏や麻生氏、下河辺《しもこうべ》氏、行方武田氏など、大掾―玉造、手賀方には鳥《と》名木《なぎ》氏などが参陣し、郡内の諸氏が二つに分かれて争う状況であり、時の古河公方足利晴氏《はるうじ》は鳥名木氏に対し、「郡中各取合」〔鳥名木文書〕の状況を心配するほどであった。この唐ヶ崎合戦は、結果として玉造・手賀方の勝利に終わり、また小田氏は手賀城の攻略にも失敗し、敗走することとなった。

一連の大掾氏や園部氏、行方郡諸氏との戦いは、結果として小田氏の敗北に終わり、政治による府中及び行方郡方面への進出は失敗に終わったのであった。

晩年の政治とその後の小田氏

府中方面や行方郡への進出に失敗した小田政治は、時を同じくして、古河公方足利晴氏の要請、真壁家幹《いえもと》の口添えを受け、武蔵へ重臣菅谷隠岐守《すげのやおきのかみ》を派遣していた。当時、北条氏康《ほうじょううじやす》と山内上杉憲政《のりまさ》・扇谷《おうぎがやつ》上杉朝定《ともさだ》が武蔵河越《むさしかわごえ》（埼玉県川越市）で対峙しており、晴氏は両上杉氏と結んでいた〔黒田二〇一一〕。こうして参陣した隠岐守は、敵方の北条氏康から、晴氏との和睦の取次を求められたが、それを断ったことが史料上確認でき、晴氏の下にいたことは間違いない〔歴代古案〕。大掾氏ら周辺との対立を抱える政治は、古河公方家からの支援を受けたい考えのもと、菅谷氏を派遣したのだろう。しかし、そのもくろみは、天文十五年（一五四六）四月、河越合戦における両上杉方の敗北により頓挫することとなった。

そして天文十七年二月、政治は激動の生涯を小田城で終えた。享年は系図類から五十六歳と伝わる。

家督は嫡男氏治が継いだ。

成治―政治期の小田氏は、享徳の乱、永正の乱とあいつぐ古河公方家の内紛、あるいは山内・扇谷両上杉氏の対立に始まる長享の乱など、外部の戦乱の影響を強く受けてきた。また小田家中では、成治の子治孝と顕家の兄弟間の対立から、弟が兄を殺害する内紛に発展し、小田氏は大きく二分された。内外の激しい戦乱のなかで、成治・政治父子は、周囲の動静の影響を受けながら、各勢力の間をわたり歩き、勢力の維持を図るとともに、時には積極的に打って出ることで所領拡大を図った。政治による府中、行方郡方面への侵攻のように、結果として失敗に終わることもあったものの、成治はかつて小田氏が失った旧領を奪還し、政治は常陸西部や南部への進出に一定の成果を挙げるなど、二人は小田氏の勢力を伸ばすと共に、戦国期を小田氏が生き抜く基盤を築いたといえるだろう。

（中根正人）

【主要参考文献】

『牛久市史 原始古代中世』第八章第一節（長塚孝氏執筆、二〇〇四年）

『筑波町史 上巻』第二編第二章第三節（糸賀茂男氏執筆、一九八八年）

雨谷昭編修『土浦関係中世史料集 下巻』（土浦市立博物館、二〇一九年）

市村高男『東国の戦国合戦』（吉川弘文館、二〇〇九年）

黒田基樹「戦国動乱と小田氏」（同『戦国期関東動乱と大名・国衆』第5部第一章、戎光祥出版、二〇二一年、初出二〇〇四年）

黒田基樹『関東戦国史 北条VS上杉55年戦争の真実』（角川ソフィア文庫、二〇一七年、初刊二〇一一年）

中根正人「古河公方御連枝足利基頼の動向」（同『常陸大掾氏と中世後期の東国』第三部第二章、岩田書院、二〇一九年、初出二〇一六年）
中根正人「戦国初期の常陸南部―小田氏の動向を中心として―」（前掲書第二部第一章、二〇一九A）
中根正人「戦国初期の大掾氏―大掾忠幹の発給文書から―」（前掲書第二部補論二、二〇一九B）

江戸通泰・忠通
——佐竹氏の被官から国衆へと発展した父子

常陸江戸氏の成立と展開

常陸江戸《えど》氏は、藤原秀郷《ふじわらのひでさと》の子孫である那珂《なか》氏の一族である。那珂氏は、平安《へいあん》時代末期に藤原通資《みちすけ》が常陸国那珂郡那珂郷（茨城県常陸大宮市）を本拠地とし、郷名である那珂を名字とした。通資以降、子孫は那珂川流域に分布したようで、鎌倉時代に入ると、鎌倉幕府の御家人《ごけにん》として、『吾妻鏡《あづまかがみ》』などにも名前がみられるようになった。南北朝時代になると、那珂氏は瓜連《うりづら》城（同那珂市）の楠木正家《くすのきまさいえ》や小田《おだ》城（同つくば市）の小田治久《はるひさ》らと共に南朝側に属した。そのため、北朝側の佐竹《さたけ》氏や大掾《だいじょう》氏の攻撃を受け、ついに建武三年（一三三六）末、那珂通泰《みちやす》（彦五郎）を残して一族は滅亡した。

通泰は一族の滅亡後に北朝側の高師泰の軍勢に参加し〔太平記〕、そこで戦功をあげたことにより、常陸国那珂郡江戸《えど》郷（茨城県那珂市）を与えられた。そして、通泰の子である通高《みちたか》（通総《みちふさ》）の代から、江戸氏を称するようになったという〔藤木一九七七〕。なお、秩父《ちちぶ》平氏の一族で、武蔵国豊島郡《としまぐん》江戸郷（東京都千代田区）を本拠地とした武蔵江戸氏が存在するが、この一族は別系統である。

通高は佐竹義篤《よしあつ》（次郎。貞義《さだよし》の子で戦国時代の佐竹氏宗家当主である義篤とは別人）の娘である中御前《なかごぜん》を妻としていたことから、佐竹氏に接近し、嘉慶二年（元中五年。一三八八）の小山若犬丸《おやまわかいぬまる》（義政《よしまさ》の子）と南朝の残党勢力が籠もる難台山《なんたいさん》城（男体山城。茨城県笠間市）を攻撃したときに戦功をあげた。しかし、この合戦で通高が戦死したため、その子である通実《みちざね》（通景《みちかげ》）が、父の戦功によって足利氏満《あしかがうじみつ》（第三代鎌倉公方）から河和田《かわわだ》・鯉《こい》淵《ぶち》・赤尾関《あかおせき》（いずれも水戸市）などを与えられて、河和田城に移った。

応永年間末期になると、通実の子である通房《みちふさ》が大掾氏の拠点であった水戸城を攻略した。一説によると、水戸城の大掾満幹《みつもと》は六月二十一日（応永年間末期）に府中（茨城県石岡市）で開催される青屋祭《あおやさい》（青萱葺きの仮屋に牛頭天王《ごずてんのう》を祭り、悪霊退散を祈願する祇園会の祭礼）に参加するため、水戸から府中に移動したところ、その留守を狙って通房が水戸城を占拠したという〔藤木一九七七〕。

水戸城の堀跡　水戸市

このように、江戸氏は通房の代に水戸を本拠地として、那珂川の下流地域と吉田郡（涸沼《ひぬま》の北岸に位置する地域）を中心に勢力圏を形成する領域権力となった。通房が寛正六年（一四六五）五月三日に死去した後、江戸氏の家督は子の通長《みちなが》、通長の弟である通《みち》雅《まさ》という順に継承されていった。

通雅から通泰へ

応永十四年（一四〇七）に常陸佐竹氏当主であった佐竹義盛《よしもり》が死去して以降、常陸佐竹氏は長期にわたって断続的な一族間の抗争が繰り広げられていた（「佐竹の乱」）。延徳二年（一四九〇）四月に常陸佐竹氏宗家の家督を継承した佐竹義舜《よしきよ》と、常陸佐竹氏の有力一族である山入義藤《やまいりよしふじ》・氏義《うじよし》父子の間で抗争が勃発した（山入の再乱）。このときに通雅は、小野崎《おのざき》氏と共に山入父子に味方して、佐竹氏宗家の直轄領、宗家の宿老や近習の領地、佐竹氏一族である小野氏の知行地を押領《おうりょう》した〔秋田藩家蔵文書の第十巻に収録されている領地違乱書付写〕。

延徳四年（明応元年・一四九二）正月十四日、山入義藤が死去し、義舜側が優勢となると、明応二年十月には義舜の岳父である岩城常隆《いわきつねたか》（下総守。陸奥国大館城主）の仲介によって、義舜と氏義は和睦する（明応の和議）。翌年には江戸氏・小野崎氏と岩城氏の間でも起請文が交わされ、通雅の娘と常隆の重《しげ》隆《たか》が婚姻を結ぶことを約束している。

明応の和議の後、義舜と氏義は再び抗争を開始するが、永正元年（一五〇四）六月末に義舜が本拠地である常陸国太田《おおた》城（茨城県常陸太田市）を奪還し、太田城を逐われた山入氏義は同年末に一族の小田《おだ》野義正《のよしまさ》に討たれた。これによって「佐竹の乱」は終結を迎えた。そして、江戸氏側からの申し入れにより、永正七年十二月二日に義舜と江戸通雅《みちまさ》・通泰《みちやす》父子の間で起請文が交わされた〔秋田藩家蔵文書〕。このときに交わされた起請文は同日付で二通あり、その内容から佐竹氏と江戸氏の間で二つの主要事項が約束されたことがわかる。一つは、佐竹氏が江戸氏に「一家同位」の格式を与えること、もう一つは、江戸氏領の領民で他領に逃亡している者をすみやかに還住させること（人返し）である。とくに「一家同位」の格式については、より具体的には対面の際の儀礼と書状の形式において認められ、佐竹氏の家中（洞中《うつろ》）で、江戸氏の政治的地位をより高いものに確定したといえる。

起請文が交わされてから十八日後の十二月二十日、江戸通雅は四十九歳で死去した。その跡を継いだのは、通雅と共に起請文を交わした二十七歳の通泰であった。通泰は文明十六年（一四八四）に生まれ、母は小野崎朝通《ともみち》（常陸国山尾《やまのお》城主。山尾小野崎氏）の娘で、妻は芳賀高経《はがたかつね》（下野国真岡《もおか》城主。下野宇都宮氏の家臣）の娘であった。仮名《けみょう》を彦五郎、官途を但馬守と称したが、永正七年に佐竹氏と交わした起請文で、佐竹義舜は通雅・通泰の連名宛で起請文を提出したときに、通雅を「但馬入道」（明応三年八月の起請文で「沙弥道徹《しゃみどうてつ》」の署名あり）、通泰を「彦五郎」と記していることから、通泰は通雅の生前から後継者の地位にあったと考えられる。

通泰の活動

通泰が家督を継いだ頃、関東では古河公方《こがくぼう》家において足利政氏《まさうじ》・高基《たかもと》父子の間で抗争が生じており（古河公方家永正の乱）、双方はとくに北関東と陸奥国南部の諸領主を中心に、自陣営に対する支援を要請、あるいは外交交渉を展開していた。双方の抗争は永正三年（一五〇六）四月二十三日から始まり、停戦を挟んで断続的に繰り返されたため、「第一次政氏・高基抗争」・「第二次政氏・高基抗争」・「第三次政氏・高基抗争」と三段階に区分されるものであった。

古河公方家永正の乱は、永正九年に高基が下総国古河城（茨城県古河市）へ入ったことで、高基側の勝利で終結するが、この抗争と江戸氏の関係を示す史料として、年未詳で二月十九日に高基から小野崎通長《みちなが》（大蔵大夫。石神《いしがみ》小野崎氏。常陸国石神城主）に宛てた感状《かんじょう》があげられる。感状とは合戦における功績などを称賛する際に発給される文書であるが、高基の二月十九日付の感状で、「去年以来、江戸彦五郎と相談して奔走した」とあることから、具体的な時期は不明だが、古河公方家永正の乱で江戸通泰は石神小野崎氏と共に高基側に付いて行動していたことがわかる。

このように古河公方家の内紛に関係する一方で、通泰は常陸南部への勢力拡大を図っていた。永正九年十月十日、通雅の娘婿である鹿島景幹《かしまかげもと》（幹胤《もとたね》。常陸国鹿島城主）が下総国米野井《こめのい》城（千葉県香取市）の木内右馬頭《きうちうまのかみ》を攻撃して戦死した後、景幹の後継者をめぐって鹿島氏の家中で内紛が発生した。このときに常陸大掾氏の一族と景幹の娘（通泰の姪）が婚姻を結んだとされ、これは通泰が義幹に対抗したためとされる〔藤木一九七七〕。

享禄二年（一五二九）には、常陸国小幡《おばた》城（茨城県茨城町）の小幡氏との間で合戦があり、通泰の一族と思われる「助九郎殿」が戦死し〔常陸国六地蔵寺過去帳〕、享禄四年二月には鹿子原《かのこはら》合戦で小田政治《おだまさはる》（常陸国小田城主）と戦った。小幡氏については、天文元年（一五三二）には江戸氏に従属している。また、通泰は常陸南部へ進出する中で領内の統治も行っているが、そのなかでも江戸氏が庇護していた天台宗寺院の吉田薬王院《よしだやくおういん》（常陸国三宮の吉田神社の神宮寺）が大永七年（一五二七）六月の大火で本堂伽藍を焼失した際は、その再興に尽力している。なお、大永八年三月二十日の薬王院の棟札の写しには、「大檀那前但馬守藤原通泰」と署名されている〔泉田二〇一九〕。

天文四年（一五三五）七月十二日、通泰は五十歳で死去した。法名は梁山道棟《りょうざんどうちん》という〔常陸国六地蔵寺過去帳、常陸国田嶋村伝燈山和光院過去帳〕。

忠通の家督継承と佐竹氏との抗争

通泰の死後、その後を子の忠通《ただみち》が継承した。忠通は永正五年（一五〇八）に通泰の子として生まれ、母は芳賀高経の娘である。父と同様に仮名を彦五郎、官途を但馬守《たじまのかみ》と称した。通泰が死去したときには二十八歳であったが、大永八年（一五二八）三月二十日の薬王院の棟札の写しに、父に続いて「御息彦五郎忠通、次男五郎三郎通延」とあることから、通泰の長男で弟がいることがわかる〔泉田二〇一九〕。さらに、大永八年三月二十日時点で父と同じ仮名を名乗っているので、父の生前にはすでに後継者の地位にあったらしい。

忠通が家督を継いだ頃、常陸佐竹氏の家中では、佐竹義舜の子で常陸佐竹氏宗家の家督を継承した義篤と、その弟で佐竹氏の一族である宇留野四郎《うるのしろう》家を継承した義元《よしもと》が対立し、これに他の佐竹氏一族や陸奥国南部の岩城《いわき》氏や白河結城《しらかわゆうき》氏（白川氏）も加わる大規模な抗争が発生していた（部垂《へたれ》の乱）。部垂の乱は、享禄元年（一五二八）五月頃に義元側が佐竹氏宗家の重臣である小貫俊通《おぬきとしみち》が守備する部垂城（茨城県常陸大宮市）を攻撃したことから始まり、天文九年（一五四〇）三月十四日に義篤側の総攻撃によって義元が籠もる部垂城が攻略されて義元が自害したことで終結する。忠通は、当初は義元側に付いていたが、やがて義篤側に付き、義元側との戦闘で多くの戦死者を出している〔妙徳寺過去帳〕。天文十二年に佐竹義篤が伊達晴宗《だてはるむね》を支援するために相馬顕胤《そうまあきたね》と戦った際も、忠通は義篤の軍勢に参加したとされる〔藤木一九七七〕。

このように、忠通は義篤の生前には佐竹氏宗家に従っていたが、天文十四年四月に義篤が死去して、嫡男の義昭《よしあき》が宗家の家督を継承すると、佐竹氏宗家と江戸氏の関係は急速に悪化した。佐竹氏と江戸氏は、少なくとも天文十六年八月の段階では戦闘状態に入っていた〔国立公文書館所蔵『水府志料』附録巻二・土貢済期帳〕。このときに、和光院《わこういん》の領地である常陸国入野郷《いりのごう》（茨城県城里町）も戦場となり、その影響で荒廃している。天文十七年年九月二十六日には大部平（水戸市）で合戦があり、天文十九年七月二十八日には戸村《とむら》（茨城県那珂市）で合戦があったが〔妙徳寺過去帳〕、江戸氏の家臣である武熊《たけくま》氏・加倉井《かくらい》氏・後藤《ごとう》氏・蛯沢《えびさわ》氏などの軍勢で多くの戦死者が出ている。

また、忠通は天文十七年八月十三日に岩城氏の仲介で白川晴綱《はるつな》（陸奥国白河城主）と起請文を交わしているが、起請文の年月日からみて、同時期に陸奥国高野郡の支配をめぐって抗争していた白河結城氏と外交交渉を行い、佐竹氏の背後を衝くことを画策していたと考えられる。しかし、次第に江戸氏が劣勢になったのであろうか、天文二十年六月に江戸氏は佐竹氏と和睦した。

忠通の常陸南部進出と佐竹氏への従属

忠通も父の通泰と同様に常陸南部への勢力拡大を行った。家督を継承してまもない頃の天文五年（一五三六）四月十五日、小幡氏の領内にある小堤村の光明寺《こうみょうじ》（時宗）の修造の際に大旦那《おおだんな》として中心的な役割を果たし、小田政治によって攻略された小川《おがわ》城（茨城県小美玉市）を天文十四年に園部宮内大輔が奪還した際に、忠通は園部氏を積極的に支援したとされる。

忠通の常陸南部進出に関連して、忠通が家臣の平戸《ひらど》氏へ宛てた書状の写しが数点確認される（『茨城県史料』中世編Ⅱ・彰考館所蔵文書のうち石川氏文書）。それらによると、忠通は江戸氏領の南側に位置し、涸沼川沿いの常陸国平戸郷（水戸市）の領主でもある平戸氏に対して、小田方面への様子を報告させ、領内警固のための「当番」を務めさせるなど、とくに江戸氏領の西部と南部への厳重な警戒を行っていた様子がうかがえる。とりわけ、年未詳で三月二日に忠通が平戸安芸守《あきのかみ》（通国《みちくに》か）に宛てた書状の写しでは、平戸安芸守が「当地の役所」（関所のことか）を通過せずに山崎（水戸市）を通過する塩荷を取り押さえたところ、宍戸《ししど》氏（常陸国山尾城主）の家臣である中田清衛門《なかだせいえもん》をはじめとする五〇人ほども摘発したと報告し、これに対して忠通が山尾城の宍戸氏へ連絡して事後処理を行うことを伝えている（泉田二〇一九〕。

弘治三年（一五五七）十月二十五日、佐竹義昭《よしあき》は下野国宇都宮《うつのみや》（宇都宮市）に出兵した〔佐竹家譜〕。この出兵の原因は、宇都宮尚綱《ひさつな》（下野国宇都宮城主）の子の広綱《ひろつな》が、尚綱の死後に壬生綱雄《みぶつなかつ》（下野国壬生城主）によって本拠地の宇都宮城（宇都宮市）を逐われ、真岡城《もおか》（栃木県真岡市）の芳賀高定《たかさだ》のもとに匿われたことによるものである。

この出兵により、義昭は宇都宮城を占領していた壬生綱雄を攻撃して宇都宮城から退去させ、十二月二十四日に広綱を宇都宮城に帰還させるが、江戸忠通の母が芳賀高経の娘で、芳賀氏の縁戚にあたることから、芳賀氏は忠通を通じて佐竹氏に支援を要請したのかもしれない。この出兵に際しての忠通の詳細な動向は不明だが、忠通の子である通房《みちふさ》（のちの通政《みちまさ》）が、小田野源兵衛《げんべえ》と吉川兵部少輔《よしかわひょうぶのしょう》に対して、このときの戦功によって官途を与えているので、少なくとも通房が軍勢を率いて参加したことは確かだろう。

なお、弘治三年に小田守治《もりはる》（政治《まさはる》の孫。氏治《うじはる》の子）が生まれているが、守治の母は忠通の娘で、小田氏治に嫁いでいた。守治の誕生から逆算すると、弘治二年以前に江戸氏と小田氏の間で和睦が締結され、それにともない婚姻関係が成立したと考えられる。

晩年の忠通

先に指摘した大永八年（一五二八）三月二十日の薬王院の棟札の写し、天文五年（一五三六）四月十五日の光明寺の修造の際の棟札の写しには、大檀那（大旦那）として忠通の名前が記されている。また、天文十八年の和光院の修造でも忠通の名前がみられ〔泉田二〇一九〕、永禄三年（一五六〇）十二月九日の吉田薬王院の御堂の柱の箔の修繕でも、大檀那として忠通の名前がみられる〔吉田薬王院文書〕。

鹿島神宮　茨城県鹿嶋市

これは祖父・父と同様に、江戸氏の領域支配を維持するうえで、自領内にある各地域の中心となる寺院の保護に努めていることを示しているといえるだろうが、こうした忠通と寺社などの宗教勢力との関係を示すものとして、常陸国一宮の鹿島神宮《かしまじんぐう》宛てに送った二通の書状があげられる。

一通は、年未詳で十一月七日に送ったもので、祈祷を行ったことを示す巻子を柑子と共に贈られたことに対して礼を述べ、返礼として銭百疋を寄進することを伝えている。もう一通も年未詳で、十一月二十三日に送ったもので、子の通政の立願ために具足と甲《かぶと》の進納料五百疋と供物を寄進することを伝えている。二通とも差出人である忠通の署名が「前但馬守忠通」となっていることから、忠通の晩年にあたる永禄初期に発給されたものと考えられ、「前但馬守」と通政の立願のための寄進を行っていることから、少なくとも永禄初年段階では、自身の後継者を通政と定めていたのだろう。

永禄年間に入ると、佐竹義昭の陸奥国高野郡《たかのぐん》、下野国東部、常陸国南部への進出が活発になるが、これに関して、永禄五年十月に義昭が常陸国宍戸（茨城県笠間市）へ出兵したときに、忠通から土岐治英《ときはるひで》（常陸国江戸崎城主）に送った書状の写しがある〔国立公文書館所蔵『古文書』三〕。そのなかでは、義昭が十月晦日に宍戸の境目まで陣を移動し、一両日中に話し合った後に合戦を行うつもりなので、土岐氏に佐竹氏を支援するように要請し、忠通も治英に佐竹氏を支援するように促している。

このときの宍戸における合戦については、「常陸国六地蔵寺過去帳」にも江戸氏の家臣である立原蔵人が宍戸で戦死していることが記載されているので、それとあわせて考えると、江戸氏は義昭の宍戸への出兵に軍勢を率いて参加していることがわかる。

その後、永禄七年（一五六四）正月に佐竹氏が小田氏治の本拠地である小田城を攻略して、常陸国南部へ勢力を拡大するなか、同年六月五日、忠通は五十七歳で死去した。法名は月山道含《げつざんどうがん》といい〔常陸国六地蔵寺過去帳など〕、その死後、江戸氏の領内では徳政が行なわれたという〔藤木一九七七〕。

（千葉篤志）

【主要参考文献】

『茨城県史料』中世編Ⅱ（茨城県、一九七四年）
『茨城県史料』中世編Ⅳ（茨城県、一九九一年）
『牛久市史』原始古代中世（牛久市、二〇〇四年）
『牛久市史料』中世Ⅰ・古文書編（牛久市、二〇〇二年）
『白河市史』第5巻資料編2（白河市、一九九一年）
『群書類従』第二十九輯（訂正版、続群書類従完成会、一九五九年）
泉田邦彦「戦国期常陸江戸氏の領域支配とその構造」（『常総中世史研究』第七号、二〇一九年）
茨城県立歴史館史料部編『鹿島神宮文書』1（茨城県立歴史館、二〇〇八年）
佐々木倫朗・千葉篤志編『戦国期佐竹氏研究の最前線』山川出版社、二〇二一年）
柴辻俊六「常陸江戸氏の発展と滅亡」（『歴史手帖』第十巻第三号、一九八二年）
則竹雄一『動乱の東国史6　古河公方と伊勢宗瑞』（吉川弘文館、二〇一三年）
藤木久志「常陸の江戸氏」（萩原龍夫編『江戸氏の研究』名著出版、一九七七年。初出は一九六三年）

大掾忠幹・慶幹
——常陸府中を拠点とした鎌倉以来の名族

忠幹の誕生と十五世紀後半の大掾氏

戦国前期頃の大掾《だいじょう》氏当主の忠幹《ただもと》は、清幹《きよもと》の子として生まれた。孫にあたる慶幹《のりもと》の活動時期から、一四六〇～七〇年代には誕生していたようだ。なお、系図類は一様に「高幹《たかもと》」としているが、高幹の名は史料にみえず、逆に忠幹の名が後述するように史料や軍記物などから確認でき、世代などからみて、系図上の高幹＝忠幹と考えてよいだろう。

忠幹が生まれた頃の関東は、享徳《きょうとく》の乱の真っ只中にあった。清幹の父頼幹は、幕府・上杉《うえすぎ》方の一翼を担い、下総千葉《ちば》氏の内紛に援軍として駆けつけ、長男と共に下総嶋《しま》城で戦い、敗れて自害している〔本土寺過去帳〕。

跡を継いだ清幹は、長禄三年（一四五九）の信太庄《しだのしょう》における公方方と幕府・上杉方の合戦に幕府・上杉方として参陣している〔御内書案〕。また、文明三年（一四七一）の幕府・上杉方による一大攻勢では、常陸における幕府・上杉方の主力の一角を大掾氏が担っていたことが、足利義政の御内書《ごないしょ》から確認できる〔御内書符案〕。これらの御内書の宛所「常陸大掾殿」は清幹とみられる〔中根二〇一三B〕。一方で、これ以外の彼の活動については、彼や父頼幹《よりもと》の実名とあわせ、史料が残っておらず具体的な動向は不明である。

三十年近く続いた享徳の乱の末期頃になると、常陸では水戸《みと》城（水戸市）の江戸《えど》氏が南への勢力拡大の姿勢をみせ始めたとされる。軍記物によるが、文明十三年（一四八一）五月、小鶴原《こづるはら》で江戸氏と小田《おだ》・大掾氏らが激突する合戦があったとされる。このときの小田・大掾方には、真壁《まかべ》氏や東条《とうじょう》氏など、常陸南部の勢力が多く参陣したとされ、江戸氏の南下姿勢を危惧する者が多かったとみられる〔江戸軍記〕。このとき参陣した大掾氏は、清幹か忠幹か判然としないが、あるいは同陣したのかもしれない。

小鶴原合戦以降、およそ二十年余の間の大掾氏の活動を史料から追うことはできない。この間に、忠幹は父清幹の跡を継いだとみられる。また嫡男の常幹についても、その子慶幹の活動から、一四八〇～九〇年代には誕生したと思われるが、彼の具体的な活動を示す史料はほとんど確認できない。

古河公方家の内紛と忠幹

永正年間に入り、古河公方家では、政氏《まさうじ》と高氏《たかうじ》（後に高基《たかもと》）の間で内紛が勃発した。この内紛は二度の和睦を挟んで十数年に及ぶこととなる〔佐藤一九九三〕。さらに政氏の隠居後は、その勢力を継承した義明《よしあき》（高基の弟）と高基の抗争に、高基の隠居後はその子晴氏《はるうじ》と義明の争いとなり、天文七年（一五三八）十月の国府台《こうのだい》合戦での義明らの戦死に至るまでの三十年余に渡り、関東の諸勢力を巻き込むかたちで繰り広げられることとなる〔佐藤一九九二〕。

この公方家の内紛に際しての大掾氏の動きとして、公方御連枝《ごれんし》である足利基頼《もとより》との関係が注目される。基頼は高基や義明の弟にあたり、永正十年頃、父政氏の指示を受け、常陸へ入ってきたとみられるが、まもなく兄高基の側に立場を転じ、その後も常陸で活動を続けた〔中根二〇一六〕。この間、基頼は大掾氏の居城である府中《ふちゅう》城の近郊にいたとみられる〔長塚二〇一二〕。これは基頼が真壁城の真壁家幹《いえもと》に宛てた書状のなかに、家幹からの連絡を大掾忠幹を通じて受けたこと、これから玉造《たまつくり》（茨城県行方市）へ軍を進めることが記されており、基頼が府中周辺にいたことは間違いない〔真壁文書〕。

公方家の内紛のなかで、大掾忠幹は真壁氏と共に、基頼との関係を強めた。当時の大掾氏の立場は、高基方にあったとみられるが、永正十一年（一五一四）頃には近隣の小田氏なども高基方に転じるなど、常陸南部においては高基方が優勢であったらしい〔黒田二〇〇四〕。

ところが、永正十六年八月、高基が上総椎津《しいづ》城攻めに失敗したのを受け、小田政治《まさはる》は義明方（小弓《おゆみ》方）に転じた。これに対し、大掾氏は基頼や真壁氏と共に対峙し、また基頼がこの頃、行方郡《なめかたぐん》に軍を進めているが、これにも大掾氏が関わったと考えられる〔真壁文書〕。

その後、高基と義明の争いは、主に房総方面で展開されていくこととなり、常陸では、その影響は大永の中頃から徐々に減退していくこととなる。代わって、これまで公方家の争いに包摂されてきた、近隣諸家間の対立が表面化することで、常陸南部の戦乱は深まることとなる。

鹿島大乱と忠幹・常幹父子

古河公方と小弓公方の対立が繰り広げられる最中の大永四年（一五二四）、鹿島郡《かしまぐん》では鹿島氏の当主義幹《よしもと》に対し、対立する家臣団が江戸氏や行方郡の諸氏を味方につけて挙兵するという内紛が起こったとされる。「鹿島大乱」である〔鹿島治乱記、鹿島当禰宜系図〕。この事件についての記述は軍記物や系図などに拠らざるをえないが、このとき、大掾忠幹も反義幹方に味方して出兵し、義幹が鹿島を離れ、下総東庄へ逃れると、その後継者として、忠幹次男の次郎が通幹《みちもと》と名乗り、鹿島氏当主の座に立てられることとなった。また、このときは忠幹の嫡男常幹《つねもと》の活動も確認でき、父子揃って鹿島氏の内紛に関わったとみられる〔水府志料附録続集 四〕。

ところが、まもなく通幹は鹿島氏の当主の座を降りた。擁立した鹿島氏家臣団との対立が原因とされる。下総におり、鹿島への復帰を画策していた義幹は、この通幹と家臣団の仲違いを受け、下総諸氏の支援を受けて鹿島へ上陸し、高天原《たかまがはら》（茨城県鹿嶋市）で反義幹方と激突するが、乱戦の中で彼は討ち死にしたのであった〔鹿島治乱記〕。義幹が戦死し、通幹が実家へ帰ったことで、空席となった鹿島氏の家督は、下総東庄で庇護されていた義幹の子歳末丸が成長して継ぐこととなった〔鹿島当禰宜系図〕。彼は元服して治時《はるとき》と名乗り、戦国期鹿島氏の基盤を築く人物となる。一方、通幹のその後については、確実な史料からみいだすことはできない。『快元僧都記《かいげんそうずき》』には、小弓公方の被官として「鹿島」の名がみえており〔快元僧都記〕、通幹が府中を離れ、小弓公方家に仕えた可能性も考えられるが、いずれも推測に留まるところである。

小田氏との電撃的な和睦

大掾氏・真壁氏と小田氏の関係は、大永年間に入っても対立が続いていた。状況は根深く、北部の佐竹氏では、永正十四年（一五一七）に当主義舜《よしきよ》が死去し、嫡男徳寿丸《とくじゅまる》が家督を継ぎ、まもなく義篤《よしあつ》と名乗って政務を取ることとなるが、家督相続という変動のなかで、大掾氏と小田氏の対立が佐竹家中にも影響を及ぼすのではないかと心配されるほどのものであった〔秋田藩家蔵文書〕。

ところが、享禄元年（一五二八）になり突如として風向きが変わる。きっかけは大掾忠幹と水戸城の江戸通泰《みちやす》の関係変化にあった。両者はそれまで、古河公方家の内紛に際し、古河方（高基方）として活動しており、小弓方の小田氏に対峙する状況にあったとみられる。この年の六月、吉田薬王院《よしだやくおういん》の本堂が火災で焼失し、再建されることとなったが、これは大掾氏と江戸氏が共同で行うこととなっており、実際に工事は進んでいた。しかし、十月になり、両者の関係が理由は不明であるが悪化したため、忠幹は自らが派遣していた大工の前嶋氏を呼び戻す措置を取った。これにより本堂の工事は一時停滞するが、その後は江戸氏が自分の手元の大工である野口《のぐち》氏を中心として工事を再開し、翌年に完成させることとなる〔彰考館所蔵吉田薬王院文書〕。

再建事業から撤退した直後の十一月、大掾忠幹は小田政治と電撃的に和睦を結んだ〔真壁文書〕。これは真壁家幹の仲介によるものであるが、背景に大掾氏と江戸氏の関係変化があったことは間違いないだろう。またこのことは、古河方の大掾氏と江戸氏が対立し、大掾氏と小弓方の小田氏が和睦を結んで対峙するという構図になったといえ、前述の通り古河公方家の内紛の影響が小さくなっていたことがわかる〔中根二〇一九B〕。

享禄四年二月、江戸氏と小田氏が合戦を繰り広げたとされるが、その場所は府中近郊の鹿子原《かのこはら》〔茨城県石岡市〕であった〔異本塔寺長帳〕。地理的に考えるならば、おそらくは大掾氏も江戸氏の南下を受け、小田氏と共に迎撃したと思われる。その後、小田―江戸氏も和睦を結んでおり〔喜連川文書〕、一時的に常陸南部は平和になったといえよう。

慶幹の登場

忠幹の没年は明確ではない。史料上は前述の小田氏との和睦にみえるのが最後である。和睦の時点で彼は六十代後半から七十代とみられ、そこから遠くない時期に没したのかもしれない。跡を継いだのは常幹のようだが、彼の活動は、前述の鹿島大乱での動静以外には確認できない。そして天文十年代に入ると、その子慶幹の活動が確認できるようになっており、それ以前に没したのだろう。

慶幹の生年は不明だが、史料上の終見が永禄前半頃であること、系図上忠幹の孫であること、子の貞《さだ》国《くに》の活動時期などを考えるならば、おおむね永正年間頃の誕生とみられる。母については、『正宗寺《しょうじゅうじ》本諸家系図《ぼんしょかけいず》』所収「宍戸氏系図《ししどしけいず》」（東京大学史料編纂所所蔵謄写本）に、宍戸宗源《そうげん》の娘妙寿《みょうじゅ》に「大掾常幹之上」と、その子に慶幹の名がみえ、彼女が母だろう。ただし、宍戸宗源が宍戸氏のどの系統に連なる人物かは不明である。

なお、彼の実名について、発給文書上は「慶幹」のみみえるが、系図類の中には「憲幹」とするものがある。「慶」と「憲」の崩しが比較的似ていることによる誤記かもしれないが、一方で、後述の『園部状《そのべじょう》』では、「慶」と「乗」の字が併用されており、書きは「慶幹」、読みは「のりもと」であった可能性が考えられよう。

慶幹と小田氏――園部氏の去就と行方郡大乱

慶幹が家督を継いだ段階の大掾氏は、依然として先に結んだ小田氏との和睦を維持していた。それは天文十二年（一五四三）、行方西蓮寺《さいれんじ》の仁王門《におうもん》修理に際し、大掾氏と小田氏が共同で出資し、大工を派遣して工事を行っていた事実からも間違いない〔西蓮寺仁王門修理墨書銘〕。しかし、まもなく両者の関係は再び悪化し、合戦を繰り広げることとなる。具体的には、大きく二つの戦いがこの頃にあったとみられる〔中根二〇一九A〕。

一つは、大掾氏と所領を接する、小川《おがわ》城の園部氏の去就をめぐる小田氏との争いである。これについては、『園部状』という軍記物に拠るが、その発端は、小田氏に従う立場にあった園部氏の当主宮内《くない》大輔《だいふ》が大掾氏に接近し、自らの娘を大掾慶幹の子に近侍させたことに始まる。園部氏の動きに怒った小田政治は小川城を攻撃し、宮内大輔を逐って同城を接収し、弟とされる左衛門大夫《さえもんのたいふ》を置いた。ところが、下総結城氏のもとに逃れた宮内大輔は、同氏や大掾氏の支援を得て、天文十五年四月、小川城を攻撃し、左衛門大夫を討って城の奪還に成功する〔烟田旧記〕。これに対して小田政治は、弟の仇を討つため、園部氏、そしてそれを支援した大掾慶幹を攻撃するべく出陣し、府中近郊の鬼魔塚《きまづか》（木間塚、茨城県石岡市）で激突した。合戦の末、大掾方が勝利し、小田氏の府中方面への勢力拡大は失敗に終わった。

もう一つは、ほぼ同時期に勃発した行方郡の戦乱があげられる。小田・大掾両氏が同郡に影響力を持っていたことは、先に述べた西蓮寺仁王門修理の事例からも間違いないが、この頃、郡内では、小高《おだか》城の行方小高氏と玉造《たまつくり》城の玉造氏・手賀《てが》城の手賀氏が対立する状況にあった。後年に玉造氏の旧臣らが祖父らからの聞き書きを整理した史料〔大山守大場家文書〕に拠るが、両者は自身が優位に立つため、それぞれ小田政治、大掾慶幹との結びつきを強め、また郡内の諸氏を味方につけようとした。先手を取ったのは小高氏側で、小田政治の嫡男氏治《うじはる》を大将とする小田勢の援軍を受けて出陣し、迎撃に出た玉造氏や手賀氏、そして大掾氏の援軍などと唐ケ崎《からがさき》（茨城県行方市）で激突した。嶋崎《しまざき》氏・麻生《あそう》氏・山田《やまだ》氏・行方武田《たけだ》氏などが小高方に、鳥名木《となぎ》氏・芹澤《せりざわ》氏などが玉造・手賀方に味方したとみられるが、合戦に勝利したのは玉造・手賀方であった。小田・小高勢は手賀城の攻略にも失敗し、敗走することとなる。なお、この頃の行方郡は、古河公方足利晴氏《はるうじ》が「郡内各取合」という状況を心配するほどであった〔鳥名木文書〕。

この二つの戦いで、大掾氏方がいずれも勝利を収め、小田氏の勢力拡大を抑えることに成功したといえる。

慶幹と後北条氏

対小田氏という問題を抱える慶幹は、同じ状況にあった下総結城政勝《ゆうきまさかつ》と連携を図り、またこの頃、着実に勢力を拡大しつつあった北条氏康《ほうじょううじやす》、あるいは南奥の白河結城晴綱《しらかわはるつな》とも接近していくこととなる。北条氏と大掾氏の関係はおおむね天文二十年代前半には確認できるが、これは下総結城氏と共に、東関東の勢力の中ではかなり早いほうであったとみられる。実際、北条方の書状のなかには、結城政勝と共に大掾氏の名がみえており、当時の東関東で、大掾氏は北条氏の貴重な同盟者であったといえる。

後北条氏と同盟を結ぶなかで、天文二十三年（一五五四）七月に慶幹が白河結城晴綱に送った書状によれば、四月頃に一路小田原を訪問し、北条氏康と対談し、数日間逗留したこと、その際に、足利梅千代王丸《うめちよおうまる》（のちの義氏《よしうじ》）が下総葛西《かさい》（東京都葛飾区）へ新たに御座を立てたと聞き、小田原からの帰路で葛西にも参上したという〔東京大学白川文書〕。この氏康との対談のなかで、対小田氏の問題などを話し合ったのだろう。

弘治二年（一五五六）四月、小田氏治は下総結城政勝と、係争地であった常陸海老島城《えびがしま》（茨城県筑西市）をめぐり衝突する。海老島合戦である。このとき、結城方には古河公方や北条氏からの援軍が加わったことが確認できる〔野田千弘家文書、集古文書、大藤文書〕。戦いは結城方が勝利し、海老島や小栗といった常陸西部の地域だけでなく、氏治の居城であった小田城も一時結城方が占拠することとなった（同年八月までに氏治が小田城を奪還）。この戦いに際しての大掾氏の動きは明確ではないが、おそらくは結城方と対峙する小田勢に対し、府中方面から牽制の姿勢をみせていたようで、また山庄《やまのしょう》（土浦市）近郊まで進出したとみられる〔常陸国市川家文書、中根二〇二一〕。

北条氏や下総結城氏らと連携し、時には相手先を訪問するなどして、慶幹は小田氏への対応を図るとともに、小田領への進出による勢力の拡大を図っていたといえるだろう。

慶幹の死とその後の大掾氏

系図類や近世記録では、慶幹は天文二十年（一五五一）に没したとするものがあるが〔内閣文庫所蔵常陸名家譜、常陸茨城郡府中平城往古記事並諸記録など〕、前述の慶幹が白河結城晴綱に宛てた書状が天文二十三年頃のものであること〔黒田二〇〇七〕、水戸の六地蔵寺に伝来した金銅六角宝幢形経筒（六地蔵寺所蔵）に「当世府中平慶幹」「弘治三年五月吉日」の銘文があること〔池田一九八五〕、永禄二年（一五五九）の発給とみられる真壁久幹《ひさもと》宛足利義氏《よしうじ》書状に「慶幹」の名がみえること〔真壁文書〕などから、少なくとも永禄前半頃までは存命であり、また当主として活動していたとみられる。なお、この義氏書状から、永禄初め頃の慶幹は、真壁久幹と上曽（茨城県石岡市）をめぐって争い、古河公方の仲裁で和睦を結んだことがわかる。

さて、永禄五年（一五六二）八月、小田氏治はこれまで対立を続けてきた北条氏康や下総結城晴朝《はるとも》（政勝の子）らと和睦を結んだ。このとき、大掾氏とも和睦を結んでいる〔千秋文庫所蔵佐竹文書〕。ところが、わずか半年後の永禄六年二月には和睦は破棄され、氏治は大掾氏を攻撃し、応戦する大掾勢と三村（茨城県石岡市）で激突、戦いは氏治の勝利に終わった〔百家系図など〕。

小田氏と大掾氏の和睦は、北条氏や下総結城氏、那須氏などを含む大規模なものであったが、そこで結ばれた和睦が早々に破棄されるに至ったのは、大掾氏のほうで何らかの出来事が発生し、小田氏が介入しうる状況になったためと思われる。現在のところ、筆者はこの大掾方で発生した出来事として、慶幹が没したことがあると考えている。すでに慶幹は五十代であったとみられ、病没した可能性は十分あるだろう。

慶幹の死後、大掾氏の家督は嫡男の貞国が継いだが、三村《みむら》合戦の敗北により、大掾氏は苦境に立たされることとなった。この状況に対し、貞国はこの頃、常陸南部への進出を考え、また小田氏の勢力拡大に危機感を持っていた佐竹義昭《さたけよしあき》と結んでの対抗を図るが、それは同時に、佐竹氏が常陸南部へ進出する機会を与える一因にもなった〔中根二〇一三A〕。

大掾一族の墓　茨城県石岡市・平福寺境内

　最後に、慶幹の子どもたちについてみておこう。いずれも母については史料がなく不明だが、嫡男貞国の他、義国《よしくに》・七郎・江戸通政《みちまさ》室・佐竹義昭後室の五人が確認できる。この内、義国は竹原兵庫頭《たけはらひょうごのかみ》を名乗っての活動が確認でき〔佐竹文書、佐々木二〇一〇〕、七郎については、石岡地域の所伝にみえる、三村城主常春《じょうしゅん》と同一人物である可能性が高い。また娘の一人が、佐竹義昭の後室となるのは、慶幹没後のことであった。

　室町前期に一度滅亡の危機に瀕した大掾氏は、その後の関東における戦乱の中で復活し、常陸国内で一定の地位に在り続けた。忠幹や慶幹は、その流れを受け継ぎ、小田氏や江戸氏との間で対立と融和を繰り返しながら、また時には古河公方家や下総結城氏、北条氏など常陸国外の勢力とも連携しながら、勢力を保ち続けたといえるだろう。

（中根正人）

【主要参考文献】

『石岡市史　下巻』第Ⅲ編第三章（池田公一氏執筆、一九八五年）
黒田基樹「戦国動乱と小田氏」（同『戦国期関東動乱と大名・国衆』第5部第一章、戎光祥出版、二〇二一年、初出二〇〇四年）

黒田基樹「足利義氏と北条氏」（同『古河公方と北条氏』第二章、岩田書院、二〇一二年、初出二〇〇七年）
佐々木倫朗「史料紹介「佐竹文書 一」」（『鴨台史学』一〇、二〇一〇年）
佐藤博信「小弓公方足利氏の成立と展開―特に房総諸領主との関係を中心に―」（同『中世東国政治史論』塙書房、二〇〇六年、初出一九九二年）
佐藤博信「東国における永正期の内乱について―特に古河公方家（政氏と高基）の抗争をめぐって―」（同『続中世東国の支配構造』第一部第四章、思文閣出版、一九九六年、初出一九九三年）
長塚孝「戦国期関東における府中の一様態―古河公方の動向から―」（佐藤博信編『関東足利氏と東国社会』岩田書院、二〇一二年）
中根正人「戦国期常陸大掾氏の位置づけ」（同『常陸大掾氏と中世後期の東国』第二部第二章、岩田書院、二〇一九年、初出二〇一三A）
中根正人「室町中期の常陸大掾氏」（前掲著書第一部第四章、初出二〇一三B）
中根正人「古河公方御連枝足利基頼の動向」（前掲著書第三部第二章、初出二〇一六）
中根正人「戦国初期の常陸南部―小田氏の動向を中心として―」（前掲著書第二部第一章、二〇一九A）
中根正人「戦国初期の大掾氏―大掾忠幹の発給文書から―」（前掲著書第二部補論二、二〇一九B）
中根正人「「常陸国市川家文書」所収の大掾氏文書」（『戦国史研究』八二、二〇二一年）

結城政勝
――分国法「結城氏新法度」を制定した名門結城家当主

当主の座をめぐる享禄・天文の乱が勃発

結城《ゆうき》政勝《まさかつ》は、下総結城氏関係の諸系図の記載によれば、結城政朝《まさとも》の子で、命日《めいにち》が永禄二年（一五五九）八月一日で享年《きょうねん》が五十六歳で一致している。享年から逆算すると、政勝は永正元年（一五〇四）の生まれと言える。政勝の父である政朝については、「結城家之記」（東京大学史料編纂所所蔵）に「孝顕《こうけん》（政朝の法名《ほうみょう》）一代成就して世《よ》（家督、当主の地位）を政勝に譲る、歳《とし》四十九」（括弧内は筆者の注記）と記されている。結城氏関係の諸系図によると政朝の享年は六十九歳で一致するが、命日は天文十四年（一五四五）説と天文十六年説があり、政朝は政勝に大永五年（一五二五）ないし大永七年に家督を譲ったといえよう。政勝は、命日と享年から逆算すると二十一歳ないし二十三歳で父政朝から家督を譲られたことになる。政勝の法名は大雲。

ところで、結城政勝の関係文書によると、政勝は大永八年（一五二八）九月二十日付で家臣の糟谷弥《かすやや》二郎《じろう》に所領宛行状《あてがいじょう》〔結城家譜草案〕を発給するが、その後は政勝の発給文書が見られなくなる。代わって、享禄四年（一五三一）九月になると、政直《まさなお》なる人物が結城氏当主として下野の高橋《たかはし》神社（現在名は高椅神社、栃木県小山市）に社領を安堵《あんど》する安堵状〔高椅神社文書〕を発給するようになる。以後、政直は天文元年（一五三二）十二月に高橋神社に社領安堵状〔高椅神社文書〕を出し、天文五年七月付で乗国寺《じょうこくじ》（茨城県結城市）に寺領を寄進する証文〔乗国寺文書〕を出すなど、約十年間弱にわたって結城氏当主としての足跡を確認することができる。

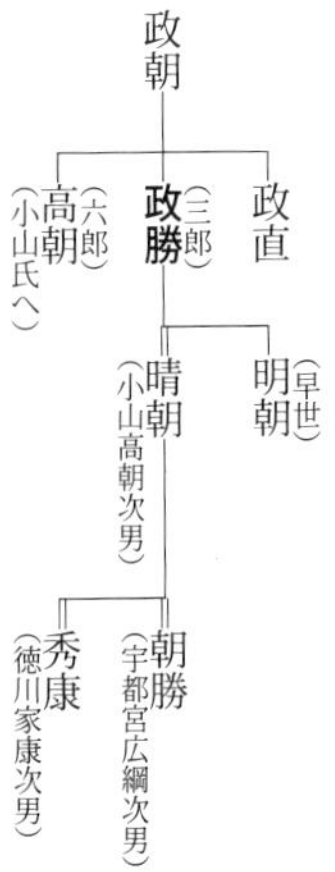

結城氏略系図

ところが、天文八年七月になると、文書上に政勝が登場する〔東京大学白川文書〕。政勝と政直が別人で、政直の名が結城氏関係の諸系図から抹殺されていることを考えると、享禄四年九月以前と天文五年七月から天文八年七月までの二時期に、結城氏当主をめぐる争いがあり、結果的に当主の地位を退いていた政勝が、再起して政直を打倒し、結城氏当主に帰り咲いたと言えよう。

なお、この政勝と政直の内紛については、時期的に小山《おやま》氏における六郎高朝《たかとも》（政勝の弟）と小四郎《こしろう》某との権力闘争と重なっていることより、政勝・高朝の連合が政直・小四郎某の連合とぶつかりあった可能性が考えられるという指摘〔市村二〇〇九〕もある。ちなみに、内紛を終息させた政勝は、戦国期権力への道を歩んでいく。

近隣の諸勢力との戦い

結城政勝は、父政朝の時期と同じように下野の宇都宮氏や常陸の小田《おだ》氏と戦っていく。宇都宮氏とは天文八年（一五三九）正月、宇都宮氏一族の壬生綱雄《みぶつなかつ》の処遇をめぐり宇都宮俊綱《としつな》と重臣芳賀高経《はがたかつね》が対立したのが契機となる。俊綱には小田氏治《うじはる》・佐竹義篤《さたけよしあつ》・那須政資《なすまさすけ》などが与《くみ》し、高経には結城政勝・小山高朝・那須高資《たかすけ》・白川義綱《しらかわよしつな》・岩城重隆《いわきしげたか》などが加担し、古河公方足利《こがくぼうあしかが》氏や相模北条《ほうじょう》氏・関東管領上杉《かんとうかんれいうえすぎ》氏などを巻き込み、南奥羽や北関東の領主層の間で紛争が起きる〔東京大学白川文書〕。このとき、政勝は宇都宮領に攻め込み、宮中《みやちゅう》（宇都宮明神〈現在の宇都宮二荒山《ふたあらやま》神社の前身〉の門前）やその近辺まで侵攻し、宇都宮領蓼沼《たてぬま》小屋や上三川《かみのかわ》も攻めた〔東京大学白川文書〕。

結城政勝画像　東京大学史料編纂所蔵模写

また、天文十五年正月、宇都宮俊綱が結城氏の重臣水谷《みずのや》正村《まさむら》が拠る常陸久下田《くげた》城（茨城県筑西市）を攻めた際、政勝は水谷方に加勢の軍勢を遣わし、宇都宮方を撃退したという〔水谷蟠龍《みずのやばんりゅう》記〕。翌天文十六年九月、宇都宮俊綱が結城政朝死去後の隙《すき》をつき、小山領北東部の福士味《ふくとみ》（栃木県小山市）に出陣してきたとき、政勝は弟の小山高朝と共に迎撃し、宇都宮方を破ったという〔結城家之記〕。

弘治二年（一五五六）四月、政勝は、南関東に勢力を拡大させていた相模の北条氏康《うじやす》や氏康の擁立している古河公方足利義氏《よしうじ》と結ぶ挙《きょ》に出る。政勝は小田氏治と常陸の海老島《えびがしま》（茨城県筑西市）や大島台《おおしまだい》（同つくば市）で戦う（海老島合戦）。この合戦は、北条氏康や足利義氏の命令で加勢してきた江戸城（東京都千代田区）の遠山綱景《とおやまつなかげ》や岩付城《いわつき》（さいたま市岩槻区）の太田資正《おおたすけまさ》、および鹿沼《かぬま》・壬生地域の軍勢を率いた壬生義雄《よしかつ》などが加わったこともあり、数の上で優勢になった結城・北条連合軍が小田氏治軍を破った〔大藤文書、安得虎子、結城家之記〕。氏治は本拠の小田城（茨城県つくば市）に帰城することができず、支城の土浦《つちうら》城（同土浦市）に敗走したという〔結城家之記〕。

政勝は、この合戦で小田氏の所領、中郡《ちゅうぐん》四十二郷、田中庄《たなかのしょう》・海老島・大島など小田領西部の多くを獲得し、領地を大幅に拡大させたという〔結城家之記〕。しかし、海老島合戦の勝利が結城氏単独の力で実現したものではなく、足利義氏を古河公方に擁立していた北条氏康の権威や力を借りての勝利であったため、北条軍が撤退すると、形成が逆転する。わずか四ケ月後の弘治二年八月には小田氏治の小田城帰城を許してしまい、小栗《おぐり》・富屋《とみや》・海老島などを除き、獲得した旧小田領のほとんどを小田氏治に奪い返されてしまう〔東京大学白川文書〕。

「結城氏新法度」の制定

政勝は、小田氏治に海老島合戦で得た旧小田領を奪い返されてまもない弘治二年（一五五六）十一月に、武家家法（分国法《ぶんこくほう》）「結城氏新法度《はっと》」を制定する。この法度を制定した趣旨が記されている前文には、以下のような事柄が記されている。

親類・縁者の訴訟となると、白を黒と言いくるめる。親類・縁者または指南《しなん》（配下の者）そのほかに頼もしく思われようとするのか、実際には死ぬ気もないのに目を向いて、刀を抜く様子を見せて、無理を通そうとする。同僚もそれほど多くないなかで、似つかわしくないさしでがましい行為は、理由があるにしても頭の痛くなることである。

この前文の記述からは、政勝が家中《かちゅう》の者たちの無軌道な言動に頭を痛めていたことが読み取れる。それゆえに、政勝はこうした悪しき家中の者たちの風潮を正すために法度《はっと》を制定したといえよう。法度は、この法度を制定した趣旨が記されている前文、本文一〇四ケ条、結城政勝署判の制定奥書《おくがき》、重臣連署の請文《うけぶみ》、および結城晴朝《はるとも》署判の追加一ヶ条からなる。

法度に記されている主な内容としては、喧嘩《けんか》・口論など（第三〜六・七七・八〇・九五条）、殺人（第七・三七・三八条）、盗み・立ち入り（第九・一〇・三四・一〇〇条）、沙汰《さた》＝裁判（前文・第一一・一二・二九・四七条）、家中の者の召仕《めしつか》う下人・下女・悴者《かせもの》（第一四・一五・二四・九三・一〇四条）、軍役・軍事（第二五〜二七・六六〜七一・九六条）、要害等の普請・修繕（第二二・二三・九七条）、貸借・売買（第三九〜四六条）、親子関係（第五一〜五三条）、所領関係（第五八〜六〇条）、家中の者の服務規則（第六一〜六五条）、荷留《にどめ》等（第七三〜七六・八五・八六条）などがあげられる（内容項目は、条文数で三ケ条以上同じ内容項目のあるものを列記）。

法度の内容からは、この当時、結城氏が直面していた問題がどのようなものであったかを読み取ることができる。また、法度の制定に際しては、政勝が家中の重臣に諮問しその結論を得てから立条している家ものもある。政勝がいかに家中統制に重きを置き、結城氏当主のもとに一枚岩となる家中を望んでいたかがうかがい知れる。

晩年の結城政勝

ところで、政勝には嫡男三九郎明朝《さんくろうあきとも》がいたが、天文十七年（一五四八）三月に疱瘡《ほうそう》（天然痘）で早世したという〔結城御代記〕。政勝は、先に天文十四年七月に父政朝が死去し、今度は息子に先立たれ、政勝はこの世の無常を感じたのであろうか、出家して有髪の僧となり、先祖の菩提を弔い、一族の繁栄を祈願していく。政勝には明朝以外に男子がいなかったため、実弟小山高朝の次男晴朝を天文末期に養嗣子に迎え入れる。政勝は晩年病気がちで、結城氏関係の諸系図の伝承によれば、永禄二年（一五五九）八月に五十六歳で死去したという。

政勝の跡目を継承した晴朝は、関東の支配権をめぐり争う越後上杉謙信《うえすぎけんしん》と相模北条氏康・氏政《うじまさ》父子との間に挟まれ、結城氏の家と所領の維持・拡大をめぐり苦悩を重ねていく。

（荒川善夫）

【主要参考文献】
『結城市史』第四巻古代中世通史編（結城市、一九八〇年）

結城政勝――分国法「結城氏新法度」を制定した名門結城家当主

荒川善夫「下総結城氏の動向」（同編著『下総結城氏』、戎光祥出版、二〇一二年）
市村高男「東国における戦国期地域権力の成立過程―結城・小山氏を中心として―」（同『戦国期東国の都市と権力』、思文閣出版、一九九四年）
市村高男『東国の戦国合戦』（吉川弘文館、二〇〇九年）
清水克行「結城政勝と『結城氏新法度』―大名と家臣たち―」（同『戦国大名と分国法』、岩波書店、二〇一八年）

千葉孝胤・勝胤
——戦国期千葉氏の礎を築いた父子

出生と官途

千葉《ちば》孝胤《のりたね》・勝胤《かつたね》父子は、戦国期における下総千葉氏の当主である。孝胤の父は千葉一族の岩橋輔胤《いわはしすけたね》である。孝胤の没年は二説あり、「千学集抜粋《せんがくしゅうばっすい》」では永正十八年（一五二一）、「本土寺過去帳《ほんどじかこちょう》」「千葉大系図」では永正二年となっている。忌日はともに八月十九日である。いずれも享年は六十三歳としているので、永正十八年死去とすると、長禄三年（一四五九）の誕生、永正二年死去とすると嘉吉《かきつ》三年（一四四三）の誕生となる。一方、子の勝胤は諸記録とも天文元年（一五三二）五月二十一日に父と同年齢の六十三歳で死去していることが見えるので、その誕生が文明二年（一四七〇）であることは動かないだろう。もし父孝胤が長禄三年の誕生となると、勝胤は十二歳のときの子となり、不自然である。一方、嘉吉三年誕生の場合、勝胤は二十八歳のときの子となる。こう考えると、孝胤の生没年は嘉吉三年から永正二年としたほうが穏当であろう。

なお、千葉氏惣領は代々下総権介《ごんのすけ》の称号に在所の千葉を合わせて「千葉介《ちばのすけ》」と呼称されており、今回取り上げる両名についても同様である。

享徳の乱と父の躍進

孝胤の父岩橋輔胤は、南北朝期の当主満胤《みつたね》の庶子馬場重胤《ばばしげたね》の子、胤依《たねより》の三男である〔千学集抜粋〕。印東庄《いんとうのしょう》岩橋郷の領主であったと思われる。いわば「庶子の庶子」であった輔胤の子孝胤が何ゆえ千葉介となったのだろうか。話は享徳《きょうとく》の乱勃発時にさかのぼる。当時の千葉氏は鎌倉公方足利成氏《あしかがしげうじ》から信頼を受けつつあった当主千葉胤将《たねまさ》が若くして病死し、その弟五郎も幼年だったため、前千葉介の胤直《たねなお》（常瑞《じょうずい》）が一門の総帥として家政を取り仕切っていた。享徳の乱が起きて、幕府軍が関東に侵攻を始めると、胤直はいくつかの武家と共に幕府方に寝返った。

これを重臣円城寺《えんじょうじ》氏は支持したものの、別の重臣である原《はら》氏は良しとせず、千葉家庶子馬加康胤《まくわりやすたね》を擁立して挙兵した。胤直らは徐々に追い詰められ、下総国千田庄《ちだのしょう》にて子息五郎胤宣《たねのぶ》と共に自害した。胤直《たねなお》弟の胤賢《たねかた》も上総で自害したが、その子息は生き延び、武蔵国に向かった（武蔵千葉氏）。幕府・上杉《うえすぎ》方はこの系統を千葉本家として支持した。一方公方成氏は馬加康胤を千葉氏の後継者とした。このため、千葉介が二系統に分立する事態となった。

しかし、馬加康胤のほうは幕府の命を受けた東常縁《とうつねより》に攻撃され、康正二年（一四五六）に上総で戦死してしまう。康胤の子胤持《たねもち》はすでに死去し、直系の後継者は存在しなかった。したがって下総に残る庶子のうち、康胤と政治的立場を同一にし、壮年であった輔胤があらかじめ後継者に選ばれたのであろう。

あるいは、時期は不明であるが、輔胤の次男の系統が僧籍に入り、成氏弟で鶴岡八幡宮別当《つるがおかはちまんぐうべっとう》となる尊倣《そんじょう》の弟子となったことが伝えられる〔千学集抜粋〕ので、そういった足利氏との関係から選出されたとも考えられようか。とはいえ、郷単位の領主にすぎなかった庶家が下総上総の守護家を治めるのはかなりの反発があったと思われる。

輔胤・孝胤父子に転機が訪れたのは文明三年（一四七一）六月である。小山《おやま》氏や小田《おだ》氏ら北関東の武家の離反により本拠古河を維持できなくなった足利成氏が、千葉まで移座してきたのである〔東州雑記〕。輔胤はこれを保護し、成氏は「千葉介無二補佐」と評している〔茂木文書〕。同年九月九日、原胤房《たねふさ》が本拠の小弓《おゆみ》（千葉県中央区）で戦死している〔本土寺過去帳〕から、幕府・上杉方が千葉の目前まで侵攻してきたことになる。つづく九月十七日には千葉一族と思われる上総介《かずさのすけ》が幕府・上杉方へ寝返り、「最前」「忠節」を将軍足利義政《よしまさ》から賞されている〔御内書符案〕ので、この上総介の軍が在所から小弓を攻撃した可能性もある。成氏の千葉移座にともない、領国にさらなる動揺が広がったのである。

しかし、東国の武家のもとに鎌倉（古河）公方が身を寄せるのは、上杉禅秀《ぜんしゅう》の乱の際に足利持氏《もちうじ》が今川《いまがわ》家に保護されたことなどを別にすれば、先例はなく、きわめて画期的なことであるといってよい。輔胤はこの機会を十分に活かそうとした。成氏は移座してすぐに下総国一宮《いちのみや》香取社《かとりしゃ》に対していくつかの所領安堵を行っている〔香取大禰宜家文書〕。香取社は従来下総守護千葉氏の強い影響下にあったが、動乱の中で同氏の影響は薄れ、当時は近隣の国分《こくぶ》氏らの影響を受け幕府・上杉方であった。九月には千葉孝胤も香取社の安堵と神事の履行命令を含む文書を発給している〔香取大禰宜家文書〕。千葉氏は成氏と共同歩調を取り、香取社への安堵を進めることで、千葉氏と香取社との関係を再構築しようとしたのではないか。そしてこの文書が孝胤の初見文書であることを考えると、このときをもって輔胤から孝胤への代替わりがなされたのであろう。孝胤は当時二十九歳であった。ここに「庶子の庶子」であった岩橋千葉氏は、成氏の承認のもと、古河公方領国における千葉介として確立をみたのである。

翌文明四年五月、北関東の情勢が好転したことや尊働の軍事行動が功を奏して、成氏は古河へ帰還する〔佐藤二〇一三〕。その後、とくに成氏とのやり取りはうかがえないが、良好な関係を維持したようだ。

宿敵・太田道灌との戦い

文明九年（一四七八）正月に山内《やまのうち》上杉氏の重臣長尾景春《ながおかげはる》が主家に対して反乱を起こすと〔長尾景春の乱〕、成氏はこれを支持、孝胤も上野に出兵した〔太田道灌状〕。ところが、翌年成氏は上杉方と和睦、武蔵成田《なりた》の陣まで後退してしまった。しかし、孝胤はこれには従わず〔松陰私語〕、景春と行動をともにしたのである。景春と孝胤は二月から三月にかけて武蔵で軍事行動を展開した〔小山文書など〕。上杉方は武蔵に退去した旧千葉宗家、武蔵千葉氏を正統な千葉介として支持していた。これまで成氏は孝胤を千葉介としていたが、両者の和睦が成れば自分の地位は脅かされる恐れがある。そのような不安が孝胤の脳裏をよぎったのであろう。自家を存立させるためには成氏と袂を分かつしかなかった。ただ、これは東国の公権力かつ二大勢力である古河公方と上杉氏双方を敵に回すという非常に危険な賭けでもあった。

　案の定、八月には扇谷《おうぎがやつ》上杉氏の家宰・太田道灌《おおたどうかん》が下総千葉氏攻めの意思を表し、成氏もそれを承認している。以下、「太田道灌状」・「鎌倉大草紙《かまくらおおぞうし》」などによって経過を追いたい。道灌は武蔵千葉氏を保護する立場であったから、当主自胤《これたね》の復権を目的としたのである。十二月には道灌は下総国府台《こうのだい》（千葉県市川市）に着陣し、両軍は十日に境根原《さかいねはら》で激突した。これに敗北した孝胤は臼井《うすい》城（同佐倉市）まで後退した。翌年正月十八日には道灌弟の資忠《すけただ》から攻撃を受けている。また、同年七月には千葉方であった真里谷武田《まりやつたけだ》氏ら上杉方となり、その影響もあってか下総飯沼《いいぬま》城（同銚子市）が落城、城主の海上《うなかみ》氏も上杉方となった。千葉方は太田資忠を討ち取るものの臼井城が落城、一時期「両総州《りょうそうしゅう》の士《し》、大形自胤《おおかたこれたね》へ帰腹《きふく》」という状態になり、千葉氏は徐々に追い詰められていった。

　その後も千葉氏と足利成氏・上杉方との関係は好転しなかったらしい。文明十四年十一月には成氏と幕府の和睦（都鄙和睦《とひわぼく》）が成立した。これらの事態は武蔵千葉氏を保護する幕府・上杉方が、下総千葉氏を攻撃する口実をさらに与えたといえよう。文明十六年五月には道灌が小金《こがね》領内に馬橋《まばし》城（千葉県松戸市）を築いている〔年代記配合抄〕。さらに同時期とも思われる機会に前ヶ崎《まえがさき》城（同流山市）も築城しており〔本土寺過去帳〕、再攻撃に向けた準備が着々と進められている様子がうかがえる。

　しかし、孝胤もこうした事態を傍観していたわけではない。同年六月には岩橋千葉氏の本拠岩橋郷の付近に佐倉城《さくら》（千葉県佐倉市・酒々井町）を築城したのである。近隣の臼井が敵方に落ちているので、第一義的にはこれら軍事的危機に対応するための新拠点の構築と評価できるであろう。なお、千葉宗家を滅亡させた馬加千葉氏とその後継の岩橋千葉氏はそれまでの千葉館（城）には入らず、そこからやや東の平山を本拠にしたこと、そしてそこから「長崎《ながさき》」なる場所に移り、そのあと佐倉に移ったと言われる（千学集抜粋」。「長崎」については平山の近所である「長峰《ながみね》」の誤記（「峯」と「寄」）であるとする説〔黒田二〇二〇C〕と現千葉県流山市の「長崎」であるとする説〔長塚二〇一七〕がある。後者であればこれまた道灌への備えを目的とする措置といえよう。

本佐倉城航空写真　千葉県佐倉市・酒々井町　画像提供：酒々井町教育委員会

まさに太田道灌は、千葉孝胤・勝胤親子にとって宿敵とも呼ぶべき存在であった。しかし、その道灌は文明十八年七月二十六日に主君であった扇谷《おうぎがやつ》上杉定正《さだまさ》に殺害されてしまう。これにともない馬橋城も自落する〔年代記配合抄〕。千葉氏を襲った危機はひとまず去ったのである。翌長享元年（一四八七）には山内・扇谷両上杉氏の抗争が勃発した。今度は上杉氏が千葉氏を攻撃している場合ではなくなったのである。なお、千葉氏はこの合戦では山内派になった形跡がある〔青木文書〕。これが事実であれば、千葉氏は再び上部権力の分立に乗じ、味方を作ることに成功したといえるだろう。これに対する扇谷上杉氏と扇谷方に味方した古河公方〔政氏《まさうじ》に代替わり〕とは、改めて敵対したことになる。十一月十五日には武蔵高見原《たかみはら》の戦いに大野原《おおのはら》氏が参陣しているので〔本土寺過去帳〕、山内方として参加したのであろうか。なお、延徳二年（一四九〇）には佐倉城下で市立て・町立てが行われた〔千学集抜粋〕。孝胤は同地を本拠とすることを正式に決めたのであろう。

篠塚陣をめぐって

さて孝胤の子、千葉勝胤はすでに元服し、明応二年（一四九三）には市川真間《いちかわまま》の弘法寺《ぐほうじ》（千葉県市川市）に安堵状《あんどじょう》を発給している〔弘法寺文書〕。このとき勝胤は二十三歳であり、また弘法寺にはよく千葉氏代替わりの安堵状が出されることを考えると、これをもって勝胤の家督の継承ととらえてよさそうである。その背景は太田道灌との戦いの終焉、山内上杉氏との提携、前年に前当主輔胤が死去したこと、などがあげられようか。明応四年と見られる文書で、孝胤は法名常輝《じょうき》を名乗っている〔酒々井浄泉寺文書〕ので出家したのであろうが、いまだ健在であり、千葉家は引き続きその強い影響下に置かれたのであった。

明応三年十月には足利政氏が扇谷上杉方から山内上杉方に転向すると、事態はさらなる混乱をみせた。

この頃から明応五年にかけて下総野手《ので》・大谷口《おおやぐち》・粟津《あわづ》・弥富《いやとみ》などで合戦が勃発しているから〔本土寺過去帳〕、千葉氏・原《はら》氏領での戦乱が続いている様子がうかがえる。さらに明応五年六月には勝胤が佐倉にて木内孫三郎《きうちまごさぶろう》を、文亀元年（一五〇一）には原胤隆《たかたね》が小弓にて粟生《あお》入道をそれぞれ誅殺している〔本土寺過去帳〕。それぞれ本拠地で被官を誅殺していることをみると、直臣層に扇谷上杉氏と通じた勢力がいたとも考えられるが、同氏が侵攻した記録も残っていない。また、隠居した千葉常輝が恩賞付与等に関連している文書〔慶増文書〕も存在することから、この時期、長享の乱と常輝と勝胤の抗争が起きていたとする説も存在する〔黒田二〇二〇A〕。おそらく、足利政氏が山内方に移ったことで、これに反して扇谷方に転向しようとする派閥と山内上杉氏との同盟を堅持しようとする派閥に分裂したのであろう。

そして、千葉氏の混乱が内乱全体へ波及することを恐れたのか、文亀二年六月、公方政氏は、嫡子高《たか》基《もと》をともない佐倉城付近の篠塚《しのづか》へ着陣、千葉氏と対峙した（「篠塚陣」）。しかし明確な動きがないまま、永正元年（一五〇四）四月には公方父子は篠塚を退陣している。この期間と見られる山内上杉顕定《あきさだ》の文書に「千葉介入道未だ下知に応ぜず」〔静嘉堂文庫所蔵聚古文書シ〕とあるので、常輝が明確に山内上杉・公方政氏と敵対していたことになろう。このあと、原胤隆は娘婿の木内胤治《たねはる》を誅殺しているので、先の木内孫次郎といい、重臣木内氏が公方勢力と連携していたのであろうか。半面、原胤隆は常輝と同じ立場であったこととなり、両者が扇谷方だったのであろうか。むしろ、このときには千葉家の内訌は終息していた可能性も含めて研究の深化が必要であろう。

翌永正二年には、扇谷上杉方は劣勢にともない山内上杉氏に降伏し、乱は終結した。年未詳であるが、十二月三日付で千葉常輝が重臣鏑木《かぶらぎ》氏に宛てた書状に「和談」のことについて、これ以上の失礼がないよう意見すること、また藤田《ふじた》における働きに対する労いなどが記されたものがある〔雲頂庵文書〕。鏑木が「意見」できるのはおそらく千葉家中の人間に限られ、かつ常輝ではないから、勝胤とするのが妥当である。また、「藤田」は山内上杉家の在所鉢形《はちがた》城（埼玉県寄居町）付近であるから、篠塚陣以降、勝胤は山内上杉との和睦交渉を進めていたのであろう。そしてこうした和睦の経過を見届け、永正二年八月十九日、常輝は没した。六十三歳であった。

小弓公方の誕生

しかし、関東の争乱はまだ収まらなかった。今度は古河公方家に内乱が起きたからである。永正三年（一五〇六）には足利高基が宇都宮に移座し、父政氏に反旗を翻した。千葉氏は高基方に属した。乱は一度収まるが、高基の弟・雪下殿《ゆきのしたどの》（鶴岡八幡宮別当）空然《こうねん》も高基とともに軍事蜂起し、さらに混乱は増した。永正九年二月には政氏方と思われる上総真里谷武田氏を、千葉（原）方が攻撃したことがわかる〔本土寺過去帳〕。また、同十一年にも高基が原氏や勝胤と音信を通じて、軍勢を頼っていることがわかる〔喜連川家文書案〕。

一方で国衆《くにしゅう》としての領国確保の動きとして、勝胤は永正十三年には三上佐々木《みかみささき》氏が治める上総二宮《にのみや》庄《しょう》に侵攻し、同地にある藻原寺《そうげんじ》（千葉県茂原市）の鐘を奪取した〔仏像伽藍記〕。これに対して八月には三上佐々木氏は小弓亥鼻《いのはな》を攻撃している〔本土寺過去帳〕。永正十四年十月十三日には伊豆の伊勢宗《いせそう》瑞《ずい》と真里谷武田氏が共同で三上佐々木氏の真名《まんな》城（同茂原市）を攻撃し攻落させるとともに、二日後の十五日には小弓に侵攻し小弓城をも攻落させている。この合戦で当主とみられる原次郎《はらじろう》が戦死している〔快元僧都記〕。これらは伊勢氏・真里谷武田氏が政氏と気脈を通じ、高基派を攻撃する動きと共に、自身の版図を拡大せんとする各勢力の思惑が複雑に絡んだものであろう。

政氏は翌十五年に久喜《くき》（埼玉県久喜市）に隠遁したものの、政治的立場は兄高基のもとから離れた空然に継承された。空然はすでに還俗して義明《よしあき》と名乗っており、同年七月、小弓城に入城する〔鑁阿寺文書〕。小弓公方の誕生である。千葉氏はその領国の中枢部のひとつに、いわば敵将の入部を許した形になった。また、千葉氏の近隣の真里谷武田・土気酒井《とけさかい》をはじめ、伊勢氏・扇谷上杉氏らも義明派であり、かつてない危機を迎えたといってよい。当然、義明派は千葉氏直臣井田《いだ》氏を通じて、勝胤を自派へ勧誘した〔井田文書〕。一方、高基方からみれば、千葉勝胤は貴重な自派勢力であった。その証拠に嫡子昌胤《まさたね》には宿老簗田高助《やなだたかすけ》の娘が嫁いでいる。血縁関係のうえでも高基を裏切れなかったのであろう。

抗争は続き、永正十六年と思われる八月には、高基は千葉氏・小山氏・小田氏らを動員して小弓方の上総椎津城を攻撃した。同城は上総・安房への玄関口であり、これほどの大動員を考えると同城のみを攻撃するというわけではなく、周辺の敵を叩いて義明派の勢力を削ぐ狙いがあったのだろう〔記録御用所本古文書十二、喜連川文書案三〕。しかし、この作戦は失敗に終わった。千葉氏家臣である臼井《うすい》胤慶《たねよし》が離反したことが原因であろう。高基は胤慶のことを「先代未聞」と述べている〔渡辺忠胤文書〕。自軍から離反者を出してしまった勝胤はその責任を痛感したのか、高基が退陣する際には嫡子昌胤・原胤隆・海上氏などを供奉させている〔渡辺忠胤文書〕。

勝胤の評価

小弓方は攻勢を強め、大永元年（一五二一）三月には小金領名都狩《なづかり》で合戦が起き、原氏の被官が戦死している〔本土寺過去帳〕。同年かと思わる義明の書状では、安房里見氏に対して「敵城」近辺への攻撃を賞し、さらに関宿城への攻撃準備も命じている〔喜連川家文書案三〕から、義明は敵の拠点である関宿、その先にある古河の攻略が目的であったのであろう。小金の原方も攻撃を跳ね返すなどの働きがあったが、大永三年には原氏が被官を誅殺する記録がいくつかみられるので〔本土寺過去帳〕、離反者も多くいたのであろう。大永七年十一月には、高基が簗田氏被官に対して名都狩へ攻撃を褒賞しているから、名都狩が小弓方になっていたことがうかがえる〔黒田二〇二〇B〕。これは同地が一度小弓方に攻略されたことによる巻き返しか、原氏、あるいは千葉氏も小弓方に転じたことを意味しよう。「千学集抜粋」には千葉介が小弓公方と交流があったかにみえる記述があるので、戦況の悪化にともない、一

千葉勝胤画像（複製）　千葉市立郷土博物館蔵

定期間そのようなこともあったかもしれない。

ただ、その後の享禄二年（一五二九）から同四年まで、高基と子息晴氏《はるうじ》の抗争である享禄の乱が勃発した際には、小弓方がこれに乗じて攻勢を強めたことはうかがえないから、戦況は一進一退といったところであろうか。同乱は高基の蟄居《ちっきょ》により終息するが、翌天文元年（一五三二）と思われる五月二十日には高基が勝胤の病状悪化を受け、医学の心得がある直臣豊前《ぶぜん》氏を派遣している〔豊前文書〕ので、これ以前から勝胤が病気であったことと、高基との関係が改善していたことがわかる。あるいは、勝胤の隠遁などにともない、千葉氏は再び古河方に帰属していたのであろう。そして、豊前氏派遣の翌日、勝胤はこの世を去った〔本土寺過去帳〕。六十三歳、享年は父孝胤を奇しくも同じである。

勝胤は、文化芸術にも造詣が深く、佐倉城近隣で千葉直臣たちも含めた「佐倉歌壇《さくらかだん》」が隆盛を極め〔外山二〇一九〕、永正十一年には「雲《うん》玉和歌集《ぎょくわかしゅう》」が完成した。また、この時期までにこれ以降の千葉氏の菩提寺である海隣寺《かいりんじ》も、佐倉に移設された。さらに、享録元年（一五二八）には実名を冠した勝胤寺《しょういんじ》も建立している。勝胤の時期には佐倉城下も戦火から離れ、安定的に発展しつつあったのであろう。「雲玉和歌集」は、その序文にて、勝胤のことを「弓馬の道にすぐれ、威を八州にふるひ、諸道に達して政を両総にをさめ」「佐倉と申す地にさきくさのたねをまき給う」と評した。

享徳の乱と一族内乱のなかで、庶家ながら千葉介となった岩橋千葉氏は、孝胤・勝胤の二代によって領国・本拠地・政治的立場などが確立し、その後の同氏の行く末を決定づけたといえるであろう。

（石橋一展）

【主要参考文献】
黒田基樹「千葉氏の本佐倉城移転とその背景」（同『戦国期東国動乱と大名・国衆』戎光祥出版、二〇二〇年、初出二〇一〇年）＝黒田二〇二〇A
黒田基樹「古河・小弓両公方家と千葉氏」（前掲書、初出二〇一一年）＝黒田二〇二〇B
黒田基樹「戦国期の千葉氏御一家」（前傾書、初出二〇一一年）＝黒田二〇二〇C
佐藤博信「古河公方足利成氏の佐倉移座・古河帰座に関する一考察―白河結城・下総結城・下総小山諸氏の関係―」（『中世東国の権力と構造』校倉書房、二〇一三年、初出二〇〇七年）
外山信司「『雲玉和歌集』と印旛の浦―本佐倉城主千葉勝胤との関連を中心に―」（石渡洋平編著『旧国中世重要論文集成 下総国』（戎光祥出版、二〇一九年、初出一九九六年）
長塚孝「十五世紀後期における千葉氏の支配構造」（戦国史研究会編『戦国期政治史論集　東国編』岩田書院、二〇一七年）

足利義明
——貴種の宿命を背負い、国府台に散った小弓公方

童形の雪下殿

足利義明《あしかがよしあき》は二代目古河公方《こがくぼう》足利政氏《まさうじ》の次男であり、三代目古河公方高基《たかもと》の弟である。叔父である尊《そん》倣《じょう》の後を襲い、鶴岡八幡宮別当《つるがおかはちまんぐうべっとう》＝雪下殿《ゆきのしたどの》となった。生年は不明だが、没年は天文七年（一五三八）十月七日である。兄高基が文明十七年（一四八五）生まれなので、先行研究も指摘するように、長享年間（一四八七〜一四八九）あたりの生まれではなかろうか。

幼名は愛松王《あいしょうおう》（丸《まる》）であり、「鑁阿寺《ばんなじ》文書」にその名が多くみえる。その後、空然《こうねん》、宗斎《しゅうさい》、義明、道哲《どうてつ》と四度も名前を変え（本稿では便宜上、義明に統一）、花押《かおう》も五種類確認できる。これだけをみても、まさに義明が波乱万丈の人生を歩んだことがわかるであろう。

前任の尊倣が明応二年（一四九三）には死去していることとみると、義明は十歳に満たないうちに雪下殿に就任したといえよう。彼は、貴種たる者の宿命とはいえ、幼少のころにその道が決定づけられたのであった。なお、この時期における雪下殿の御座所は武蔵高柳《たかやなぎ》（埼玉県久喜市）にあったことが指摘されている〔佐藤一九八九A〕ので、代替わりにともなって、義明は同地に移動したらしい。

野心を秘めて

少年期の義明を取り囲む環境は非常に目まぐるしいものだった。誕生の前後に、山内上杉《やまのうちうえすぎ》氏と扇谷《おうぎがやつ》上杉氏との内乱である長享の乱が開始した。先に述べたように、義明はこの間の明応二年（一四九三）に童形の別当として、叔父尊僘の跡を継いだのである。長享の乱が永正二年（一五〇五）に終わると、翌年からは父と兄の争いである公方家の内紛・永正の乱が勃発した。兄高基は父政氏に反発し、下野宇都宮正綱《うつのみやまさつな》のところに動座した〔秋田藩家蔵文書〕。

永正七年六月、政氏・高基父子は三度目の抗争に入る。しかし、ここでの状況は過去二回のものとは異なるものであった。雪下殿義明も武蔵太田庄《おおたのしょう》で挙兵したのである。その様子は関東管領《かんとうかんれい》山内上杉顕定《あきさだ》に「御造意連続《ごぞういれんぞく》」「雪下殿御企《おんくわだてまぎ》紛れ無《な》く候《そうろう》」〔新集古案〕と批判されている。関宿《せきやど》（千葉県野田市）に動座した兄高基に与したといえ、積極的に軍事行動を展開したといえる。従来の研究では、このときすでに得度《とくど》（出家）して、空然と名乗っていたとされたが、近年、愛松王から空然に変わったのは永正十二年だと指摘されている。これは古河公方家のたび重なる内乱のため、得度できる状況になかったことともに、義明本人の野心が仏道に入ることを躊躇《ためら》わせたことが背景だという〔小池二〇一二〕。つまり、このときはまだ公方御連枝《ごれんし》の俗人として、政治的求心力もあったようだ。彼が「南之上様《みなみのうえさま》」と読まれたのもそういった経緯だったのだろう。南とは古河の南、すなわち高柳のことと思われる。

永正九年（一五一二）七月、政氏は古河から小山祇園城《おやまぎおん》（またはその周辺か）に移座した。これと入れ替わるように高基が古河（茨城県古河市）に入ったので、内乱の主導権は完全に高基が握っていたのだろう。こうなると、高基にとって協力相手である義明も目障りになった可能性もある。

この段階から義明は高基を見限り、空然も小山に移座したらしい。兄高基と袂を分かち、父政氏との連携を模索しはじめたのであろう。ただ、父政氏と同所にいたわけではない。義明がいたのは「近年宇都宮持ち候小山領」であった。これがどこかは明確にはわからないが、小山領内で、しかも宇都宮との係争地になっていることから考えると、国府のあったあたりと想定できようか〔長塚二〇一二〕。政氏・義明は、北関東で勢力を拡大してから古河奪還を企図していたのであろう。永正十一年には高基は下総の千葉勝胤《ちばかつたね》に、政氏が古河に侵攻してきたら参陣するように要請している〔喜連川家文書案〕。政氏が古河を逐われた後も十分な力をもっていた証左となろう。ただ、各勢力が公方家の内乱に加担することは、長い目で見て彼らの勢力伸長に有効か否かで判断されたであろうから、必ずしもかつてのように、公方の公権力を振りかざしての命令はできなかった。

結局、永正十三年、小山政長《まさなが》が立場を高基方に替えると、政氏は小山を離れ、常陸を経て武蔵岩付《いわつき》（さいたま市岩槻区）に動座した。扇谷上杉氏の後援を期待してのことであろう。この間、義明も高柳に戻ったのであろう。

永正十五年に扇谷上杉朝良《ともよし》が死去すると、政氏が久喜《くき》（埼玉県久喜市）に隠遁した。その後は文字通り政治的影響力も消滅したのである。この後、高基との関係も改善するが、それそのものが政氏の無力

『成田名所図会』に描かれた小弓公方足利義明

化を物語っていよう。

東国の覇者を目指し、小弓公方となる

政氏の隠遁とほぼ同時期と思われる永正十五年（一五一八）七月には、義明は、真里谷《まりやつ》武田《たけだ》氏らに擁立されるかたちで下総国小弓《おゆみ》城（千葉県中央区）に入城した〔千学集抜粋〕。ここは千葉氏の家宰《かさい》、原《はら》氏の居城であったが、前年十月に真里谷武田氏と伊勢《いせ》氏が小弓を攻撃し、同城を奪取していた〔快元僧都記〕。義明の当面の政治的目標は兄高基の滅亡にあったと思われるから、江戸湾にも近く、かつ北上すれば古河・関宿両城を攻撃し得る小弓の地に動座を決めたのであろう。一方、これまで最大の庇護者といえる上杉朝良の死により、高柳周辺における勢力を維持できないという事情もあったとされる。

これ以前に名をさらに改め、義明としていた。還俗《げんぞく》し、かつ「義」を冠する名乗りには、東国の覇者たらんとする自身の宿願が込められているかのようだ。人々は義明を「大弓様」と呼んだ。「小弓公方」の創設である。なお、義明は政氏の勢力基盤を引き継いだので、小弓入部に実際に協力したらしき真里谷武田氏・伊勢氏のほか、土気酒井《とけさかい》氏・安房里見《さとみ》氏・扇谷上杉氏らを与党とした。ただ、千葉氏・小山氏・小田《おだ》氏など、高基に従う武家も多く存在したので、それらと戦いながら勢力の安定化を図り、かつ先に述べた北上を実現していくことが必要だった。

高基は義明に対して、早くも翌永正十六年七月、大規模な攻撃を仕掛けた。高基方の山内上杉氏が武蔵に進軍したのである〔新編会津国風土記巻七〕。武蔵には義明のいた高柳があり、小弓方の扇谷上杉氏がいたので、これらを攻撃する目的があったようだ。他方、高基は上総を攻撃した形跡がある。これも武蔵と同様、上総国の小弓方を攻撃し、その勢力を削減しようとする意志があっただろう。さらに同年八月十九日には、高基は小山・小田・千葉などを動員して上総椎津《しいづ》城（千葉県市原市）を攻撃した〔喜連川文書案三〕。椎津城はまさに上総の玄関口ともいうべき地点で、高基はここを押さえることで、義明と房総の武家との繋がりを断ち、同派の弱体化を企図したものであろう。

しかし、千葉氏麾下の臼井胤慶《うすいたねよし》が義明方に寝返ったので、高基は千葉軍に守護されながら退却を余儀なくされた〔渡辺忠胤文書〕。実は前年、義明の弟で常陸を中心に活動していた足利基頼《もとより》が、千葉氏の家臣である井田《いだ》氏に対して、千葉氏が小弓方となるよう説得している〔井田文書〕ので、義明方が水面下で敵方勢力に引き抜きをかけていたのであろう。千葉氏自体はなびかなかったが、臼井氏はこれに応じたとみられる。

これを機に小弓方は勢いを増し、攻撃に転じる。大永元年（一五二一）三月には下総国小金《こがね》領名都狩《なづかり》

〔千葉県松戸市〕で合戦があったらしく、ここを治める原氏の被官とみられる安蒜《あびる》氏が死去している〔本土寺過去帳〕。これはおそらく小弓方と古河方の千葉氏・原氏との合戦であろう。小金は、小弓から古河・関宿に向かう途上に位置しているから、小弓方は古河攻めの橋頭保《きょうとうほ》として小金の確保を狙ったものとみられる。さらに義明は同年と思われる安房里見氏宛てとみられる文書にて、里見氏が「敵城」〔千葉氏の佐倉《さくら》城〈同佐倉市・酒々井町〉か〕近辺を攻撃し、臼井領蕨に帰陣したことを賞賛し、関宿城攻撃の準備を進めるよう命じている〔喜連川家文書案三〕。

しかしその後、小弓方の臼井・布佐豊島《ふさとしま》氏らが小金で原氏と合戦し、その後、原氏が敵を市川《いちかわ》〔千葉県市川市〕まで追撃する事態が起きているから、容易に小金領の攻略が進んでいないことがわかる。そのため、この段階で古河・関宿方面への攻撃が行われた形跡はない。しかし、小金領の主であり、千葉氏家宰の原氏としても小弓を義明に占領され、弱体化しているところに義明方の猛攻を受けているわけで、かなり動揺があったのだろう。大永三年には、原氏が自分の家臣を何人か誅殺している様子がみえる〔本土寺過去帳〕。小弓方からの攻撃などで、内部に離反の動きが起きてきたのを何とか食い止めようとした原氏の動きであろう。あるいは、小弓方からの勧誘があったことも十分に予想できる。

そして大永七年には、高基が宿老である簗田《やなだ》氏の被官・鮎川《あゆかわ》氏に対して小金の名都狩要害の攻撃を褒賞している〔鮎川文書〕ので、少なくともこの時点では、名都狩あるいは小金領は小弓方の手に渡っていたと思われる。そうなると小弓方が合戦によってこの地を占領したか、原氏が小弓方となったかのいずれかであろう。また、これにともなって千葉氏も小弓方となったとする説もある〔黒田二〇二〇〕。文書のなかには高基が下総への出馬をしたことや、義明が関宿城攻撃を進めていること、扇谷上杉氏は小弓方の北条氏を攻撃したこと〔喜連川家文書案、秋田重季氏所蔵文書〕が伝えられている。小金原氏自体が小弓方になったことで、関宿が義明の攻撃射程圏内に入りつつあり、このため高基も出陣した激しい攻防戦が展開されるようになったようだ。

支持基盤の動揺

享録二年（一五二九）から四年にかけては、高基と嫡男晴氏《はるうじ》との抗争である享録の内乱が展開された。敵方の内紛なのだから、小弓方にとってみれば千載一遇の機会到来である。しかし、この間義明の表立った行動は確認できない。なぜであろうか。

限られた史料をみる限りであるが、義明を支える北条氏《ほうじょう》（大永三年〈一五二三〉に伊勢から改名）・扇谷上杉氏・真里谷武田氏・土気酒井氏らの動揺によるものではなかろうか。

とくに、そのなかでも扇谷上杉朝興《ともおき》は家格も政治的影響力も随一であったが、同じく小弓方であった北条氏綱《うじつな》との抗争が、大永四年正月に始まったのである。そもそも、両氏はすでにお互いの父、伊勢宗《そう》瑞《ずい》と上杉朝良の頃から抗争を展開していたが、伊勢氏が房総戦略で真里谷武田氏と提携したことを機会に小弓方になったため、停戦状態になっていた。しかし、相模の支配を目指す北条氏綱としては、扇谷上杉氏の攻撃は必然のことであった。

これに対して、朝興は古河方であった山内上杉憲房《のりふさ》、さらに甲斐の武田信虎《たけだのぶとら》との連携を模索した。これらの抗争は享録年間も続くので、扇谷上杉氏は高基と義明の抗争に注力する余裕はなかったのであろう。北条氏は扇谷上杉氏だけではなく、山内上杉氏の勢力圏にも攻撃を仕掛けている一方、高基とも義明とも一定の友好性を保持していた。つまり、戦国期の地域権力＝国衆《くにしゅう》においては領国の拡大とその平和維持が存立基盤だったのであり、公方権力の行く末が自勢力の絶対的な行動条件でなかったことを如実に示している。

なお、両上杉氏は大永五年に真里谷武田氏に、北条氏との断交をさせた〔上杉家文書〕。この結果、扇谷上杉氏や真里谷武田氏らの盟主であった義明と北条氏も対立関係となった。実際に扇谷氏らは江戸や岩付を攻撃していた〔妙国寺文書、秋田重季氏所蔵文書〕。享録の乱の際には、晴氏による高基が拠る古河城への攻撃があったものの、義明と連携した形跡がまったくないのは、義明の軍事力を担う勢力が古河・関宿攻撃に向かうことが不可能だったことも関係していよう。義明が扇谷上杉・真里谷武田・安房里見氏らに擁立された公方であった以上、彼らの敵となった北条氏との争いにかかわらざるをえないのである。そしてこれは、義明が逸見祥山《へんみしょうざん》らの近臣を持ちながらも、依然としてその主力は真里谷・里見氏らであったことを表している。

ところが、その房総の両氏にも不安定な状況が出来した。まず天文二年（一五三三）七月には、安房里見義豊《よしとよ》が叔父の実堯《さねたか》を殺害したが、翌年四月には、実堯の子である義堯《よしたか》の攻撃を受け、敗死するといった事件が起きた〔快元僧都記〕。なお、義堯は合戦に際して、この時点では義明と敵対している北条氏の軍事支援を受けている。

また、真里谷武田氏内部でも里見氏の内乱に関連して混乱が生じていたが、天文四年十一月には真里谷武田如鑑《じょかん》が死去したことにともない、内乱が本格化した。当主となった信隆《のぶたか》は、義明の援助を得て椎津城を攻撃している。さらに天文六年には真里谷領内佐貫《さぬき》（千葉県富津市）でも内乱が起き、これに対しては里見・北条両氏は当主信隆に協力していた。反乱を起こした佐貫武田信秋《のぶあき》は義明を頼り、信隆は合戦のうえに没落した〔快元僧都記〕。

一方、古河方から小弓方に転向した原氏は、天文三年十一月には義明から離反し、再び古河方になった〔井田文書〕。また、武田の混乱に乗じたのか、天文四年二月には小弓で千葉・原軍と義明軍が合戦しており、当主原基胤《もとたね》が死去している〔本土寺過去帳〕。千葉氏らは小弓城の奪還をはかったものと思われるが、義明がこれを撃退したのであった。

こうして小弓方を支える房総の両勢力は内乱により動揺がみられたが、義明がこれを克服したことで里見氏や北条氏も再び小弓方に従うようになった。

足利義明夫妻の墓　千葉県市原市

運命の国府台

こういった状況を受けてであろうか、義明が天文六年（一五三七）とみられる時期に関宿の攻撃に取り掛かっている。すなわち、再び小弓方小金を支配下に置き、関宿への道を確保したのであろう。再び原氏が小弓方に付いていた可能性もある。すでに古河公方は高基から晴氏《はるうじ》になっていた。同年と見られる七月の文書で、晴氏は義明が「膝下」に迫ってきたと述べているので〔小山文書〕、小弓方が古河近辺まで攻め寄せていたのであろう。しかし、このとき、古河を占領したという記録はない。あるいは、関宿・古河攻撃の継続を難しくする事態が起きたのかもしれない。たとえば、この年と思われる十二月、井田《いだ》氏が古河方の千葉昌胤《まさたね》に帰属していることがみえるから〔井田文書〕、義明が小弓を離れたなかで、近隣での離反があったのであろうか。

翌天文七年二月、義明は下総国府台《こうのだい》（千葉県市川市）に出陣した〔快元僧都記など〕。実際には相模台《さがみだい》という地だったらしいが、北条氏に攻撃される葛西大石氏《かさいおおいし》への救援と伝えられる〔小弓御所様御討死軍物語〕。これを受けて義明と北条氏は、またしても敵対関係になったと考えられる。同年九月、一度戻ったものの、義明は再び国府台へ着陣した。このときの義明軍は義明のほかに嫡男義淳《よしあつ》、弟基頼《もとより》、里見氏・椎津氏・村上《むらかみ》氏・堀江《ほりえ》氏・鹿島《かしま》氏・逸見氏らであった〔快元僧都記〕。これも北条との戦いを想定してのことであろう。北条氏は、これに呼応するかのように十月六日に江戸城〔東京都千代田区〕を出た。北条氏は、晴氏から義明討伐の命令を受けていたという〔大庭文書〕。そして翌七日、両軍は遭遇のうえ、合戦となった。四時間ほどの合戦であったが、義明は武運拙く、相模三浦城代の横田神助《よこたじんすけ》に射落とされ、松田弥次郎《まつだやじろう》なるものに首級を上げられた〔快元僧都記〕。同時に義淳・基頼も討ち死にし、小弓公方家は一日にして壊滅したのである。

小弓公方を継ぐもの

最後に先行研究〔佐藤二〇一三〕をもとに、義明の子息たちをみておこう。

まず嫡男については、義淳〔純〕があげられる。幼名は龍王丸《たつおうまる》といわれ、前述のとおり国府台合戦で戦死した。また、「御末子御曹司」〔快元僧都記〕と言われたのは安房里見氏のもとに身を寄せた、頼淳《よりあつ》であろう。幼名については国王丸《くにおうまる》または千寿丸《せんじゅまる》といったとされる。安房石堂寺《いしどうじ》や小田喜《おたき》を拠点にして活動した。また、僧籍に入ったものとして鎌倉禅興寺《ぜんこうじ》の宗虎《しゅうこ》〔大虫岑和尚語集〕、また国府台合戦後に常陸月山寺《がっさんじ》に入った某二名が確認される〔変易名言〕。女子としては、東慶寺《とうけいじ》の住職となったとされる瓊山《けいざん》〔旭山〕和尚《おしょう》、里見義弘《よしひろ》に嫁し、義頼《よしより》を生んだ「姫君様」〔延命寺文書〕があげられる。

なお、頼淳の子息―国朝《くにとも》・頼氏《よりうじ》が喜連川《きつれがわ》家を創出し、近代までその命脈を保っている。（石橋一展）

【主要参考文献】

黒田基樹「古河・小弓両公方家と千葉氏」（同『戦国期関東動乱と大名・国衆』戎光祥出版、二〇二〇年、初出二〇一一年）
小池勝也「雪下殿空然の経歴と社家奉行人の活動」（黒田基樹編著『足利成氏・政氏』戎光祥出版、二〇二二年）
佐藤博信「雪下殿御座所考―古河公方の政治基盤をめぐって―」（同『中世東国の支配構造』思文閣出版、一九八九年、初出一九八七年）＝佐藤一九八九A
佐藤博信「雪下殿に関する考察―小弓公方研究の視点を含めて―」（同『古河公方足利氏の研究』校倉書房、一九八九年、初出一九八八年）＝佐藤一九八九B
佐藤博信「小弓公方足利氏の成立と展開―特に房総諸領主との関係を中心に―」（同『中世東国政治史論』塙書房、二〇〇六年、初出一九九二年）
佐藤博信「戦国期の関東足利氏に関する考察―特に小弓・喜連川氏を中心として―」（同『中世東国の権力と構造』校倉書房、二〇一三年、初出二〇〇九年）
長塚孝「戦国期関東における府中の一様態」（佐藤博信編著『関東足利氏と東国社会』岩田書院、二〇一二年）
簗瀬裕一「小弓公方足利義明の御座所と生実・浜野の中世城郭」（『千葉城郭研究』第六号、二〇〇〇年）

武田信長
――上総に乗り込み「悪八郎」の名を轟かせた猛将

「悪八郎」信長の活躍――壮年期の豪胆ぶり

武田《たけだ》氏といえば、甲斐国（現山梨県）の武田信玄《しんげん》がよく知られている。武田信玄が生まれる一〇〇年ほど前、甲斐武田氏は危機的な状況にあった。

応永二十四年（一四一七）、関東では上杉禅秀《うえすぎぜんしゅう》の乱が勃発していた。当時の甲斐武田氏当主は信満《のぶみつ》であったが、信満はその内乱のなかで鎌倉公方足利持氏《かまくらくぼうあしかがもちうじ》の追討を受け、自害に追い込まれてしまうのである。まさにこのとき武田氏は存亡の危機に瀕していた。そして、信満の次男こそが武田信長《のぶなが》であった。

信長には兄の信重《のぶしげ》、叔父の信元《のぶもと》という親類がいたが、彼らはこの状況を不利とみて高野山《こうやさん》（和歌山県高野町）に逃れていった。極めて冷静な判断であるといえよう。しかし、信長も当然、同道するものと思いきや、彼は一人甲斐国に残ったのである。当時の甲斐国では先の追討をうけて鎌倉府《かまくらふ》の影響力が強まっており、後ろ盾を得た逸見《へみ》氏が勢力を拡大していた。信長はその難局を承知のうえで、甲斐国に残ったのであった。

そして、信長は約九年間にわたり、甲斐国で抗争を展開しつづけた。この期間には室町幕府《むろまちばくふ》の承認をうけ、甲斐守護として叔父信元が復帰したもののまもなく死去したことから、信長は自身の嫡子伊豆千代丸《いずちよまる》を後継として甲斐守護とすべく抗争を展開したのであった。しかし、信長の行動は承認をうけられず、室町幕府は京都に逃れた兄信重を次の甲斐守護とした。鎌倉府は逸見氏を支援していたから、信長は室町幕府・鎌倉府いずれとも敵対することとなった。大局に取り残されながら、孤軍奮闘した不器用ながら魅力のある人物であったのだろう。信長は「悪八郎《あくはちろう》」と通称されるが、まさにその名に違わぬ勇猛さで名を轟かせたのである。しかし、応永三十三年、信長はついに鎌倉府方の軍勢により降伏に追い込まれることとなった。信長の生涯は、ここで終わるかにみえた。

しかし、長期間にわたる抗争の末に降伏した信長を待っていたのは、思わぬ厚遇であった。甲斐守護としての立場こそ認められなかったようであるが、鎌倉公方足利持氏は信長を他の重臣たちと同列に扱ったのであった〔相州文書〕。さらに、その子伊豆千代丸は甲斐国の所領を安堵されたとみられる。当時の足利持氏は、上杉禅秀に加担した面々への弾圧を加えており、次第に幕府との関係を悪化させつつあった。持氏にとって、室町幕府に対抗するうえで信長の能力は評価に値したのかもしれない。

しかし、永享五年（一四三三）三月、信長は突如として鎌倉から逐電《ちくでん》、甲斐に帰国してしまったのである。当時の甲斐国では守護代跡部《あとべ》氏が勢力を増し、主導権争いが生じていたようであるから、嫡子伊豆千代丸支援のために帰国したのであろう。ただ、信長はこの跡部氏との争いに敗れてしまい、駿河国へ逃れることとなった。

信長の勝手な動きに対し、持氏は幕府に信長追討の承認を求めた。ただ、幕府は守護今川《いまがわ》氏の家督問題に介入されることを恐れ、認めなかったとみられる。追討は免れたものの、復帰を果たせなかった信長は京都にいる兄信重のもとに赴いたとされている。信長は牢人的な立場に身を落としたのであった。

再びの関東下向、足利成氏との出会い

永享十年（一四三八）八月、幕府は鎌倉公方足利持氏追討のため軍勢を関東に向かわせた。軍勢のなかには、兄信重の姿があった。信重は甲斐に入国し、甲斐守護として復帰した。しかし、この軍勢のなかに信長の姿はなかった。信長は持氏の死後、永享十二年四月に勃発した結城《ゆうき》合戦にともない、関東に向かう軍勢に加わったのであった〔古時覚書之写〕。兄信重とともに帰国しなかったのは、甲斐国で幕府・鎌倉府いずれの勢力とも抗争を展開した信長が帰国することで、事態が複雑化することを避けるためであろうか。詳細は明らかではないものの、結局は関東に所縁を有する信長を幕府側が放っておかなかったのかもしれない。

信長は結城合戦で敵の首一つを取る戦功をあげると、文安五年（一四四八）まで駐留した幕府軍の一員として活動した。その活躍を称され、信長は相模国曽比《そび》・千津嶋《せんづしま》を与えられたのであった。これらの土地は、信長の祖父武田信春《のぶはる》（信有《のぶあり》）が鎌倉府に出仕した際の「中宿」として与えられていた由緒のある場所であった。兄信重の復帰により甲斐国で実権を失った信長は、相模国で新たな土地を得たのであっ

結城合戦絵詞　国立国会図書館蔵

た。

そして、文安四年八月二十七日、信長の人生をさらに変える人物が鎌倉に帰還した。永享の乱で死去した持氏の遺児万寿王《まんじゅおう》丸《まる》である。彼は宝徳元年（一四四九）には元服して成氏《しげうじ》と名乗り、鎌倉府が再建されることとなった。これを機に、かつて公方持氏との関係が深かった者たちは復権の機会を得ることとなった。

信長は、この成氏帰還に際して「最前に馳参、代々関東奉公の儀を申遣ければ、御感ありて近習にてありけり（一番最初に参上し、代々関東で奉公してきたことを申し上げたので、（成氏は）感心されて近習とした）」（鎌倉大草紙）とある通り、いち早くその配下となったのであった。信長は成氏の父持氏から一目置かれる存在であったとみられるから、その評価を踏まえてのものであろうか。信長自身もここで馳せ参じていることからすれば、鎌倉府に仕えていた頃も成氏近臣たちとの関係自体はけっして悪くなかったのであろう。そして、成氏の腹心たちは永享の乱、結城合戦で数多く死去しており、世代交代が進んでいたから、父持氏を知り、経験豊かな信長は貴重な存在であった（信長は明徳元年〈一三九〇〉頃の生まれとされ、当時六十歳前後であったと見られる〔黒田二〇一二〕）。信長はこの後、成氏から相模国曽比郷・千津島村に加え、さらに下野瓦田郷《かわらだのごう》・上総造細郷などを所領として与えられている〔士林証文〕。

足利成氏の宿老となる

　成氏方の家臣たちは、永享の乱後に幕府と結びついて勢力を伸長した上杉方と次第に関係を悪化させていった。永享の乱は関東に大きな分断を生みだしていた。その結果、宝徳二年（一四五〇）四月二十日に江の島合戦が起きた。成氏は鎌倉を出て江の島（神奈川県藤沢市）に入り、翌二十一日に上杉方の長尾《ながお》・太田《おおた》氏の軍勢と合戦となったのである。この合戦に勝利したのは成氏方であった。

　成氏はこれが幕府への敵対行為ではないと示して終結を図るため、同年五月十二日に室町幕府管領の畠山持国《はたけやまもちくに》に書状を送っている。この畠山持国との交渉に携わった人物こそ信長であった。京都への滞在経験もあった信長は、京都との交渉面でも成氏に頼りにされていたのであった。信長は成氏とともに前管領上杉憲実《のりざね》を復帰させ、あくまで責任は長尾・太田にあるとして彼らの「隠遁」を求めている。結局、信長の交渉も功を奏したか、長尾・太田を含め、この江の島合戦に関しては幕府からお咎めなしとして終結をみたのであった。

　しかし、内部対立に歯止めはかかるはずもなく、享徳三年（一四五四）十二月二十七日、成氏は関東《かんとう》管領《かんれい》上杉憲忠《のりただ》を鎌倉西御門の自邸に招いて誅殺するに至る。なお、このときの様子は「鎌倉大草紙《かまくらおおぞうし》」によれば、「結城中務大輔成朝《ゆうきなかつかさだゆうしげとも》、武田右馬助《うまのすけ》信長、里見民部少輔義実《さとみみんぶのしょうよしざね》、印東式部少輔《いんどうしきぶのしょう》等三百騎」により行われたとされる。信長の名前は、結城成朝に続いて二番目に名があがっている。まさにこの事件に成氏近臣として直接関わっていたのであった。この殺害事件こそが、その後長く続く享徳の乱の始まりとなった。

翌享徳四年（康正元、一四五五）正月、この事件への報復を図るため、上野・相模の二方面から上杉軍が進軍した。まさに先の江の島合戦で対立した長尾景仲《かげなか》は上野、太田道真《どうしん》は相模から進軍していた。成氏軍は二方面から攻撃を受けるに至ったため、軍を二手に分けて対応する必要が生じた。そこで、別軍を率いたのが信長と一色直清《いっしきなおきよ》であった。この二人が大将となり、相模方面を進んだ上杉軍を迎撃したのである。両軍は相模島河原《しまがわら》（神奈川県平塚市）で激突、「上杉方には鎌倉勢小勢にてかくよせきたるべしとはおもひもよらず油断してありける所へ不意に攻来ければ（上杉方は鎌倉勢（成氏方）を少人数であるから攻撃に出るとは思っておらず、油断していたところ不意に攻撃された）」（鎌倉大草紙）とある通り、上杉軍の不意を突くかたちで勝利をおさめている。信長の戦上手ぶりは決して衰えてはいなかったのである。

一方、上野方面の軍勢に対応した成氏本軍は武蔵府中に陣取っていたが、同月二十一・二十二日に別軍は本軍と合流した。そして、今度は武蔵分倍河原《ぶばいがわら》合戦に参戦し、こちらでも上杉軍を破り、扇谷上《おうぎがやつ》杉顕房《あきふさ》を自害に追い込むなど、大勝利をあげている。享徳の乱の序盤は成氏方の優勢で推移したが、そこには信長も大きく貢献していたのであった。

ただ、この後、成氏方は再び窮地に立たされることとなる。合戦に敗れた上杉方は室町幕府を頼り、幕府は上杉方の支援を決定したのであった。同年二月二十日、後花園《ごはなぞの》天皇から成氏追討の「天子御旗《てんしのみはた》」を獲得すると、三月二十八日には上杉房顕《ふさあき》を新たな山内上杉氏当主・関東管領職として、「御旗」とともに関東に下向させたのであった。

合戦に勝利した成氏であったが、幕府方の動きもあり、以後は古河《こが》（茨城県古河市）に拠点を移していくこととなった。先の勝利により防衛した鎌倉は、同年六月十六日に幕府の支援を受けた扇谷上杉氏の軍勢により占領された。成氏はこのような事情から鎌倉復帰を断念し、防衛ラインを利根川以東へと後退させたのであった。それは、成氏方が主に利根川以東に勢力を持つ諸将で構成されていたからであった。

ところが、さらに成氏方を追い込む出来事が続く。同年八月、下総国を支配する千葉《ちば》氏の家中で内乱が勃発したのであった。千葉氏は成氏方の立場を取っていたが、幕府の対応をみて上杉方へと立場を変えた。ただ、家中は分裂し、庶流の馬加康胤《まくわりやすたね》を中心とした成氏方と抗争を繰り広げることになったのである。古河城の成氏は、千葉氏の内乱の結果によっては、南方から上杉方に切り崩される可能性が生じたのであった。

そして、同時期の七月末には下野の宇都宮等綱《うつのみやともつな》も上杉方に転じていた〔武家事紀三十四〕。先の永享の乱の結果を踏まえれば幕府の力は大きく、このような選択を取る氏族が出るのは当然であった。まさに成氏方にとっては、正念場を迎えたといえるであろう。千葉・宇都宮氏の内乱によっては一気に形成が傾き、崩壊を迎える可能性は十分にあったのである。

信長、上総へ入部する

千葉氏の内乱は上杉方の本宗家千葉胤直《たねなお》・賢胤父子と成氏方の庶家馬加康胤が争ったが、成氏方の馬加康胤が勝利した。しかし、敗北した賢胤の遺児実胤《さねたね》・自胤《これたね》は下総市川《いちかわ》城（千葉県市川市）に逃れ、同城を拠点として依然復帰の機会をうかがっていた。武蔵国まで進出しつつあった上杉方を引き込んで下総復帰をもくろんでいたのである。同年十一月には早速、幕府から派遣された東常縁《とうつねより》が上杉方として「東方」（香取郡）にまで進出した。

このような動きに対し、成氏方も上杉方を牽制すべく武蔵国への軍事行動を行った。ただ、北関東情勢も気にしていた成氏は、古河を離れるわけにはいかなかった。そこで、再び代理として大役を任されたのが信長であった。このとき、信長には成氏から「軍旗」が与えられたとされ〔応仁武鑑〕、その役割の重要さがうかがえる。この期待に応え、信長率いる成氏軍は、同年十二月に武蔵騎西《きさい》城（埼玉県加須市）を攻撃、攻略を果たしたのであった。

さらに康正二年（一四五六）正月十九日には、市川城を攻撃して同城を攻略し、千葉実胤・自胤を下総から追い出したのであった。しかし、これに対して扇谷上杉氏が下総・上総へ侵攻し、十一月一日にはなんと上総八幡《やわた》（千葉県市原市）で馬加康胤を戦死させてしまうのである。千葉氏の家督は康胤の子輔胤《すけたね》が継承したが、下総千葉氏をめぐって上杉方と成氏方で激しい抗争が展開されたことがわかるであろう。

百首城跡　千葉県富津市　写真提供：富津市生涯学習課

ただ、南関東での抗争は成氏自ら侵攻することが難しかった。これは先に述べたように成氏方は宇都宮氏をめぐる争いも抱えており、北関東での抗争に注力していたから、遠方である上総・下総に自ら侵攻することは難しかったということだろう。そこで、成氏は信頼する武田信長を含めた腹心たちを下総国の南方に位置する上総国・安房国に派遣したのであった。上総・安房を上杉方が押さえれば、当然下総も脅かされることが予想されたからである。江戸湾（現東京湾）を挟んだ房総半島には、上杉方も東常縁などの援軍を派遣していたから、次第に代理戦争のようなかたちを取るようになる。

信長は上総に入部した。その様子については『鎌倉大草紙』の記述からうかがえる。「上総国へは武田入道（信長）打入て、庁南（長南）の城、まりか谷（真里谷）の城両所を取立、父子是に楯籠て国中を押領す（上総国に武田信長が進攻して長南城、真里谷城の両所を構築して信長父子はこれに立て籠って（上総）国中を自らの領地とした）」とある。これにより、まさに入部当初から長南《ちょうなん》城・真里谷《まりやつ》城を取り立て、同地を本拠地として存在したものと考えられてきたのであった。

だが、近年このことについて新たな説が提示された。それは、信長は百首《ひゃくしゅ》城（千葉県富津市）にまず入部して同地を本拠地としたというものである〔黒田二〇一二〕。後年、百首城の鎮守にあたる三柱《みはしら》神社（三所大明神）の修造に「大檀那《おおだんな》武田《たけだ》八郎氏信《はちろううじのぶ》」という人物がみえ、この人物こそ信長の嫡流を継ぐ存在であるとされたのである。信長の仮名八郎を継ぎ、さらに「氏」の字は密接な関係にあった古河公方足利成氏からの偏諱《へんき》であるとすれば、十分にありうる話である。さらに成氏から与えられた「上総国造細郷」が造海《つくろみ》（百首）郷であるとすれば、さらに説得力が増すのである。それゆえ、現状では信長は百首城に入部したと考えられている。

では、なぜ甲斐国出身の信長に上総入部の白羽の矢が立ったのかといえば、それには信長と同地との所縁が存在していたからである。その事情を間接的に知る手立てとして、南北朝期以前から上総に存在していた武田氏の存在があげられる。建武二年（一三三五）以前に上総国姉崎社《あねさきしゃ》領を与えられていた「武田孫五郎長高《まごごろうながたか》」、観応二年（一三五一）に市原《いちはら》八幡宮（千葉県市原市）の近隣領主として活動している「武田七郎三郎資嗣《しちろうさぶろうすけつぐ》」なる人物である〔尊経閣文書〕。信長死去後に武田氏の惣領となった人物は、

「清嗣《きよつぐ》」・「信嗣《のぶつぐ》」であり、「嗣」の字を通字としていることから、この系譜的関係を利用して信長は入部したのだと考えられる。同時期には南北朝期に上総守護を務めていた佐々木氏も入部しており〔千野原一九九一〕、同族であることは支配力と密接に関連していたことがうかがわれよう。そもそも信長が成氏から造海郷を与えられたことも、同地との所縁があったゆえだとみることもできよう。信長は、同族たちの協力を得て房総半島を成氏方優位に持ち込むという役割が期待されていたのである。

戦線の膠着と信長の死

長禄元年(一四五七)、上杉方と成氏方の戦線は膠着状態となった。房総半島で信長らは、上総・安房の勢力確立に成功したのであり、成氏方は難局を乗り切ったのである。このような情勢をみて、幕府は新たな鎌倉公方として将軍義政《よしまさ》の庶兄政知《まさとも》を関東へ下向させ、さらなるテコ入れを図るも、上杉方は五十子《いかっこ》陣(埼玉県本庄市)から前線を進めることができず、膠着状態を打ち破れなかった。情勢は長期戦の様相を呈していた。まさに信長の上総入部は他の諸氏入部とあわせて大きな効果を生んだのである。

これに痺れを切らしたのが室町幕府将軍義政であった。義政は、長禄四年(一四六〇)十月二十一日に関東・奥羽の武家に関東進軍を命じる御内書《ごないしょ》を大量に発給した。これは、成氏方の有力者にも送付されており、信長のもとにも届けられている。内容は、「早速馳参御方、可励忠節(早く政知の下へ馳せ参じ、忠節に励め)」と成氏方からの離反を求めるものであった。信長は成氏方の重要人物であると見られていた。これは、先に管領畠山持国と交渉していることにもみえたが、まさに成氏方の重鎮であったのである。

信長は当然ながら、この誘いには乗らなかった。それまで信頼できる上位者に恵まれなかった信長は、自身を評価し遇した成氏との強い信頼関係にあったのである。信長はその後まもなく死去した。寛正三年（一四六二）には次期惣領とみられる「清嗣」が確認されている〔菅生庄飯富宮梵鐘銘〕から、その間の死去とされている〔黒田二〇一一〕。信長の子孫は上総国で勢力を拡大し、真里谷城を拠点とした一族が大きく発展を遂げることとなった。

信長の人生はまさに波乱万丈な生涯であった。「人間五十年」といわれた当時、その間にほぼすべてを失った信長は、その後の人生でやっと信頼できる人物に会い、新天地で結果を残したのであった。かつて「悪八郎」と通称された信長がこのような晩年を送るとは、自身も想像していなかったであろう。

（細田大樹）

【主要参考文献】
久保健一郎『享徳の乱と戦国時代』（吉川弘文館、二〇二〇年）
黒田基樹「武田信長論」（同編著『武田信長』戎光祥出版、二〇一一年）
黒田基樹「初期の上総武田氏をめぐって」（同『戦国期関東動乱と大名・国衆』戎光祥出版、二〇二〇年。初出二〇一二年）
黒田基樹『図説 享徳の乱』（戎光祥出版、二〇二一年）

佐藤博信「房総の戦乱と古河公方の支配」（『千葉県の歴史通史編中世』、千葉県、二〇〇七年）
千野原靖方「中世後期上総国在地支配の変転―畔蒜庄佐々木氏と伊北庄二階堂氏の動向を中心に―」（中世房総史研究会編『中世房総の権力と社会』高科書店、一九九一年）
簗瀬大輔編『戦国史―上州の一五〇年戦争―』（上毛新聞社、二〇一二年）
山田邦明『享徳の乱と太田道灌』（吉川弘文館、二〇一四年）

武田信清
――真里谷武田氏の全盛を築き、房総の鍵を握る

家督継承と伊勢宗瑞との結びつき

武田信清《たけだのぶきよ》は、どちらかといえば「真里谷恕鑑《まりやつじょかん》」の名で知られている人物である。上総に入部した武田氏は、信清の祖父清嗣《きよつぐ》の代には上総国真里谷城（千葉県木更津市）を本拠地としていたことから、真里谷武田氏と呼称される一族となり、上総武田氏の惣領《そうりょう》家となっていた〔鏡心日記〕。

永正七年（一五一〇）、信清は父信嗣《のぶつぐ》の死去により家督を継承した。父信嗣の代までに真里谷武田氏は上総国に一族を配置し、領国を大きく拡大していた。すでに同族を配置していた百首城《ひゃくしゅ》（千葉県富津市）、長南城《ちょうなん》（同長南町）といった城に加え、佐貫城《さぬき》（同富津市）に信秋《のぶあき》（信清弟）、小田喜城《おたき》（同大多喜町）に直信《なおのぶ》（信清弟か）を配置して新たに領国としていた。領国の各所に一族を配置して支配に当たる体制は、「真里谷洞《うつろ》」とも呼称されたのであった。まさに領国の拡大期に、梶取りを任されたのが信清であった。

しかし、信清が置かれた状況はとても安泰といえるものではなかった。この時期、関東情勢はまさに混沌としていたからである。信清の祖父清嗣の頃まで繰り広げられた享徳《きょうとく》の乱は、古河公方足利《こがくぼうあしかが》氏方

と関東管領上杉《かんとうかんれいうえすぎ》氏方の二派に分かれて抗争を展開していたが、この頃は抗争の主体がさらに分散していた。古河公方足利氏方は、父政氏《まさうじ》と子高基《たかもと》が対立と和睦を繰り返していた。上杉方も山内《やまのうち》上杉氏と扇《おうぎ》谷《がやつ》上杉氏が抗争を展開していた。そして、さらにここに、伊豆方面から伊勢宗瑞《いせそうずい》が進出し、状況はますます複雑化していったのである。関東諸氏はこの大局のなかでいずれかの派に属しつつ、自身の支配する領国を拡大しようと腐心していたのであった。信清はこのような情勢のなかで、古河公方家の争いに身を置き、政氏方を表明しつつ、高基方の下総千葉《ちば》氏と抗争を展開していた。真里谷武田氏と千葉氏の抗争は主に、真名《まんな》城（千葉県茂原市）を拠点とする三上《みかみ》佐々木《ささき》氏の支配領域をめぐって行われていた（快元僧都記）。この頃の真里谷武田氏は小田喜城や長南城など上総東部にまで進出していたから、領国の拡大を続ける中で抗争関係となり、一進一退の抗争を展開していたのである。

真里谷城跡の主郭と土塁　千葉県木更津市

　そのような状況のなか、対岸の三浦半島で大きな変化が起きた。永正十三年（一五一六）七月、扇谷上杉氏方の三崎《みさき》城（神奈川県三浦市）主三浦道寸《みうらどうすん》が伊勢宗瑞の攻撃により滅亡したのである。

この頃、扇谷上杉氏は北の山内上杉氏とも抗争を繰り広げていたから、南方に現れた第三極・伊勢宗瑞に対応できなくなっていた。

真里谷武田氏は、父信嗣の代から対岸を押さえる扇谷上杉氏・三浦氏と親交があったとされている。房総と三浦半島は海をはさんで指呼の関係にあったから、三浦氏とも関係を深めていたのであろう。対岸に現れた伊勢氏は、房総にとっても無視できない存在であった。

ここで信清は思い切った決断をする。なんと三浦氏を滅ぼした伊勢宗瑞と結びつき、その軍事力を頼みとしたのである。これは、扇谷上杉氏との関係悪化にもつながりかねない選択であったが、千葉氏との抗争に注力したかった信清は、関東諸氏の中でいち早く伊勢宗瑞と結びつき、争いを優位に展開しようと図ったのであった。そして、同年十一月、伊勢氏の援軍を受けて三上佐々木氏領国へと侵攻する〔仏像伽藍記〕。膠着を打ち破ろうと大胆な策を取ったのである。しかし、結果として千葉氏の攻勢に及ばず、真名城は千葉氏のものとなってしまう。

さらに、同じ時期に真里谷武田氏は西上総の小弓城《おゆみ》（千葉市中央区）をめぐっても千葉氏と抗争を始めていた。まさに房総半島の東西で争いを繰り広げていたのであった。ただ、真名城をめぐる攻防で競り負けたように、真里谷武田氏は千葉氏に対して押されつつあったといえるであろう。信清は千葉氏への対応を課題としていたのである。

小弓公方足利義明迎え入れを実現させる

信清は次なる一手を打ち出す。それは、足利義明《よしあき》の招請であった。足利義明は先に整理した古河公方家の争いの当事者である高基の弟であった。義明は鶴岡八幡宮《つるがおかはちまんぐう》の若宮別当《わかみやべっとう》（雪下殿《ゆきのしたどの》）として宗教界の最高権力者に位置付けられていたが、混沌とする情勢のなかで父政氏に反旗を翻し、下総下河辺庄高柳《しもこうべのしょうたかやなぎ》（埼玉県栗橋市）で自立を遂げた人物であった。

この頃、古河公方家の争いにも変化が起きていた。永正十五年（一五一八）までに子の高基が抗争を優位に進めていたのである。高基は古河城（茨城県古河市）を手にし、父政氏は隠遁を余儀なくされるなど、高基方が優勢となっていたのである。争いが終息へ向かったことで、義明は去就に迷っていたものと想定される。その義明に信清は目を付け、自身の領国に迎え入れようと声をかけたのであった。義明こそ信清の命運を大きく左右する人物であった。

足利義明という味方を得た信清は、周辺勢力の大きな支援を得る。永正十四年十月、里見《さとみ》氏・常陸鹿島《かしま》氏・武蔵菖蒲佐々木《しょうぶささき》氏を味方にしつつ、小弓城・三上城を攻撃したのである。その結果、勢いの付いた真里谷武田軍は両城を攻略し、千葉氏方の城主原《はら》氏・高城《たかぎ》氏を追放する大勝利をあげた。長年にわたり抗争を展開した末に得られなかった両城を、あっという間に手に入れてしまったのである。そして、翌永正十五年七月、信清は手に入れた小弓城に義明を迎え入れたのであった（このため、義明は以後、小弓公方と呼ばれている）。鎌倉の対岸にあった西上総地域は足利氏との結びつきが強く、同地を治める信清にとって、その影響力は非常に大きなものであった〔佐藤二〇〇七〕。

そして、小弓公方の成立はさらなる好循環を生み出した。古河公方家の争いで劣勢にあった政氏は自身の支持者であった扇谷上杉氏に対し、義明方に付くよう伝えたのである〔常陸誌料五一〕。これは、南関東で公方を媒介として扇谷上杉氏―真里谷武田氏という連携が成立したということであり、それ以前に成立していた真里谷武田氏―伊勢宗瑞という関係と並立したということであった。そしてこの結果、翌年には伊勢宗瑞も扇谷上杉氏との和睦を選択する。信清と連携していた両者が抗争を止め、小弓公方の下に属し、いわば「南関東連合」を形成したのであった。信清は一躍、関東情勢を左右する重要人物となった。

揺れ動く関東情勢

当面の目的を達した信清は、今度は戦乱の収束を図った。同時期には信清の弟信秋が治めていた佐貫（千葉県富津市）で「大乱」が起こり〔安国寺仏像銘〕、長南城にいた武田氏の一族とみられる「長南三河守《ちょうなんみかわのかみ》」が高基方に付く〔東京大学史料編纂所所蔵文書〕など、公方間の対立が領国内の不満と結びつき、支配が依然落ち着かなかった。小弓公方義明の擁立によって得た優位な情勢で、一度領国支配の安定を図ったものと想定される。そして、領国内の安定を図るとともに、関東の情勢の安定も図った。

永正十六年（一五一九）七月、信清は高基方にあった山内上杉憲房《のりふさ》へ書状を送った。このなかに「御両家御和之希望之由、被載紙面候（高基と義明の和睦を望むとのこと、手紙の中に記載がありました）」とあるように、山内上杉憲房を通じて高基と義明の和睦を図ったことが知られる〔新編会津風土記七〕。これが成立すれば、結びついて展開しつつあった古河公方足利氏と関東管領上杉氏の内乱が終結することを意味していた。

しかし、山内上杉氏は、「扇谷上杉朝興《ともおき》は伊勢宗瑞と結んでいて信用ができない」と述べ、和睦は拒否されてしまうのであった。これにより、古河公方高基方と小弓公方義明方の対立を軸として、西上総・下総地域で抗争は依然継続することとなる。

大永元年（一五二一）八月、小弓方は小金《こがね》（千葉県松戸市）・市川《いちかわ》（同市川市）といった西下総地域にまで侵攻を遂げている。高基方の千葉氏内部では臼井《うすい》城（同佐倉市）を本拠とする臼井氏が離反するなど、当時は義明方優勢であったといえるだろう。扇谷上杉氏―伊勢氏―真里谷武田氏―房総里見氏といった、いわば小弓公方方の「南関東連合」は安定をみせていたから、公方間の争いも義明方優位に展開されたようである。これは扇谷上杉氏も同様であり、北方の山内上杉憲房との抗争を激化させていった。この対立軸で抗争は推移していくかに見えた。

ただ、この状況下で虎視眈々《こしたんたん》と侵攻の機会をうかがっていた人物がいた。それが相模国の伊勢氏綱《うじつな》であった。永正十六年の伊勢宗瑞死去により、家督を相続していた氏綱がついに動きを見せるのであった。

伊勢氏と扇谷上杉氏の間で揺れる信清

まず大永三年（一五二三）、氏綱は伊勢から「北条《ほうじょう》」に名字を変更した。これは、それ以前から山内上杉氏が北条氏を「他国之逆徒《たこくのぎゃくと》」と非難していたことに対し、関東での支配の正当性を示し、自身が上杉氏に代わりうる存在であることを示す意図があったとされている（黒田二〇一六）。扇谷上杉氏との抗争を展開する直前にあって、北条氏が恐れたのは、「他国之逆徒」という掛け声の下、関東諸氏が一体となって反北条氏を掲げることだったのではないかと推測される。氏綱は高基方・義明方という構図を維持しつつ、自身への批判を避けようと図ったのではないか。

大永四年正月、改姓した北条氏綱は、扇谷上杉氏領国の江戸城（東京都千代田区）を攻略するなど再び侵攻を開始した。そして、ほぼ同時に足利高基に忠誠を誓いつつ（東京大学史料編纂所所蔵文書）。足利義明とも即断交とはせずに両公方の様子を静観したのである。

義明方の中心人物である信清は判断を迫られていた。この抗争の翌年である大永五年に、越後の長尾《ながお》為景《ためかげ》に宛てた書状によれば、信清は「北条新九郎別而申合来候（北条氏綱とはとくに連携してきたところです）」と述べ、北条氏綱とのこれまでの親密さを伝え迷いを見せつつも、「両家数度御意見故、氏綱則相捨候（山内・扇谷上杉氏から何度も御意見があったので、氏綱のことは見捨てました）」と述べている。北条氏綱の侵攻に対し、同時期に山内・扇谷上杉氏間では和睦が成立していた。古河公方足利氏と関東管領上杉氏の内乱が一時休戦となったのである。そして、両上杉氏からはさらに何度も信清に味方するよう「御意見」があったのである。まさに両者は「他国之逆徒」論を唱え、信清の決意を促していたのである。ただ、ここで注意したいのは、この書状が氏綱侵攻の一年後に出されていることだ。信清はすぐに氏綱を見捨てたわけではなかったのである。信清はしばらく判断を迷っていたのである。

この間のことについて、信清をめぐる状況を直接明らかにできる史料は残されていない。ただ、信清の敵方にあたる足利高基の出した書状では、「此時者朝興も北新もいかに存候とも、道哲用ニハ立かたく候（これでは扇谷上杉朝興も北条氏綱もどのように考えていたところで、道哲（足利義明）の役には立たないであろう）」と述べられている。両者が争うことは、小弓公方勢力の弱体化につながる事態であった。つまり、小弓公方義明は対立を継続するにあたり、何としても北条氏は見捨てたくなかったのではなかろうか。高基と同様の思考回路で考えれば、義明は小弓公方の連合をできれば崩したくないと考えるはずである。公方にとっては、公方同士の争いこそ優先すべき対立軸であったということだろうか。

ただ、信清からすれば北条・扇谷上杉氏間の和睦を図ることは困難であると悟ったからこそ、両上杉氏方に味方し、北条氏との対決を選択したのだろう。真里谷武田氏にとっても北条氏は長年連携してきた重要な味方であった。

結果として、大永六年五月、信清は里見氏とともに海を越えて江戸湾から北条氏領国へ侵攻し、武蔵蕨《わらび》城（埼玉県蕨市）攻撃を支援した〔妙国寺文書〕。北条氏綱はすでに両上杉氏に加え、甲斐の武田信《のぶ》虎《とら》をも敵に回す展開となっていたが、ここでさらに武田信清も敵方となったのである。まさに氏綱包囲網の形成であった。

この信清の加勢もあり、形成は一気に傾くこととなり、氏綱は一転領国に侵攻を受ける立場となった。まさに氏綱が恐れていた通り、「他国之逆徒」論を唱えた両上杉氏により関東で孤立化し、領国を後退させたのであった。そのなかでも、早い段階からの味方であった信清までもが敵方に回ったことは大きな痛手であっただろう。

鶴岡八幡宮修造をめぐる対応

氏綱包囲網が形成されたことで、北条氏は衰退に向かうかにみえた。しかし、大永七年（一五二七）頃に再び氏綱に手を差し伸べたのが小弓公方義明であった〔黒田二〇一三〕。義明の擁立主体であった信清も、北条氏と和睦したようである。義明にとってはやはり古河公方足利高基との対立軸こそ優先されるべきものであったのだろう。

しかし、一度、扇谷上杉氏方として抗争に加わった真里谷武田氏内には、江戸湾（現東京湾）をめぐる諸氏の対立が潜在的に残ったと考えられる。少なくとも、小弓公方・北条氏への姿勢を含めて、さまざまな立場の人々が存在していたものと推測される。そして、このとき置かれた状況は、同じく水上勢力を多く抱える真里谷武田氏領国南部の安房里見氏も同様であった。

安房里見氏は真里谷武田氏にとって、まさに盟友ともいえる存在であった。両者は三代にわたって婚姻関係を結んでおり、信清の姉妹は里見義通《よしみち》の妻、娘は里見義豊《よしとよ》（義通の子）の妻となっていた〔黒田二〇二〇〕。敵方であった古河公方足利高基からも「房州並真里谷洞」と一体のものとして認識されているように、あくまで両者は政治的立場を同一にしていた。また、小弓公方のもとで互いに領国支配を進展させていたのであった。

享禄五年（一五三二）五月、北条氏綱は鶴岡八幡宮の修造を開始した。この修造が小弓公方足利義明の許可を得て行われていることは注目される〔快元僧都記〕。義明は「申上事共無別儀、造営事、真里谷武田恕鑑へ被仰出之由（鶴岡八幡宮方から）申し上げたことに異存はなく、造営のことを真里谷武田恕鑑（信清）へおっしゃられた）」とある。義明からしてみれば、自身がかつて鶴岡八幡宮の別当職（長官）の立場にあり、同社が公方との深い関係性を有することもあり、無視できなかったのだろう。この後も義明は修造への協力に積極的であった。

ただ、信清はどうであったろうか。天文二年（一五三三）三月頃、氏綱から修造への協力を求められた信清と里見義豊は「童（真理）谷已下房州衆無領状之由被申（真里谷を代表とする房総の人々は了承しないことを申し出た）」とあり、申し出を拒否している。このとき領国内でいかなる意思決定があったのか、詳細は不明である。ただ、快諾する義明と拒否する信清・里見義豊との間で認識に齟齬があった可能性は十分にあろう。

天文の内訌と信清の死

天文二年（一五三三）七月二十七日、里見氏に内乱が生じた。いわゆる「天文の内訌」と呼ばれる事件である。この事件は、里見氏当主義豊が叔父実堯《さねたか》と重臣正木《まさき》通綱《みちつな》を誅殺したことに始まった。『快元《かいげん》僧都記《そうずき》』によれば、実堯らの一族は百首城に立て籠もったとされている。この事実は内乱が里見氏のみならず、真里谷武田氏をも含むものであったことを示している。

百首城にいた人物は、武田信長の孫に当たる武田道存《どうぞん》という人物であった。彼は里見氏の内乱において、里見実堯・正木通綱の一族に味方したのであった。そして、百首城に籠もった者たちは北条氏綱を頼り、同年八月には百首城の南方にあった妙本寺要害《みょうほんじようがい》（千葉県鋸南町）に、北条氏の援軍として水軍山本《やまもと》氏の軍勢が到来している〔山本文書〕。百首城・妙本寺要害といった、北条氏領国と江戸湾で対峙する地域から内乱は起こったのであった。真里谷武田信清と里見義豊は、連携してこの内乱の鎮圧にあたったとみられる。しかし、信清にとって誤算だったのは、北条氏の支援を受けた実堯の子義堯が当主義豊を破ってしまったことであった。同年九月二十四日には「房州悉没落、滝田城計相残（里見義豊方はことごとく没落し、滝田城が残るばかり）」という状況であった〔快元僧都記〕。義豊は真里谷武田氏領国に落ち延び、信清を頼った。

ただ、これを最後に信清の名前は史料に見られなくなる。翌天文三年閏正月十日には、信清の嫡子とみられる武田大夫《だいぶ》が足利義明から下総方面への対処を命じられているから、実権を子に譲り、信清はその後まもなく死去したのだろう。「真《ま》里《り》谷《やつ》殿《どの》位《い》牌《はい》継《けい》図《ず》」によれば、没年は天文三年七月一日とされる。まさに天文の内乱への対応中という最悪のタイミングで亡くなってしまったのである。

そして、信清を頼った里見義豊は真里谷武田氏の支援で同年四月に安房へ侵攻するも敗死してしまうのであった。さらに、信清の死去後まもなく、信清の嫡子大夫も死去してしまう。武田信清―里見義豊の繋がりにより維持されてきた体制が、ここで大きく揺らぐのは必然であった。安房で起きた「天文の内乱」は真里谷武田氏領国へと大きく広がっていき、最後には真里谷武田氏を滅亡にまで追い込んでしまう（快元僧都記）とは信清も想像だにしなかったであろう。

小弓公方と結びつき、関東情勢の鍵を握る重要人物となった武田信清はその足元が揺らぎつつあった、まさにそのとき世を去ったのであった。大きく変化した関東情勢に柔軟な対応をみせた信清は、真里谷武田氏の全盛期ともいえる時期を築いた。それ故にその死去は小弓公方との関係も相まって領国の動揺に拍車をかけることとなったのであろう。

（細田大樹）

【主要参考文献】

黒田基樹『戦国の房総と北条氏』（岩田書院、二〇〇八年）
黒田基樹編著『武田信長』（戎光祥出版、二〇一一年）
黒田基樹『戦国期山内上杉氏の研究』（岩田書院、二〇一三年）
黒田基樹「北条氏綱論」（同編著『北条氏綱』戎光祥出版、二〇一六年）

黒田基樹『戦国期関東動乱と大名・国衆』（戎光祥出版、二〇二〇年）
佐藤博信『続中世東国の支配構造』（思文閣出版、一九九六年）
滝川恒昭「房総里見氏の歴史過程における「天文の内訌」の位置付け」（同編著『房総里見氏』戎光祥出版、二〇一四年。初出一九八八年）

里見義豊——濁った世の貴公子と称賛された安房国主

義豊の家族と房総里見家

里見《さとみ》義豊《よしとよ》は、房総里見家当主義通《よしみち》の嫡男である。仮名《けみょう》は里見家嫡子を意味する太郎を称した。系図・軍記類などによれば、房総里見家には始祖とされる義実《よしざね》や次代の義成《よししげ》（成義）といった人物がいたとされるが、現段階において、確実な史料からその存在を裏付けることはできない。また、近年発見された古河《こが》公方《くぼう》足利《あしかが》政氏《まさうじ》書状の宛所にみえる里見刑部大輔《ぎょうぶのたいふ》も、十六世紀初頭段階における里見家当主であることは間違いないが、実名を含め系譜上の位置付けはできていない。

したがって、現段階で房総里見家当主として史料上確認できる最初の人物は、永正五年（一五〇八）九月の鶴谷八幡宮《つるがやはちまんぐう》（千葉県館山市）修造の際の棟札に、大檀那としてその名がみえる義通である。里見義豊はその義通の次代に位置付けられる人物である。

母は「延命寺《えんめいじ》源氏里見系図」では里見十郎成頼《しげより》の娘、「系図纂要里見系図」では里見下野守《しもつけのかみ》成治《しげはる》の娘ともされるが明確ではない。また弟妹も、系図では里見次郎を称したという義総《よしふさ》あるいは義綱《よしつな》や、滝田《たきだ》城（千葉県南房総市）主一色九郎《いっしきくろう》の室となった妹がいたとされる。ただそのうち妹については、天文二

里見義豊像　千葉県南房総市・杖珠院蔵

年（一五三三）に発生した内乱（天文の内乱）時に、妹婿とされる一色九郎が拠る滝田城が義豊側の最後の拠点となっていたことが確認できるので（快元僧都記」、一色九郎の室となったという妹の存在は事実とみていいだろう。

妻は系図などによると、烏山《からすやま》左近大夫《さこんのたいふ》時貞《ときさだ》の娘、また側室は中里《なかざと》備中守入道《びっちゅうのかみにゅうどう》正瑞の娘や小倉《おぐら》民部《みんぶ》定光《さだみつ》の娘がいたというが、これも明確ではない。そのほかに天文の内乱時に義豊はいったん上総《かずさ》真里谷《まりやつ》城（千葉県木更津市）の武田《たけだ》（真里谷）恕鑑《じょかん》のもとに逃れていることから（快元僧都記」、恕鑑の娘を娶っていた（娘婿）可能性もある。

子は烏山左近大夫時貞の娘との間に生まれ、義豊滅亡後越後国に逃れ、後に越後国中澤富取城主になったという義員《よしかず》や、小倉民部の娘との間に生まれ、のちに小倉を称した貞通《さだみち》がいたとされるが、いずれも伝説の域を出ない。

これまで描かれてきた義豊像

義豊の事蹟や彼の引き起こした内乱（現在この内乱を「天文の内乱」とする。以下同じ）については、いまなお里見氏研究の基本書とされる大野太平『房総里見氏の研究』では次のように説明されている。すなわち、「第五代義豊は義通の長子にして童名竹若丸《たけわかまる》といひ永正《えいしょう》十一年生まる。母は里見十郎成頼の女なり。父義通の卒せし時年甫《はじめ》て五歳、叔父実堯《さねたか》の保護を受け宮本城《みやもと》に居る。然《しか》るに実堯の約の如く家督を譲らざるを怨み、天文二年七月二十七日急に稲村城《いなむら》を襲ひ実堯を殺し、代て里見家の主となり左馬頭《さまのかみ》と称し稲村城に居る。時に年二十。十九歳（あるいは二十一歳）。（中略）（実堯の子義堯）は翌天文三年四月五日兵を率て久留里《くるり》を発し、長狭郡磯村《ながさぐんいそむら》に出で、正木時綱《まさきときつな》の遺子時茂時忠《ときしげときただ》等と共に、六日進で、犬掛に出で大いに義豊の軍と戦ひ之《これ》を破り、進んで稲村城を攻む。義豊城に入り防戦せしが、遂に城陥りて自殺す。時に年二十一」。

つまり、義豊は父義通死去の際に幼少だったため、家督は義豊成人後に返却されることを前提にいったん義通の弟（義豊の叔父）実堯に託された。そして義通が死去すると、実堯は里見氏の本城だった稲村城（千葉県館山市）に入り、その後は里見家当主として内外で活躍した。それから時が流れ、義豊は宮本城（同南房総市）で元服・成人するに至った。ところが、それからしばらくしても実堯は家督をなかなか返還しなかった。それに憤激した義豊は、家臣が軽挙妄動を諫めるも聞きいれず、ついに実堯を稲村城に急襲し殺害し、実力行使をすることで家督を奪いかえした。ただそれをきっかけに発生した天文の内乱で、最終的に義豊は実堯の子義堯《よしたか》によって逆に滅ぼされたとするのである。

このように従来の義豊像は、若年のあまり思慮も無く、ただ怒りにまかせて短絡的に叔父を討ち滅ぼし、結果的には滅亡した人物として評価されていた。そして、その構図は『房総里見氏の研究』以降も基本的に信じられてきたのである。

安房国主を自認

では、実際のところはどうだったのか、確認してみよう。

まず彼の発給文書は、写しではあるが永正九年（一五一二）八月から確認される〔里見家永正元亀中書礼留抜書〕。これは高野山《こうやさん》（和歌山県高野町）の房総における旦那場をめぐる争論の際に出されたもので、この時点ですでに義豊は、里見家中でこのような文書を出しうる立場にあったことがわかる。

次に、大永四年（一五二四）に死去したという鎌倉仏教界（禅宗）きっての碩学《せきがく》とされていた玉隠英璵《ぎょくいんえいよ》から、義豊は「孔子《こうし》・孟子《もうし》の教えや中国古代の兵法にも通じ多くの学者の書を集めている文武兼備の士」ゆえに「濁った世の貴公子」と絶賛されている事実がある。これはこの手の史料につきものの美辞麗句が並べられたものとはいえ、大永四年以前には彼の活動やその人となりが鎌倉まで聞こえていたことは間違いなく、義豊は室町期の名門武家に共通する古典的教養をも身につけていた武将だった。

また大永六年、小弓《おゆみ》公方足利義明《よしあき》の指示によるものと思われるが、江戸《えど》湾を舞台に展開された武蔵・相模の湾岸一帯、さらにその延長上の東国の聖都たる鎌倉への里見軍の侵攻も、義豊が里見家の総大将として行われたものであった。その際、鶴岡《つるがおか》八幡宮（神奈川県鎌倉市）の一部も、里見軍によって蹂躙され炎上したらしい〔快元僧都記〕。

また、彼は古河公方を頂点とする関東の政治秩序のなかで、自らを扇谷上杉《おうぎがやつうえすぎ》氏等と並ぶ有力外様大名にして「安房太守」と規定する安房国主の座にあった。そのうえで彼は、古河公方をはじめ関東諸氏とも幅広い交流を持つなど、十六世紀初頭の房総で、おおいに活躍していた戦国大名だったのである〔里見家永正元亀中書札留抜書〕。

そして、享禄二年（一五二九）六月には、国衙《こくが》奉行人《ぶぎょうにん》正木通綱《みちつな》とともに父義通と同様大檀那として鶴谷八幡宮の修造を主催しているが、ここでは古河公方足利晴氏《はるうじ》を推戴して自らを公方を支える副帥と位置付けているのである。

こうみると、義豊は、年齢・知識・経験・政治手腕ともに練達した、当時の東国を代表する武将だったと考えられるのである。

ただ、年次は明確ではないが大永〜享禄年間頃（一五二〇年代後半から三〇年頃）と推定される中里中《なか》務少《つかさのしょう》輔に宛てた義豊書状〔上野家文書〕によれば、このとき義豊は小弓公方足利義明方の勢力として上総武田氏や扇谷上杉朝興《ともおき》と連携して北条氏と対抗していたことがわかるが、一方で、安房国内では岡《おか》本《もと》城（千葉県南房総市）には義豊に敵対する里見一族の勢力がおり、さらに白浜《しらはま》城（南房総市）には父義通が存在しているというように、内実は彼の代にいたっても、里見領国は義豊による強固な一円的支配がなされている、とは言いがたい状況があった。これは先に触れた足利政氏の書状の内容とも共通する可能性が高い。外にはみえない不安要素も抱えていたのである。

義豊・義通父子による二頭政治

ただ、そのことは別にしても、少なくとも義豊は天文の内乱以前に里見家の家督を相続しており、しかも領国内に若干の不満勢力もいたにはいたが、里見家および領国における権限をほぼ掌握していたことは間違いないであろう。つまり、義豊は内乱の端緒となった天文二年（一五三三）七月の稲村城における叔父実堯殺害事件の前から、里見家当主（家督）だったのである。そして彼は、里見家本城稲村城にあったことで「稲村殿」とも称されていたと伝えられる〔北条五代記〕。

このことからみれば、これまで天文の内乱で討たれたときの享年とされるものから逆算していた彼の生年は、少なくとも十数年以上さかのぼることは確実であり、おおよそ明応～永正初年（一四九二～一五〇四）の間と考えるのが妥当であろう。そこから享年も三十を下ることはまず考えられない。

しかも義豊の父である義通についても、病身のためにあまり活躍することなく早死にした、とこれまで言われてきたことはまったく事実とは違い、実際のところは里見家当主・安房国主として活躍し、治世の後半は白浜城にあって、家督を譲って稲村城にあった義豊とともに二頭政治ともいうべき政治体制を敷き、長い期間安房国内に君臨していたことがわかる〔上野家文書〕。そのことから、この里見義通こそ房総里見氏の礎を築いた人物と理解してもいいかもしれない。

このように、天文の内乱の主原因とされてきた義豊・義通の人物像や事績は、ほとんど事実に反していたのである。では、なぜそうなったのか。また、結果的に義豊が滅亡にいたり里見氏の歴史上の大きな分岐点となった内乱について、近年の研究成果をふまえてみていこう。

義豊による粛清劇

天文二年（一五三三）七月二十七日、里見家当主にして稲村城主であった義豊は、叔父実堯を稲村城に召喚し、誅殺した。そしてほぼ同時に、場所は明確ではないが、長く里見家の家宰《かさい》（筆頭重臣）として里見家を支えてきた正木通綱も殺害した。

義豊が二人を殺害したのは、二人が家中の不満分子の代表的な存在となってきたうえに、とくに江戸湾岸の要衝金谷《かなや》城（千葉県富津市）にいた叔父実堯の背後には、房総進出をめざす北条《ほうじょう》氏の影が見え隠れするようになってきたためであろう。その意味で、これは当主たる義豊が決行した里見家中内の粛清劇であった。

また、それに呼応するかたちで、義豊と政治的に連携していた扇谷上杉氏は軍を武蔵品川まで侵攻させ〔妙国寺文書〕、甲斐の武田信虎《のぶとら》も相模津久井《つくい》辺りまで進軍し、ともに北条氏が江戸湾岸に兵力を傾注できないように牽制している〔快元僧都記〕。このようなことから、おそらく事前に義豊からこの粛清についてはそれぞれのもとに連絡がいっていたのであろう。一方、父実堯を殺害された義堯は、そのとき金谷城にいたが、一族を率いて隣接する百首城《ひゃくしゅ》（千葉県富津市）の武田道存のもとに逃れ、そこで北条氏に支援を求めた。

里見領国を二分する内乱へ

このように、義豊による粛清劇第一幕は成功裡に事がはこんだかにもみえた。だが、この件に対する国内の反発・動揺は、義豊の想像をこえて大きな波紋となって広がったのである。そのような状況を受けて、いったん百首城に逃れた義堯も、まもなく金谷城に帰還した。そうなると義豊としては、反乱軍の中心になりうる義堯を一刻も早く叩く必要が生じた。そこで八月二十一日、義堯が籠もる金谷城にほど近い北郡内妙本寺《みょうほんじ》（千葉県鋸南町）を主戦場とする合戦が起こった。だが、義豊軍は逆に北条水軍を率いる北条為昌《ためまさ》軍の支援を受けた義堯の軍に敗れ、ここで全体の潮目は大きく変わった。

その後も一ヵ月余り各地で義豊方と義堯方の戦闘は続いたらしいが、九月二十四日になると安房国内で義豊側の拠点は滝田城を残すのみとなり、さらに二日後にはその滝田城も陥落し、義豊の妹婿の城主一色九郎とその一族は滅亡した。それを受けて、義豊は上総真里谷城の真里谷恕鑑のもとに逃れたのである〔快元僧都記〕。

このような状況から、里見家天文の内乱は、里見家内部にとどまらず、周辺諸国にも大きな影響を与えていたことがわかる。したがって、これを北条氏と扇谷上杉氏が激しく対立していた当時の南関東情勢の一コマと捉えることもできよう。だが、その後の情勢をみても、本質的には、房総里見氏が成立以来抱えていた国内の不安定という問題が粛清劇を機に一気に吹き出して、国中を二分する内乱となったとみたほうが実態に近いであろう。

伝里見義通・義豊の墓　千葉県南房総市

義豊の滅亡と歴史の改ざん

翌天文三年（一五三四）四月、真里谷武田氏のもとで勢力回復に努めた義豊は、兵を率いて安房へ侵攻する。だが、その知らせは義堯からすぐに北条氏のもとへ届き、急ぎ北条氏は義堯へ援軍を送った。そして同四月六日、義豊の軍は北条氏の援軍とを合わせて迎撃した義堯軍と、安房中央部を南北に貫く幹線平久里街道沿いの犬掛《いぬがけ》（千葉県南房総市）付近で激突したらしい。結果、戦いは義堯軍の勝利に帰し、義豊方は数百人の死傷者を出し壊滅し、義豊も乱戦のなか討たれた。合戦後、義豊以下主立った者の首は小田原《おだわら》（神奈川県小田原市）へ送られ、北条氏綱《うじつな》のもとで実検に供せられたのである（快元僧都記）。

戦乱が終結した後、義豊を滅ぼした義堯が里見家の家督を継ぐととともに、安房国主の座に就いた。だが、これら一連の事実は、下剋上とも評価されかねない家督交代劇を正当なものに置き換えるために、義堯やそれに連なる系統によって、長い年月とさまざまな手段で隠蔽と改ざんがはかられた。そのなかで、内乱の全体構図や義豊・義通の事蹟やその年齢などの基本的な情報は、勝利者側の意に沿うかたちで改ざんされるが、とくに当事者である義豊についてはことさらその存在と実像を矮小化する工作がなされた。結果、義豊は近年まで不当な評価をされてきたのであろう。まさに歴史は勝利者のものだったのである。

（滝川恒昭）

【主要参考文献】

滝川恒昭編著『房総里見氏』（戎光祥出版、二〇一四年）
滝川恒昭『人物叢書　里見義堯』（吉川弘文館、二〇二二年）

里見義堯
――内乱に勝利し、里見家最盛期を築いた戦国大名

義堯の家族

里見義堯《さとみよしたか》は里見実堯《さねたか》の嫡男で、義堯と親交のあった安房《あわ》妙本寺《みょうほんじ》（千葉県鋸南町、以下、妙本寺）の僧日我《にちが》が残した記録〔唯我尊霊百日記、堯我問答他〕の没年齢から逆算して、生年は永正四年（一五〇七）と考えられている。また、「延命寺源氏里見系図《えんめいじげんじさとみけいず》」など江戸時代に成立した系図では、父実堯は天文二年（一五三三）の内乱の際、享年五十で死亡したというので、それに従えば実堯の生年は文明十六年（一四八四）となり、義堯は実堯二十四歳のときの子となる。

実堯は里見家当主義通《よしみち》の弟で左衛門佐《さえもんのすけ》（のちに左衛門大夫《たいふ》）を称し、兄義通に協力して里見家による安房国内支配をすすめた人物である。永正十一年（一五一四）には義通とともに安房北西部の北郡に「討ち入り」、その後は北郡の「眼代《がんだい》＝代官《だいかん》」となり〔申状見聞　私〕、同郡内の安房・上総国境に位置する金谷《かなや》城（千葉県富津市）を居城にしたようだ〔延命寺源氏里見系図〕。したがって、義堯も成人した後も父とともに金谷城にあったのだろう。

母は、江戸時代成立の軍記や系図に、久留里《くるり》（勝）真勝《まさかつ》の娘や正木盛氏《まさきもりうじ》の娘との所伝はあるが、確た

里見義堯木像　千葉県君津市・正源寺蔵

ることはわからない。弟妹も系図上に所見があるだけだが、「慈恩院《じおんいん》里見・正木系図」に妹として鳥山《からすやま》次郎《じろう》室・真里谷《まりやつ》大炊助《おおいのすけ》室と、源宗という僧となった弟がいたとされる。また、永正五年の鶴谷八幡宮棟札《つるがやはちまんぐうむなふだ》に所見される同寺別当《べっとう》熊石丸《いしまる》は、同寺の所伝によると実堯の子とされるので、それを信ずるとすれば弟ということになる。

　元服は、当時の武家社会では十五歳前後にするのが通例なので、義堯も大永元年（一五二一）頃に元服し、里見氏代々の通字「義」に父実堯からの一字「堯」の字を譲られて諱義堯を名乗り、仮名《けみょう》権七郎《ごんしちろう》を称したらしい。

　その後、大永七年頃に正妻を娶ったらしいが、彼女こそのちに人々から国母と称された妙光院殿《みょうこういんでん》（実名不明、以下、日我が名付けた法名「正蓮《しょうれん》」とする）である。二人の婚姻は、義堯二十一歳、正蓮十四歳のときと考えられる（里見義堯室追善記）。だが、二人の間に子供は生まれなかったらしい。他に当初、正木通綱《みちつな》の娘が側妾だったらしく（三浦系図伝他）、その間に大永五年、のちの義弘《よしひろ》が生まれた可能性がある。義堯十九歳のときの子である。ただ江戸時代成立の系図などでは、義弘の母は東平《とうひら》安芸守《あきのかみ》娘や勝真勝の娘との所伝があるので、義弘の母についても定かではない。

また、その他に、後裔が水戸《みと》徳川《とくがわ》家に仕えたという義正《よしまさ》、第二次国府台《こうのだい》合戦で戦死した越前守《えちぜんのかみ》忠広《ただひろ》、安房菊井《きくい》家の祖という堯次《たかつぐ》、大炊助堯元《たかもと》、正木大太郎《だいたろう》（弾正左衛門《だんじょうざえもん》）の妻となり大太郎が第二次国府台合戦で戦死した後は上総国朝生原宝林寺《あそうばらほうりんじ》の尼になったという種姫《たねひめ》など、計六男四女がいたと伝わるが、これらの人々も確かな史料上の所見はなく、その存在を含め不明である。

天文の内乱

義堯が史料上に登場するのは、天文二年から三年（一五三三〜三四）にかけて、里見一族内で展開された権力闘争から発展した内乱＝「天文の内乱」からである。この内乱は房総里見氏の歴史上の分岐点となった大きな事件で、これによって本来庶家の後継者の立場にすぎなかった義堯が、嫡流に入れ替わって里見家の家督と安房国主の座を継承することになったのである（なお、これまで通説とされてきた内乱の原因や全体構図は、近年の研究により完全に改められている。それらの概要は、「里見義豊」の項を参照願いたい）。

天文二年七月二十七日、事は起こった『快元僧都記』。時の房総里見家の当主義豊《よしとよ》（義通の子、義堯の従兄弟）は、その日、義堯の父実堯を里見家本城たる稲村城《いなむら》（千葉県館山市）に召喚していた。どうやら、近年の実堯の政治行動が義豊によって疑念を持たれ、その申し開きのため実堯は稲村城に呼び出されていたらしい。だが、そこで実堯は義豊によって誅殺＝粛清されたのである。しかも義豊の粛清の刃は、父義通以来長きにわたって里見家の宿老、いわば家中ナンバー2だった正木通綱にも及んだ。ここに義豊は、父通綱以来里見家の柱石として政権を支えてきた叔父実堯と宿老通綱という二人を殺害というかたちで排除し、義豊による専制的な政治体制を築こうとしたと考えられる。

また、義豊の計画は当時義豊が政治的に連携していた反北条《ほうじょう》氏連合たる扇谷《おうぎがやつ》上杉《うえすぎ》氏や甲斐武田《たけだ》氏のもとへも事前に知らされていたらしい。事件に呼応するように同七月、上杉朝興《ともおき》は江戸湾岸の最重要拠点である武蔵品川《しながわ》（東京都品川区）に軍を派遣して江戸湾岸全体へのにらみをきかせており〔妙国寺文書〕、甲斐の武田信虎《のぶとら》も甲斐・相模の国境地帯である相模津久井《つくい》（神奈川県相模原市）周辺に出張し、北条氏を背後から牽制している〔快元僧都記〕。逆にこのようなことからみると、どうやら実堯の背後には、房総進出を狙う北条氏の影が見え隠れしており、この粛清劇はそのような状況に脅威と危機感を抱いた義豊の先制攻撃だったと考えられるのである。

ただ、事は義豊の思惑通りにはすすまなかった。義堯・通綱粛清のやり方やこれまでの義豊の政治に対する不満が、ここで一気に爆発したのである。そして、それは反義豊という一つの固まりとなって安房国内各地でふくれあがっていった。

一方、父が殺害されたときに金谷城にいた義堯は、すぐに至近距離にあった隣国上総の百首《ひゃくしゅ》城（千葉県富津市）の武田《たけだ》道存のもとに避難した。道存は本来なら上総武田氏の嫡系だが、このときは真里谷城（同木更津市）にあった庶家の武田恕鑑《じょかん》が実力を持ち、その恕鑑の娘が義豊の室としてあったという所伝もあるように、恕鑑は義豊に近い人物であった。それと政治的に対立する道存のもとに義堯は避難し、対岸の北条氏綱《うじつな》のもとへ支援を要請した〔快元僧都記〕。

それに応じて北条氏綱は、三男で当時相模玉縄《たまなわ》城（神奈川県鎌倉市）主として北条水軍衆を所管していた北条為昌《ためまさ》に房総への出陣を命じた。そのことに力を得た義堯は、まもなく金谷城に帰還したらしいが、義豊もこの事態を重くみて軍を率いて義堯を討つべく北郡に侵攻した。そして同年八月二十一日、義豊軍と北条氏からの援軍を併せた義堯軍は、北郡内妙本寺周辺で激突した。

戦いの詳細は不明である。ただ、北条水軍山本《やまもと》氏などの活躍もあって義堯軍が勝利したらしい〔越前史料所収山本文書〕。そして、それから一ヶ月も経たない九月二十四日段階では、安房国内で義豊方として残るは義豊の妹婿一色九郎《いっしきくろう》の拠る滝田《たきだ》城（千葉県南房総市）のみとなり、さらにその二日後の同二十六日には滝田城も落ち、一色九郎とその一族は滅亡。義豊は再起を目指して上総真里谷武田恕鑑のもとに落ちたのである〔快元僧都記〕。

翌天文三年四月、真里谷恕鑑のもとで態勢を立て直した義豊は安房へ侵攻するが、いち早くその情報をつかんだ義堯は、再び北条氏からの援軍を得て、現在、犬掛《いぬがけ》古戦場跡（千葉県南房総市）と伝えられているあたりで義豊軍を迎え撃ち、激戦の末義豊を討ち滅ぼした。勝利した義堯は義豊の首を小田原《おだわら》城

（神奈川県小田原市）の北条氏綱のもとに送った。その事実を伝え聞いた鶴岡八幡宮《つるがおかはちまんぐう》の供僧快元《かいげん》は、このたびのことは大永六年（一五二六）の里見義豊による鎌倉侵攻・鶴岡八幡宮炎上の「天罰」であり、義豊に替わり実堯の子義堯が房総の大将となったことを感慨深く記している〔快元僧都記〕。

ここに義堯は、はからずも庶家の身から本宗家の家督に就き、房州守護《しゅご》〔妙本寺源家系図〕の立場となった。このとき義堯は二十八歳だった。

内乱からの復興

内乱の後始末として義堯がまず手がけたことは、内乱の際に自身を支援して共に戦った正木時茂《ときしげ》をはじめとする大小国衆《くにしゅう》・家臣に対する論功行賞である。前政権に近かった一族の多くは、内乱で滅んだり安房を退去したりして没落を遂げ、また同族内部でも嫡庶が転倒するなどして〔上野家文書他〕、次第に義堯を屋形と仰ぐ〔真田家文書〕家臣団が形成されていった。

一方、義堯は体制的に前政権との結びつきが強かった宗教勢力の支持獲得や、自然災害や今回の戦乱で荒廃した国内復興にも精力を傾注しなければならなかった。具体的な政策としては、国内を代表する寺社の修造や造成事業を大檀那として積極的に推し進め〔鶴谷八幡宮棟札銘、那古寺棟札銘写他〕、寺社存立の条件を整備して新たな為政者としての責務を果たそうとしたらしい。また、このような寺社の修造や造成・建築は多くの分野にわたる裾野が広い事業だけに、国内に資本が投下されて内需の拡大を促すような公共事業的性格をもち、経済立て直しの意味を持っていたに違いない。

そのうえで、天文十四年は天文の内乱勃発の十三年目（十三回忌）という区切りの年でもあるので、父実堯はじめ内乱で亡くなった人々の慰霊によって国内の人心を一つにまとめようとしたのかもしれない。そして、義堯政権の政策は安房国内の人々からの支持を集めたようで、それが一つの機運となって、この時期の安房国内では各地で大小問わず寺社造営・修造などの事業が営まれた。

また、この間、義堯は領内視察も積極的に実施したが、そのなかで妙本寺の住僧日我《にちが》と出会い、以後二人の交流は、義堯が亡くなるまで四十年近くも続いた。

義堯による政権奪取の正当性を主張する工作も、系図の作成や記録の改ざんや歪曲などさまざまな分野ですすめられ、やがてそれは勝利者義堯を始祖とする系統の里見氏によってさらに継続的に続けられたことで、そのことが里見氏の正しい歴史として語り継がれていったのである〔妙本寺源家系図、石堂寺多宝塔露盤銘他〕。

第一次国府台合戦

足利義明《あしかがよしあき》は古河公方《こがくぼう》足利高基《たかもと》の弟で、永正十五年（一五一八）の房総入部以降、下総小弓城《おゆみ》（千葉市中央区）を拠点に房総に一大勢力を築き上げ、兄高基の古河公方と対立するかたちで周囲から小弓公方と尊称されていた。義堯は政権奪取当初、義明とは距離を置いていたようだが、義明が隣国上総の武田氏の内紛に積極的に介入するなかで、否応でも関わりを持たざるをえなくなり、やがて北条氏と政治的に断交して義明に従うことを選択したらしい。一方、義明も北条氏とは江戸湾岸をめぐるさまざまな駆け引きのなかで、従来は全面的な対立をさけていた。しかし天文四年（一五三五）十月、足利高基が死去して子の晴氏《はるうじ》が古河公方を継承すると、反北条勢力が小弓公方を旗頭として担ぐ動きをみせ〔逸見文書〕、古河・小弓両公方による関東足利氏の正当性をめぐる政治的対立はさらに激化し、そのなかで晴氏の上意を受け北条氏は小弓公方家を軍事的に圧迫しだしてきた。

天文七年二月、北条氏は武蔵と下総の国境で扇谷上杉氏の家臣大石《おおいし》氏の拠る要衝葛西《かさい》城（東京都葛飾区）を奪取し、本格的に下総攻略に乗り出してきた。小弓方もこの事態を放置することはできず、北条氏との決戦を決意した。古河公方足利晴氏と小弓公方足利義明による関東足利氏の正当性をめぐる争いは、ここに軍事力によって決着が図られることになった。

天文七年十月、義明は自ら兵を率いて下総の国境に向けて進発し、里見義尭もそれに従い下総に軍を進めた。そして現在の江戸川河畔で対岸の葛西城を臨む地の下総国府台《こうのだい》（千葉県市川市）に着陣した。ただ小弓方には、そもそも房総における義明の擁立主体であった上総武田氏の軍勢や、やはり有力な支持勢力であった臼井《うすい》氏なども参加していなかったようで〔快元僧都記〕、当初から総兵力は北条方が明らかに上回っていたらしい。

十月七日、先に動いたのは北条軍のほうだった。江戸川を渡るため上流を迂回する行動であり、それを知った義明は迎撃のため自ら旗本を主体する一軍を率いて北上したが、義堯は国府台に留まったままだった。そして、義明率いる軍と上流を迂回して渡河を終え国府台に向かっていた北条軍は、午後一時頃松戸相模台《まつどさがみだい》あたりで遭遇し、たちまち乱戦となった。ただ、小弓方は次第に兵力に勝る北条軍に包囲され、夕刻までには義明や子（御曹司）の義淳《よしあつ》、弟の基頼《もとより》が討ち取られるという前代未聞の大敗北を喫したのである。一方、義堯は義明敗死の報を聞くや、すぐに兵をまとめて戦線を離脱し本国安房へ撤退した。また小弓方で生き残った者たちは、小弓城に戻って義明の遺児をともない、里見義堯を頼って安房へ落ち延び〔快元僧都記〕、ここに小弓公方は事実上滅亡した。

江戸湾と真里谷武田領をめぐる北条氏との抗争

義堯軍はほとんど無傷といってよい状態での撤退であったが、義堯にとって小弓公方の滅亡は、これ以降、江戸湾をめぐる北条氏との直接抗争がはじまったことを意味し、事実天文九年（一五四〇）四月、北条氏綱率いる北条軍は江戸湾に面する安房沿岸（内安房）を襲い〔妙本寺文書〕、それ以降、北条水軍の攻勢はほぼ途切れることなく続くようになった。

また、隣国上総の真里谷武田氏が一族内の後継をめぐる抗争の果てに著しく弱体化したことを受け、義堯も安房より上総に侵攻するが、北条氏も上総への侵攻を強め、ここでも真里谷武田領をめぐる北条氏との抗争が本格的にはじまることになった。このなかで義堯は、武田氏やその従属国衆の持城であった佐貫《さぬき》城（千葉県富津市）や久留里城（同君津市）の属城化を遂げ、なかでも上総における内陸交通の要衝にして森林資源を扼する城でもあった久留里城を自らの居城とした。そのことから、以後久留里の呼称自体が義堯を意味するように〔簗田家文書〕、義堯は久留里城にあり続けた。

一方、上総における北条氏の攻勢も、武田氏に従属していた中小の国衆や地域の土豪を引き入れ着々と進んだ。なかでも上総天神山川一帯を勢力圏としていた正木兵部大輔《ひょうぶのたいふ》を味方に引き入れることに成功すると、天文二十年代から北条氏はますます攻勢を強めた。天文二十二年六月には北条氏の海上からの侵攻に合わせて嶺上《みねがみ》城の尾崎曲輪《おざきくるわ》に拠った吉原玄蕃《よしわらげんば》らが一斉蜂起し、義堯を苦しめることになった〔鳥海文書〕。弘治元年（一五五五）には、安房・上総の国境に位置して江戸湾を扼する要衝金谷城が北条氏によって攻略され、さらに佐貫城も北条氏に奪取された。また、小糸《こいと》城（千葉県君津市）の秋元《あきもと》家では里見方であった当主義政《よしまさ》が北条氏の後押しを得た庶家鎌滝《かまたき》秋元氏によって当主の座を逐われたように、西上総一帯で北条氏の攻勢が続いた。

このような事態を受けてか、義堯は心機一転をめざして子息義弘に家督を譲るが、自身は里見家の最高権力者としての立場を維持し、里見家の二頭体制は義堯の最晩年まで続くことになる。

関東戦国史における里見氏の位置と義堯

永禄三年（一五六〇）五月、義堯の拠る久留里城が北条氏の攻勢によって包囲される事態にまで至った。

窮地に陥った義堯は、越後国で長尾景虎《ながおかげとら》（以後、上杉謙信《うえすぎけんしん》）に保護されていた上杉憲政《のりまさ》を介し、謙信に北条氏の背後を突くように要請した。謙信もこれまで小規模な侵攻は試みたことはあったが、これで本格的な関東侵攻の大義を得たことになり、同年八月、大軍をもって関東に侵攻し、その勢いはそれまで北条氏に圧迫されていた関東の中小国衆をたちまち味方につけた（越山《えつざん》）。これを受けて北条氏は久留里城の囲みを解いて房総から撤退せざるを得なくなり、義堯は危機を脱した。そしてすぐに反転攻勢に出て、江戸湾奥と香取方面の両面に兵を進め、里見氏の勢力は一気に上総から下総一帯にまで広がったのである。

ただ、謙信が越後に帰国するとたちまち北条氏方に転ずる国衆も登場したが、里見氏は関東における謙信与党最大勢力として謙信から期待され、また北条氏によって古河公方の座を逐われた足利藤氏《ふじうじ》・藤政《ふじまさ》らの保護者として関東戦国史における存在感を高めていくことになる。

義堯は、永禄五年から六年初頭の間に出家するが、なお里見家における最高権力者という立場に揺るぎはなく、またそのことを周囲も期待した。ただ、子息義弘が出陣した永禄七年一月の第二次国府台合戦における敗戦、その直後の勝浦正木氏の離反、さらには還暦を迎えようとしている自身の年齢を受けて、永禄七年後半から九年の間の頃に、義堯は人心を一新し義弘に権力を一元化することでこの難局を乗り越えようと意図したようで、政治上完全に引退したようだ。その後、永禄十一年八月一日、長年連れ添い、また「国母」とも称された正妻正蓮が五十五歳で死去した。義堯六十二歳のときだった。

この頃の里見家は義弘が中心となり、永禄十年八月には北条氏を三船山《みふねやま》合戦で撃破し、永禄十二年に謙信が北条氏と結ぶ（越相同盟）と武田信玄《しんげん》と提携し、さらに古河公方の継承問題でも反北条勢力の主導的役割を果たすなど、意識のうえで高揚期を迎えていた。また、その版図も安房・上総に加え下総の一部にまでおよび、また北条・上杉・武田といった大勢力と互し対外交渉を展開するなど、一つの大きな歴史的画期を迎えている。

義堯は、その状況に陰りがみえてきた天正二年（一五七四）六月一日、久留里城で没した。享年六十八。日我は死の報に接し、義堯を「房陽ノ大守」としたうえで「二三ヶ国を領シ、四五ヶ国ニ手ヲカケ、万民ヲ哀ミ、（中略）無欲右道ニシテ慈悲深重也、（中略）恐ラクハ関東無双の大将ナルヲヤ」（唯我尊霊百日記）と、その人柄と功績を絶賛したうえで死を悼み深く悲しんだのである。

（滝川恒昭）

【主要参考文献】

滝川恒昭『人物叢書　里見義堯』（吉川弘文館、二〇二二年）

正木時茂 ――「槍大膳」の異名をもつ里見家を支えた筆頭重臣

房総正木一族と時茂

正木《まさき》氏は、房総《ぼうそう》里見《さとみ》氏麾下の最有力国衆《くにしゅう》であり、房総で何系統にも分かれ活躍していたことはよく知られるが、出自をはじめ不明な点が非常に多い一族である。ただ、相模三浦《みうら》氏の系譜を引く一族を称し、それが同時代において周囲からも認証されていたようなので、すでに鎌倉期以前から房総各地に点在していた三浦氏系の諸族を、戦国期に糾合するかたちで勢力を確立した一族、と捉えることが、現段階では一番矛盾がない理解であろう。そのなかで最も活躍したことが知られるのが、一般に「正木大膳《だいぜん》」の通称で知られた時茂《ときしげ》である。

とはいえ、時茂の系譜的位置付けや生年を裏付ける確実な史料は存在しない。しかし、川名登氏の指摘以降、正木通綱《みちつな》の子と考えられている。通綱は房総正木氏において確実な史料で確認できる最初の人物で、永正五年（一五〇八）の鶴谷八幡宮《つるがやはちまんぐう》（千葉県館山市）修造の際、大檀那「源《みなもとの》（里見）義通《よしみち》」とともにみえる「国衙《こくが》奉行人《ぶぎょうにん》平《たいらの》通綱」が初見である。国衙奉行人の職掌は、具体的にはわからないが、そのありようから、このとき里見家中のナンバー2として義通政権を支えていたらしい。また、諱の「通綱」は里見義通からの偏諱《へんき》であろう。ただ、「三浦系図伝」など正木氏関係の諸系図では「通綱」の名はまったくみえず、かわって「時綱《ときつな》」とされる人物がほぼ同時代に位置付けられる人物として描かれていることから、これも川名氏の指摘以降、両者は同一人と考えられている〔川名一九八三〕。

正木通綱は永正五年以降も長きにわたって里見家に従う最大の国衆だったようで、それから約二十年後の享禄二年（一五二九）の鶴谷八幡宮の修造棟札では、義通の嫡男で時の里見家当主義豊《よしとよ》を、やはり「国衙奉行人」として支えている状況がわかる。また、近年確認された翌享禄三年十月の新蔵寺《しんぞうじ》（千葉県鴨川市）旧蔵棟札では、自身を「当（長狭）庄当目代正木大膳太夫平通綱」と称していることから、安房国東部に位置する長狭郡《ながさぐん》（庄）一帯を基盤としていたようだ。これは、同郡内にある山之城《やまのしろ》城跡（同鴨川市）がこの時期の正木氏の居城だったという所伝〔三浦系図伝〕とも一致する。

時茂の母については系図などでも所見がないので、現段階ではまったくわからない。一方、兄には弥《や》次郎《じろう》某がいたらしい〔三浦系図伝〕。また、弟には、のちに上総勝浦《かつうら》城（千葉県勝浦市）に拠って活躍した（勝浦正木氏）正木左近大夫《さこんのたいふ》時忠《ときただ》や、上総一宮《いちのみや》城（同一宮町）を拠点とした正木大炊助《おおいのすけ》（時義《ときよし》カ）、さらには永禄七年（一五六四）の第二次国府台《こうのだい》合戦で戦死したという平六時邦《へいろくときくに》、時茂没後に時茂の養子になって家督を継承したものの、第二次国府台合戦でやはり戦死した平七信茂《へいしちのぶしげ》などがいたとされる。ただ、時邦や信茂については、存在自体は史料上確認できるが、系譜関係は異説もあり、時茂の弟とは断定できない。また、妹に里見義堯《よしたか》の側室となった娘がいたとされる〔三浦系図伝〕。

里見家天文の内乱と時茂

天文二年（一五三三）七月に勃発した里見家の政変（天文の内乱）で、正木通綱は里見実堯《さねたか》とともに当時の里見家当主義豊に殺害された。その理由は明確ではないが、実堯の息義堯が通綱の婿という所伝（三浦系図伝）があることから、通綱と実堯は近い関係にあったのだろう。そして実堯が北条《ほうじょう》氏と密かに結んでいた形跡があるので（快元僧都記）、義豊からみれば、通綱も実堯と組んで義豊を脅かす存在になりかねない（あるいはすでになっていたか）として粛清されたのだろう。また、前述のごとく時茂には弥次郎某という兄がいたらしいが、その兄もこのときに殺されたらしい。

北条氏の支援を受けた実堯の子義堯が短期間のうちに巻き返し、同年八月二十一日の妙本寺《みょうほんじ》（千葉県鋸南町）合戦で勝利した。その後の安房国内における義豊支持勢力の滅亡・掃討から義豊の上総への逃避という事態を受けて、義豊による粛清劇からはじまった天文の内乱の第一幕は同年九月には閉じた（妙本寺源家系図）。

その最中の同年八月、時茂は正木家に従属する国衆上野《うえの》弥次郎に対し、彼が求めてきた嫡流家である上野筑後守《ちくごのかみ》の財産と地位「名代ならびに一跡」を認めている（上野家文書）。時期的にこのケースは、嫡流の上野筑後守が義豊側について滅亡し、それに取って代わったのが上野弥次郎だったのだろう。これが時茂の史料上の初見である。

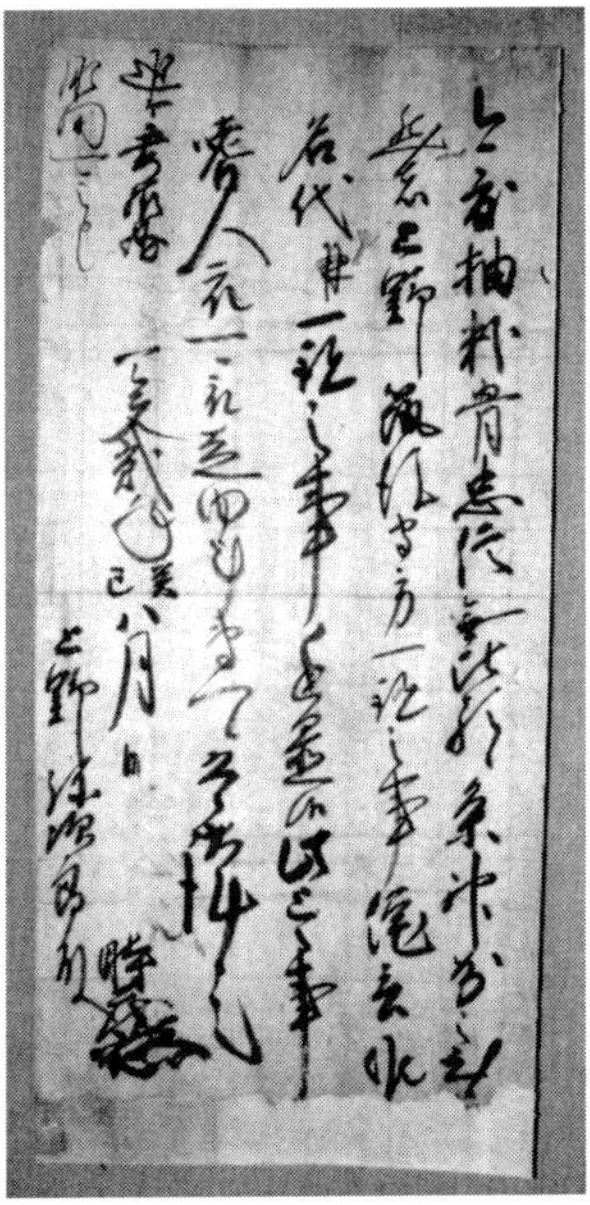

天文２年８月付正木時茂書状　上野弥次郎に出したものである　館山市立博物館蔵

つまり、この内乱に際し安房国内では各地で義豊派と義堯派による戦いが起こり、それは同族内でも普遍的に起こっていた。また、正木氏は上野氏等の従属国衆の地位と財産を保証する立場にあり、そのなかで父と兄を殺害された時茂は、いち早く義堯に与したことで勝利者側の一員となったのである。

また、時茂は兄弥次郎がいたため本来家督になる存在ではなかったが、この内乱の結果世に出た人ということになる。つまり、庶家の家督にすぎなかった立場から、嫡家を滅ぼして里見宗家の家督を奪い、安房国主となった義堯と同じような立場だったのだろう。

翌天文三年四月、上総で態勢挽回に努めていた義豊が安房に侵攻してきたが、安房国中央部の犬掛《いぬかけ》（千葉県南房総市）あたりで義堯軍と激突した合戦で、再び義堯が勝利し義豊は滅亡した。ここに里見家は義堯による新たな時代を歩むことになった。

義堯政権における時茂の立場

以後、時茂は義堯を支える最大の存在となった。天文四年（一五三五）十月、北条氏綱《うじつな》による河越《かわごえ》城（埼玉県川越市）攻略の際、氏綱の要請により里見家から援軍を送ったときには、時茂は代表してその任にあたった。また、天文十四年八月に成就した鶴谷八幡宮修造事業の際には、「大檀那副帥源義堯」とともに「国衙奉行人」としてこの事業を主導している。

時茂やその一族は、当初父通綱以来の基盤である安房東部の長狭郡一帯を拠点にしていたようだが、天文十年代前半頃から、弟時忠や時義らとともに長狭郡に隣接する上総国の夷隅郡《いすみぐん》域に進出していったらしい。当時、夷隅郡は上総武田《たけだ》氏の一族で小田喜《おたき》城（大多喜城・千葉県大多喜町）の武田朝信《とものぶ》が支配していたが、朝信が同族真里谷《まりやつ》武田氏の衰退とともに弱体化してきた状況に合わせた進出であった。そしてまもなく夷隅郡から武田勢力を一掃し、弟時忠は勝浦に、時義は上総一宮を拠点化した。そして時茂自身は小田喜城を攻略して武田朝信を滅ぼし、以後、自身の居城としたのである。

時茂とその一族は安房東部から東上総一帯に勢力を有する里見領国内最大の国衆となり、とくに時茂は配下の国衆に対し独自に官途を与えうる存在でもあった〔真田家文書〕。一方で、正木氏に従属する国衆真田《さなだ》隼人佑《はやとのすけ》が、給地のことで彼のもとに何らかの申し出をしてきたとき、それを「屋形様（義堯）」に申し上げ、義堯より承認した旨の返事があったことを隼人佑に伝えている〔真田家文書〕。つまり、時茂は中小の国衆のなかで起こった問題を義堯に取り次ぎ、義堯の裁可をあおぐ役割をも担っていたのである。

そのうえ、里見家の対外政策・交渉も所管していたことも知られ、外からは「彼の家（里見家）の一老」と評価されていることからみても、時茂は里見家の家臣団統制・外交・領国支配といったあらゆる権限を管掌していた、いわゆる家宰《かさい》（筆頭重臣）と評価できる人物であった。

その活躍は「正木大膳」あるいは「槍大膳」という通称とともに内外に轟き、北条氏康《うじやす》は八州の弓取りとして真っ先に時茂の名を挙げ〔妙本寺文書〕、越前《えちぜん》の朝倉宗滴《あさくらそうてき》は同時代の全国の武将のなかから時茂を「国使いの名手」として称えている〔朝倉宗滴話記〕。

永禄三年（一五六〇）、義堯の居城久留里《くるり》（千葉県君津市）が北条軍の侵攻によって包囲される事態に陥った。この危機的状況を脱するため、時茂は越後の長尾景虎《ながおかげとら》（以後、上杉謙信《うえすぎけんしん》）に、関東に侵攻し北条氏を背後から脅かすよう要請する〔歴代古案〕。謙信もそれに応じて出兵し、関東戦国史に新たな歴史を刻む謙信の関東出兵（越山）が始まった。

北条氏はそれに対処するため、久留里城の包囲を解き房総から撤退した。時茂はこの機会を逃さず、江戸湾岸の浜野《はまの》・生浜《おいはま》周辺に進撃し、その地を押さえる原《はら》氏と抗争になった。その状況を知った謙信は、岩付城《いわつき》（さいたま市岩槻区）の太田資正《おおたすけまさ》に対し、これから北条氏との本格的な戦争が始まるので、時茂に目先の戦いはやめてほしい旨を伝えるよう依頼している〔上杉家文書〕。時茂はそれを受け入れ、義堯・義弘の指示によってその後は香取攻略に向かう〔香取大禰宜家文書他〕。

翌永禄四年三月、謙信は越後の軍や従属した関東の国衆を引き連れ相模小田原《おだわら》城（神奈川県小田原市）

を包囲するが、里見氏や時茂のもとにも従軍の要請があったらしい。そこで時茂も里見義弘《よしひろ》とは別に軍を率いて参陣したらしい〔鎌倉妙本寺文書、関東幕注文〕。その後、鎌倉で行われた謙信の関東管領《かんとうかんれい》就任式には義弘は列席し謙信とも対顔したが、時茂の動向は不明である。

時茂の死とその後

永禄年四月六（七）日、時茂は没した。生前から親交のあった妙本寺の日我《にちが》は「外にあたっては敵を恐れず、内は君臣の道を正しく君命に違うことなし」と時茂の功績をたたえ、その死を悼んだ〔日我御談義〕。享年は不明である。家督は時茂の嫡子で後継者に期待されていた弥九郎時泰《ときやす》が前年に死去しており〔里見家過去帳他〕、いま一人の子は元服前の少年〔房王丸、のちの憲時《のりとき》〕だったため、弟の平七信茂が養子として継承した。ただその信茂も永禄七年正月の国府台合戦で戦死し、その後、房王丸が元服して憲時と名乗り小田喜正木家の家督を継承した。

時茂の死については突然のことであり、あるいは秘匿すべき性格のものであったためか〔あるいは直前の小田原包囲戦の際負傷カ〕、このことに関しては系図などにもみえず、しかもその後、

正木憲時印判（印文「時茂」）

印文に「時茂」の文字を刻した印判も登場するため、死亡時期は長い間不明だった。ただ近年の研究により、それが明確になったことで、平七信茂が時茂の後継者であったことや、時茂の名が刻された印判（憲時が創始し使用）の位置付けも明確となっている。

（滝川恒昭）

【主要参考文献】

『勝浦市史』資料編中世（勝浦市、二〇〇三年）
川名登『房総里見一族』（新人物往来社、一九八三年）
滝川恒昭「正木時茂に関する一考察」（『勝浦市史研究』二〇号、一九九六年）
滝川恒昭『人物叢書　里見義堯』（吉川弘文館、二〇二二年）

【執筆者一覧】（掲載順）

黒田基樹　別掲

長塚 孝

一九五九年生まれ。現在、公益財団法人馬事文化財団参与・学芸員。

【主な業績】「氏康と古河公方の政治関係」（黒田基樹編著『北条氏康とその時代』戎光祥出版、二〇二一年）、『足利成氏』（編著、戎光祥出版、二〇二二年）、「成氏期の宿老・奉行・側近」「政氏期の宿老・側近」（黒田基樹編著『足利成氏・政氏』戎光祥出版、二〇二二年）

森田真一

一九七四年生まれ。現在、群馬県立歴史博物館学芸員。

【主な業績】「史料紹介「落合文書」」（『長野市立博物館紀要（人文系）』二十二号、二〇二一年）、「戦国前期武蔵国秩父郡における武家権力」（『群馬文化』三四四号、二〇二一年）、「戦国期越後上杉氏の軍装について」（『戦国上州の刀剣と甲冑』群馬県立歴史博物館、二〇二二年）

真鍋淳哉

一九六九年生まれ。現在、青山学院大学非常勤講師。

【主な業績】『三浦道寸―伊勢宗瑞に立ちはだかった最大のライバル』（戎光祥出版、二〇一七年）、『戦国江戸湾の海賊―北条水軍vs里見水軍』（戎光祥出版、二〇一八年）、『旧国中世重要論文集成　相模国』（編著、戎光祥出版、二〇二〇年）

駒見敬祐

一九八七年生まれ。現在、埼玉県立文書館学芸員。

【主な業績】「鎌倉公方の発給文書」（黒田基樹編著『鎌倉府発給文書の研究』戎光祥出版、二〇二〇年）、「鎌倉府の権力構造と棟別銭」（『駿台史学』一六八、二〇二〇年）、「応安大火後円覚寺造営における室町幕府と鎌倉府」（『鎌倉』一二四、二〇一八年）

新井浩文
一九六二年生まれ。現在、埼玉県立文書館主席学芸主幹。
【主な業績】『関東の戦国期領主と流通—岩付・幸手・関宿—』（岩田書院、二〇一一年）、『史料纂集古文書編 安保文書』（共著、八木書店、二〇二二年）、「織豊政権と太田三楽斎道譽父子—発給・受給文書を中心に—」（橋詰茂編『戦国・近世初期西と東の地域社会』岩田書院、二〇一九年）

杉山一弥
一九七三年生まれ。現在、國學院大學文学部兼任講師・駒澤大学大学院非常勤講師。
【主な業績】『室町幕府の東国政策』（思文閣出版、二〇一四年）、『図説 鎌倉府』（編著、戎光祥出版、二〇一九年）、『中世史講義【戦乱篇】』（共著、筑摩書房、二〇二〇年）

小川 雄
一九七九年生まれ。現在、日本大学文理学部准教授。
【主な業績】『徳川権力の海上軍事』（岩田書院、二〇一六年）、『水軍と海賊の戦国史』（平凡社、二〇二〇年）、『阿茶局』（共著、文芸社、二〇一五年）

青木裕美
一九七五年生まれ。現在、埼玉県立文書館学芸員。
【主な業績】『戦国史—上州の150年戦争』（共著、上毛新聞社、二〇一二年）、『ぐんまの城30選—戦国への誘い—』（共著、上毛新聞社、二〇一六年）、『戦国人—上州の150傑』（共著、上毛新聞社、二〇二一年）

石橋一展

一九八一年生まれ。現在、野田市教育委員会指導主事。

【主な業績】『下総千葉氏』（編著、戎光祥出版、二〇一五年）、「「結城合戦」と常陸」（「室町遺文」月報4　関東編第四巻、二〇二一年）、「足利成氏の房総動座と帰還」（黒田基樹編著『足利成氏・政氏』戎光祥出版、二〇二二年）

荒川善夫

一九五四年生まれ。現在、栃木県立文書館古文書管理員。

【主な業績】『戦国期東国の権力と社会』（岩田書院、二〇一二年）、『戦国遺文　下野編』第一巻・第二巻・第三巻（共編著、東京堂出版、二〇一七年・二〇一八年・二〇一九年）、『戦国・近世初期の下野世界』（東京堂出版、二〇二一年）

江田郁夫

一九六〇年生まれ。現在、宇都宮短期大学人間福祉学科教授。

【主な業績】『下野の中世を旅する』（随想舍、二〇〇九年）、『中世東国の街道と武士団』（岩田書院、二〇一〇年）、『奥大道　中世の関東と陸奥を結んだ道』（共編著、高志書院、二〇二一年）

新井敦史

一九六七年生まれ。現在、大田原市黒羽芭蕉の館学芸員（同市文化振興課主幹兼学芸企画担当）。

【主な業績】『下野国黒羽藩主大関氏と史料保存』（随想舍、二〇〇七年）、『武士と大名の古文書入門』（天野出版工房発行、吉川弘文館発売、二〇〇九年）、「室町期日光山の組織と運営」（『古文書研究』四〇号、一九九五年）

千葉篤志

一九八一年生まれ。現在、日本大学文理学部人文科学研究所研究員。

【主な業績】『戦国佐竹氏研究の最前線』（共編、山川出版社、二〇二一年）、「文禄期の結城朝勝の政治的位置について～『大和田重清日記』における朝勝の表記を中心として～」（『研究論集 歴史と文化』第五号、二〇一九年）、「永禄十一年九月から天正八年八月における蜂屋頼隆の政治的位置について」（渡邊大門編『織田権力の構造と展開』所収、二〇一七年）

中根正人

一九八六年生まれ。現在、国立大学法人筑波技術大学職員。

【主な業績】『常陸大掾氏と中世後期の東国』（岩田書院、二〇一九年）、「戦国期の東関東―真壁氏と佐竹氏の関係を中心に」（戦国史研究会編『戦国時代の大名と国衆―支配・従属・自立のメカニズム』戎光祥出版、二〇一八年）、「「南方三十三館」と内海」（地方史研究協議会編『海洋・内海・河川の地域史―茨城の史的空間―』雄山閣、二〇二二年）

細田大樹

一九八九年生まれ。現在、里見氏研究会会員。

【主な業績】「越相同盟崩壊後の房総里見氏―対甲斐武田氏「外交」の検討を通じて―」（佐藤博信編『中世東国の政治と経済』岩田書院、二〇一六年）、「北条氏康の房総侵攻とその制約」（黒田基樹編著『北条氏康とその時代』戎光祥出版、二〇二一年）、「房総における天正の内乱と里見義頼の「外交」―その挙兵時期との関連性について―」（『里見氏研究』創刊号、二〇二二年）

滝川恒昭

一九五六年生まれ。現在、千葉経済大学非常勤講師。

【主な業績】『房総里見氏』（編著、戎光祥出版、二〇一四年）、『旧国中世重要論文集成　安房国 上総国』（編著、戎光祥出版、二〇二二年）、『里見義堯』（吉川弘文館、二〇二二年）

【編者略歴】

黒田基樹（くろだ・もとき）

1965年生まれ。

早稲田大学教育学部卒。駒沢大学大学院博士後期課程満期退学。

博士（日本史学、駒沢大学）。

現在、駿河台大学教授。

主な著作に、『太田道灌と長尾景春』（戎光祥出版、2020年）、『戦国期関東動乱と大名・国衆』（戎光祥出版、2020年）、『図説 享徳の乱』（戎光祥出版、2021年）、『家康の正妻 築山殿』（平凡社、2022年）、『武田信玄の妻、三条殿』（東京堂出版、2022年）、『下剋上』（講談社、2021年）、『戦国大名・伊勢宗瑞』（KADOKAWA、2019年）など多数。

戦国武将列伝《せんごくぶしょうれつでん》2　関東編《かんとうへん》　上《じょう》

2022年12月20日　初版初刷発行

編　者　黒田基樹

発行者　伊藤光祥

発行所　戎光祥出版株式会社

〒102-0083 東京都千代田区麹町1-7 相互半蔵門ビル8F

TEL：03-5275-3361（代表）　FAX：03-5275-3365

https://www.ebisukosyo.co.jp

印刷・製本　モリモト印刷株式会社

装　丁　堀 立明

ISBN：978-4-86403-441-8